동북아해역과 전쟁

피난, 삐라, 해전

동북아해역과 전쟁—피난, 뻬라, 해전

초판인쇄 2022년 12월 17일 **초판발행** 2022년 12월 27일

엮은이 부경대 인문한국플러스사업단 **펴낸이** 박성모 **펴낸곳** 소명출판 **출판등록** 제1998-000017호

주소 서울시 서초구 사임당로14길 15 서광빌딩 2층

전화 02-585-7840 **팩스** 02-585-7848 **전자우편** somyungbooks@daum.net **홈페이지** www.somyong.co.kr

값 35,000원 ⓒ 부경대 인문한국플러스사업단, 2022

ISBN 979-11-5905-681-9 93910

이 책은 2017년 대한민국 교육부와 한국연구재단의 지원을 받아 수행된 연구임(NRF-2017S1A6A3A01079869).

부경대학교 인문사회과학연구소
해역인문학 연구총서 ╱ **08** ╱

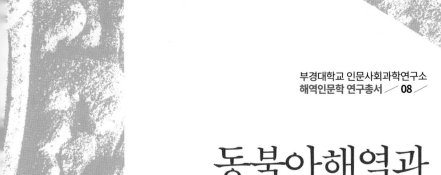

동북아해역과
전쟁

피난, 삐라, 해전

부경대 인문한국플러스사업단 편

Northeast Asian Sea Region and Wars
: Evacuation, bill, Battle of the Sea

   부경대학교 인문사회과학연구소와 해양인문학연구소는 해양수산 교육과 연구의 중심이라는 대학의 전통과 해양수도 부산의 지역 인프라를 바탕으로 바다를 중심으로 하는 인간 삶에 대한 총체적 연구를 지향해왔다. 바다와 인간의 관계에서 볼 때, 아주 오랫동안 인간은 육지를 근거지로 살아왔던 탓에 바다가 인간의 인식 속에 자리잡게 된 것은 시간적으로 길지 않았다. 특히 이전 연근해에서의 어업활동이나 교류가 아니라 인간이 원양을 가로질러 항해하게 되면서 바다는 본격적으로 인식의 대상을 넘어서 연구의 대상이 되었다. 그래서 현재까지 바다에 대한 연구는 주로 과학기술이나 해양산업 분야의 몫이었다. 하지만 인간이 육지만큼이나 빈번히 바다를 건너 이동하게 되면서 바다는 육상의 실크로드처럼 지구적 규모의 '바닷길 네트워크'를 형성하게 되었다. 그리고 이 해상실크로드를 따라 사람, 물자, 사상, 종교, 정보, 동식물, 심지어 병균까지 교환하게 되었다.

   이제 바다는 육지만큼이나 인간의 활동 속에 빠질 수 없는 대상이다. 바다와 인간의 관계를 인문학적으로 점검하는 학문은 아직 정립되지 못했지만, 근대 이후 바다의 강력한 적이 인간이 된 지금 소위 '바다의 인문학'을 수립해야 할 시점에 이르렀다. 하지만 바다의 인문학은 소위 '해양문화'가 지닌 성격을 규정하는 데서 시작하기보다 더 현실적인 인문학적 문제에서 출발해야 한다. 그것은 한반도 주변의 바다를 둘러싼 동북아 국제 관계에서부터 국가, 사회, 개인 일상의 각 층위에서 심화되고 있는 갈등과 모순들 때문이다. 이것은 근대 이후 본격화된 바닷길 네트워크를 통해서 대두되었다. 곧 이질적 성격의 인간 집단과 문화가 접촉, 갈등, 교섭해 오면서 동양과 서양, 내셔널과 트랜스내셔널, 중앙과 지방의 대립 등이 해역海域 세계를 중심으로 발생했던 것이다.

다시 말해 해역 내에서 인간이 교류하며 만들어내는 사회문화와 그 변용을 그 해역의 역사라 할 수 있으며, 그 과정의 축적이 현재의 상황으로 나타난다고 할 수 있다. 따라서 해역의 관점에서 동북아를 고찰한다는 것은 동북아 현상의 역사적 과정을 규명하고, 접촉과 교섭의 경험을 발굴, 분석하여 갈등의 해결 방식을 모색토록 하며, 향후 우리가 나아가야 할 방향을 제시해주는 하나의 방법이라고 할 수 있다. 개방성, 외향성, 교류성, 공존성 등을 해양문화의 특징으로 설정하여 이를 인문학적 자산으로 상정하고 또 외화하는 바다의 인문학을 추구하면서도, 바다와 육역陸域의 결절 지점이며 동시에 동북아 지역 갈등의 현장이기도 한 해역을 연구의 대상으로 삼아 실제적으로 현재의 갈등과 대립을 해소하는 방안을 강구하고, 나아가 바다와 인간의 관계를 새롭게 규정하는 '해역인문학'을 정립할 필요성이 여기에 있다.

이러한 인식하에 본 사업단은 바다로 둘러싸인 육역들의 느슨한 이음을 해역으로 상정하고, 황해와 동해, 동중국해가 모여 태평양과 이어지는 지점을 중심으로 동북아해역의 역사적 형성 과정과 그 의의를 모색하는 '동북아해역과 인문 네트워크의 역동성 연구'를 제안한다. 이를 통해 우리는 첫째, 육역의 개별 국가 단위로 논의되어 온 세계를 해역이라는 관점에서 다르게 사유하고 구상할 수 있는 학문적 방법과 둘째, 동북아 현상의 역사적 맥락과 그 과정에서 축적된 경험을 발판으로 현재의 문제를 해결하고 향후의 방향성을 제시하는 실천적 논의를 도출하고자 한다.

부경대 인문한국플러스사업단이 추구하는 소위 '(동북아)해역인문학'
은 새로운 학문을 창안하는 일이다. '해역인문학총서' 시리즈는 이와 관
련된 연구 성과를 집약해서 보여줄 것이고, 또 이 총서의 권수가 늘어가
면서 해역인문학은 그 모습을 드러낼 수 있을 것으로 기대한다. 끝으로
해역인문학총서가 인간과 사회를 다루는 학문인 인문학의 발전에 기여
할 수 있는 하나의 씨앗이 되기를 희망한다.

부경대 인문한국플러스사업단 단장 손동주

『동북아해역과 전쟁-피난, 삐라, 해전』은 부경대학교 HK+사업단의
해역인문학연구총서 제8권이다. 근대의 동북아해역을 탐구하는 1단계
연구를 거쳐 현대의 동북아해역을 탐구하는 2단계 연구의 성과이다. 이
총서는 한국전쟁을 비롯한 동북아의 전쟁이 냉전으로 전환되는 과정을
통해 분절과 갈등을 마주하게 되는 동북아해역에 주목했다. 20세기 후
반은 '냉전과 열전'의 시대였다. 열전은 전쟁을 비롯한 갖가지 충돌을
모두 아우르는 표현이다. 냉전과 열전은 지역에 따라, 국가에 따라 서로
다른 시기에 다른 양상으로 시작되고 진행되었다. 또한 냉전의 상당 부
분이 열전의 형태로 표출되었고, 냉전과 열전은 서로 단절된 것이 아니
라 연속성과 동시성을 가지고 있었다. 이 총서는 냉전과 열전을 해역의
관점에서 재검토했다. 총 12편을 동북아의 전쟁과 해양인식에 대한 전
사를 제1부에서, 각 국가들이 처했던 전쟁과 그 영향을 제2부에서, 전
쟁 이후 냉전으로 전환되면서 일어났던 사건들에 대한 고찰과 의미를
제3부에서 논의했다.

　제1부 '근대 동아시아의 전쟁'의 첫 번째 글은 아편전쟁에서 출발한
다. 서광덕은 아편전쟁을 근대 동아시아의 첫 전쟁으로 소개하며 이 전
쟁 이후 출판된 『해국도지』를 분석했다. 중국이 해양력 향상을 위해 근
대적 정책을 추진하게 된 것은 아편전쟁의 패배였다. 이후 중국 지식인
들은 서구 문화의 수용을 제창하며 중국의 근대화를 추진하게 되는데,
이것이 『해국도지』에 녹아있다. 해양사 연구의 권위자인 오타 이즈루는
동아시아에서 근대적인 영해 개념을 인식한 것은 과연 언제부터인지,

어떠한 경위를 거쳐 현재에 이르게 되었는지 역사적 맥락을 찾고자 했다. 특히 '해권'이라는 말에 착목하여 영해주권과 해양권익이라는 개념의 수용과 관련 논의들이 어떻게 전개되었는지 밝혀냈다. 허원영은 해양의 관점에서 일본의 패망은 아시아 지역의 해양질서를 형성하고 관리하던 세력의 소멸로 정리하며, 이후 바다에서 힘의 공백이 발생했음을 지적했다. 뿐만 아니라 해양질서의 형성 과정을 한 국가 또는 양국 관계에서 보는 것이 아니라, 지역 혹은 해역이라는 관점에서 정립할 수 있다고 제의했다. 한국의 열전을 조명한 김윤미는 한국전쟁이 좁게는 한국을 현대로 재편하는 전환점이 되었지만, 넓게는 동북아를 포함한 세계의 냉전이 현시화된 사건으로 보았다. 동북아해역에 유엔군이라는 세력이 등장하면서 동북아해역이 세계의 해역으로 포섭된다고 본 것이다.

제2부 '전쟁 속의 동북아해역'에서는 전쟁에서 국민 혹은 지역민들이 어떠한 경험을 하는지 살펴보았다. 다케모토 니이나는 일본의 역사교육이나 역사학에서 거의 다루지 않았던 '가라유키상', 곧 일본군이 러시아에 대한 간섭전쟁을 일으킨 시기에 시베리아에 거주하고 있던 일본인 성매매직업 여성이었던 가라유키상의 집단 죽음에 대해 분석했다. 양민호는 오키나와 주민들이 전쟁 속에서 어떠한 차별과 갈등을 겪었는지 언어정책을 매개로 해석했다. 일본은 오키나와를 점령한 이후, 오키나와어를 정책적으로 금지하고 일본어를 사용하도록 했다. 오키나와인들이 오키나와 전투에서 오키나와어를 사용한다는 이유로 간첩 혐의를 받고 살해당한 것은 가장 극단적인 사례이다. 일본은 전쟁 이후에도 외부인에 대한 경계를 늦추지 않았다. 박사라는 전쟁 이후 냉전시기 일본의 출입국 관리제도가 엄격했음을 지적했다. 동북아해역에서 이동과 이주,

그리고 관리를 한국인의 밀항, 외국인등록령, 외국인 이민과 국적법 적용 과정에서 이를 읽어냈다. 김경아는 전쟁 이후 한국인들의 삶을 내밀하게 관찰했다. 부산으로 피난 온 많은 사람들이 헤어진 가족을 찾기 위해 영도대교로 모여들었다. 사람들은 점을 보기 시작했고, 그렇게 형성된 점바치 골목은 영도대교와 함께 전쟁과 이산의 상징적 장소가 되었다. 다음으로 중국과 대만의 이야기를 우쥔팡은 금문도를 통해 전달했다. 치열했던 전장터 금문도는 현재 대만의 영토지만 중국 샤먼과 4km 거리에 불과하다. 대만 정부는 자유롭게 이동하며 어업을 했던 어민들이 중국에 포섭될 것이 우려된다는 명분으로 이들에게 신체적, 정신적 군사화를 실현했다.

제3부 '동북아해역과 냉전'에서는 동북아해역을 둘러싼 각 국가들이 냉전시기를 어떻게 대처해왔는지 보여준다. 최민경은 일본이 냉전을 대하는 방식을 검토했다. 구체적으로 한국인의 밀항자 석방 청원을 중심으로 한국인의 밀항자가 냉전과 어떻게 교차되어 왔는지를 살펴보았다. 이가영은 대만과 중국의 냉전에 따른 갈등을 대만해협을 주제로 풀어냈다. 대만해협은 1949년 국공내전에서 패한 국민당이 대만으로 본거지를 옮긴 이후부터 지금까지 냉전과 열전이 혼재해있는 공간으로 남아있다. 류사오천은 중국이 냉전시기 국제사회와 어떻게 교류했는지 서술했다. 중국 정부는 상해에 국제선원클럽을 설립하고 대내적으로는 중국 선원들의 단합을, 대외적으로는 국제사회와 소통하며 대외선전 창구로 활용했다.

전쟁은 해역을 통해 시작되었다. 해역을 통해 냉전도 시작되었다. 그러나 동북아해역의 각 국가들은 전쟁의 시대가 지나고 냉전의 시대로 전환된 것 같지만, 냉전의 시대는 전쟁시기보다 더 뜨거운 열전의 시대를 맞이해야 했다. 육지에서는 교류의 문이 닫혔지만, 해역에서는 교류와 열전이 동시에 발생했다. 동북아해역은 국가 간은 물론 지역 간에도 교류가 활발했던 만큼 충돌과 갈등이 빈번해질 수밖에 없었다. 해역을 오가며, 바다와 섬 위에서, 섬과 해협을 마주하며 열전은 계속되었다.

HK연구교수 김윤미

차례

근대 동아시아의 전쟁

근대 동아시아의 전쟁과 바다*

『해국도지海國圖志』의 서술 시각을 중심으로

서광덕

1. 들어가며

일반적으로 동아시아 지역에서 근대의 시작은 아편전쟁이란 사건을 기점으로 삼는다. 아편전쟁의 당사자인 중국의 근대사 서술은 말할 것도 없고, 동아시아 근대사를 기술하는 여러 책에서도 아편전쟁을 거론하고 있다. 아편전쟁이 중국뿐만 아니라 동아시아 지역에서 이처럼 주목받는 것은 영국으로 대표되는 새로운 세력의 등장으로 기존 중화질서의 동요가 시작되었고, 이후는 이러한 동요가 초래한 변화가 지속된 역사였기 때문이다.

잘 알다시피 아편전쟁 이후 중국은 서구 제국들과 불평등조약을 맺었고, 서구 열강에 의해 서서히 잠식되어갔다. 이후 일본과 조선 또한 중국과 마찬가지로 강제개항과 불평등조약을 강요당했다. 중국은 근대화

* 2017년 대한민국 교육부와 한국연구재단의 지원을 받아 수행된 연구임(NRF-2017S1A6A3A0
1079869).

과정에서 반半식민지 상태로 극심한 혼란을 겪었던 반면 일본은 근대화에 성공하여 제국주의 열강과 어깨를 나란히 했다. 그에 반해 조선은 일본의 식민지로 전락하여 자주적 근대화의 기회를 빼앗겼다. 비슷하면서도 다른 동아시아 삼국의 근대화 과정과 결과, 그 배경에 아시아와 유럽을 무대로 한 두 국제질서의 충돌이 있었고, 그 접점에 중국의 아편전쟁이 있었다.

지금까지 아편전쟁에 관한 논의는 이분법의 스펙트럼을 가진다. 문명화된 영국과 덜 문명화된 중국, 해양국가와 대륙국가, 개방과 폐쇄, 군사력의 우세와 열세 등이 대표적 이분법이다. 이런 구분은 원래 유럽인이 시작했지만, 중국인 역시 중국은 피해자이고 유럽은 제국주의 침략자였으며, 중국 상인은 규범에 따라 무역을 진행한 반면 유럽 상인은 이익을 노려 밀수를 일삼았다는 시각에서 이분법에 빠져 있기는 마찬가지다. 또 21세기 중국에서 아편전쟁은 객관적인 역사 탐구 주제가 아니다. 아편전쟁은 과거의 아픈 기억을 증폭시켜 중국인을 거대한 희생자 집단으로 만들어 결속을 강화하고 공산당의 집권을 정당화하는 정치적 슬로건으로 활용되고 있다. 전쟁을 직접 경험한 세대보다 180년 후의 세상을 사는 세대가 그 아픔을 더 강하게 느끼는 것이 아편전쟁의 특수한 단면이다. 이것은 바로 역사기억의 문제이다. 중국의 입장에서 보면, 1997년 홍콩의 중국반환은 아편전쟁으로 인해 형성된 전후戰後체제의 종언이다. 이 시간을 1997년 이후 전개된 중국의 부상과 팍스 시니카Pax-Sinica를 역사적 연속성이라는 관점에서 살펴볼 필요가 있다.[1]

---

1 최근에 나온 서경호, 『아편전쟁』, 일조각, 2020, 나미키 요리히사 · 이노우에 히로마사 · 김명수 역, 『아편전쟁과 중화제국의 위기』, 논형, 2017 등은 아편전쟁에 대한 이런 비판적 문제의식을

이 글은 근대 동아시아의 첫 번째 전쟁으로서, 이것이 지닌 함의를 아편전쟁 바로 뒤에 출판된 위원魏源의『해국도지海國圖志』의 서술 시각을 중심으로 살펴보려고 한다. 전쟁이라고 하면, 주로 희생, 약탈, 파괴 등의 부정적인 이미지를 떠올리고, 이로 인해 자연스럽게 평화라는 대립 이미지를 상정한 뒤 반전反戰을 위한 방안을 모색하는데 치중해왔다. 전쟁의 참상을 고발하고 이를 계기로 평화를 구축하는 길을 모색하는 것은 누구도 부정할 수 없는 과제이다. 하지만 이러한 전쟁과 관련한 인문학적 탐색을 군사력이나 전쟁에서의 전략과 전술, 경제 및 외교적 관계 그리고 지정학적 위치 또 전쟁으로 인한 문화의 교류 등으로까지 확장하여 살필 필요가 있다. 전쟁은 파괴과 건설이란 양면을 갖고 있고, 그래서 전후에는 새로운 질서가 형성된다. 근대 동아시아 지역에만 국한시켜 보더라도 아편전쟁부터 한국전쟁에 이르기까지 펼쳐진 여러 차례의 전쟁은 중화질서, 일본제국주의, 미국패권이라는 형태로 그 질서를 바꾸었다. 그리고 이 지역에서의 전쟁은 근대에 국한되지 않았다. 대륙 내부에서의 많은 전쟁은 말할 것도 없고, 일본에 의한 임진왜란과 같은 해전海戰 역시 있었다. 임진왜란을 대륙세력과 해양세력의 대립으로 분석함으로써 해양에 대한 관심을 환기시킨 이도 있다.[2] 이것은 근대 이후 발생한 동아시아 지역 대부분의 전쟁이 해전이었다는 사실과도 연결된다. 동아시아 근대성 규명에 있어서 전쟁 자체에 대한 역사화 및 상대화가 요구되는 이유다.

바탕으로 쓰여졌다.
2 대표적으로 김시덕,『동아시아, 해양과 대륙이 맞서다－임진왜란부터 태평양전쟁까지 동아시아 오백 년사』, 메디치미디어, 2015.

여기서는 이러한 점을 특히 동아시아 해역이란 공간에 주목하여 아편 전쟁 그리고 이 전쟁에 대한 중국지식인의 대응이었던 『해국도지』에 대해 검토하고자 한다.

2. 근대 동아시아의 전쟁과 바다

1) 전쟁과 바다

근대 동아시아에서 발생한 전쟁의 대부분은 해전海戰이다. 중영전쟁이라고 불리는 아편전쟁이 그러했듯이, 바로 이웃하지 않은 유라시아 저쪽 끝의 영국과 중국이 전쟁을 한다는 사실은 사실 해전이 아니고는 상상할 수 없는 일이다. 그런데 이것을 가능케 한 것은 바로 영국 상인과 정부 및 해군이었다. 일반적으로 전쟁 자체에 대한 연구는 주로 군사력 분야전술등을포함에 치중하고, 또 전쟁이 초래한 새로운 질서의 수립에 주목하는 것은 주로 전쟁사에서 다룬다고 한다면, 전쟁이 단순한 사건이 아니라 많은 요소가 결합된 사회지역및세계적 현상의 결과물이자 동시에 이러한 사회의 변화를 추동하는 동력으로서 파악하는 연구도 있다. 특히 인간들 사이의 거시기생을 연구하고 그 대상으로서 군사조직 그리고 특히 주목해야할 것으로서 전사들이 사용하는 장비의 변화를 제시한 윌리엄 맥닐이 쓴 『전쟁의 세계사』는 이런 연구의 일환이다. 맥닐이 이 책에서 중점적으로 제기한 것은 바로 '전쟁의 상(산)업화'라는 개념이다.

이 개념은 역사적으로 군인의 존재와 대우 그리고 이 군인과 군주 및 상인들과의 관계에 대한 역사적 검토를 통해서 도출되었다. 곧 천대를 받았던 중국과 비교해 유럽에서는 군인은 대접받는 존재였는데, 유럽의 군인은 '전쟁기술'을 구사하는 전문직업인으로서 고용주인 군주와 거의 대등한 청부계약관계를 맺고 전장에서 독자적인 활약을 펼쳤다. 유럽의 군주들은 경쟁국에 대항하려면 '군상복합체'에 의존하여 '상업화된 전쟁'을 벌이지 않을 수 없기 때문이었다. 유럽에서 시장경제의 급성장과 비유럽 세계에 대한 '전쟁기술'의 절대적 우위 확립은 결국 동전의 양면 같은 것이었다. 유럽이 비유럽 세계에 군사적으로 압도적인 우위를 차지하게 되면서 유럽의 동서 양끝에 위치한 변경국가 러시아와 영국은 가장 큰 이득을 누리며 빠르게 강국으로 부상했다. 19세기 후반에 영국 산업혁명의 성과는 마침내 '군산복합체'가 지배하는 '산업화된 전쟁'을 낳았다.[3]

'전쟁의 상(산)업화'는 16~18세기 유럽의 군사혁명과 연결된다. 이에 대해서 주경철은 다음과 같이 설명한다. 군사혁명은 ① 총포류 등 무기의 변화 ② 군대 규모의 증대 ③ 복합적인 전술의 사용 ④ 사회에 대한 군대의 영향 증가로 대표되는데, 이것은 16세기 초반 이탈리아의 대포와 성채의 발달로도 드러난다. 특히 1496년부터 1840년철도의 시대 이전까지 바다의 지배가 세력균형 문제의 핵심이었고, 여기서는 선박과 총포가 중요했다. 이것의 관련 핵심기술의 기원인 중국이 1550년대 총포가 왜구를 막는데 비효율적이라고 판단하여 칼이나 창과 같은 전통적인 무기로 전환한 것과 비교된다. 이후 서양은 선박과 대포를 성공적으로 결합해 해전에 활용했고, 레판토 해전1571, 영국의 스페인 무적함대를 격파

---

3   윌리엄 맥닐, 신미원 역, 『전쟁의 세계사』, 이산, 2005, 이 책 제7장, 제8장에서 서구의 산업화된 전쟁이 동아시아 지역에서 발행했던 것에 대해 다루고 있다.

한 해전1588으로 전개되었다. 패권은 전쟁으로 결판났고, 특히 이러한 해상에서의 제국간 충돌이 패권을 결정지었다. 곧 포르투갈, 스페인, 네덜란드, 영국으로의 패권이 이어졌던 것이다. 특히 영국은 자유무역제국폐낭, 싱가포르와 홍콩, 상해를 연결을 건설했고, 여기에 해군력이 바탕이 되었다.

물론 중국 역시 일찍이 전국시대에 군사혁명이 전개되었다. 중국의 경우는 군사혁명이 '중국 대륙 전체를 지배하는 제국'의 건설로 귀결된 반면, 유럽은 하나의 제국이 들어서는 대신 여러 개의 근대 국가들이 분립 경쟁하는 가운데 세력균형을 이루는 근대국가체제로 전환했다. 이런 상황은 지구전 양상을 띨 수밖에 없고, 또 지구전은 군사력의 강화를 필요로 했다. 유럽 내부의 이 힘이 외부로 표출되어 식민제국을 건설하는 '제국주의'의 귀결로 나타났던 것이다. 이와 같이 유럽이 해외에서 벌인 전쟁은 집중적인 폭력을 드러내는데, 이것은 적을 완전히 지배하고, 정치 제도를 항구적으로 변경시키고, 또 가능한 한 많은 재산을 강탈하는 식으로 전개되었다. 특히 19세기 이후 산업혁명과 함께 '군사의 산업화' 전개로 유럽의 군사적 우위는 절대적이었고, 이러한 와중에 중국이 영국과 전쟁을 펼치게 된 것이다.[4] 그 이전에 영국은 해상에서 자유무역 제국을 건설했고, 이는 이후 아시아를 '육지의 아시아'와 '바다의 아시아'[5]를 구분하는 동기를 제공했다. 그리고 더 나아가 동아시아 바다를 '제국의 바다' 또는 '식민의 바다'로 만들어 버렸다.

---

4   주경철, 『대항해시대—해상팽창과 근대세계의 형성』, 서울대 출판부, 2008, 제4장 참고.
5   白石隆, 류교열·이수열·구지영 역, 『바다의 제국』, 선인, 2011, 151쪽.

2) 일본의 전쟁과 바다

아편전쟁은 해전이고, 『해국도지』는 해국에 대한 탐구이기 때문에 바다와 밀접한 관련을 가진 전쟁이자 텍스트이며, 그 상대는 유럽 해양세력이었다. 이렇게 본다면, 이 사건과 텍스트를 해석함에 있어 이후 근대 동아시아 지역에서 발생한 많은 전쟁의 당사자이자 또 해양국가였던 일본과 대비해서 보는 것이 도움이 되겠다. 사실 전쟁은 일본근대사상사를 관통하는 하나의 사상사적 주제라고 할 수 있을 정도로 중요한데, 그래서 1950년대 이후 일본에서 제기된 전후戰後라는 말이 '전쟁책임론'과 함께 일본지식인들 사이에서 주요한 키워드였다. 일본의 근대사상가 다케우치 요시미竹內好는 "조선을 멸하고 중국의 주권을 침략한 난폭함이 있었지만 어쨌든 일본은 과거 70년 동안 아시아와 함께 살아왔다. 거기에는 조선과 중국과의 관련 없이는 살아갈 수 없다는 자각이 있었다. 침략은 잘못된 것이지만 침략에는 연대감의 왜곡된 표현이란 측면도 있다. 무관심하게 남에게 맡겨두는 것보다는 어떤 의미에서 건전하기까지 하다"[6]라고 적었다. 이 말이 물론 이웃나라 사람들에게 고통과 희생을 안겨 준 전쟁 자체를 미화하려고 한 것은 아니고, 탈아론脫亞論에서 벗어나 일본 역시 아시아의 일원이고, 전후에도 이러한 사실을 변하지 않는다는 입장에서 '아시아 연대론'을 재고하는 것이 전후 일본사상사의 과제라는 다케우치의 각성에서 나온 발언이다. 침략도 연대의 일환이라고 하는 이 모순적인 발언의 이면에는 서양 제국주의 침탈의 장이 되었던 아시아 지역에 대한 일본(지식인)의 염려, 다시 말해 흥아론興亞論의 그림자가 드리우고 있지만,

---

6   다케우치 요시미, 「일본인의 아시아관」, 『일본과 아시아』, 소명출판, 2004, 205쪽.

일본에게 피해를 입은 지역민들에게는 근대 이후 교역과 군사를 축으로 삼고 세계의 질서를 형성하려는 서양 국가들의 동아시아 지역에 대한 약탈에 편승한 일본의 전쟁론을 비호하는 것처럼 보이는 것도 사실이다.

이러한 일본의 전쟁 관련 주장이나 논의는 해국海國이란 지정학적 정체성에서 비롯되었다고 볼 수 있다. 이것은 이후 메이지 정부의 근대화, 군사화로 연결되었는데, 18세기에 일본이 해양국가라는 사실을 환기한 이가 바로 하야시 시헤이林子平, 1757~1793이고, 그가 쓴 책이 『해국병담海國兵談』16권이다. 그는 일본이 해양국가라는 인식을 심어주어 국민적 자각을 고취하면서 수도인 에도가 바다에 면해 있으므로 방어에 취약하다는 사실을 지적했다. 하야시는 도서국인 일본의 방어는 해안방어에 있으며, 해안방어의 병법은 지상전이 아니라 해전에 있으므로 일본열도 5,000리에 성벽을 구축하여 포대를 설치하는 것이 해양 방어의 이상이라고 역설했다. 그러므로 그는 일본은 전함을 만들어 병사를 훈련시켜야 한다는 이른바 '조함造艦 · 조련操練 · 연병練兵'의 3원칙을 주장했다. 그리고 이 때 가상의 적은 청과 러시아였다.[7] 하야시의 주장은 바로 청과 러시아의 침략에 대한 해국인 일본의 해상방어 전략에 대한 것이었다. 하지만 이러한 방어적 측면은 점차 반대로 해양진출론으로 나아가기 시작한다. 메이지 시기 이후 동남아시아와 태평양 등의 남양으로 진출을 모색하고, 통상입국에 기반한 해양국가론이 제기되며, 청일 · 러일 전쟁 시기에는 대륙 아시아를 겨냥한 '북진론'과 병행하는 해양진출론이 등장하여 곧 대만 식민지 통치를 중심으로 대륙연안 경영을 목표로 하기

---

7 남영우, 「하야시 시헤이의 생애와 업적-『三國通覽圖說』과 부도의 독도를 중심으로」, 『영토해양연구』 Vol. 11, 2016, 145~146쪽.

에 이른다. 육군의 대외진출론인 '북진론北進論'에 대해 해군의 대외진출론인 '남진론南進論'이 대비되었다.[8]

　일본의 역사에서 이처럼 대외전쟁은 해상방어의 측면에서 나아가 적극적인 해양진출론의 입장에서 전개되었으며, 가토 요코의 저서 제목처럼 '그럼에도 일본은 전쟁을 선택했던' 것에서 알 수 있듯이, 대략 10년 주기로 전쟁을 수행했다. 따라서 근대 일본을 이해하는 데 있어서 전쟁은 필수불가결한 요소라고 할 수 있으며, 그런 점에서 전쟁은 일본이 자신의 역사를 반성하는 데 있어서도 중요한 사유의 자산인 셈이다. 전쟁은 일찍부터 해양진출론을 제기한 일본에게 수반될 수밖에 없는 일이 된 것은, 결국 동아시아 지역에 등장한 서양 국가들이 만든 폭력과 이에 대처하는 방식이 바로 해상방어를 통한 해양진출 나아가 최종적으로 제국주의 전쟁에 참가하는 일이었기 때문이다.

3) 중국의 해금海禁정책

　한편 일본과 달리 중국은 해양진출을 시도하기보다 오히려 해금정책을 오랫동안 시행했다. '해금海禁'이란 "하해통번지금下海通番之禁, 바다로 나가오랑캐와 교통하는 것을 금지함"의 약칭으로, 명청시대 연안과 해양의 질서 안정 및 해외무역 규제 그리고 조공제도의 실현을 목적으로 하는 하나의 해양통제정책이었다. 역사적으로 명나라는 연해지역의 질서 유지를 위해 해금을 실시했고, 명대 후기에 와서 해외 상인에게는 광주廣州를, 중국 해상海商에게는 월항1567년 복건성 月港 개항을 개방하여 민간무역을 전제로 한 새로

8　류교열, 「근대 일본의 『해양진출론』과 최근의 『해양국가』 구상」, 『일어일문학연구』 52권 2호, 2005, 213쪽.

운 해금체제로 전환하였다. 1656년 청나라 역시 해금령을 반포하고 1661년에는 천계령遷界令을 내렸으며, 1684년에는 천계령을 해제하여, 하문廈門, 광주, 영파寧波, 화정華亭에 해관海關을 설치하였다. 해금이 완화되면서 해금의 목적도 연해지역과 해양의 질서 안정에서 중국인의 해외 이주를 금지하고 미곡 유출을 막는 것으로 무게 중심이 이동하였다.[9]

이와 같이 명청조에 실시된 해금정책으로 인해 중국은 해상진출을 염두에 두지 않았음을 알 수 있다. 게다가 서구나 일본과 달리 중국은 굳이 해상진출을 해야 할 이유가 없었다. 이와 관련하여 조영헌은 그 이유를 '대운하시스템'에서 찾는다. 대운하를 중심으로 한 조운漕運 등 교역무역량의 이동이 해운海運을 배제했는데, 여기에는 해상을 통한 이동이 갖는 위험성 즉 왜구 등의 해상세력에 의한 약탈을 염려한 것이었다.[10] 이러한 조건 또한 해금령 실시와 자연스럽게 연결된다. 그런데 사실 중국은 항구와 해안선이라는 면에서 좋은 조건을 갖고 있었고, 또 내지 인구와 토지의 모순 역시 해외 식민지 개척에 대한 압력민간이민은중단된적이없었다을 낳아 해양국가로서의 전환을 예상할 수 있었다. 그럼에도 불구하고 청조의 대외 식민정책을 촉진시키지 못한 이유에 대해 중국학자 왕후이는 이렇게 적었다. 곧 ① 청왕조는 영토가 광활하여, 식민지 개척은 주로 곧 청대 후기의 서북론西北論과 같이 제국의 강역 내부서북과서남에대한이민의경우와같이에서 전개되었고, ② 군사적 압력도 주로 북방에서, 곧 군사적으로 서북에서의 방위와 확장에 중점을 두었기 때문에 정책은 해양보다

---

9 홍성구, 「청조 해금정책의 성격」, 『한·중·일의 해양인식과 해금』, 동북아역사재단, 2007, 159~160쪽.
10 조영헌, 『대운하 시대 1415~1784–중국은 왜 해양 진출을 '주저' 했는가?』, 민음사, 2021, 맺는 말 참고.

내륙에 경도되었으며, ③ 정성공鄭成功의 습격과 연해 밀무역 행위로 인한 해금정책을 실시했고, 인구와 무역의 해외 확장은 사적이거나 밀무역의 성격을 띠었다.[11]

이처럼 중국과 일본은 역사적으로 해양을 향한 방향이 많이 달랐다. 물론 일본도 막부시기에는 쇄국정책을 실시한 적이 있었지만, 전체적인 흐름은 지정학적인 관계로 해상 진출을 도모하는 형태로 전개되었다. 그런데 아편전쟁을 계기로 하여 중국 역시 해양의 시대를 피할 수 없었고, 이 전쟁을 옆에서 지켜보던 일본 역시 해양 진출을 더욱 강화하지 않을 수 없었다. 이후 해양 시대를 맞이하고 이에 대응하는 자세와 방식의 차이는 근대 이후 동아시아 지역질서의 변화를 낳았다. 아편 밀무역에 대한 청조淸朝의 규제와 몰수 그리고 이에 대한 영국 상인과 해군의 대응이라는 것이 아편전쟁에 대한 요약이 되겠지만, 이것의 이면에는 여러 가지 역사적 맥락이 담겨 있다.

3. 『해국도지』의 구성과 의미

1) 『해국도지』의 출간과 구성

위원은 1841년 임칙서로부터 건네받은 『사주지四洲志』[12]를 참고하여, 1년 만에 『해국도지海國圖志』 초판 50권본을 완성하였다. 이후 『해국도

---

11 汪暉, 『現代中國思想的興起』(上卷 第2部) 第6章, 生活・讀書・新知三聯書店, 北京. 2004, p.613.
12 임칙서가 1836년 영국인 머레이(Hugh Murray)의 런던판 『세계지리대전(*The Encyclopaedia of Geography*)』을 번역하게 한 후 이를 윤색하여 편찬한 것이다. 『세계지리대전』은 런던에서 출판된 당시로서는 최신판 세계지리 백과사전이었다.

지』는 50권본1842, 60권본1847, 100권본1852, 그리고 후에 Y. J. Allen에 의하여 20권이 증보된 120권본으로 확대되었다. 그리고『해국도지』는 다음과 같이 구성되었다.

먼저 권1~2는「주해편籌海篇」으로 해방론海防論을 다룬 부분이다. 의수議守, 의전議戰, 의관議款의 세 가지로 나누어 설명하고 있다. "이이지장기제이론以夷之長技制夷論, 오랑캐의 훌륭한 기술로 오랑캐를 제압한다"이라고 위원의 사유를 드러내고 있다. 권3~4는 지도 수록 부분으로서 해국연혁각도海國沿革各圖와 지구정배면전도地球正背面全圖, 아시아주亞細亞州各國圖, 아프리카주利未亞州各國圖, 유럽주歐羅巴州各國圖, 아메리카주亞墨利加州各國圖의 대륙별로 나누어 수록하고 각국의 상세 지명을 설명하고 있다.

권5~70까지는 해방海防이라는 주제와 관계 깊다고 생각되는 지역에 관한 지리적인 정보를 소개하는 자료들로 이루어져 있다. 따라서 각 지역을 배열하는 순서는 가까운 곳에서 먼 곳으로 전개되었다고 할 수 있다. 권71~73은 종교, 역법, 연대의 비교표를 수록하였고, 권74~76, 권96~100은 세계의 자연지리 및 지구과학적 기술에 해당한다. 권77~95는 중국 유명인의 논문과 청에서 발간되는 신문과 대외관계 기사를 초략하고, 서양의 과학기술무기술,용병술등을 소개하고 있다.

2)『해국도지』의 서술 시각과 의미

(1) 해방海防

앞에서도 말했지만,『해국도지』권1, 2에 수록되어 있는「주해편籌海篇」은 의수, 의전, 의관 곧 방어, 전투, 교역화친에 관한 위원의 사유를 나타내고 있다. 첫 번째 편인 '의수'는 곧 방어에 대한 논의인데, 다시 말하면 해방론이라고 할 수 있다.

'해방海防, sea guard'이란 말 그대로 바다를 지켜 막는다는 의미로, 국가의 안전을 보호하기 위해 연해와 영해 안에 설치한 일체의 군사조치를 일컫는다. 중국에서 해방이란 말이 자주 사용되기 시작한 것은 명대 왜구의 출몰 때문이었다. 그래서 명청대에는 왜구와 관련한 다양한 해방론이 출현했다. 당시 해방은 해안포대와 수사水師라는 이중구조로 나누어져 있었다. 아편전쟁 전에도 연안의 각성에 수사가 설치되어 있었으나 단지 해구海口를 방어하고 해도海盜를 체포하는 용도에 불과했고, 관제도 육군과 별다른 차이가 없었다.[13] 해방은 바다를 통한 외부의 침입을 막는다는 것이고, 이에 반해 명대 이후 오랫동안 실시해온 해금은 바다를 향해 나가는 것을 막는다는 것이다. 앞에서 말했지만, 해금정책은 명초明初 홍무洪武 30년1397에 법률로 중국인의 해외 도항과 해상무역을 금지한다고 공포하면서 시작되었다. 이렇게 연해 지역의 질서를 유지하기 위해 시행했던 해금령이 청조에 와서 해제된 것은 무역 관리를 위해서 동남 연해 여러 성에 해관海關을 설치하면서부터다. 해관은 무역 관리를 담당했지만, 치안 유지는 여전히 문제였다. 해적 활동이 복건인과 광동인을 중심으로 항상적으로 행해지고 있었다. 청조 연해 질서의 한 축인 치안의 붕괴가 시작된 것은 18세기 말에서 19세기 초에 걸쳐 발생한 가경嘉慶시기 해구海寇이다. 청조는 초무招撫 정책으로 해구들을 간신히 진압했다. 하지만 이 시기에 복건과 광동 연해민에 의한 아편 밀무역이 확대되어 무역 관리 체제가 붕괴되었다.[14] 이것이 아편전쟁으로 비화된 것

---

13 조세현, 「근대중국 해양관련 개념의 형성과 바다 이미지의 변화」, 『동북아문화연구』 제29집, 2011, 322쪽.

은 잘 알려진 사실이다.

『해국도지』가 군사전략과 전술을 연구하고 아편전쟁 실패의 경험과 교훈을 총괄한 책이라는 성격을 띤다고 볼 때, 해방론에 대한 논의가 책의 첫머리를 장식하는 것은 자연스럽다. 위원은 「주해편籌海篇」에서 다루고 있는 3가지 가운데 의전전쟁이나 의관화친보다 우선되어야 할 것으로 의수해안방어를 제시했다. 오랑캐와의 전쟁以夷攻夷, 화친以夷款夷이 가능하려면 먼저 방어가 이루어져야 한다는 입장이다. 그것의 두 가지 대책은 이렇다. ① 바다를 지키는 것은 해구海口를 지키는 것만 못하고, 해구를 지키는 것은 내륙의 하천을 지키는 것만 못하다, ② 다른 지역의 군사를 이동시키는 것은 현지의 군사를 훈련시키는 것만 못하고, 수군을 이동시키는 것은 수군 민병을 훈련시키는 것만 못하다.[15]

①에 대해 해구가 와해되면 내륙은 순식간에 무너진다. 때문에 외해外海를 막는 힘으로 내륙 하천을 지켜야 한다. 그리고 이를 지키는 데는 해구의 밖을 지키는 것보다 병력이 적어도 된다고 말한다. 이를 위해 중국 연해의 지리와 지형 및 포대 설치에 대해 분석하는데, 절강성, 광동성, 복건성, 강소성, 천진 등이다. 아울러 바다에서는 순풍, 역풍, 미풍 어떤 바람이건 모두 통제하기 어렵지만, 내륙 하천에서는 순풍, 역풍, 미풍 상태를 막론하고 언제든지 공격할 수 있다. 이러한 전술로 성공한 예를 베트남의 영국 배 타격, 곧 베트남 찰선扎船의 승리를 제시한다. 이를 바탕으로, 적을 제어하고자 한다면 적의 장점을 공격하여 적의 우세를 상

---

14 村上衛, 「19세기 중엽 화남지방 해안질서의 재편―영국해군과 복건광동의 해적」, 중국사학회 제7회 국제학술대회 "중국의 개항장과 동아시아 문물교류" 자료집, 2006, 161쪽.

15 『해국도지』의 인용은 『海国圖志』上·中·下, 湖南 : 岳麓書社 1998; [한글판] 위원, 정지호·이민숙·고숙희·정민경 역주, 『해국도지』 1, 세창출판사, 2021에 근거했다.

실케 해야 한다고 주장한다. 그 예로서 왜구와 영국 오랑캐를 비교하는데, 무릇 왜구의 장점은 육지에 있기에 바다에서 공격해 그들의 단점을 격파해야 하고, 영국의 장점은 바다에 있기에 내륙 하천이나 육지에서 기다렸다가 적군으로 하여금 장점을 상실하게 만들어야 한다는 것이다.[16] 이렇게 방어를 한다고 하더라도 서양 오랑캐의 대포와 배의 성능이 뛰어나 사실 방어가 잘 될 수 없을 거라는 지적에 대해서도, 해안에서 서양의 대포가 타격을 가한 점이 없음을 예로 들어 반박한다. 따라서 대포를 사용하는 사람이나 설치장소, 그리고 공격용 대포와 수비용 대포의 차이점, 육지형 대포와 수상용 대포의 장단점 등을 고려하지 않고, 대표의 위력만 믿고 대포 주조에만 신경쓴다면 오로지 전쟁을 빙자해 오랑캐만 이롭게 하는 결과를 초래할 것이라고 지적한다. 다만 주의할 것은 대포보다 적군의 비포飛砲이며, 아군의 장점은 강포에 있고, 또 매복을 위해서도 대포보다 강포扛砲와 경포輕砲를 많이 제작하는 것이 좋다고 제안한다.[17] 더 중요한 것은 포탄의 명중여부라고 말한다.

결국 대포의 유무에 전쟁책임을 돌릴 것이 아니라, 전술과 율법과 계책이 없는 것이 더 문제라고 생각했는데, 병법에는 정해진 형태가 없고, 땅도 일정한 지세가 없으며, 전투를 하려면 반드시 적군이 아군을 공격할 방법의 6~7할을 먼저 파악한 다음 지혜를 발휘해서 공격하면 실패하지 않고, 방어를 하려면 반드시 먼저 적군이 아군을 공격할 방법의 6~7할을 파악한 다음 방어를 하면 침입할 수 없을 것이니 방어가 될 것이다라고 적었다.[18] 아울러 정공법표준전술과 기공법특이전술과 같은 전술을

---

16 위원, 정지호·이민숙·고숙희·정민경 역주, 『해국도지』1, 세창출판사, 2021, 91쪽.
17 위의 책, 94쪽.

잘 활용하여 방어를 해야 한다고 하면서, 전투에서 패배한 원인을 무기가 아니라 전술 곧 사람에게서 찾았다.

사실 아편전쟁에서 무력충돌이 발생하기도 했지만, 영국의 전략은 중국을 공격하는 것보다 해상을 봉쇄하는 것이었다. 1840년 6월 영국해군을 이끈 조지 엘리엇의 계획이 절강성 해안에 가까운 섬을 점령하여 이를 기지로 삼아 양자강 델타 지역으로 통하는 모든 해상교통을 차단하는 것이었다. 또 1842년 봄 영국의 전권대사인 포팅거가 청나라의 항복을 받아내기 위해 구사한 전략 역시 해상봉쇄였는데, 곧 중국의 주요 하천과 운하 교통로를 차단했다. 같은 해 6월 상하이 점령, 7월 양자강 하구에 있는 진강鎭江을 장악했다. 중국의 대운하와 양자강 하류지역이 영국에 의해 차단된 상태가 되었다. 양자강과 대운하가 만나는 지점에 있는 진강은 중국 수운의 요충지였다. 영국군이 진강을 장악함에 따라 중국 남북 간의 조운은 단절되었다.[19] 물론 1840년 4월 영국의회에서 청과의 전쟁수행을 결정한 뒤 1841년 1월 2차 천비해전穿鼻海戰을 시작으로 청의 동남부를 초토화하며 양자강으로 진격하는 동안 실제 전투가 벌어졌다. 위원이 해안방어에서 말하고 있는 것은 바로 이와 같은 실제 전투의 실상 그리고 전술 부재 및 전투력 부족에 대한 비판이었다.

그래서 ②에 대해서는 '장래에 칼자루를 거꾸로 쥐고 적에게 주는 자' 곧 투항하는 자가 끊임없이 나올까 염려스럽다고 한 탄식과 관련된다. 곧 수군의 선발 및 훈련과 관련된 것인데, 우선 원칙적으로 각 성의 용감한 사람들은 본래 각 성의 정예병으로 충당할 수 있고, 훈련된 한 성

---

18 위의 책, 103쪽.
19 이삼성, 『동아시아의 전쟁과 평화』 2, 한길사, 2009, 272~279쪽.

의 정예병은 본래 한 성의 경계를 막기에 충분했다. 필요한 것은 군사를 모집하고 훈련하는 방법을 강구하는 것에 달려 있고, 어려운 것은 단지 군사를 배치하고 움직일 줄 아는 사람을 얻는 것에 달려 있지 분분히 지원군을 많이 조달하는 것에 달려 있지 않다고 했다.[20] 곧 정예병 양성과 전투지휘에 능한 지휘관의 확보가 중요하다.[21] 특히 정예병을 양성하는 데 토착 원주민 선발의 이로운 점으로 첫째, 환경적응이 빠름 둘째, 길에 익숙하고 셋째, 자신과 가족을 고려한다고 지적하면서, 구체적으로 절강은 처주의 병사가 우수, 다음은 의오 그 다음은 태주 마지막은 소흥이라고 말했다.[22] 또 수병을 모집하는데는 천진이나 산동 지역은 강소나 절강 지역보다 못하고, 강소나 절강 지역은 복건과 광동 지역보다 못하다고 하면서 병력의 우수함은 그 지역의 특성을 고려해야 한다고 하였다.[23] 즉 군비와 병사 양성, 연해지역의 어선 수, 부유한 상인들 지역의 민병 양성, 그리고 염업과 어업, 광산업 개발로 인한 수익 등이다. 또 당시 광동이나 복건에 창궐하던 해적의 정부군화를 얘기하면서, 그것이 어려운 이유로 급료가 부족하여 생계가 곤란하기 때문에 수군으로서의 역할을 제대로 수행하지 못할 것이라고 진단했다.

그리고 포대의 설치도 그 수량의 다수가 아니라 품질의 견고 여부가 중요하며, 건설할 장소, 방법, 방어할 사람 배치 등이 함께 고려되어야 하고, 지역의 특성에 따른 포대 설치를 강조한다. 포대를 잘 설치하고

---

20 위원, 앞의 책, 142쪽.
21 이 문제는 아편전쟁 시기 영국군이 대규모로 청군(淸軍)에 의해 해산된 수병(水兵)들을 고용했는데, 이들은 현지 상황과 군사 시설에 익숙해 영국군에 중요한 정보를 제공해주었다는 사실과도 연결해서 볼 필요가 있다.
22 위원, 앞의 책, 144~145쪽
23 위의 책, 146쪽.

이를 활용하기 위해 앞서 말한 정공법과 기공법에 따라 훈련을 실시해야 한다고 말한다. 여기서 중요한 것은 바로 훈련을 잘 시킬 수 있는 적임자를 구하는 일이다.[24]

이처럼 「주해편」의 첫 장을 장식한 '의수'편은 실제로 군사전략과 관련된 내용이다. 아편전쟁에서의 패배에 대한 반성과 평가의 성격을 지닌 텍스트로서 『해국도지』를 읽는다면, 이러한 병서兵書로서의 성격이 쉽게 이해된다. 그런데 이런 성격은 종래 '서구로부터의 학습'이나 '개혁개방' 등과 같이 『해국도지』를 평가해온 서사에 의해 가려졌고, 또 '오랑캐의 장기를 배워 오랑캐를 제압한다'는 군사적 주장이 서구로부터의 학습의 경전적 표현으로 사용되었다. 일본 역시 유신사상가 사쿠마 쇼잔佐久間象山 등을 중심으로 서양의 과학기술을 채용하여 일본의 독립을 도모하는 것을 주장하거나, 서구 여러 나라의 정치, 법률, 경제 그리고 사회조직에서 우수한 점을 배워 일본을 개화하자는 주장으로 연결하여 수용하는 경향이 일반적이었다.[25] 하지만 『해국도지』와 거의 동시기에 나온 위원의 『성무기聖武記』를 보더라도 「주해편」은 바로 병법兵法에 근거한 것이다. 이러한 병서의 성격을 『해국도지』 수용에 열심이었던 일본에서도 일부 지식인들이 주목했다.[26] 청조의 내륙세계에서 군사행

---

24 위의 책, 155쪽.

25 源了圓, 「幕末・維新期における『海國圖志』の受容－佐久間象山を中心として」, 『日本研究』 9권, 國際日本文化研究センター, 1993, pp.20~21.

26 『해국도지』의 병서적 성격은 당시 민족국가 건설에 몰두고 하고 있던 일본인들이 더 분명하게 보고 있었다. 蕭致治의 「評魏源的〈海國圖志〉及其對中日的影響」, 『魏源思想研究』, p.344에 보면, 시오노야 세코(鹽谷世弘 : 에도 말기의 유학자)는 「飜刻『海國圖志』序」에서 다음과 같이 말하고 있다. "이 책은 본래 서양 사람이 지은 것으로, 사실을 전하되 정채로운 부분을 모았는데, 籌海, 籌夷, 戰艦, 火攻 등의 편들이 그것이다. 지리 방면이 상세하고, 외국의 상황이 충실하고, 병기・장비 방면도 충분히 다루고 있으니, 가히 방어하고자 한다면 지킬 수 있고, 화평하자면 화평할 수 있으니, 그들을 좌지우지할 수 있을 것이다. 다만 그 자질에 달렸을 따름이다. 이름은 지리지

동의 기록을 정리하고 검증하여 태평성세의 재구축을 도모한 『성무기』는 서북변방에 관한 정책론으로 통하는 책이다. 이 두 책이 동시에 쓰여졌다는 것은 내륙뿐만 아니라 해양의 군사행동도 급히 수록함으로써 무武에 관한 기록을 망라하고자 한 의도라고 생각할 수 있다. 그리고 이를 통해 내륙의 시선과 해양의 시선의 접속을 볼 수 있는데, 이는 광대한 공간과 지역적 다양성을 가진 중국의, 이 시기 세계인식과 사상을 보다 입체적으로 볼 필요가 있음을 알려준다.[27] 위원의 이 군사와 전쟁에 대한 서술은 바로 내정문제로 향했던 당시 경세개혁론자들의 시각이 해양세계로 확대된 것이라고 할 수 있다. 이는 군사와 제도가 유럽의 국가 체계를 만들어냈을 뿐만 아니라, 국가의 내부 제도에 대해서도 중대한 영향을 끼친 것처럼, 중국도 마찬가지다. 다시 말해 대외 군사전략의 각도에서 내외內外, 이하夷夏의 관계를 다루고, 제국 무력 정벌 시기의 시야와 정신을 회복하고자 함이다. 그런 점에서 위원의 내외관의 기초는 군사력이다. 그런데 이 군사력은 예禮를 귀착점으로 삼는다. 그리고 예는 군사력을 전제로 한다. 이는 『해국도지』 원서原敍에서 효과적인 군사행동은 반드시 "거짓, 수식, 두려움, 종기, 동굴 등을 없애야만" 한다. 즉 "마음속의 미몽과 걱정"을 없앰으로써 "실사實事로써 실공實功을 드러내고, 실공實功으로써 실사實事를 드러내야 할 것이며", 이는 곧 "사람들의

라 하였으나, 그 실제는 군사 대비의 교범이라 할 수 있다."(鹽谷世弘의 『宕陰存稿』 4권) 난요 데켄(南洋梯謙)은 「『海國圖志』序」에서 이 책은 "천하 무사들의 필독서(天下武夫必讀之書)"라고 하면서, 국가를 위해 널리 간행 배포해야 한다고 말했다. 요시다 쇼인(吉田松陰)은 "청나라 위원의 '주해편'에는 議守, 議戰, 議款 등의 글이 있는데, 아주 정확해 청나라가 이를 제대로 사용하게 된다면 영국 외적들을 제압하고 러시아와 프랑스를 취할 수 있을 것이다!"라고 하였다(吉田松陰 「西游日記」, 『野山獄文稿』 p.23, 汪暉, op. cit., p.629에서 재인용).

27 茂木敏夫, 「『海國圖志』成立の背景 十八－十九世紀中國の社會變動と經世論」, 『東京女子大學紀要 論集』 64권, 2013, pp.97~98.

헛된 걱정을 제거하는 것"이 전제가 되어야 한다고 밝힌 데서 드러난다. 곧 군사력으로 제국의 패권을 추구하고, 이를 바탕으로 예제禮制 질서의 재건을 구상했던 것이다.

그럼에도 군사적 승리의 획득은 여전히 여러 외교수단과 조공관계를 이용하여, 적을 분리시키고, 우군을 연합시키며, 복잡한 외적 통제 네트워크를 구축하여야만 한다. '의전'과 '의관'은 외교관계, 조공예의, 무역 왕래를 외적 퇴치의 술책과 밀접히 결합시킴으로써, '의수' 상하편의 구체적 전술을 보다 넓은 전략 관계 속에 위치지우고 있다. 이는 예禮와 군사兵의 착종 관계를 잘 설명하고 있는 것이다.[28]

(2) 해전海戰

위원은 내부의 방어가 견고해졌다면 이제 외부의 공격을 막아 내야 하는데, 외부 오랑캐海夷를 이용해서 외부 오랑캐를 공격하는 방법을 제안한다. 소위 이이공이以夷功夷다. 이를 위해서는 먼저 오랑캐의 사정을 잘 알아야 한다. 특히 영국을 중심으로 러시아, 미국, 프랑스와의 관계를 파악할 필요가 있다. 그런데 해외국가들과 200여 년간 통상무역을 해왔음에도 불구하고, 외국의 정확한 지리적 위치도 모르고 해외 국가들간의 관계도 무지했으며, 그래서 외국의 사정을 알려면 반드시 먼저 외국어 번역관을 세워서 외국의 서적을 번역하는 것부터 시작해야 한다고 지적한다.

「주해편」의 '의전'은 실제 전쟁을 수행하기 위한 방안을 제시하는 것

---

28 汪暉, op. cit, p.635.

인데, 특히 군사와 관련해서는 외국의 우수한 기술 곧 전함과 무기 그리고 군대 양성을 위한 훈련 기술을 수용해야 한다고 말한다. 앞의 두 가지는 군사 기술을 언급한 것이고, 마지막 한 가지는 제도와 그 방법을 말한 것이다. 앞의 두 가지와 관련해서는 ① 전함 건조 곧 전함의 수요는 제한적이지만 상선 수요는 무궁무진하고 ② 군수공장의 대포 수요는 제한적이지만, 상업용 기계의 수요는 무궁무진하기 때문에 조선소나 군수공장을 세울 필요성을 주장한다. 아울러 광동 외에 여러 지역에 조선소와 군수공장을 설립해야할 필요는 없으며, 한곳에 집중해야 기술도 쉽게 정교해질 수 있다. 그리고 많은 상선들이 전시에는 전함으로 전환될 수 있기 때문에 전함을 지속적으로 늘릴 필요도 없다고 지적한다. 전함의 유무는 해군을 양성하는 중요한 요소로서, 지금까지 전함이 없었기 때문에 수군을 육군처럼 활용해서 문제가 있었고, 그래서 견고한 전함과 정예병이 해상을 순찰하는 것의 중요성을 역설한다.[29] 위원이 보기에 앞으로 적들은 중국 항만의 이점을 탐할 것이고, 또 중국과의 관계가 끊어지는 것을 원하지 않기 때문에 먼바다에 정박해 있는 적의 배와 싸우기 위해서 해상전은 필연적이다. 그리고 해상전은 유리한 고지를 다투는데, 전함이 없으면 유리한 고지에서도 승세를 잡을 수 없다. 또 전함이 없으면 적을 추격하는 것이 곤란하다. 그리고 방어측이 공격측보다 유리하기 때문에 전투에 능한 지도자를 얻는 것이 중요하다고 했다.[30]

전함과 무기의 생산은 군사 기술의 측면이지만, 장기적으로는 무역과 제조업과 관련된 일이기도 했다. 또 군대 양성에 필요한 훈련 기술의 수

---

29 위원, 앞의 책, 178 · 186쪽.
30 위의 책, 190쪽.

용은 군사화, 특히 해군 건설을 중심으로 현재의 정치, 경제, 교육 체제를 개조하여 효율적인 군사 동원을 위한 시스템을 보장하는 것이기도 하다. 즉 수로 운송, 교통, 군대의 건설의 과정 중에 해운海運과 해상전海上戰의 능력을 제고하는데, 위원이 여기서 제시한 구체적인 건의는 다음과 같다. ① 운하 운송 대신 해상 운송으로 전환하고 또 전함으로 호송케 한다. ② 대규모의 수군水軍을 수도로 이동시킬 때 반드시 해상 운송을 이용한다. ③ 상인은 화물 운송시 관청에 전함 호송을 신청할 수 있다. ④ 국가에서 시행하는 무생武生, 무거인武擧人, 무진사武進士 등의 시험과목이 육군 병과弓術,馬術에 편중되어 있는 상황을 개혁하여, 민월閩粤에 수군 과목을 증설하며, 또한 함선과 대포의 기능에 익숙한 자를 과거 급제자로 인정한다. ⑤ 수군 장교는 반드시 조선소와 군수공장 혹은 조타수, 갑판원, 포수砲手를 거치도록 하며, 전통적인 평가 기준을 개혁한다.[31]

위원은 영국군, 포르투갈군의 엄격한 규율과 임전무퇴의 용기에 깊은 인상을 받았으며, 서구의 강점이 단지 기술의 측면에만 있는 것이 아니라, 군사의 훈련과 배양 역시 체계적이라는 사실을 알고 있었다. 그래서 그는 청군淸軍이 서양의 군사 훈련 방법을 배워 쓸모없는 인원은 도태시키고, 정예병을 보강시키며, 충분한 군량미를 확보하여, 해상 도둑들과 아편상을 잡아 이용하고, 해적들을 소탕하고 해상 운송을 호위하며 해양 진출의 기회를 늘이는 등의 방법을 통해 수군水軍과 녹영綠營을 훈련시킨다. 또 수병水兵은 복건과 광동을 주력해적소탕으로 하고, 강소와 절강의 병력은 보조해운보호로 역할을 나누는 것이 좋다고 말한다.

---

31 위의 책, 182~183쪽.

이러한 해군 건설과 관련된 주장은 이후 양무운동의 해군 건설에 중요한 영향을 끼쳤다. 1866년 6월 복건선정국福建船政局이 창설되어 프랑스의 기술을 도입해 조선과 해사교육을 실시했는데, 이것이 근대중국해군의 효시다. 이후 1910년 청의 해군부 설립을 통해 정치 제도적으로 구체화되었다. 해군은 단순히 무장기구만이 아니라, 근대과학기술을 집약한 군사기구로서 그 구축은 필시 근대화를 촉진하는 역할을 한다. 곧 해군은 조선, 통신, 항해, 항만정비. 연료개발, 총포제조 등 모든 근대과학, 근대적 산업기술을 전제로 하며, 또 그것을 습득하는 인원을 필요로 하고, 근대과학의 사회전체로의 보급을 촉진한다. 그래서 근대해군발전의 역사는 바로 중국근대화의 과정을 이해하는 단서다. 또 해군은 대외방위의 제일선이기 때문에 평시에도 대외관계와 관련이 있다. 곧 해상통상의 촉진, 해외화교의 보호, 함선의 외국방문, 대외친선활동을 전개하는 것 외에 불평등조약하에서는 중국의 주요 항만과 장강 등 큰 강에 외국선박, 외국거류지 등 외국권익이 존재하기 때문에 연안과 하천경비는 불가피하게 대외관계와 관련되었다. 해군은 육군이상으로 정치, 사회, 외교, 경제적으로 다양한 의미를 갖는다.[32]

(3) 교역(화친)

아편전쟁은 결국 소위 중국과 영국과의 무역 격차에서 발생한 것이다. 특히 아편 재배와 밀무역은 영국의 최대 수익원이었기 때문에, 세관 봉쇄의 조건 아래 아편무역을 근절할 가능성은 전혀 없었다. 아편금지는 외부와 내부의 두 방면에서 실시할 수 있는데, 외부에서 아편금지를 할

---

32 馮靑, 「中國海軍と近代日中關係」, 錦正社, 2011, pp.3~6.

수 있었던 몇 번의 기회가 있었으나, 그것을 모두 놓치면서 결국 외부에서의 아편금지는 불가능해졌다. 크게 보면 영국의 반란은 아편금지라기보다 교역을 할 수 없게 될 거라는 데서 초래된 것이다. 그래서 이를 방어하는 가장 최선의 방책은 무력 태세를 강화하는 것이고, 그 다음은 생계를 유지할 다른 업종을 궁리하고, 중국에 이익이 되는 물품을 판매토록 유도하는 것이다. 곧 대내 관리와 제한 이외에 무역 방식으로 영국과 기타 서방 국가로 하여금 충분한 이익을 얻도록 하는 것이다. 외부에서 아편의 금지가 불가능해진다면, 내부 금지를 하지 않으면 안 된다. 이는 내부에서 법에 믿음이 있고 명령이 반드시 시행되어야만 가능하다.[33]

아시아를 대상으로 한 유럽의 무역은 두 가지 힘 위에 구축되었는데, 하나는 대량의 아메리카 백은이었고, 다른 하나는 자유자재로 조종할 수 있고 다양한 돛을 달아 바람을 동력으로 사용하는 전함이었다. 전자의 부족현상이 나타나자, 후자는 바로 군사력으로 아편 밀거래를 보호함으로써 새로운 수출입 균형을 맞추었다. 이로 인해 아편 무역 분쟁은 "오랑캐의 장기를 배워 오랑캐를 제압하는" "강병強兵" 정책을 통하여, 실질적으로 군사력을 강화하고 제도적으로 무역과 군사 보호의 관계를 완비함으로써 해결하는 수밖에 없었다.

따라서 외적과 화해를 하는 일도, 죽기 살기로 달려들어 상대방이 머리를 조아리고 애원하도록 굴복시키는 것이 상책이고, 그렇지 않으면 적군이 두려워하는 국가들과 연합하여 그 국가들이 중간에서 설득하게 하는 것이 차선책이다.[34] 중국과 영국 사이의 결정적 차이는 무역과 국

---

33 위원, 앞의 책, 226쪽.
34 위의 책, 229쪽.

가의 군사적 보호의 유무다. 해금령으로 인해 중국은 밀무역이나 민간 무역이었던 반면, 영국의 해양 무역은 정반대였다. 바로 그렇기 때문에 이 무역 문제는 동시에 군사적 문제였다. 특히 아편무역은 몹시 불평등 하고 강제적인군사보호하에서의밀무역 방식으로 중국을 런던 중심의 국제무역 네트워크 내부로 편입시켰다. 이 경제체제의 운동이 군사적 폭력과 고 도로 동질화된 정치 구조에 의존한 것이었기 때문에, 그것은 또한 다른 지역과 국가들이 무역 문제의 협조 처리를 위해 군비를 보강하고, 국가 의 정치 구조와 운영 능력을 강화하도록 독려할 수밖에 없었다. 위원은 "군비를 증강시킨다면, 오랑캐와 화평할지 말지에 얽매일 필요가 없을 것議戰"이라 하였다. 이러한 역사적 조건은 무역 문제가 "오랑캐의 장기 를 배워 오랑캐를 제압하는" 군사적 전략으로 전환하는 데 계기를 제공 하였으며, 이런 군사적 전략은 다시 변법개제의 국가 건설의 동력으로 전환되었다.[35]

(4) 해권海國

이처럼 「주해편」을 관통하고 있는 군사학적 서술에도 불구하고, 후대 인들이나 당시 조선과 일본 등 주변의 지식인들에게 『해국도지』가 서양 학문이나 정보를 집대성해서 소개하는 지리서로 인식된 것은, 바로 책 의 대부분을 차지하는 해외 지리와 해국의 정치·경제·인구·종교 등 의 지식 때문이다. 따라서 『해국도지』에 대한 기존의 관점은, 이 책이 서구 근대 지리학의 성과를 바탕으로 중국의 근대 지리학이 이전에 없

---

35 汪暉, op. cit., pp.642~643.

었던 수준에 이르게 했다는 것이다. 그리하여 근대 중국인이 서양을 배우고, 중화주의적 관점에서 탈피하여 양무운동과 변법유신운동에 중요한 영향을 주었다는 것이다. 다시 말해 서양을 서양인이 쓴 자료를 바탕으로 이해하고, 그것을 통해 세계를 파악하고, 중국의 변화를 모색하는 중국 근대화의 프로세스를 전개하게 한 텍스트이다. '제이制夷 – 숙이熟夷 – 사이師夷'로의 변화를 추동한 텍스트『해국도지』의 대부분이 해국에 대한 정보로 이루어지고, 그 가운데 특히 근대 지식 체계 내에서 '지리학'의 중요성이 드러난다. 지리학은 근대 세계체제의 군사적 성격에 의해 결정된다. 따라서『해국도지』는 분명한 병서兵書, 단순한 지리학 저작이 아니라 하나의 군사저작이다.

종래 중국에서는『해국도지』에 드러난 위원의 사상을 두고, 중국중심관과 화이지변華夷之辨을 파괴했다고 하는 이들이 있는가 하면, 이夷와 제이制夷라는 표현에서 보이듯이 여전히 전통적인 중화우월론에서 벗어나지 못했다고 평가하는 이들이 있다. 이 서로 대립적인 언설은 모두 근대적 지식과 사유로 무장한 후대인들의 평가에 기반한 것이다. 아편전쟁 이후 바로 출간된 텍스트를 평가하면서 발생할 수 있는 오류인 셈이다. 위원은 해국 곧 서양에 대한 지식과 정보를 제공하고 있고, 이를 위해 사용한 원자료 또한 서양인들에 의해 작성된 것이라고 하지만, 웅월지熊月之의 연구에 따르면,『해국도지』가 인용한 백여 종의 중국·외국의 저작 가운데 역대 정사正史가 20여 종, 중국 고대의 역외 지리에 관한 저작과 관련 저술이 약 70여 종을 점하고 있고, 서양인의 저작은 겨우 20여 종뿐이다. 중국 문헌이 대량으로 존재한다는 사실은 전통적 관점이 위원이 새로운 세계상을 구축하는 데 매우 중요한 작용을 하였음을 설명

한다고 할 수 있다.[36]

「주해편」에서 병서임을 밝힌 위원이 『해국도지』의 대부분을 광범위한 지리학 관점과 세계사적 풍경을 담은 것에서 이러한 평가의 혼란이 있다고 볼 수 있다. '병서'를 역사지리학적 방식으로 표현했기 때문이다. 왕후이는 이에 대해 위원이 세계사나 지리학 방식으로 군사 전략을 전개한 것은 그의 위기에 대한 이해와 인식을 구체적으로 표현한 것이라고 설명한다. 즉 아편무역이 단순히 중영 양국 간의 분규가 아니며, 중국이 직면한 위기가 구조적 위기이기 때문에, 구체적 군사 전략과 전술을 반드시 구조적 관점 속에 놓고 봐야 한다는 것이다. 나아가 『해국도지』는 세계상을 재구축하였다. 그래서 그것은 단순히 서구 지리를 논한 학술 저작이 아니었다. 또한 해양시대를 대륙시대와 확연히 구분되는 시대로 보지도 않았다. 이는 중국과 그 조공체계를 중심으로 하여 전개된 세계 지리, 사회 연혁, 각 민족의 풍속·문화·제도 등에 관한 인류학 저작이었다. 지리학의 각도에서 보자면, 이 저작은 청대의 서북 지리 연구와 방법과 동기 상에서 많이 겹쳐지며, 그 편찬 방법과 목적은 그보다 조금 이른 유정섭兪正燮의 『러시아사략俄羅斯事略』 등의 북방 변경에 대한 연구와 일맥상통한다. 다만 식민시대 국가 관계에 편중됨에 따라, 해양의 지위가 명확히 상승하였다는 점을 빼고는 말이다. 청대 동남 연해와 관련된 지리 연구가 서북 지리에 훨씬 못 미치는 것은 기본 사실이다.[37]

이렇게 본다면, 결국 『해국도지』에서 위원은 해국과 청中國과의 위상 정립이라는 문제를 제기할 수밖에 없다. 앞에서 말했던 막부 시기에 나

---

36 熊月之, 『西學東漸與晚淸社會』, 上海人民出版社, 1994, p.260.
37 汪暉, op. cit., p.645.

온『해국병담』에서 얘기한 해국海國은 곧 바다가 있는 국가나 해외의 국가란 뜻이거나 근해지역을 의미한다면, 『해국도지』의 해국은 바로 세계이고, 청과 대립 공존하는 대상이다. 『해국도지』의 독특한 문제 제기의하나가 '해국' 개념의 제출과 이것과 대응하는 '중국中國' 개념의 형성이다. 즉 『해국도지』가 주로 해국을 거론하고 있지만, 오히려 그 주안점은청으로, 해국 개념을 형성하는 동시에 중국 개념을 형성하고 또 해국과중국의 관계에 대한 인식이 새로운 주체의식하에서 해국을 학습하는 것을 추동했던 것이다.[38] 그리고 이것은 오히려 청조의 역사, 문화적 정체성, 국가 개혁, 중국의 지연 정치 관계 등에 대한 사대부의 새로운 인식을 촉진하였다.

이러한 경세론자인 위원의 실용주의 또는 공리주의적 관점은 여기에그치지 않고, 인간의 심성과 관념 나아가 인간의 주체성에 대한 인식으로까지 나아간다. 이것은 『해국도지』의 원서에 잘 드러나 있다.

이 책은 왜 짓게 되었나? 오랑캐로서 오랑캐를 공격하고, 오랑캐로서 오랑캐와 화합하고, 오랑캐의 장기를 배워 오랑캐를 제압하기 위해서다. (…중략…) 과거 주변 오랑캐를 제압한 경우에 적의 사정이나 상황에 대해 물어보면 자기집 가구를 대하듯이 잘 알고 있었으며, 일상생활에서 밥을 먹거나 잠을 자는것만큼 잘 알고 있었다. 그렇다면 이 책으로 서양을 제압할 수 있는가? '그렇기도 하지만, 아닐 수도 있다.' 이 책은 군사적 전략은 될 수 있지만, 근본적인 대책은 아니다. 유형의 전략이지, 무형의 전략은 아니다. 명나라의 한 관료는 "해

---

38 王瑞成, 「從《海國圖志》看"海國"與"中國"概念的生成－全球, 海國和國際關係格局中的"中國"定位與新主體意識」, 『社會科學戰線』, 2013年 第2期, 觀念詞研究, p.74.

상에서 왜적의 우환을 평정하고자 한다면, 우선 인심의 쌓인 우환을 평정하여야 한다"고 말하였다. 인심의 쌓인 우환이란 무엇을 말하는가? (…중략…) 이 발분과 우환이야말로 하늘의 도가 부족를 다해서 泰로 움직이게 하는 것이고, 사람들의 마음心이 몽매함을 벗어나 각성하게 하는 것이며, 사람들의 재주人才가 허虛를 고쳐서 실實로 옮겨 가게 하는 것이다.[39]

아편전쟁에 대한 위원의 결론은, 우선 제국 내부의 시각조공의 시각을 포함하여으로부터 전개된 것이다. 즉 영국 등 서구국가, 심지어 월남 등 이전 속국은 모두 해산된 중국의 병사 혹은 중국의 해적을 안내자로 이용하였다. 따라서 외적을 막는 방법 가운데 하나는 모종의 준準국민주의의 방식으로 제국 내부의 통일을 강화하는 것으로, 해양 위협에 대한 해소와 내부 통일의 촉진은 서로 연계되어 있다. 위원은 전통 제국의 관점과 서구 지리학의 지식을 결합시켜, "해양시대"의 내외內外 관계에 대한 총체적 이해를 수립하려 했다. 이 총제적인 이해에 있어 핵심적인 것은 제국 자신의 조공네트워크와 무역관계에 대한 군사적 보호를 재건하는 것이었다. 현실적인 관점에서 보자면, 현재 서양이란 유한적인 지리적 지역이 아니라, 세계 각지에 파고든 식민과 무역관계였다. 그래서 이는 대륙에 의지하여 해양 역량에 저항하는 전략의 근거였다.[40]

---

39 위원, 앞의 책, 45~47쪽, 참조하되 원문과 대조하여 문장을 바꾸었다.
40 汪暉, op. cit., pp.605 · 647.

4. 나가며

아편전쟁에 대한 반응으로서 변방 방어와 마찬가지로 해상 방어의 중
요성을 강조하고, 이를 '이이제이以夷制夷'라는 방식으로 극복하고자 해국
海國의 정보를 정리해서 출판한 『해국도지』는 군사서가 세계지리서의 형
식을 띨 수밖에 없음을 드러냈다. 그래서 해양진출론을 모색한 적이 없
었던 중국이 해전海戰을 통해 서양의 해양세력을 경험하고, 그것이 지닌
군사적 우수함에 주목했지만, 해양국가로의 전환을 추구하는 것보다 다
른 청말 경세론자들과 마찬가지로 위원 역시 실용적인 관점에서 그리고
궁극적으로는 제국 내부의 문제가 더 중요하고 본질적이라는 생각에서
여전히 대륙의 시각에서 해양을 사고했다.

아편흡입으로 전 지구적 무역에 개입하게 되고, 이로 인한 대영무역
과의 관계로부터 초래된 중국의 정치적 위기를 군사적 측면에서 이해했
다. 당시 위원으로서는 마약은 마약이고, 전쟁은 전쟁일 뿐으로, 요즘
전통과 근대라는 이분법에서 해석하는 것처럼 아편전쟁이 관문을 닫고
자신을 지키는 중국을 재촉하여 문명의 진보로 나아가게 했다고 보는
것은 문제가 있다. 만약 그렇다면 임칙서의 저항은 문명에 대면하여 자
기 능력을 가늠하지 못하고 벌인 발버둥에 불과하다. 19세기 중반의 청
나라 해안에는 이전부터 다양하게 바다를 향해 활동하는 무리들이 존재
했는데, 이를 조정할 수 있는 능력이 조정에는 없었다. 이러한 연해의
상황이 아편무역과 연결되고, 그것을 근절하려는 청정부의 시도를 이른
바 양이洋夷가 무력으로 제압한 것이 아편전쟁이다.

존 페어뱅크가 아편무역을 두고 '근대에 가장 오래 지속된 국제범죄의

하나'라고 말한 것처럼, 국제범죄를 용인한 영국군에 대한 패배였기에 위원에게 늘 불안했던 변방 경계 곧 해상 방어의 실패가 초래한 패배였던 것이다. 여기에 서구의 전함과 대포로 대변되는 군사적 역량이 돋보였다. 해국과 그들이 지닌 군사적 기술 등을 소개해서 변방 경계를 강화하고, 더 나아가 전쟁해전을 불사할 수 있는 능력을 배양하기를 바랬던 것이다. 『해국도지』의 지리서적 성격은 당시 이 책을 수용한 조선과 일본에서도 세계를 이해하는 곧 해국에 대한 정보서로 먼저 받아들이게 했다. 아편전쟁에서 청의 패배에 놀랐던 이웃 나라가 그 청을 이긴 영국이란 서양 국가들에 대한 이해를 도운 책이었던 것이다. 이후 동아시아의 근대화는 위원의 『해국도지』를 해상방어를 강조하는 군사서가 아니라 세계지리서로 위치지었고, '이이제이'에서 이夷는 점차 서양으로 바뀌고, 서양 중심의 세계 질서에 중국이 편입되는 방식으로 전환되고 말았다. 그리고 『해국도지』에서 말한 오랑캐의 장기長技 곧 군사적 기술은 이후 중국 근대화 과정에서 학문과 교육 시스템을 통해 체계적으로 수용되고 보급되게 된다.

마지막으로 이 글에서 자세히 다루지 못한 것은 향후 과제로 남기려고 한다. 먼저, 『해국도지』에서 서양의 장기를 배워야 한다고 표방했고, 그래서 해국에 대한 다양한 정보를 소개했는데, 이것을 위해 수집해서 사용한 자료나 책은 어떤 것이었는지에 대한 구체적인 검토가 필요하다. 또 앞에서도 언급했듯이 해방론海防論과 해상전을 당시 중국 연해의 상황과 연결해서 검토할 필요가 있겠다. 마지막으로 20세기 후반 중국의 부상에 따른 새로운 세계질서의 형성에 대한 글로벌시대 역사인식의 틀을 아편전쟁 시기 중화제국의 판도와 국제질서로서 조공체제의 붕괴과정에 대한 이해를 통해 모색할 수 있겠다.

참고문헌

魏源, 『海国圖志』 上·中·下, 湖南: 岳麓書社, 1996.

다케우치 요시미, 서광덕·백지운 역, 『일본과 아시아』, 서울: 소명출판, 2004.

白石隆, 류교열·이수열·구지영 역, 『바다의 제국』, 서울: 선인, 2011.

위원, 정지호·이민숙·고숙희·정민경 역주, 『해국도지』 1, 서울: 세창출판사, 2021.

윌리엄 맥닐, 신미원 역, 『전쟁의 세계사』, 서울: 이산, 2001.

이삼성, 『동아시아의 전쟁과 평화』 2, 서울: 한길사, 2009.

조영헌, 『대운하 시대 1415~1784−중국은 왜 해양 진출을 '주저'했는가?』, 서울: 민음사, 2021.

주경철, 『대항해시대−해상팽창과 근대세계의 형성』, 서울: 서울대 출판부, 2008.

馮靑, 『中國海軍と近代日中關係』, 東京: 錦正社, 2011.

汪暉, 『現代中國思想的興起』(上卷 第2部), 北京: 生活·讀書·新知三聯書店, 2004.

熊月之, 『西學東漸與晚淸社會』, 上海: 上海人民出版社, 1994.

남영우, 「하야시 시헤이의 생애와 업적−『三國通覽圖說』과 부도의 독도를 중심으로」, 『영토해양연구』 Vol.11, 2016.

류교열, 「근대 일본의 『해양진출론』과 최근의 『해양국가』 구상」, 『일어일문학연구』 52권 2호, 2005.

조세현, 「근대중국 해양관련 개념의 형성과 바다 이미지의 변화」, 『동북아문화연구』 제29집, 2011.

홍성구, 「청조 해금정책의 성격」, 『한·중·일의 해양인식과 해금』, 동북아역사재단, 2007.

村上衛, 「19세기 중엽 화남지방 해안질서의 재편−영국해군과 복건광동의 해적」, 『중국사학회 제7회 국제학술대회 "중국의 개항장과 동아시아 문물교류" 자료집』, 2006.

王瑞成, 「從《海國圖志》看"海國"與"中國"概念的生成−全球, 海國和國際關係格局中的"中國"定位與新主體意識」, 『社會科學戰線』 第2期, 觀念詞研究, 2013.

茂木敏夫, 「『海國圖志』成立の背景−八−十九世紀中國の社會變動と經世論」, 『東京女子大學紀要論集』 64권, 2013.

源了圓, 「幕末·維新期における『海國圖志』の受容:佐久間象山を中心として」, 『日本研究』 9권, 國際日本文化研究センター, 1993.

근현대 중국과 머핸의 '해권海權'론

오타 이즈루太田出

1. 시작하며 – 문제의 소재

주지하다시피 근래에 어업자원, 해저유전·천연가스 등 광물자원과 같은 해양 권익이나 좁은 의미의 영해, 접속 수역, 배타적 경제 수역EEZ도 포함하는 해양 안전보장에 대한 관심이 높아짐에 따라서 동아시아에서도 여러 섬이나 주변 해역을 둘러싼 '영토', '영해'와 관련된 사안이 —센카쿠尖閣제도나 남지나해 문제 등— 점점 증가하여 국제문제가 되고 있다. 그러면 중국·일본 등 동아시아에서 근대적인 영해 개념을 인식하기 시작한 것은 과연 언제쯤일까? 그것은 어떠한 경위를 거쳐서 현재에 이르게 되었을까? 시험 삼아 영해제도領海制度나 해양법의 역사에 관한 고전적인 연구서를 펼쳐보아도 거기서 얘기되고 있는 것은 늘 구미 여러 국가들을 중심으로 하고 있고, 중국·일본뿐만 아니라 조선 반도나 타이완 등도 포함한 동아시아에 관한 기록은 거의 없다. 그것은 근대적 영해주권 개념이 유럽으로부터 들어온 것과 관련이 있을 터이지만, 과연 동아시아에서는 언제쯤, 어떻게 수용되었을까?

이 글에서는 근현대 중국의 영해주권 개념을 생각하는 데에 있어서, 청말 이래 보다 넓은 개념으로서 사용된 '해권海權, Sea Power의 번역어'이라는 말에 착목하여, '해권'론에 관한 근래의 연구 성과를 참고하면서, 중국에서의 '해권'론, 나아가서는 영해주권 개념이 언제쯤부터 어떻게 해서 도입되고 논의되기 시작하였는지, 바꾸어 말하면 '해권'에 상당하는 말이 역사문헌에 언제쯤 등장하고, 그것이 어떻게 해석되어 왔는지를 밝혀보고자 한다.

본론에 들어가기 전에 간단히 영해제도에 관한 선행연구를 일별해 보면, 우선 문제 삼아야 할 것은 고전적 명저로서 유명한 다카바야시 히데오高林秀雄의 연구이다.[1] 다카바야시는 이 책에서 해양법의 역사적 형성과정에 대하여, "오늘날 볼 수 있는 바와 같은 영해제도는 근세 초기에 전개된 '해양의 자유'와 '해양의 폐쇄'라는 두 주장을 둘러싼 해양 논쟁을 거친 후에 점점 국제법상의 제도로서 그 형태가 정돈되어왔다고 말하여지고 있다"p.2, "해양법의 내용에서는 여러 국가 간의 공동사상의 결과라고 하기보다는 오히려 해양 대국의 의사를 배경으로 하여 추진되어온 이론이 자주 발견된다. (…중략…) 19세기 내내 해양에 군림해온 영국에서, 각각의 목적에 관련된 연해안의 한계에 대하여 시행되었던 일련의 정책 결정이 마침내는 영해 폭에 대하여 3해리海里주의를 지지하는 방향으로 이끌었다"p.4라고 지적하여, 해양법이 근세의 '해양의 자유'와 '해양의 폐쇄'를 논의의 출발점으로 하여, 점점 영국을 비롯한 해양 대국의

1　高林秀雄, 『領海制度の研究』, 有信堂, 1968.

50　제1부_근대 동아시아의 전쟁

강력한 추진력을 기초로 하여 형성되어 왔다고 강조한다. 다카바야시 이후의 연구에서도 일본의 영해제도에 대하여 언급할 때에는, 첫째로는 국제법의 역사는 어떠한 의미에서는 해양법의 역사이며, 둘째로는 해양법의 역사는 해양에 대한 국가권력의 행사와 해양의 자유라는 서로 충돌하는 주장을 중심 테마로 해왔다고 평가한 위에, 다카바야시가 말하는 '해양의 자유'와 '해양의 폐쇄'를 둘러싼 논쟁, 즉 네덜란드의 휴고 그로티우스Hugo Grotius, 1583~1645와 영국 존 셀든John Selden, 1584~1654의 해양 논쟁에 관하여 언급하는 경우가 적지 않다.[2]

이 글에서 착목하는 중국 · 타이완의 '해권'론에 관한 법학 · 역사학적 연구에 관하여 조감해보면, 근년에는 중국중화인민공화국의 학자에 의한 '일대일로一帶一路' 구상에 따른 해양 진출의 정당화, 자국과 해양과의 역사적인 관계를 고대사까지 거슬러 올라가 '실증' 또는 '창조'하려고 하는 시도가 있으며, 또 중국의 해양 진출 영향을 정면으로부터 가장 직접적으로 받게 되는 타이완중화민국의 학자에 의하여 타이완과 해양에 대한 역사 복원이 진행되고 있다. 구체적으로 말하자면, 법학의 입장에서 해양법 · 영해법을 해설한 개설서의 역사적 서술 부분,[3] 역사학의 입장에서는 영해제도를 검토한 중국의 녜바오장聶寶璋, 량수잉梁淑英, 류리민劉利民, 허우앙위侯昂妤, 피밍융皮明勇, 치원청戚文闖, 궈원타오郭文韜, 타이완의 장리張力, 천관런陳冠任 등의 연구를 들 수 있다. 또 마이카. S. 무스콜리노Micah S.

---

2 吉井淳, 「領海制度の史的展開－日本の領海制度」, 國際法學會 編, 『日本と國際法の100年 第3卷 海』, 三省堂, 2001, p.27.
그로티우스와 셀든에 대해서는, 최신의 번역서로 本田裕志 譯, 『グロティウス海洋自由論, セルデン 海洋閉鎖論』 I(京都大學學術出版會, 2021)을 들어 둔다.
3 魏敏他, 『海洋法』, 法律出版社, 1987; 陳德恭, 『現代國際海洋法』, 中國社會科學出版社, 1998.

Muscolino의 연구는 구미의 역사학 연구에서 찾아보기 힘든 중국과 해양의 문제를 취급한 것 가운데 하나로서, 청말과 민국民國 시기의 해양어업 자원과 그것을 둘러싼 분쟁 처리의 역사를 기술하고 있다.[4]

이러한 연구들로부터 흥미로운 논점을 들어보면, 류리민劉利民은 영해주권 가운데 어업문제를 다루어서, "영해주권 문제를 검토하려고 한다면, 어업문제에 대하여 언급하지 않을 수 없다. 이 두 문제는 밀접하게 관련되어 있기 때문이다. 영해의 기본적 역할의 하나는 어업 보호이며, 역사상 매우 많은 영해조약이 어업을 목적으로 체결되어 왔다"라고 기술한 다음, 이어서 중국에서의 영해주권 문제特히 어업권과 관련지어의 발생은 광서光緖 23년1897의 독일에 의한 산둥山東성 자오저우膠州만의 조차와 연해어업권의 침탈에서 구하였다[5]. 허우앙위侯昂好의 연구는 2014년 4월에 중국국가변해방연구센터中國國家邊海防研究中心의 성립을 계기로 하여 간행된 '국가변해방연구중심학술저작國家邊海防研究中心學術著作'시리즈 가운데 한 편이며, 중국 정부 주도의 해양 연구 성과로 이해하면 적당하다. 그 내용으로는 중국 근대의 해양 개념에 대하여 초보적인 검토를 하고 있으며, 근대의 '해권' 개념에 대하여 생각할 때, 광서 26~31년1900~1905의 언론

---

4 聶寶璋, 「一九世紀中葉中國領水主權的破壞及外國在華輪運勢力的擴張」, 『中國經濟史研究』, 1987年 1期; 梁淑英, 「中國領海制度」, 『政法論壇』, 1994年 3期; 劉利民, 『不平等條約與中國近代領水主權 問題研究』, 湖南人民出版社, 2010; 侯昂好, 『海風吹來 : 中國近代海洋概念研究』, 軍事科學出版社, 2014; 皮明勇, 『中國近代軍事改革』, 解放軍出版社, 2008; 戚文闖, 「馬漢"海權論"與中國的"一帶一 路"建設」, 『聊城大學學報』社會科學版, 2017年 6期; 郭文鉻, 「中國崛起為"陸海雙料強國"的前景判 斷-以"一帶一路"戰略視角分析」, 『南方論刊』, 2017年 11期; 張力, 「近代中國海軍發展中的海權認 識」, 劉石吉・王儀君 主編, 『海洋歷史文化與邊界政治』, 國立 中山大學人文研究中心出版, 2012; 陳 冠任, 『萌動, 遞嬗與突破-中華民國漁業權發展史(1912~1982)』, 國立政治大學歷史學系, 2013; Micah S. Muscolino, *FISHING WARS and Environmental Change in Late Imperial and Modern China*, Harvard University Asia Center, 2009.

5 劉利民, Ibid., pp.227~229.

계에서 '해양', '해권' 등의 단어 사용 빈도가 격증하였다고 하는 지적은 주의할 만하다.[6] 다만 대체로 사실 지적에 그치고 있고, 왜 이 시기인가라고 하는 의문이나 '해권'이라는 말에 내포된 구체적 의미와 내용에 관해서는 충분한 검토가 이루어졌다고 말하기 어려운 점은 아쉽다.

이 글에서 가장 중요한 검토 과제라고 생각되는 청말 이후 중국의 영해주권을 둘러싼 논의, 즉 '해권'론에 대하여 흥미로운 접근을 한 것이 피밍융皮明勇, 장리張力, 천관런陳冠任이다. 피밍융은 '해권'이라는 말이 처음 출현한 것은, 주 독일 공사인 리펑바오李鳳苞가 번역한 『해전신의海戰新義』天津機器局간행, 1885 제2권에 등장하는 "무릇 해권이 가장 강한 자는 약소국의 병선兵船을 뒤쫓아 공격하게 한다"라는 문장에서라고 한다. 그러나 어휘에 대한 명확한 정의가 없는 데다, 이 서적은 중국 정부나 해군에 큰 영향을 끼치는 것도 아니었다. 피밍융에 의하면, 오히려 중시해야할 것은 미국 해군소장인 앨프리드 세이어 머핸Alfred Thayer Mahan, 1840~1914이 저술한 *The Influence of Sea Power upon History, 1660-1783*Boston, Little Brown, 1890의 출판이며, 그 일본어 번역도 『해상권력사론海上權力史論』이라는 제목으로 출판되었다(역주-한국에서는 1999년 김주식 번역으로 『해양력이 역사에 미치는 영향』 제1권과 제2권이 책세상 출판사에서 간행되었으며, 그 뒤 개정판도 나오고 있다). 독일어 · 프랑스어 · 러시아어로도 번역된 이 책의 중국어 번역은 일본의 이쓰비카이乙未會, 번역자는劍潭釣徒에 의하여 착수되어, 1900년 3월부터 『아동시보亞東時報』에 「해상권력요소론海上權力要素論」이라는 제목으로 서언緒言과 제1장이 게재되었으나, 유감스럽게도 도중에 정간되었다. 그 뒤

---

6 侯昂妤, op. cit., pp.73~78.

다시 『해군잡지海軍雜誌』에도 「해상권력의 요소海上權力之要素」라고 제목이 바뀌어 연재되었지만, 역시 잡지의 정간과 함께 제2장 전반 부분을 번역하는 것만으로 끝났다.[7] 이렇게 하여 번역 자체는 어중간하게 끝났지만, 청말 중국인의 머핸 '해권'론에 대한 이해는 특히 다음과 같은 4종의 요점으로 정리된다고 한다. 첫째로는, '해권'의 내용이다. 넓은 의미로는 머핸의 '해권'론에서 일반적으로 지적되는 일정한 해역 안에 있어서의 해군력의 행사, 상선대의 편성과 통상활동 및 해운을 가리키며, 좁은 의미로는 3해리의 영해주권을 가리키는 것이라고 인식되었다. 둘째로는, '해권' 발생의 역사적 조건이다. '해권'은 근대 자본주의의 발전, 해외에서의 원료·상품시장의 획득, 증기선의 발달과 함께 점점 중요시되어 쟁탈의 대상이 되었다. 셋째로는, 각국의 '해권'에 강약이 생겨나게 된 주요한 원인에 대해서인데, 머핸은 '해권' 발전의 요인으로서 ① 지리적 위치, ② 장대한 해안선과 양호한 항만 및 그것에 접속되는 하천의 유무, ③ 영토의 대소, ④ 인구의 규모, ⑤ 상업·모험 등과 관련 있는 민족성, ⑥ 정부의 성격과 정책을 들었는데, 중국의 경우 ②, ③, ④는 문제가 없고, ①은 변경할 여지가 없기 때문에, ⑤, ⑥에 관심이 많았다. 마지막으로는 '해권'과 국가 성쇠의 관계인데, 머핸이 제시한 '해권'이 국가 전략과 해외 무역에 대한 해상 교통로Sea Lane의 확보에 연결된다고 하는 관점에 대해서는 기본적으로 찬성의 입장을 표명하여, 그것을 계승 발전시키려고 하였다.

한편, 타이완의 장리張力는 근대 중국해군 발전사의 입장으로부터 '해

---

7 皮明勇, op. cit., p.336.

권' 인식의 침투에 대하여 상술하고 있다. 쑨원孫文은 1912년에 '우승열
패優勝劣敗, 생존 경쟁에서 강한 자는 번성하고 약한 자는 도태된다, 적자생존適者生存, 환경에 적응하
는 것만 살아남고 그렇지 못한 것은 도태되는 현상'의 관점으로부터 "세계의 대세大勢·변
천으로부터 살펴보면, 국력의 성쇠 강약은 바다에 있고 육지에는 없다.
해상 권력이 우세한 나라가 늘 국력도 우세한 것이다"라고 하여, 진화론
을 해권론에 응용해보였다. 쑨원은 제1차 세계대전 이후 각국의 적극적
인 해군 확장 정책에 경종을 울렸던 때에도 "태평양 문제라는 것은 무엇
인가? 그것은 세계의 해권 문제이다. 해권의 경쟁은 지중해로부터 대서
양으로, 지금은 대서양으로부터 태평양으로 옮겨왔다. (…중략…) 앞으
로의 태평양 문제는 실은 우리 중화민족의 생존, 중화 국가의 명운과 관
련되어 있다. 왜냐하면 태평양의 중심점은 중국에 있기 때문이다. 태평
양의 해권을 다투는 것은 중국 출입권을 다투는 것이다"라고 지적하여,
중국의 흥망은 해군의 발전 및 '해권'의 유지와 밀접히 관련되어 있다고
하였다.[8]

머핸 '해권'론의 번역에 대해서는, 1955년에 양전楊珍이 『해군전략론
海軍戰略論』[9]을 출판하여 발표하였다. 이 때 장제스蔣介石는 이 책의 서문에
서 "나는 전에 일본어 번역본을 읽고서 평생의 애독서 가운데 하나로 삼
았다", "참으로 일반 전략으로서 중요하고 의미 있는 것이어서, 해군 지
휘관뿐만 아니라 육·공군의 지휘관들도 학습하고 본받도록 해야 할 것

---

8   張力, op. cit., p.150.
9   楊珍 譯, 『海軍戰略論』, 三軍大學. 이것도 머핸이 '해권'론을 주창한 것으로 유명한 서적의 하나
    이다. 원서는 Alfred Thayer Mahan, *Naval Strategy*(Boston, LITTLE BROWN, 1911)로서, 일
    본어 번역본으로는 도야마 사부로(外山三郎) 번역의 『海軍戰略―陸軍作戰原則の比較對照』(原書
    房, 1978), 도다카 가즈시게(戶高一成) 번역의 『マハン海軍戰略』(中央公論新社, 2005)이 있다.

이다"라고 말한 위에, 국민당중앙선전부國民黨中央宣傳部 부장部長인 장지윈張其昀에게, "하루라도 빨리 출판하여 머핸 장군을 경모하는 삼군의 지휘관들에게 제공하고, 상급 지휘관이 이 책을 깊이 연구하여 전략학에서 하나의 새로운 계시를 얻을 수 있기를 희망한다"라고 말하였다고 한다.[10]

마지막으로 천관런陳冠任은 청말 중국의 '해권'에 깊이 들어가는 방법으로서 '어권漁權' 의식의 맹아에 착목한다. 천관런은 '영해'와 '어권'이 밀접하여 분리할 수 없는 관계에 있었던 것에 유의하면서, 자오저우膠州만에서의 독일의 중국어업유한공사中國漁業有限公司 설립에 대한 장젠張謇의 건의와, 이탈리아 밀라노에서 개최된 어업박람회 참가광서 32년, 1906의 의의에 대하여 검토하였다. 전자에서는 청말의 정치가·실업가로서 유명한 장젠을 근대적인 '어권' 개념의 제창자로서 문제시하였으며, 장젠이 청조 청부에 구체적인 대항 수단으로서 남양어업공사南洋漁業公司, 이것은 최종적으로는 江浙漁業公司로서 성립됨를 건설하도록 신청한 일, 이러한 행동의 배경에는 "어업 경계의 소재는 곧 해권과 관련되는 곳이다"라고 하는 장젠의 신념이 있었던 일을 기술한다. 한편 후자에서는, 장젠이 중국의 '해권'은 곧 영해주권이라는 주장을 위한 실천의 장으로서 밀라노 어업박람회 참가를 촉구하였지만 정부는 재정의 궁핍을 이유로 지방정부와 강절어업공사江浙漁業公司에 경비를 부담시켰기 때문에 중국의 '해권'과 '어권'을 충분히 선양할 수 없었던 일, 그러나 지방정부 관계자를 비롯하여 많은 사람들의 관심을 끌었기에 '해권' 및 '어권' 의식에 눈뜨게 하는 계기가 되었던 일을 지적하였다.[11] 천관런陳冠任의 연구는 구체적인 어업 권익의

---

10 張力, op. cit., p.159.
11 陳冠任, op. cit., pp.21~31.

문제, 즉 '어권'으로부터 근대 중국 영해주권의 역사에 정면으로부터 파고 들려고 한 첫 시도이며, 필자도 많은 시사점을 얻었다. 그러나 타이완 중앙연구원中央研究院 근대사연구소近代史研究所 소장의 외무부 당안檔案 등 영해에 관련된 사료들을 소개하고, 청말 민국 시기의 영해주권 연구에 대한 틀을 제시하면서도 초보적 고찰의 단계에 머물렀다고 하는 느낌은 부정할 수 없다. 이후로는 천관련의 연구를 계기로 하여 더욱 깊게 파고들어 검토해갈 필요가 있다.

이렇게 하여 근래에는 사료 가운데 '해권' 등의 말에 주목하면서 중국 근대의 영해주권 개념을 분석하려고 하는 연구가 많이 등장하였다. 그것은 중국의 해양 진출이라고 하는 현상과 관련이 없지 않을 것이다. 그러나 이러한 연구는 사실의 나열이라든가, 틀의 제시에 그치는 것이 적지 않아서, '해권' 등의 말이 언제쯤부터, 어떠한 형태로 중국에 들어오게 되었는지 충분히 밝혀지지 않았고, '해권'에 눈뜬 청말 민국초기 이후의 중국 정부가 어떻게 '해권'을 주장하고, 머핸의 이론을 적극적으로 받아들였는지는(또는 부정적으로 평가하였는지는) 명확하지 않은 부분이 많다.

이 글에서는 우선 머핸의 '해권'론이 언제쯤 누구의 손에 의하여 중국에 소개되었는지, '해권'론으로부터 살펴볼 때 당시 중국의 상황은 어떻게 분석·설명되었는지를 검토한다. 이어서 청말 민국 시기에 중국의 정부 관계자가 '해권'론을 어떠한 목적으로 어떻게 이해하였는지, 마지막으로는 제2차 세계대전이 끝난 다음 중국 공산당이 '해권'론을 어떻게 평가하고 언급하였는지에 관하여 명확히 밝혀보고자 한다.

2. '해권'에 눈뜸 – 량치차오梁啓超와 머핸의 『해상권력사海上權力史』

1) 량치차오는 머핸의 이론을 알고 있었을까?

시작 부분에서 기술한 바와 같이 '해권'이라는 말은 1885년 리펑바오 李鳳苞의 번역서 가운데 사용된 것이 처음 출현한 것으로 되어 있다. 필자 의 단견으로도 이보다 앞선 기재를 본 일이 없기에 당장 이론은 없지만, 번역어로서 등장하는 것에 지나지 않기에 그 의의를 과대평가할 수는 없다. 따라서 중국에서의 본격적인 머핸 '해권'론의 소개·수용에 대해 서는 별도로 검토해야 할 여지가 있는 것은 말할 것도 없다. 그래서 여 기에서는 '해권'이라는 말이 처음 나타나고서 14년 뒤에 집필된 문장을 들어서 검토해보겠다.[12] 그것은 1899년, 즉 「해상권력요소론海上權力要素論」 이 번역·출판된 전년도에 해당되며, 원래는 『아동시보亞東時報』에 게재 되었다가 나중에 량치차오의 『음빙실문집飮氷室文集』 4 「과분위언瓜分危言」 에 수록된 「중국의 두 큰 근심거리를 논하다論中國二大患」이다. 여기에서 '큰 근심거리'의 하나로서 중국 국내에서의 외국 세력에 의한 철도 부설 의 문제를 기술하였고, 또 하나의 '큰 근심거리'로서 '해권'의 문제에 대 하여 다음과 같이 말하고 있다.

　　지구를 셋으로 나누었을 때, 셋 가운데 둘은 바다이다. 넓고 멀어서 끝이 없

---

12 샤징(夏晶)의 「マハン「海上權力論」の受容ルートについて−『東邦協會會報』と「亞東時報」の翻譯を 中心に」(『日本人文社會研究』 2號, 2019)에서는 이 문장의 집필자를 야마네 리쓰안(山根立庵)으 로 추정하였다. 그러나 문장 가운데에 포함되어 있는 '我', '吾', '天子' 등의 용어를 감안하면 중 국인이 썼을 가능성도 배제할 수 없다. 이 글에서는 량치차오(梁啓超)가 썼거나, 그가 충분히 동의할 수 있었던 문장이라고 추측하여 논의를 진행시키고자 한다.

으니, 도대체 누가 이것을 지배하는 것일까? 증기선이 발명된 이래 대해원에서는 배의 모습이 보이고 배가 지나간 자국이 남으니, [서양 열강의 배가] 종횡무진으로 바다 위를 헤집고 다니고 있다. (…중략…) 이러한 상황 가운데 '해권'설이 등장하였다. '해권'이라고 하는 것은 미국 사람인 머핸馬鴻으로부터 시작된 것이다. 머핸에 의하면, 해상 권력은 국가의 존망·성쇠와 관련된다. 국가는 이 권력해권을 획득하면 발흥하고, 이 권력을 잃으면 망한다. 이것을 역사서에서 살펴보면 분명하니, [해권을] 다투지 않을 수 없다. 이러한 까닭으로 근세구미 열강 가운데 이 권력의 획득을 서둘러 추진하려고 하지 않은 나라는 없다고 한다. 생각해보건대 머핸이 저술한 『해상권력사海上權力史』는 이와 같은 의도를 가지고 증거를 널리 수집하여 사실에 의하여 입론한 것으로, [그 말은] 명확하여 정곡을 찌르고 있다. 생각해보니 현재[근세]의 바다에 관련된 일을 논하는 것으로서 이 책과 같이 상세하고 정치한 것은 없으며, 또 사람의 마음을 감동시키는 것도 이 책보다 나은 것은 없다.

1899년이라고 하면 량치차오가 무술정변1898.9의 발생에 의하여 일본에 망명한 다음 해이며, 바로 『아동시보亞東時報』의 창간년에 해당된다. 이 잡지는 동아동문회東亞同文會의 기관지였다. 발간자 겸 주필인 야마네리쓰안山根立庵은 분큐文久 1년1861에 나가토長門, 현재의 山口縣 하기노야마萩の山다무라田村에서 태어났으며, 세료우도쿠코지晴獵雨讀居土라는 호를 가지고 있고, 위안스카이袁世凱에게 초빙되어 보정육군학당保定陸軍學堂의 교원으로 취임한 적이 있는 인물이었다. 『아동시보』는 일본과 중국의 연대와 아시아의 진흥을 창간의 취지로 하는 등, 흥아주의興亞主義적 성격을 지닌 위에, 한문으로 된 월간지였기 때문에 청조의 여론에 일정한 영향력을 지니고 있었다고 생각되며, 동아동문회東亞同文會에서 편집한 『대지회고록對支回顧錄』에서는 "당시 쟁쟁한 지나支那의 문사들을 규합하여 지나의 시국을 크게 논의하였는데, 특히 야마네 리쓰안山根立庵의 식견 있는 문장은 탁월하여 시류를 벗어나 있었으며, 그 명성은 창장長江의 독서계 및 문단을 풍미하였다"라고 기술하고 있다.[13] 량치차오와 야마네 사이에 직접적인 교류가 있었는지는 알 수 없지만, 만약 저자가 량치차오이며, 그것을 야마네가 받아들여 채택하였다면 일중 관계사를 생각하는 데에 있어서 흥미로운 사실이다.

위의 인용문에서는 증기선이 발명된 이래, 해상 교통이 급속히 발달하여 서양 열강에 의한 해상 무역의 발전과 해양 진출이 현저한 상황 속에서 바다를 지배하는 힘, 즉 '해권'에 주목이 집중되었다고 말하고 있다. 그러한 해권에 관하여 최초로 이론적으로 체계화한 것으로서 마홍馬鴻의 『해상권력사海上權力史』를 소개한다. 여기에서 말하는 마홍馬鴻, ma hong이 앨프리드 세이어 머핸Alfred Thayer Mahan을, 『해상권력사』는 *The Influence of Sea Power upon History*을 각각 번역한 것임에 틀림없다. 머핸은 나중에 중국에서는 마한馬漢, ma han으로 번역되는 일이 많았지만, 여기에서는 마홍馬鴻이라고 음역되었으며, 『해상권력사』라고 하는 서명도 나중에 중국에서 일반적으로 사용되는 『해권이 역사에 미치는 영향海權對歷史的影響』과는 크게 다르다. 그 이유는 이 문장의 저자가 1896년메이지29년 일본어로 번역된 머핸馬鴻의 『해상권력사론海上權力史論』2冊, 水交社 譯, 東邦協會을 읽고서, 그 저자명과 서명의 영향을 받아서 거의 그대로 답습한 것이라고 생각된다.

---

13 福田忠之, 「山根立庵と丁祖蔭との贈答詩について─詩作に見られる對外認識を中心に」, 『日本漢文學研究』7卷, 2012, p.30.

또한 앞에서 최초의 중국어 번역 「해상권력요소론海上權力要素論」『亞東時報』에 게재. 나중에 '海上權力之要素'라고 제목이 바뀌었음, 1900에 대하여 언급하였는데, 이것은 앞에서 말한 일본어판『해상권력사론海上權力史論』으로 정리되기 전에 앞서『수교사기사水交社記事』제40~42호메이지26년, 1893, 미완에 연재된 「해상 권력의 요소海上權力ノ要素」를 번역한 것으로 추측된다. 따라서 위에 인용해놓은 문장은 「해상 권력의 요소海上權力ノ要素」가 번역되기 이전에 중국이 '과분瓜分, 즉 강대국에 의하여 분할되는 것'될 위기를 감지한 저자가 머핸의 눈을 빌려서 중국의 시국을 분석한 것으로 생각하여도 좋다. 즉 하나의 가능성으로서, 량치차오도 「해상 권력의 요소海上權力ノ要素」를 중국어로 번역한 초고나, 방금 출판된 일본어판『해상권력사론海上權力史論』을 일본 망명 중 손에 넣었을지도 모른다. 그리고 그것을 높이 평가하고 있었을 것으로 추측된다.

2) 머핸의 이론을 응용한 중국의 현상 분석

계속하여 머핸의 '해권'론에 의거하여 중국의 현상 분석이 시도되고 있었기에 검토해 보기로 한다. 이 문장은 당시 중국의 현상에 대한 꽤 풍부한 지식과 머핸의 '해권'론에 대한 높은 식견이 없으면 쓸 수 없는 것임을 일견하면 알 수 있다.

지금 머핸의 이론에 의하여 중국의 형세를 헤아려 보자. 현재의 중국은 북쪽 압록강 입구로부터 남쪽 광저우廣州의 바이룽웨이白龍尾에 이르기까지 해안이 몇 천 마일에 이르는데, 당연하게도 그 해상은 중국의 관리에 속하며 다른 나라가 손대는 것을 허락하면 안 된다. 그러나 중국이 해상 권력을 가지려고 한다면 반드시 해군을 확장하고, 군항을 정비하여, 다른 나라 해군을 잘 위압하여 제멋대로 세력을 떨치지 못하게 해야만, 그렇게 해서 '해권'을 지니는 것이 가능해진다. 독일인 워커네얼窩克涅爾이 기록한 중국의 해상 방어 정책은 참으로 요령이 있지만 아쉽게도 적절한 인재가 없어서 실시할 수 없다. 갑오甲午 전쟁黃海海戰, 1894년에서 북양함대는 전멸되어 재기하지 못하였으며, 뤼순旅順 · 다롄大連 · 웨이하이웨이威海衛 · 자오저우膠州 · 주룽九龍 · 광저우廣州 등 연해의 주요 항구는 그 전후로 모두 다른 나라에 빼앗겨버려서 명목상으로는 조계라고 하였지만 실제로는 할양한 것과 마찬가지이다. 이후 중국은 해상 권력을 잃게 되어 생각 있는 사람은 탄식하며 한숨을 쉬고 있는 참이다. 다만 산사아오三沙澳 · 저우산舟山 · 싼먼三門 · 샹산象山 · 푸저우福州 등의 항구들만 겨우 남아있지만, 이 항구들은 남쪽에 치우쳐 있어서 중국 전 국토의 주춧돌이 되기에는 부족하다. (…중략…) 어떤 사람은 위의 항구들을 통상을 위해서 개항하면 [열강의] 진출을 면할 수 있다고 한다. [그러나] 이것은 조삼모사의 술책에 불과하다. 만약 위의 여러 항구들을 10일간 정도 통상 장소로 만들어, 상하이上海나 텐진天津과 같이 번화하고 풍성한 도시로 만든다면, 혹은 열강의 세력이 길항하여 중립 지역으로 될 수 있을지 알 수 없다. 그러나 통상 업무의 전개는 자연의 흐름에 맡겨야하며, 인력에 의하여 급히 행할 수 있는 것은 아니다. 하물며 설령 통상의 주요 항구라고 하더라도 반드시 [열강 제국의] 마수를 벗어날 수 있는 것은 아니다. 또한 중국의 여러 항구는 실제로는 할양과 다름이 없어서, 상하이에 대하여 얘기해보자면 공부국工部局은 엄연한 하나의 정부이며, 조계는 숨어있는 적국과 같아서 모든 일의 내용에 대하여 중국의 관리가 질문할 수가 없다. 이것은 도대체 호랑이 굴을 탈출하여 뱀 굴에 떨어진 것과 다름이 있는 것일까? 일찍이 함풍咸豐, 1851~1861 때의 전쟁(애로호 전쟁)에서는 영국 · 프랑스 군대가 베이징을 공격하였기 때문에 천자(함풍제)가 러허熱河로 피난을 갔으니 천하의 큰 사건이라고 칭하였다. 그러나 당시의 중국은 그 근본이 흔들리는 일은 없었지만, 지금은 그렇지 않다. 육지는 외국의 철도공사에 점령되어 입추의 여지도 없다. 연안은 여러 열강의 해군이 버티고 있어서 [중국 해군의] 정박지가 없다. '육권陸權', '해권' 모두 잃어버렸다. 자주의 명목은 있지만, 그것은 이름만의 일에 지나지 않는다. 높은 사람들은 여전히 기성관념을 고집하고, 땔나무 위에 누워서 코를 골며, 위험을 돌아보려고 하지 않는다. 어찌하여 슬프지 않은 일이겠는가!

여기서 머핸의 '해권'론을 간단히 돌아보기로 하자. 일반적으로 머핸 '해권'론의 특징을 말할 때 지적하는 것은, "생산, 해운 및 식민지라는 셋 가운데에서 바다에 면한 국가의 정책뿐만 아니라 역사의 키를 발견할 수 있을 것이다. (…중략…) 넓은 의미의 씨 파워Sea Power라는 것은 무력에 의하여 해양 내지는 그 일부분을 지배하는 해상의 군사력뿐만 아니라 평화로운 통상 및 해운도 포함하고 있다. 이 평화로운 통상 및 해운이 있어야 비로소 해군의 함대가 자연스럽게, 또 건전하게 태어날 수 있으며, 또 그것이 함대의 견실한 기반이 되는 것이다"p.46, "좁은 의미의 해군은 상선商船이 존재해야 비로소 그 필요성이 생겨나며, 상선의 소멸과 함께 해군도 소멸한다"p.43[14]라는 것으로서, 한편으로는 ① 생산·통상, ② 해운, ③ 식민지라고 하여 순환하는 해외 경제 발전의 요소를

---

14 여기에서는 『해상권력사론(海上權力史論)』의 신역서인 기타무라 겐이치(北村謙一)가 번역한 『해상권력사론(海上權力史論)』(原書房, 1982)의 페이지 표기를 따랐다. 또, 같은 책에 수록된 기타무라 겐이치의 「シーパワーをいかに捉えるべきか―その今日的意義」(pp.5~18)를 참조하였다.

두면서, 다른 한편으로는 그것을 보호 내지는 추진하는 것으로서 해군력을 병치하여, 이것들을 총칭하여 '해권'이라고 부르고 있다.

위의 인용문에서도 통상·항구무역항·군항·해군을 키워드로 들어서 틀림없이 머핸의 이론을 응용한 분석을 하였을 뿐만 아니라 자국이 놓여 있는 반식민지적인 상황도 직시하고 있다. 중국의 '해권'을 지켜야 했지만, 해상권력 즉 해군이 황해전쟁黃海戰爭에서 괴멸상태가 되었기 때문에 열강 각국에 의한 뤼순旅順·다롄大連·웨이하이웨이威海衛·자오저우膠州·주룽九龍·광저우廣州 등 여러 항구의 지배를 사실상 허락해버려서 마치 바람 앞의 등불과 같았다. 다른 여러 항구들도 각국이 쟁탈하고자 하는 표적이 되고 있어서, 설령 통상을 위한 무역항으로 개항하려고 해도 상하이와 같이 실질적으로는 열강의 세력 신장과 거점 쟁탈의 무대가 되어 버리고 마는 것에 대한 두려움도 충분히 존재하였다. 중국은 '해권'이 있고 없음을 논하기 이전의 상태에 놓여 있어서, 철도 부설권으로 대표되는 '육권陸權', 즉 랜드 파워Land Power까지 포함하여 고려하면 오히려 열강에 의하여 '과분瓜分, 즉분할'되어, 단지 열강의 식민지가 되어 버리고 마는 일이 눈앞에 주어진 현실 문제였다. 여기에서는 머핸의 '해권'론에 의거하여 '과분'의 위험이 냉정하게 호소되고 있는 것이다.

3) '중국의 해상 방어 정책'과 리펑바오李鳳苞

그러면 앞 절의 인용문에서 말하는 '독일인 워커녜얼窩克涅爾'의 '중국의 해상 방어 정책'이란 도대체 누구의 무엇을 가리키는가? 여기에서 말하는 '중국의 해상 방어 정책'이란 「중국의 두 큰 근심거리를 논하다論中國二大患」를 수록한 『아동시보亞東時報』 6호1899에 「원서原叙」를, 7호에서

9호까지에는 본문을 각각 중국어로 번역해 나누어 게재한 워커녜얼의 「중국방해편中國防海編」미완을 가리키는 것으로 생각된다. 이것은 원래 '워커녜얼'이라는 인물이 독일어로 쓴 문장을 야마네 리쓰안山根立庵이 중국어로 번역한 것이다. 그의 직책은 '독일 육군 대령'으로 되어 있다. 「중국방해편」의 기술에 의하면, 그 자체 원고는 1884년 7월에 완성되었으며, '워커녜얼'이 리펑바오李鳳苞에게 건네주자, 리펑바오가 흔쾌히 번역하여 본국 정부에 제출하였지만, 리펑바오가 소환되고 면직되자 결국 '워커녜얼'이 심혈을 기울인 「중국방해편」은 흐지부지되고 말았던 것 같다. 그런데, 이 워커녜얼 「중국방해편」의 원문은 남아있는 것일까? 실은 독일어 원문을 찾아볼 수 있다. Reinhold Wagner, "Zwei Denk-schriften über Befestigungen, Kriegshäfen und Eisenbahnen in China : mit zwei graphischen Beilagen"Berlin : Mittler, 1898이 그것이다.[15] 이 원고는 같은 해에 즉시 홀런드Captain P. Holland, 인도 주재의 영국군 장교의 명에 의하여, "Two Memoranda Regarding the Defences Harbours, and Railways Required by China"Militar-Wochenblatt, No.6, 1898로 영역되었다. 그리고 다음 해인 1899년에 중국어역이 『아동시보亞東時報』에 게재되었다. 즉 '워커녜얼窩克涅爾'은 라인홀트 · 바그너의 음역이었으며, 「중국방해편」으로 신속히 번역된 것을 보면, 독일에 의한 자오저우膠州만의 점령이 세계적으로 충격적이었던 일, 군사 관련 정보 전달은 눈이 휘둥그래질 정도로 신속하였다는 것을 알 수 있다.

다음은 「중국방해편」의 「원서原敍」로부터 왜 이 문장이 집필되었는지

---

15 적어도 함부르크대학에 소장되어 있다.

를 살펴보기로 하자.

　1881년광서 17년, 리펑바오李鳳苞 군이 흠차대신欽差大臣으로서 베를린에 주재하여 나와 교류하고 있었는데, 교제가 매우 깊었다. 그런데 베트남을 둘러싸고 청나라와 프랑스 사이에 전쟁이 일어나려고 하였기에, 조정과 민간 모두 흠칫흠칫 동요하고 있었으며, 리李 군도 이것을 걱정하여 수면과 음식도 제대로 취하지 못하고 종종 나에게 전략戰略의 득실을 구하였고, 마음으로부터 나의 의견을 받아들이고 예의를 갖추어 대하였다. 나는 리 군의 의기에 감동하여 요구가 있을 때마다 언제든지 의견을 말하여 내가 알고 있는 바를 남김없이 말하지 않은 적이 없었다. 리 군은 곧 나의 말을 본국 정부에 보고하여 [정치・외교에] 참고하도록 하였다. 이 때, 중국 정부는 경신庚申전쟁애로호 전쟁, 1860에 데여서, 해군을 진흥시켜 해외 열강 제국에 대항하려고 하였다. 리 군은 초조해하고 고심하며, 어떻게 하면 이렇게 [해군을 진흥시키는 일이] 가능할 것인지를 생각하고, 나에게 북양北洋 해군의 창설에 대하여 질문하였으며, 뤼순旅順항의 측량도와 지지地誌를 보여주었다. 리 군은 뤼순을 해군의 후방 기지로 삼고자 하였으며, 천하의 형세를 도모할 수 있는 곳은 뤼순밖에 없다고 생각하고 있었다. 나는 "뤼순은 산에 둘러싸여있고, 물이 흐르고 있으며, 파도가 거칠지 않아서 군항으로 하기에 충분하지만 유감스럽게도 규모가 협소하여 많은 군함이 정박할 수 없네"라고 말하였다. (…중략…) 며칠 뒤, 리 군은 후이會만Society Bai・다롄大連만Ta-lien-wan Bai・야당무쓰亞當姆斯만Port Adams・웨이하이웨이威海衛라는 네 곳의 해도海圖를 내게 보여주었다. 나는 반복하여 조사하였지만 마음으로부터 만족할 수가 없어서, "이 세 개의 만灣은 뤼순과 비슷하여 우열을 가릴 수 없을 정도이네"라고 말하였지만, 리 군은 이해할 수 없는지 뤼순의 지도를 가리키며, "중국에는 이 밖에 좋은 항구는 없네. 생각을 바꾸어주지 않겠는가?"라고 말하였다. 나는 돌아와서 더욱 깊게 생각한 위에, 즉시 뤼순이 군항으로서 적합하지 않은 이유를 문장으로 정리하여 상술하였다. 며칠 뒤, 리 군은 또 지도 한 장을 보여주었는데, 험준한 산이 사방을 둘러싸고 있고, 깊은 수심에 물을 가득 채우고 있으며, 구불구불 널찍하고, 깊이 들어가 있어 한갓져서, 천연의 요새가 눈앞에 있는 것 같아서, 뤼순·웨이하이웨이와는 비교가 안 될 정도이었으므로, 나는 책상을 두드리며, "이곳이네, 대단해!" 라고 외쳤다. 중국에 이와 같이 견고한 지방이 있었던 것이다. 만약 인력을 더한다면, 틀림없이 세계 제일의 군항이 될 것이다. 영국의 포츠머스 군항, 프랑스의 툴롱 군항과도 필적한다. 그 이름을 물으니 자오저우膠州만이었다.

위의 인용문에서는 먼저 1881년 당시 베를린에서의 바그너와 주 오스트리아 공사이었던 리펑바오의 교제에 대하여 말하고 있다. 이전의 애로호 전쟁1860, 지금 곧 발발하려고 하는 청불전쟁1884을 염두에 두고, 리펑바오는 바그너로부터 북양 해군의 창설에 관하여 조언을 얻으려 분주하였으며, 근거지로 할 만한 군항을 찾고 있었다. 1881년이라고 하면, 나중에 북양 해군의 주력함이 된 '딩위안定遠', '전위안鎭遠'이 독일에 발주되어, 불칸 슈테틴AG Vulcan Stettin 조선소에서 건조되기 시작한 해에 해당된다. 앞에서 리펑바오가『해전신의海戰新義』안에서 처음으로 '해권'이라는 말을 사용하였다는 것을 말하였는데, 해군 정비에 관하여 바그너와 이와 같은 말들을 주고받은 것을 보면, 리펑바오가 '해권'에 대하여 얼마나 마음을 쓰고 있었는지 알 수 있다. 그러나 그것은 주로 해군과 군항만을 가리켜서, 머핸이 말하는 바의 상선대商船隊나 그것을 보호하는 해군, 식민지의 존재를 전제로 하는 것 같은 '해권'하고는 의미가 전혀 다르며, 청말의 해방론海防論과 마찬가지로 연안 방어에 한정되어 있어서, 해방海防이라고 하는 틀을 초월한 새로운 '해권'론을 내어 놓으려고 하는 것은 아니었다.

한편 바그너는, 연해로부터의 위협에 대한 수도 베이징의 수비를 중시하여 뤼순, 다롄만, 웨이하이웨이 등 보하이渤海만을 둘러싼 해역에서 북양 해군의 근거지를 구하는 리펑바오에 대하여, 천연의 요새임을 자랑하여 영국의 포츠머스 군항, 프랑스의 툴롱 군항에 필적하는 군항으로서 자오저우膠州만의 정비를 진언하였다. 자오저우만은 바그너가 위에서 인용한 문장의 바로 뒤에서 말하는 바와 같이, 이미 리히트호펜Ferdinand Freiherr von Richthofen, 1833~1905의 『중국유기中國游記』에 의하여 이상적인 군항으로서 소개되어 있었다. 그러나 결과를 보면, 북양 해군은 그 뒤에도 바그너가 적극적으로 추천한 자오저우만이 아니라 톈진天津, 뤼순, 웨이하이웨이를 모항으로 하고 있어서, 자오저우만이 당시의 청조 정부에 의하여 어느 정도 중시되었는지, 바꿔 말하면 바그너의 진언이 받아들여졌는지 확실하게는 알 수 없지만, 적어도 「중국방해편」이 집필되고 나서 4년 뒤인 1898년부터 1899년에 걸쳐서 자오저우만이 독일의 조차지가 되어, 동양 함대의 기지가 되어 버린 것은 곧 역사의 아이러니라고 할 수 있을 것이다.

바그너의 「중국방해편」의 전모를 모두 소개하고 검토할 지면은 없지만 그 골자를 말하자면, 남과 북의 두 군데에 해군 진영을 설치하고, 남부는 푸젠福建성 싼사三沙만, 북부는 자오저우만을 근거지로 하며, 남쪽 광저우廣州府의 광둥廣東만에도 군항을 구축하여, 포대砲臺의 배치, 선거

船渠,dock의 건설, 어뢰魚雷의 설치 등을 행함으로써 연안의 방비를 굳건히 하려는 것이었다. 이와 같은 「중국방해편」에 대해서는 일정한 평가가 내려지고 있지만, 해방론海防論의 범주에 머무르는 것으로 간주되고 있었던 것은 아닐까? 세계 각국의 군인들이 매혹된 것과 마찬가지로, 새롭게 출현한 머핸의 '해권'론에 매혹「중국의 두 큰 근심거리를 논하다論中國二大患」의 저자는 재빨리 그것을 받아들여서, 소극적인 해방론海防論을 넘어선 '해권'론을 중국의 언론계에 들이밀고자 하였던 것은 아닐까?

4) 량치차오梁啓超와 '해권'

량치차오가 「중국의 두 큰 근심거리를 논하다論中國二大患」의 저자인지 아닌지는 차치하고, 그는 머핸의 '해권'론을 알고 있었을까? 량치차오가 망명한 1898년, 머핸의 '해권'론으로 하여 이미 일본의 언론계는 떠들썩하였다. 『국민신문國民新聞』메이지27년, 1894.10.24.~11.1에는 해군 대령 기모쓰키 가네유키肝付兼行가 8회에 걸쳐서 「해상의 권력-기모쓰키 해군 대령의 의견海上の權力<肝付海軍大佐の意見>」을 연재하였으며, "남자들이 잘 하는 이야기는 머핸의 『해상권력사론海上權力史論』에 대해서이다", "3, 4년 전까지는 일본 전국 어떤 곳에서도 대체로 이 『해상권력사론』이 화제를 모으고 있었다"라고 하였으니,[16] 량치차오가 이와 같은 일본 언론계의 영향을 받아서 머핸의 '해권'론에 접하였을 가능성은 적지 않다.

실제로 량치차오는 '해권'이라는 단어를 몇 번인가 말하고 있는데, 즉

---

16 아래의 문헌들을 참고하였다.
　小野田亮正, 『現代名士の演説振』, 博文堂, 1908; 柴崎力榮, 「海軍の廣報を擔當した肝付兼行」, 人文社會 篇, 『大阪工業大學紀要』 55卷 2號, 2011; コヴァルチューク・マリーナ, 「日清戰爭期の日本の新聞に見るA・マハンの「シーパワー」論の展開」, 『大阪大學言語文化學』 14卷, 2005.

『신대륙유기新大陸遊記』1904에서는 다음과 같이 말하고 있다.

리룬黎倫선박회사는 영국에서 가장 크고 가장 오래된 [해운海運]회사이다. 이 회사의 선박으로서 대서양을 왕래하는 것은 9만 3천 톤에 달한다. 영국이 백여 년에 걸쳐서 '해권'을 좌지우지할 수 있었던 것은 실로 이 회사의 덕분이다.

영국·네덜란드·스페인·포르투갈·프랑스 등 제국이 해외에 깃발을 세우려고 다투었던 것은, 명예를 넓히고 해양의 이익을 얻기 위해 우선권을 획득하려 한 것이다. 그 뒤에 결국 희망봉 항로와 아메리카 신대륙을 발견하였다. 이렇게 해서 대서양의 '해권'은 세계를 좌지우지하게 되었다.

또 「장래백론將來百論 (7) 삼국동맹의 장래三國同盟之將來」 1910, 『음빙실문집(飮氷室文集)』 수록에서는 다음과 같이 말하였다.

1896년광서22년 에티오피아에서 참패하자, 이탈리아는 아프리카 경략을 결국 단념하고 발칸반도로 향하지 않을 수 없었다. 아드리아해를 영해로 하면서, 그 위에 동쪽의 알바니아에서는 다른 나라가 뿌리를 박고 세력을 떨치는 것을 원하지 않았다. 오스트리아는 '해권'을 발전시키려 하였기에, 이 두 지역이 쟁탈의 대상이 되었다.

위의 각 인용문에 보이는 '해권'의 의미는 결코 '해방海防'과 치환할 수 없으며, 분명히 머핸이 말하는 '해권'이었다. 량치차오도 머핸의 '해권'을 숙지하고 있었을 가능성이 높다.

3. 청말의 '해권'론과 '영해領海'

1) 머핸 이론의 중국어 번역

피밍융皮明勇이 언급한 『아동시보亞東時報』에 게재된 머핸馬鴻의 「해상권력요소론海上權力要素論」에 대해서는 앞에서 소개하였는데, 이 문장을 실제로 읽어보았더니 피밍융의 설명에 약간의 오류가 있는 것을 알 수 있었다. 첫째, 젠탄댜오投劍潭釣徒에 의한 중국어 번역은 분명히 2기1900, 20기·21기로 나뉘어 게재되었으며, 전자의 제목은 「해상권력요소론海上權力要素論」인데, 후자는 「해상권력론海上權力論」으로 바뀌어 있어서 '요소'라는 말이 누락되어 있다. 우연한 실수일 가능성도 없는 것은 아니지만 일본어 번역판인 『해상권력사론海上權力史論』에 의거하였을 가능성도 있다. 둘째, 피밍융은 서언緖言과 제1장이 번역되었다고 하는데, 원문과 대조해보니 그렇지 않고 20기는 제1장 「씨 파워Sea Power의 요소」 가운데의 「해양海洋은 위대한 공로公路」, 「육로에 대한 해상 수송의 유리함」, 「통상은 안전한 해항海港에 의존한다」, 「식민지 및 식민지의 거점」, 「씨 파워Sea Power의 연쇄 고리－생산, 해운, 식민지」 및 「씨 파워Sea Power에 영향을 미치는 일반적 조건」의 시작 부분을 게재하였으며, 21기는 계속하여 이어지는 「씨 파워Sea Power에 영향을 미치는 일반적 조건」의 「지리적 위치」의 부분을 각각 초역抄譯한 것이었다.[17] 즉 이 번역에는 서언緖言 부분은 존재하지 않으며, 겨우 제1장 전반 부분의 에센스를 축어역이 아니라 초역抄譯하였다.

이와 같은 번역문의 특징에 비추어도, 소량이라고는 하지만 '해상 권

---

17 세부 제목은 앞에서 언급한 기타무라 겐이치(北村謙一)의 책을 따랐다.

력', '해권', '식민지'가 중국어로 어떻게 번역·해설되었는지는 흥미롭다. 왜냐하면 중국어 번역으로서 중국 지식인 계층의 눈에 띈다면, 머핸을 이해하기 위한 가장 중요한 단어인 '해상 권력', '해권', '식민지' 등의 용어가 어떻게 번역되었는지에 대해서는 그들이 많은 관심을 가졌을 것으로 추측되기 때문이다.

머핸이 '해권'의 일부로 간주한 '식민지Colony'의 역어로는 '번부藩部', '외번外藩'이 해당된다.

> 오늘날의 소위 식민지라는 것은 '번부藩部'이며, 모두 이것해상 상인이 만족(蠻族)과의 교역을 위하여 항해의 목적지에 설치한 정박지에서 비롯되어, 점차 확대되어 본국의 '외번外藩'으로 한 것이다. '번부' 가운데에는 국가로부터 시작된 것도 있어서, 정부가 조차 내지는 점령하여 상인과는 관계가 없다(영국령 인도는 전자, 홍콩은 후자의 예이다).

즉 위의 인용문에 보이는 '번부藩部', '외번外藩'이라는 말은 당연히 원문에도, 일본어 번역본에도 없으며, 모두 '식민지'라고만 기술되어 있다. 삽입된 할주割注에 있는 인도나 홍콩에 관한 언급도 없다. 이와 같은 번역문은 반드시 원문에 충실하다고는 말할 수 없지만 당시의 중국인을 독자층으로 상정할 경우, 이해하기 쉬운 말이 선택되었을 것이다.

20기 안에서는 '해상 권력'이라는 말은 세 군데 확인할 수 있는데, 모두 틀림없이 '씨 파워Sea Power'라는 말 대신 사용한 것이다. 덧붙이자면 일본어 번역판에도 마찬가지로 '해상 권력'으로 되어 있다. 그러나 21기에 들어가면, 축어역은 줄어들고 초역抄譯이 많아짐과 동시에 '해상 권력'과 '해권'이라는 말이 혼재되어 있다. 시작 부분은 갑자기 초역이 되어 있는데 다음과 같다.

> 본 장에서는 영국·프랑스·네덜란드·미국·스페인 등 여러 나라의 해상海上 사례를 사용하여, 지리가 '해권'의 성쇠와 관련이 있다는 것을 논하고 있다. 연해에 나라를 세우면 대륙의 여러 나라에 비하여 '해권'을 획득하기는 용이하다. 왜냐하면 대륙의 국가는 그 국토가 다른 나라와 인접하고 있어서 평상시에도 유사시를 위하여 준비해두지 않으면 안 된다. 그래서 재정·군사의 역량을 모두 육지에 쏟아붓게 된다. 섬나라는 변경[의 육지]를 방어할 필요가 없기에 해양에 전력을 집중하여, '해권'을 장악할 수 있다."

즉, 위의 인용문에서는 '해권'을 손에 쥐는 연안 국가가 대륙 국가에 대하여 상대적으로 우위에 있다는 것을 기술한 머핸의 이론을 간단히 정리하고 있다. 이 점은 원문과 일본어 번역에서는 볼 수 없는 특징이다. 또 그 뒤로는 구미 각국의 사례를 간단히 소개한 다음, 미국과 카리브해의 관계에 대해서도 간결하게 기술하고 있다.

> 원래 지중해는 예로부터 여러 나라가 반드시 다투어왔던 곳이며 그 '[해]권'을 획득한 나라는 발흥하고, '[해]권'을 잃은 나라는 쇠퇴하였다. 그래서 해상을 제패하려고 하면서 이곳지중해에 힘을 쓰지 않은 나라는 없다. 카리브해의 형세가 많이 달라진다고 한다면, 그것은 여러 나라가 '해권'을 다투는 날이다. 우리 북미에 있어서 카리브해는, 형세로 치면 영국에 있어서 지중해와 닮아 있으며, 우리나라는 이미 [카리브해를] 제압하여 근거지로 할 만한 땅을 점유하고 있기

때문에 '해상 권력'을 독점하는 일은 어렵지 않다.

위 인용문에서는 영국에 있어서 지중해, 미국에 있어서 카리브해의 '해권' 내지 '해상 권력' 독점의 의의를 견주어 논하고 있다. 일본어 번역판에서는 축어 번역이 되어 있어서, "지중해는 현재 캐리비안해와 여러 면에 있어서 매우 유사한 것으로서, 이 유사함은 파나마 운하가 이루어지면 한층 더할 것이다. 그래서 종래 역사가 풍부한 지중해의 전략적 정황에 대한 연구는 오늘날 역사가 짧은 캐리비안해의 동일한 전략적 정황에 대한 연구를 하는 데에 있어서 좋은 선례가 되기에 충분할 것이다"[18]라고 하여, 지중해에 있어서 '해권해상권력'의 전례가 카리브해를 둘러싼 '해권' 쟁탈의 참고가 된다는 머핸의 인식을 정확하게 전달하고 있는데, 중국어 번역본은 생략하면서 요점을 간결하게 정리하고 있는 점이 특징이다.

후반부의 21기에는 역자의 주석이 더해져 있는데, "머핸이 말하는 '평온한 해항海港'이란 산티아고 데 쿠바Santiago de Cuba일 것이다. 당시 이 섬은 스페인령이었기 때문에 분명히 말하지 않고 독자에게 은연중에 그것이 의미하는 곳을 알려주려고 하였다. 미국이 [쿠바, 푸에르토리코] 두 섬을 점령하려고 엿보는 것은[19] 머핸의 권유에서 비롯된 것일 것이다. 그것을 숨기고 버티기를 10년, 드디어 작년에 이르러 '민권'의 보호를 구실로 그 계획을 실행하였다. 여기서 머핸의 의도는 실현된 것이다"라고

---

18 マハン(馬鴻), 水交社 譯, 『海上權力史論』 2冊, 東邦協會, 1896, p.61.
   원문에는 구두점·탁점(濁點)은 없지만 적당히 보충하였다.

19 高橋章, 「「米西戰爭」(スペイン=キューバ=フィリピン=アメリカ戰爭)」, 高橋章, 『アメリカ帝國主義成立史の研究』, 名古屋大學出版會, 1999, pp.34~35.

하였다. 번역자는 주석을 더함으로써 머핸의 『해상권력사론』이 출판된
다음, 1898년 7월 3일에 발생한 산티아고 데 쿠바 해전미국과스페인간에일어
난전쟁에서미국이산티아고항을봉쇄한작전에 의하여 미국이 카리브해의 제해권을 탈
취한 것은 은연중에 암시된 것과 같이 머핸 이론의 실천이라고 하는 해
석을 첨부한 것이다.

2) '해권' · 영해 3해리주의領每三海里主義 · 어권漁權

　이렇게 하여 머핸의 '해권'론은 일본어 번역 등을 매개로 하여 중국으
로 전파되어 갔다. 그러나 그 뒤, 머핸 '해권'론 내용 자체의 옳고 그름
에 대하여 직접적으로 논의된 것이 아니고, 당시 세계적으로 주목을 끌
고 있었던 해양의 가장 중요한 문제, 즉 '해권'의 좁은 의미에 포함되는
'영해', '영해주권'의 의미로 논의되는 경우가 많이 보였으며, 주로 소위
'영해 3해리주의'와 연결되어 온 것은 앞서 피밍융皮明勇의 논고에서 소
개한 바와 같다.

　기본적인 내용을 파악해두면, 19세기를 통하여 유럽 제국에서는 영
해의 한계는 원칙적으로 사정거리라고 이해되었다. 대포의 사정거리인
3해리를 근거로 하여, 연안국은 관세의 관리, 어업권의 확보, 재판 관할
권의 행사를 그 범위 안에서만 실행할 수 있다고 하였다. 19세기 중기
가 되어 사정거리가 3해리를 넘어가자, 20세기 초엽까지 세계 제일의
해양국이었던 영국은 영해 확대를 저지하기 위하여, 사정거리의 증가에
관계없이 3해리로 고정할 것을 지지하였다. 대규모의 상선대와 원양어
선을 보유하고 있었으며, 강대한 해군력을 소유하고 있었던 영국에게,
다른 나라의 영해 확대는 자신들의 상선대에 대한 자의적인 통제, 원양

어장 진출에 대한 저지, 해군의 행동에 대한 제한을 초래하는 것에 지나지 않았기 때문이다. 이렇게 하여 완성된 영국의 이론은, 영해의 폭에 관해서는 3해리주의, 즉 3해리를 넘어서 관할권을 행사할 때에는 영국이 동의한 조약상의 기초가 없으면 안 된다고 하였다.[20] 그 뒤, 스페인·포르투갈 등이 어업의 한계에 대하여 6해리, 12해리를 주장하였지만, 강대한 해군력을 배경으로 영국은 이를 인정하지 않고 3해리주의를 계속하여 추진하였으며, 다른 나라의 연안 어장을 개방시켜 갔다.[21]

그러면 청말 중국에서는 '영해'로서의 '해권'은 어떻게 인식되고 있었을까? 본고의 시작 부분에서 기술한 바와 같이 천관런陳冠任은 그것이 현실의 어업즉'어권'과의 관련으로 구현되었다고 한다. 다음에 약간의 사례를 보충하면서, 청말 중국에서 '해권'이라는 말이 어떻게 사용되었는지 검토해보자.

광서 30년1904의 『동방잡지東方雜誌』에는 다음과 같은 기사가 보인다.[22]

생각건대 각 나라는 어업을 매우 중요하게 생각하고 있으며, (…중략…) 또한 '해권'도 가장 관계가 깊다. 제 의견으로는 각국의 공법公法에는 해안 지대에는 모두 '영해'의 한계가 있으며, 한계의 범위는 포탄이 도달할 수 있는 가장 먼 곳까지로 한다. 최근에 포탄이 도달할 수 있는 범위는 점점 멀어지고 있어서, 이미 3해리로부터 10해리까지 도달하고 있다. '영해'라는 것은 평상시에는 변경을 방위·경비하고, 전시에는 국외局外 중립으로 하는 범위이며, 어업 자원을 보호하는 범위이기도 하다. (…중략…) 각 나라 중에는 '어계漁界'를 다투다 전

---

20 高林章, op. cit., pp.150~151.
21 Ibid., pp.161~164.
22 「興漁業説」〈錄第24期商務報〉, 『東方雜誌』 實業, 第1年 第9期, 1904.

76 제1부_근대 동아시아의 전쟁

쟁으로 발전하는 경우도 있는데, 가령 지난 달 영국과 러시아 양국이 베링해협의 어업의 한 문제로 전약專約을 체결하기에 이르렀다. 그 영향력의 크기는 이러한 정도인 것이다. 우리나라는 어업에 종사하는 일을 모르는 것이 아니다. (…중략…) 최근에 어떤 나라의 상인은 우리나라가 어업의 새로운 방법에 어두워서 공사公司를 설립한다는 방법이 있는 것을 모르기 때문에 상하이에 어업공사를 창설하여, 170만 량兩의 자금을 모았으며, 이로 인하여 우리나라 어업의 이익을 수탈하고 우리나라 '해권'을 탈취하려고 하였다. 우리나라의 상인이 적극적인 방법을 생각해서 대항하지 않으면, 연해 수백만 호의 어민은 필히 생계를 유지할 수 없는 날이 올 것이다. 대항할 수 있는 방법은 무엇인가? 그것은 단지 스스로 공사를 설립하여, 어망을 구입하고, 어선을 제조함으로써 어업을 흥기시켜 '해권'을 확장하는 것뿐이다.

위에 인용된 사료가 누구의 손에 의한 것인지 현재로서는 분명하지 않지만, 제목이 「어업을 일으키다」라고 되어있는 바와 같이 '해권'을 어업과 관련지어가면서 논하였으며, 또 '해권'을 '영해'와 거의 같은 뜻으로 사용하고 있다. 이 때, 청조는 '영해' 3해리를 의식하면서도 포탄의 사정거리가 변화함에 따라서 '영해'를 넓히려고 하는 움직임이 있다는 것을 명확하게 의식하고 있다. 청조 자신의 '영해'에 대한 태도는 굳이 보류되고 있어서, 대응에 고심하고 있었을 가능성을 시사한다. 천관런陳冠任도 지적한 바와 같이, '영해'가 '어계漁界'와 밀접한 관련이 있다고 생각하여, 중국 어업 기술의 치졸함, 어업 공사 설립의 뒤떨어짐과 같은 사태가 어업의 이익을 잃어버리게 할 뿐만 아니라 청조의 '해권'까지도 침해되고 있다고 하여, 소위 '국권國權'의 상실과도 연결되어 있음을 말하고 있다.

위의 인용문에서는 많은 어민들의 생계 — 공사에 의한 대규모의 어업과 '어계漁界'의 유지·확보를 제기 — 와 '해권'이 마치 일체인 것처럼 논의되고 있으며, 머핸의 '해권'론에서는 거의 언급되지 않았던 해양 자원의 문제가 명백하게 인식되고 있다. 이러한 상황은 유럽에서도 보였기 때문에 아시아나 중국의 특징이라고는 말할 수 없지만, 머핸이 중시하지 않았던 어업이 현실의 해양을 둘러싸고서 상상 이상으로 중요한 의미를 지니고 있었다고 말해도 좋을 것이다.

실제로 훗날 중국의 어업·수산 교육의 기초를 구축한 일로 유명한 허우차오하이侯朝海는 다음과 같이 말하였다.

> 해양의 면적은 12억 6천 1백만 평방리平方里로서 육지의 3배나 되어, 육지와 함께 중요하다. 각국 '영해'의 바깥은 모두 공해에 속하며, 그 권익은 누구나 자유롭게 이용할 수 있다. 수산업이라는 것은 해안선의 표지標識이며, 수산업을 진흥시키는 일은 우리의 '영해주권'을 실행하고, 국세를 발전시키는 하나의 방법인 것이다. (…중략…) 청조 광서 30년까지, 난퉁南通의 장지즈張季直, 즉 張謇선생이 어업의 상황을 말하고, 농상부農商部에 연해 7성省의 어업공사를 설립하도록 청하였던 것이 수산업 혁신의 시작이다. 이미 즈리直隷·저장浙江·푸젠福建에는 차례로 수산학교가 건설되고 있었으니, 이것은 수산 교육을 중시하는 증거이다.[23]

위의 인용문에서는 '영해주권'을 구현하기 위해서는 어업·수산업이 중요하다고 하며, 청말 장젠張謇에 의한 어업공사의 설립과, 즈리直隷·저

---

23 侯朝海, 「發刊辭」, 『中華水産雜誌』 1卷 1期, 民國10年(1921).

장젠江·푸졘福建에 수산학교를 설립한 것을 칭송하고 있다.[24] 당시 '영해 주권'은 어업에 의해서야말로 가시화될 수 있다고 하는 신념을 여기에 서 엿볼 수 있다.

3) 청말의 '해권'과 해군

위에서 인용한 사료의 다음해1905 같은 『동방잡지東方雜誌』에 이어서 게 재된 해군에 관련된 문장을 다루어 보기로 한다.[25]

각국 세력의 성쇠는 오로지 '해상 권력'의 강약으로써 기준으로 삼는다. 19 세기 이후, '해권' 경쟁의 대세는 이미 대서양으로부터 태평양으로 점점 옮겨 가고 있다. 각국이 호시탐탐 노리고 있는 것은 북태평양을 중심으로 한다. 여 러 나라의 동양 함대가 바람과 구름이 소용돌이치듯이 몰려와서, (···중략···) 모두 해군력의 적지 않은 부분을 할애하여, 멀리 1만 리를 넘어서 이 구석에 모 여들었다. 생각건대, 동양 함대의 강약은 태평양의 '해권' 문제를 해결하려고 하는 것이다. 우리나라는 태평양상에서 여러 나라의 '해권' 경쟁의 한가운데에 위치한다. 지금 설령 급히 태평양의 주권을 말하지 않더라도, 해안선이 길어서 강력한 군대가 아니면 방어할 수 없다. (···중략···) 해군은 '국권國權'과 관련되는 것이며, 국방이 의거하는 것이다. 해외의 식민지, 해외의 교민, 국제 무역에 의 한 상인의 왕래, 운행하는 상선, 이것들은 모두 해군에 운명을 맡기고 있다. 그

---

24 장젠(張謇)에 의한 어업공사(漁業公司)의 창립과 어업 진흥, 영해주권과의 관계에 대해서는 별 도의 문장에서 상세히 기술할 예정이다. 수산학교(水産學校)에 대해서는, '楊峻懿, 「淸末民國期 の水産教育と直隷水産講習所」(京都大學『社會システム研究』22號, 2019)', '楊峻懿, 「民國初期に おける江蘇省立水産学校の人材育成への模索」(京都大學『社會システム研究』24號, 2021)'을 참고 하였다.

25 「重興海軍議」, 『東方雜誌』軍事, 2卷 10期, 1905.

래서 상업 세력의 팽창과 축소는 실로 '해상 권력'의 성쇠에 의한다. 서양의 여러 나라가 동방에서 무역의 장을 개척할 때에는 홀로 와서 하나의 사업을 일으키지만, 해군의 뒷받침이 없는 경우가 없다. 서양인의 무역 세력이 날로 흥성하여 국력을 해외로 신장시키려고 하는 것은 반드시 '해권' 다툼을 첫 번째 중요한 요소로 간주하기 때문이다. 우리나라의 해외 화교는 적지 않다. 그러나 약소한 국력으로는 보호할 수 없으니, 국외로 발을 들이밀려 하면 나라 없는 백성이 되어도, 쫓겨나도, 능욕당하여도, 머리를 떨구고 참고 견디며 호소할 곳도 없다. 따라서 상인은 날로 감소하고, 상업은 날로 쇠퇴한다. 오늘날은 경쟁 속에서 살아나가는 세계인 것이다.

위의 사료에서는 어업을 다루었던 앞에서의 사료로부터 일변하여 '해권', '해상 권력'과 '해군', '통상'과의 연관성에 대하여 논의한다. 글 가운데에 보이는 "해외의 식민지, 해외의 교민, 국제 무역에 의한 상인의 왕래상업" 등의 용어로부터도 이 논의가 분명히 머핸의 '해권'론을 기초로 이루어지고 있는 것을 알 수 있다. 글의 전반에서는 해군을 중심으로 '해권'론이 전개되고, 쑨원孫文과 마찬가지로 '해권'의 중심이 대서양으로부터 태평양으로 옮겨온 일, 각 나라가 중국이 위치하고 있는 북태평양으로 동양 함대를 파견하여 '해권'을 다투려 하고 있다는 것을 말하고 있다. 한편, 후반에서는 머핸의 '해권'론을 따르면서 청조의 '해권'을 논하고 있다. 그러나 머핸이 "평화로운 통상 및 해운이 있고나서야 비로소 해군의 함대가 자연스러우면서도 건전하게 생겨나며, 또 그것이 함대의 견실한 기반이 되는 것이다", "좁은 의미의 해운은 상선이 존재하고서야 비로소 그 필요가 생겨난다"라고 해서, 생산 → 식민지 → 통상 → 해운

→해군이라고 하는 연쇄를 상정하고, "상선의 소멸과 함께 해군도 소멸한다"라고 지적한 것에 비하여, 여기에서는 해군의 보호가 있고 나서야 그 (식민지→) 교민의 안정→통상, 역으로 말하자면 해군이라는 뒷방패의 소실→교역 상인의 감소→상업의 쇠퇴를 묘사해 보여주고 있다. '해상 권력'과 상업통상 세력의 팽창·축소가 밀접하게 연관되는 것은 마찬가지이나, 논리가 역전되고 있어서 강대한 해군이 있고 난 뒤의 통상으로 되어 있다.

이 문장은 원래 해군의 부흥을 제기한 것이기 때문에 해군의 존재 의의를 강조하는 것은 당연하지만, 통상의 보호에서 해군의 존재 가치를 찾아내는 머핸과는 달리 해군이 존재한 뒤의 통상이라고 하는 논리, 즉 해군의 강약이 통상의 성쇠에 결정적으로 영향을 끼친다고 하는 주장은, 머핸 '해권'론으로부터 보자면 곧 본말전도의 감이 있는 것을 부정할 수 없다. 해군의 재건이 주장되고 있는 정치적 배경을 생각해보면, 논리의 옳고 그름은 차치하고 「중국의 두 큰 근심거리를 논하다論中國二大患」가 발표된 다음 겨우 6년 뒤의 청말에 이정도로까지 급속하게 머핸의 '해권'론이 깊게 인식되고 있는 점은 흥미롭다.

다음으로, 청말에 다수 간행된 『동유일기東遊日記』 가운데에서 순경부원외랑巡警部員外郞이었던 수홍이舒鴻儀가 저술한 『동영경찰필기東瀛警察筆記』 광서32년, 1906를 들어서, 일본 시찰 중에 기록한 「국가 판도의 경계国家の版図の界限」에 대하여 검토해보겠다.

바다의 경계는 해안으로부터 6해리를 가리키며, 6해리 이내의 모든 권리는 모두 본국 주권의 범위 안에 있다. 다른 나라는 마음대로 침입할 수 없다. 그렇다면 6해리 이내로 영해를 정한 것은 도대체 무슨 의미가 있을까? 하나는 세계의 경쟁이 육지로부터 바다로 옮겨간 것이다. 만약 몇 해리인지를 정해놓지 않으면 강자가 '해권'을 장악하고 해양의 교통에 끝없는 정체를 일으키게 되기 때문에 6해리 이내로 영해를 정하였다. 6해리의 바깥쪽은 공해로서 점령·방기하는 일은 없으니, 이것은 해리('영해'의 폭)의 하나의 의의를 정한 것이다. (…중략…) 현재 대포의 사정거리는 6해리 거리에 이른다. 바다의 방위는 국가 방위이며, 국가 방위의 능력은 여기에 나타나니, '해권'의 한계도 여기에 나타난다. 이것도 해리를 정하는 하나의 의의이다. 6해리 이내에 어업권이 있다. 다른 나라의 어업은 마음대로 들어갈 수 없다.[26]

국제법에 관심이 있었던 수홍이舒鴻儀는 국가의 판도영토·영해에 대해서도 많은 기록을 남기고 있으며, 특히 '해권'에 대해서는 당시 새롭고도 중요한 지식·정보였기 때문인지 상세하게 기록하고 있다. 내용 자체는 오늘날의 눈으로 보면 그다지 새로운 지식은 아니지만, 위에서 인용한 부분 외에도 방역이나 관세를 '해권'의 일부로서 간주하고 있다. 유일하게 이해하기 어려운 것은 당시 일본이 '영해' 3해리주의를 채용하고 있었음에도 불구하고,[27] 수홍이는 '영해' 6해리설에 대하여 언급하고 있다는 것인데, 그 목적이 무엇인지 분명하지 않다. 말할 수 있는 것은, 수홍이와 같은 중국해군, 어업 기술 등의 후진국의 일부 지식인은 '영해'를 좁게 설정하는 3해리주의보다는 조금이라도 넓은 '영해'를 인정하는 6해리가 현실적이라고 느끼고 있었을지도 모른다. 왜냐하면 나중에 중화민국中華民

---

26 舒鴻儀, 「國際法的國家之成立」, 『東瀛警察筆記』 講錄卷一 國際法, 上海樂群圖書編譯局, 光緒32年.
27 吉井淳, op. cit., pp.32~33.

國은 민국 25년1936에 처음으로 '영해'를 선언하였는데, 이것은 12해리였기 때문이다.[28]

위의 인용문에서도 수홍이는 몇 번인가 '해권'이라는 말을 사용하고 있는데, 거의 '영해'와 동의어로 사용하고 있다. 여기에서는 머핸이 사용한 넓은 의미의 '해권'이 아니고, 구체적인 수치를 동반한 해양의 분할을 의제로 하고 있어서, 그야말로 국제법적인 해양의 구획을 의식하고 있다. 청조나 중화민국의 정부가 영해의 폭을 어떻게 설정하려고 하였는지에 대해서는 한층 더 사료의 보충과 분석이 필요하기 때문에 별도로 고찰하기로 하고, 여기에서는 '해권'이라는 말이 '영해' 문제나 '어권'과 관련되어 논해지고 있었다는 것을 확인하는 것에 그치기로 한다.

4. 중화민국 시기에 있어서 머핸 '해권'론의 침투

1) 머핸 평전의 발표와 그 이론의 번역

중화민국의 초기에는 유감스럽게도 머핸의 '해권'론에 대하여 직접적으로 언급하는 문장을 발견할 수 없지만,[29] 1930년대에 들어서면 종종 등장하게 된다. 『해군잡지海軍雜誌』 5권 2기1932에는 탕바오하오唐寶鎬의 「해상 권력의 새로운 요소가 해군 전략에까지 이르다(속편)海上權力新要素及

---

28 佐藤良聖, 「東アジア海域における領海と日中韓漁業紛争(一九〇六～一九一二)」, 『東洋學報』 103 卷 1號, 2021.

29 청말에서 민국 시기의 영해주권(영해 폭)문제, 머핸 '해권'론의 실천에 관한 사료는 다수 있으므로, 이후 별도의 논고에서 검토할 예정이다. 여기에서는 머핸 '해권'론에 대하여 언급하고 있는 것에 한정한다.

於海軍戰略(續)」라는 제목의 문장이 게재되었다. 속편인 이 문장의 본편을 확인할 수 없기 때문에 단정할 수 없지만, 제목을 보는 한에서는 분명히 머핸의 '해권'론을 의식하고 있다. 『해사海事』 7권 8기1934에는 C·C·길 C·C·Gill, 저술·천위안晨園, 번역 「해상 권력의 참다운 가치海上權力之眞價値」가 보이는데, 머핸 '해권'론의 대의를 소개하였다. 『해군정건海軍整建』 1권 6기 1940에는 왕스푸王師復의 「해군 이론가의 태두 — 머핸海軍理論家的泰斗-馬罕」 및 머핸 『해군권력사론海軍權力史論』을 번역한 것의 일부로 보이는 춘위즈빈淳于質彬, 번역 「해권 요소의 연구海權因素之研究」가 게재되었다. 특히 왕스푸의 전자는 머핸馬罕, mahan이라고 표기되어 있음의 본격적인 평전으로서 주목할 만하다. 시작 부분에서는 해군 이론을 연구하는 사람으로서 머핸을 모른다면, 경제학자가 애덤 스미스를 모르는 만큼 우스운 일이라고 한 다음, 본 잡지가 책임감을 갖고 그를 중국인들에게 소개해야만 해서 스스로 펜을 들었다고 한다. 왕스푸는 또 플레스터Pulestor, 저술 「현재에 있어서의 머핸의 해권관馬罕海權觀在現在」『해군건설(海軍建設)』 2권 1기, 1941을 번역하였으며, 머핸의 『해군전략海軍戰略』은 「해군전략론海軍戰略論」으로 제목을 붙여 번역하였으니, 머핸을 중국에 소개하는 데에 커다란 공헌을 하였다. 전자인 『해군건설海軍建設』은 머핸에 관한 특집호와 같은 위치에 있었다고 보이며, 왕스푸의 번역 외에도 하리안 트로토Harian Trott, 저술·지전季震, 번역 「머핸의 해권론과 제2차 유럽대전馬罕海權論與第二次歐戰」, 허버트 리치몬드Admiral Sir Herbert Richmond, 저술·뤄뤄스羅洛士, 번역 「머핸과 오늘날의 해군馬罕與今日之海軍」이 게재되어 있다. 『사지잡지史地雜誌』 2권 1기1942에는 풀스턴Captain W.D. Pulston이 저술한 『머핸의 생평과 저작馬罕之生平與著作, The Life and Work of Captain Alfred Thoyer Mahan』이 간단 명료하게 소개되어 있다.

2) 중국은 '해권 국가'가 되어야 한다

이렇게 하여 머핸의 '해권'론은 인구에 회자되었으나, 마지막으로 그 '해권'론을 명확하게 의식하면서 중국의 '해권'에 대하여 의론을 전개한 궈서우성郭壽生의 문장을 도마 위에 올려 보자. 궈서우성은 광서 26년1900 에 태어났으며, 동맹회同盟會 회원으로서 나중에 푸저우福州시의 저명한 국민당 원로가 된 모계 친척인 황잔윈黃展雲에 의하여 어려서부터 길러졌 다. 민국 5년1916에 옌타이煙臺해군학교에 입학하였으며, 민국 10년에는 사회주의청년단, 민국 13년에는 중국 공산당 당원이 되었다. 졸업 후에 는 '하이처우海籌'함에서 근무하였는데, 점차 해군 관병官兵을 적극적으로 혁명 공작에 참가시키는 '신 해군운동新海軍運動'에 관여하게 되었다. 내전 시에는 국민당 제2함대의 봉기를 책동하였다. 1949년 8월에는 저우언 라이周恩來와 접견하였으며, 9월에는 중국인민정치협상회의中國人民政治協商 會議 제1차전체회의第一次全體會議에 참가하였고, 중국인민해방군中國人民解放軍 화둥華東군구軍區 해군사령부海軍司令部 연구위원회研究委員會 부주임副主任으로 임명되었다. 1967년 3월 31일 서거하였으며, 향년 68세이었다.[30]

먼저 민국 34년1945 1월, 궈서우성郭壽生이 『해군잡지海軍雜誌』에 발표한 「전쟁 후 중국은 해권 국가가 되어야 한다」[31]의 「(1) 해양과 중국의 명 운」부터 검토한다.

지구의 면적은 겨우 3할이 육지이고, 7할이 해양이어서, 해양은 드넓은 사방 팔방으로 통하는 교통로이다. (…중략…) 중국의 명운은 아시아뿐만 아니라 전

---

30 馬駿傑, 「郭壽生與民國海軍(代序)」, 馬駿傑他 編, 『郭壽生海軍研究文集』, 山東畫報出版社, 2017, pp.1~14.
31 郭壽生, 「戰後中國應爲海權國家」, 『海軍雜誌』, 1945.1; 馬駿傑, op. cit.

오타 이즈루 | 근현대 중국과 머핸의 '해권(海權)'론 85

세계의 안녕과도 관련된다. 왜냐하면 중국은 지구상 인구의 4분의 1을 점하고 있지만 겨우 11분의 1의 토지에 집중되어 있는데, 과거 중국이 해양을 다투지 않았기 때문에 제국주의의 분할을 받아서 아시아는 하나의 위대한 안정력이 결핍되었기 때문이다. (…중략…) 대륙으로부터 연해로, 그리고 해양으로, 중국민족의 생활 방향성은 이 커다란 세 시기時期로 대표되는데, 후기(해양의 시대)는 지금도 유년기에 해당된다. (…중략…) 중국의 명운은 해양에 있으며, 미래도 해상에 있으니, 중국은 현재 해권국이 되지 않으면 안 된다. 그렇지 않으면 생존 경쟁의 세계 가운데에서 우세한 위치를 점할 수 없다. '해양 자유, 이것은 과거의 세계를 가리킨다. 공중 자유는 미래의 세계에 속한다.' 이것은 미국인의 새로운 슬로건이다. 얼마나 부끄러운 일인가. 우리는 해양 자유의 시대를 걸어본 적이 전혀 없다. 이것은 해상에 우리의 자유가 없는 것이 아니고, 우리는 해양 자유를 방기하고 있다. (…중략…) 그래서 우리는 오늘날, 공중 자유의 시대를 돌진하고, 해양 자유의 시대를 뒤쫓아 가지 않으면 안 된다. 해양은 공중 자유 시대의 도래에 의하여 그 역할을 잃어버리는 것이 아니기 때문이다. 공중에 우리들의 자유가 있고, 동시에 해양에도 우리들의 자유가 있다. 우리는 해양 국가가 되어, 해양 위에 우리들의 지위를 구축하지 않으면 안 된다. (…중략…) 근세가 되어 대양의 시대가 되었다. 대양 시대의 하나의 커다란 특색은 해양 국가만이 세계의 주요 국가가 될 수 있다. (…중략…) 이에 비하여 대륙국가는 설령 국력이 있어도 [세계의] 한 구석을 차지하는 것에 지나지 않으며, 해양과는 밀접한 관계를 맺을 수 없기 때문에 해양의 지배 등은 생각할 수 없다. 금후, 우리들은 국가를 건설하는 데에 있어서 당연히 해양 국가로 발전하는 것에 중심을 두어야 할 것이다. 대서양의 시대는 과거가 되었으며, 태평양의 시대가 도래하였다. (…중략…) 중국은 태평양의 서안에 국가를 세웠으며,

이는 태평양의 중요한 위치에 해당한다. 금후 중국이 국제적으로 독립·자유·평등의 지위를 획득하고 싶다면, 해양을 자유롭게 이용할 수 있는 자격을 갖는 것이 그 전제 조건이 되는 것은 의심할 여지가 없다. 바꿔 말하자면 참다운 독립은 중국이 태평양상에서 독립하는 것이며, 참다운 자유는 태평양으로 진출하는 것의 자유, 참다운 평등은 태평양의 권익을 공유하는 평등이다. (…중략…) 중국은 전쟁 후, 해양 자유의 권리를 공유해야하며, 전후 전 세계 인류가 평화로워질 때 인류 전체의 4분의 1을 차지하는 중화민족은 대륙 안에 갇혀 있을 수는 없다. 전쟁 후의 해상 패권은 미국의 손바닥 안으로 옮겨갈 것이며, 중국은 4강의 하나가 되어 미국과 바다를 사이에 두고 이웃이 되어 협력하면서 태평양의 평화를 유지해가야만 한다. 이것들이 중국이 해양 국가가 되어야할 이유이다. 요컨대 해양은 우리들 명운의 상징이며, 우리들의 생명선이자 국방선國防線이다. 전 민족의 생존과 안전을 위하여 생각하고, 태평양상의 영구적 평화를 생각한다면, 우리들은 노력하여 해양을 획득하여야 한다. 즉 우리들의 '해권'을 수립하지 않으면 안 된다.

궈서우성郭壽生 문장의 모티브는 분명히 머핸의 '해권'론이다. 그것을 기초로 하고서 태평양전쟁 말기의 상황을 감안한 위에 독자적인 중국의 '해권'론을 수립하고 있다. '해권'을 다투지 않고 제국주의에 의하여 '과분瓜分'당한 중국도 겨우 '해양 자유'를 향수할만한 시대가 왔다고 드높이 선언한다. 확실히 이번의 대 전쟁에 의하여 항공기의 눈부신 발전을 볼 수 있어서 '공중 자유'의 시대가 도래하였다고 말하지만, 궈서우성은 '해양 자유' 즉 '해권'의 획득과, '공중 자유' 즉 '공권空權'의 획득이라는 두 갈래 길을 중국이 걸어가지 않으면 안 된다고 강조한다. '해권'과 '공권'은 모순되는 것이 아니며 병존하여도 이상하지 않다고 갈파한다. '해권'은 이미 쟁탈장이 대서양으로부터 태평양으로 옮겨왔으며, 그 중심에 위치하는 것이 중국이라고 말하는 것을 주저하지 않는다. '해양 자유'를 기초로 한 해권 국가가 되어, 태평양을 사이에 둔 이웃 미국과 협력하여 태평양의 항구적인 평화를 유지한다는 고매한 이상을 내걸었다. 오늘날 중국의 일방적인 해양 진출, 미국과의 모순·대립을 보면, 귀서우성의 발언에 일말의 허무함을 느끼지만, 그가 제2차 세계대전 후의 국제사회에서 중국이 서야할 위치를 '해권'을 축으로 꿰뚫어보았던 것은 혜안이었다.

3) '해권 국가'의 요소

계속하여 「(2) 중국은 '해권'을 필요로 한다」를 추적해본다.

해양 운수, 해외 식민지, 해상 위권威權(해군력)은 해양 국가를 구성하는 삼요소이며, (…중략…) ① 해운국 : 다수의 상선이 대양을 항해하며, 본국 및 외국의 해상 운수에 종사한다. ② 해외 식민지 : 다수의 사람들이 바다를 건너서 본국 내지 외국의 해외 식민지에 가서 식민하고, 제2의 조국을 건설한다. ③ '해권'국 : 강대한 해군이 해양상의 군사적 거점을 지배하고 해상 교통로를 보호한다.

해운이 있고나서 해외 식민이 있다. 해외 식민이 있음으로 해상 위권(해군력)의 건설이 필요해진다. 역사는 우선 해운, 다음으로는 식민, 최후로 '해권'이 있는 것을 증명하고 있다. '해권'은 교민을 보호하는 방법이며, 그것에 의하여 사람들은 해외로 이민하고, 해운은 발달한다. 만약 해운에 뒷방패로서의

'해권'이 없다면, 평상시에는 국가 정책이 추락하지 않도록 유지할 수 있지만 전시에는 해운이 눈 깜짝할 사이에 기울어버려서 모든 국민의 생계는 위기에 처하게 된다. (…중략…) 만약 해외 식민에게 '해권'의 보호가 없다면, 평상시 얕보이고 압박을 받을 뿐만 아니라 전시에는 반드시 적의 수중에 떨어질 것이다. (…중략…) 해양 국가의 삼요소는 '해권'이 주가 되고, 다른 것은 종이 되어야 하며, '해권'이 있으면 다른 두 요소는 국력을 헤아려서 발달시킬 수 있다. '해권'이 없으면 다른 두 요소는 거의 쓸모가 없다. 이후 우리들이 국가를 건설할 때에는 하나의 완전한 해양국가가 되지 않으면 안 되며, 우선 신속하게 중국의 '해권'을 건설하여, 해외 교민을 보호하고, 중국의 해운업을 발전시켜야 한다. 그렇지 않으면 중국은 대 해양시대에 역사의 주역으로서의 지위를 획득할 수 없을 것이다.

귀서우성은 위의 문장에서 운수통상·식민지·해군이라는 세 단어를 중심으로 지론을 전개한다. '생산'이라는 말이 출현하지 않는 것을 제외하고는 머핸의 '해권'론과 거의 부합하며, 용이하게 그 사상적 영향을 알아차릴 수 있다. 다만 머핸이 평화적인 통상 및 해운이 있고나서 비로소 해군 함대가 자연스럽고 건전하게 생겨나며, 함대의 견실한 기반이 된다고 논하는 것에 비하여, 최종적으로는 강대한 해군귀서우성은'해권'을해군의뜻으로사용한다이 있고서 차츰 통상이나 식민이 가능하게 된다고 한다. 바꿔 말하면 해군이야말로 주가 되며, 해운이나 식민은 어디까지나 종적인 위치가 되는 것에 귀서우성의 독자성이라고나 해야 할까, 중국의 특성이 나타나 있는 것이다. 제국주의 열강에 의하여 '과분瓜分'된 가운데 해군의 무력함을 강열하게 인식한 중국에서는 머핸의 '해권'론과는 주종 관계의 역전현상이 일어났으며, 강대한 해군의 건설에 중점이 옮겨간 것에 중국혹은귀서우성 '해권'론의 특색을 발견할 수 있다고 생각된다.

4) 머핸 '해권'론과의 관계

마지막인 「(3) 중국이 갖춘 '해권'국의 조건」에서 귀서우성은 머핸의 '해권'론에 대하여 직접적으로 언급한다.

> 중국에 '해권'이 필요한 것은 기술해온 바와 같다. 그렇다면 어떠한 조건을 구비하면 '해권' 국가로 전진할 자격을 얻을 수 있는가? 중국은 '해권' 국가로 발전할 여러 조건을 지니고 있는가? 현재 일반적인 지정학의 권위는 '해권' 국가가 될 수 있는 지리와 인구의 조건에 대하여 다음과 같이 인식하고 있다.[32] ⓐ 해양상의 우월한 지위, ⓑ 해운과 해군에 적합한 우량한 해안, ⓒ 해안과 내륙부 사이의 상당히 밀접한 관계, ⓓ 광대한 내지內地와 풍부한 조선造船 자원, ⓔ 내지와 항구를 연결하는 우량한 교통 조건, ⓕ 바다 건너편 국가에 도달하는 것의 편리함, ⓖ 연해 지역에 인구가 집중됨, ⓗ 해상 생활에 익숙한 민족성. 이러한 조건들에 우리는 완전히 부합한다. (…중략…) 머핸의 의견에 의하면, 한 나라 해안선의 길이가 국력의 증강을 가져 올 수 있는지의 여부는 항상 인구의 많고 적음과 관계한다. (…중략…) 이 한 가지 점에 대해서는 중국 '해권'의 잠재 능력은 조건을 충족하고 있다. 우리나라의 민족성은 참으로 모험과 개척 정신을 지니고 있으며, 해상 생활에도 익숙하다. 중국의 역사로부터 말하자면, 이미 해양시대로 발전하여, 푸젠福建·광둥廣東·저장浙江 등 여러 성의 사람들은

---

32 원문에는 (1)~(8)로 기재되어 있는데, 이 글에서는 논의 전개의 편의상 ⓐ~ⓗ로 바꾸었다.

해양성에 적응하고 있다. 머핸은 인구가 '해권' 발전에 미치는 영향에 대하여 연구하였을 때 이렇게 지적하였다. 한 나라의 '해권'을 결정하는 인구의 요소는 주로 '해권'을 지탱하는 예비 군력에 있다. (…중략…) 우선 조직이 있는 예비군, 다음으로는 해군에 익숙한 인구의 예비군, 그 위에 기계 기술에 익숙한 능력, 최후로는 재력의 다소이다(이상은 머핸 『해상권력사론』의 서언에 보인다). 우리나라의 연해 여러 성의 인구는 영국의 10배 이상이다. 어떻게 우리나라가 일등 '해권'국이 될 수 없다고 말할 수 있을 것인가? (…중략…) 이러한 증거들은 전후 우리나라가 하나의 '해권' 국가를 건설할 수 있음을 충분히 설명하고 있으며, 전후의 국방 이론은 중국의 '해권' 건설에 대하여 주의해야 한다.

궈서우성은 위의 인용문에서 중국이 '해권' 국가로 발전하기 위한 조건에 대하여 '일반적인 지정학의 권위'라고 전제하고 있지만 기본적으로는 머핸의 '해권'론을 따르고 있다. 본고의 「시작하며」 부분에서 언급한 바와 같이 머핸은 6개의 조건을 제시하고 있었는데, 궈서우성은 2개의 조건을 더하였다. 머핸 이외의 다른 '권위'의 의견을 채택하였는지도 모르겠지만, 각각의 조건을 비교해 보면54쪽참조, ①과 ⓐ의 지리적 위치, ②와 ⓑ의 해안선은 완전히 동일, ③은 ⓒ와 ⓓ로 나누어진다. ⓓ에는 조선을 위한 물질적 인적 자원 문제가 편입되어 있는 점이 새롭다. 조선 기술은 현대 군사력을 말할 때에도 중요하며, 조선 기술과 노동력의 유무가 각 나라 해군력의 정비에 영향을 미치고 있다.[33] ⓔ는 ②와 적지 않게 관련이 있으며, 해안선과 내륙 지방을 흐르는 강을 접속하는 수운 교

---

33 重入義治, 「第三章 中國造船工業界の伸張」, 淺野亮・山內敏秀, 『中國の海上權力—海軍・商船隊・造船~その戰略と發展狀況』, 創土社, 2014; Andrew S. Erickson ed., *Chinese Naval Shipbuilding; An Ambitious and Uncertain Course*, Naval Institute Press, 2016.

통의 발전을 가리킨다. ⓕ는 머핸에게서는 전혀 볼 수 없는 관점으로서 귀서우성도 특별히 구체적인 설명을 하고 있지는 않다. ⓖ는 ④ 인구를, ⓗ는 ⑤ 민족성을 각각 제시하였다. ⑥ 정부의 성격과 정책에 관해서는 귀서우성은 전혀 언급하고 있지 않다.

　주의해야 할 점은 귀서우성이 인구와 민족성의 문제에 대하여 열심히 말하고 있지만, 정부의 성격과 정책에 대해서는 완전히 무시하는 점이다. 귀서우성은 중화민족을 '모험과 개척 정신'을 지니고 있으며, 해상 생활에도 익숙하다고 해양성을 강조해 보이지만 설득력이 적거나, 또는 일정한 제한 조건매우 좁은 연해에만 해당 아래에서만 인정된다. 해양시대로의 돌입을 목표로 자민족의 적응성을 주장하고 싶은 것은 이해가 되지만, 중화민족의 해양성은 매우 한정적이며지역성, 생업과의 관계, 20세기 이후의 역사 문헌을 보아도 오히려 그것을 부정하는 것과 같은 사실을 종종 확인할 수 있다. 과대한 자기 평가와 거기에서 생겨나는 허상에는 충분히 주의할 필요가 있다. 또 인구가 영국의 10배 이상 되는 일을 가지고서 일등 '해권' 국가가 되는 일해양에 익숙한 인구의 예비군 및 기술을 가진 인구의 축적의 우위성을 말하는데, 이것도 간단한 일이 아니어서 내륙의 인구에 곧장 끼워 넣는 일은 불가능한 위에, 연안 지역에서도 이러한 인재의 양성은 결코 용이하지 않아서 말하는 것만큼 단순하지 않다. 이와 같은 언설은 현재의 중국에서도 영해주권이나 해양 진출을 문제로 삼을 때에는 종종 마주하게 되는데, 본격적인 해양 진출이 거의 이루어지지 않았던 민국民國 시기에조차도 비슷한 언설이 있는 것은, '중화민족의 해양성'에 관한 언설의 성립을 생각하는 데에 있어서 흥미로운 재료를 제공해주는 것이라고 할 수 있겠다.

역으로 역대 중국 왕조 및 중화민국 시기에는 해방론海防論이야말로 소리 높이 주장되었는데, 머핸의 '해권'론과 비교할 만한 적극적인 해양 정책은 특별히 확인할 수 없으며, 오히려 대륙국가로서의 성격이 강하기 때문인지 정책상 논의의 도마 위에 올라간 일이 적다. 궈서우성은 머핸이 말하는 정부의 성격과 정책이라고 하는 조건을 아무렇지도 않게 누락시켜버렸다고 의심받아도 어쩔 수 없다. 궈서우성의 인식으로써 중화민국 시기 지식인 계층의 머핸 '해권'론에 대한 이해를 대표할 수 있을지에 대해서는 충분히 설명할 수 없지만, 적어도 해군 군인이었던 궈서우성은 자기 나름대로 머핸의 '해권'론을 흡수하여, 시대적인 차이도 의식해가면서 스스로의 '해권'론을 제시하였다고 말해도 좋을 것이다.

5. 마치면서 – 중국 공산당과 머핸의 '해권'론

본고를 마치면서 전후 중국의 공산당 정부와 머핸의 '해권'론에 대하여 공산당이 어떻게 인식하고 있었는지에 대한 단서를 찾아보기로 한다. 근래 중국에서는 종종 '남색 국토藍色国土'라는 호칭이 거론되었다. 이 말은 '중국이 주권을 가지고 있는 해양 관할 구역이라고 간주하는 바다'라는 의미로서, 동지나해·남지나해의 대부분이 중국의 바다이며, 일본이 주장하는 중간선은 전혀 고려되고 있지 않다. 1995년 전 총서기인 장쩌민江澤民은 "우리나라는 육지 국가이지만 동시에 해양 국가이다. 우리는 전략적으로 해양을 인식하여, 전 민족의 해양 의식을 강화하지 않으면 안 된다"라고 하였다.[34] 이와 같은 중국의 전략적 해양 진출에 대한 머핸 '해권'론의 영향에 대해서는, 고다 요지香田洋二나 야마구치 노보루山口昇가 "중국의 해양 진출에 강력한 영향을 미쳤다고 얘기되고 있는 것은 미국 해군 군인 앨프리드·세이어·머핸이 1890년메이지23년 간행한 『해상권력사론海上權力史論』이다", "대륙 국가이었던 중국이 21세기에 들어서자 해양 진출을 지향하기 시작하였다. 중국 해군은 머핸의 영향을 받았다고 말하여진다"고다 요지, "여전히 머핸의 '해양 지배'는 중국에게 매우 매력적이다. 중국은 이후로도 머핸이 말한 해양 지배를 중시할 것이다"야마구치 노보루[35]라고 하여, 약 130년 전의 머핸 '해권'론을 아무런 매개도 없이 현재의 해양 진출과 연관시키고 있다.

해군 현장에 있어서 '해권'론의 신봉자로서는 '중국의 머핸'이라고 불린 해군 사령司令 류화칭劉華淸을 들 수 있다. 아사노 료淺野亮는 "중국에서는 중화인민공화국이 성립한 1949년부터 미중 관계가 호전된 1970년대 초기에 이르기까지, 미국의 군사이론에 입각한 연구는커녕 미국의 군사이론 그 자체의 연구도 해방군 가운데에서 공유되지 않았다"[36]라고 하였으며, "머핸의 사상은 류화칭에 의한 해군 건설에 도입되었다. (…중략…) 류화칭이 '중국의 머핸'이라고 불리는 것도 이상하지 않다. (…중략…) 1984년 8월, 중국을 방문한 미국 해군장관 존 레먼John Lehman을 통하여 류화칭은 머핸을 알게 되었다고 한다. 레먼에 의한 미 해군 확대 구상의 배경에는 머핸의 이론이 있다고 류화칭은 생각하였다"[37]라고 한

34 石田收, 「中國の『藍色國土戰略』」, 『週刊ダイヤモンド 中國＆ロシア』, 2008, pp.104~105.
35 香田洋二·山口昇·永岩俊道, 「中國の海洋進出とマハン『海上權力史論』の誤讀」, 『中央公論』, 2018.3, pp.94~103.
36 淺野亮, 「序章 なぜ海洋が重要なのか」, 淺野亮·山內敏秀 編, 『中國の海上權力』, 創土社, 2014, pp.26~27.
37 Ibid., p.29.

다. '해권'론의 수용은 류화칭의 등장을 기다리지 않으면 안 되었으며, 적극적으로 도입하여 중국 해군은 거대한 변모를 이룩하였다고 한다.

그러나 이 글에서 기술한 바와 같이 청말 이래로 머핸의 '해권'론은 많은 논의를 불러일으켰으며, 머핸 자신이 해군 이론의 태두로서 저명하였다. 류화칭을 기다리지 않아도 '해권'론은 경제학자에게 있어서의 애덤 스미스와 마찬가지로 중국 군인들에게도 상식이었을 것이다.

게다가 실은 『인민일보』에서도 머핸과 '해권'론에 대하여 언급하고 있다. 1973년 9월 28일 샹밍向明의 「틀림없는 해상 패권국地地道道的海上霸國」이다. 당시의 배경을 간단히 설명하면, 냉전기에 발생한 중소 대립 가운데, 중국은 미국 등 자본주의 여러 국가와의 공존을 도모하려고 하였으며, 72년 2월 마오쩌둥毛澤東이 닉슨의 중국 방문을 성공시켰다. 한편, 소련의 브르지네프도 같은 해 5월 닉슨을 모스크바로 초대하여 전략병기제한조약戰略兵器制限條約, SALTI, 탄도탄영격미사일제한조약彈道彈迎擊ミサイル制限條約, AMB을 체결하여 중국을 앞지르는 형태가 되었다. '데탕트긴장 완화'의 시작이다. 그 결과, 중소 대립이 격화되어, 중국은 소련을 '수정주의'라고 비판하였으며, 다음과 같은 글을 발표하였다.

최근 어느 시기, 소련 수정주의자의 대변인은 다양한 장면에서 오늘날의 소련은 해상 패권국가인 것을 필사적으로 부정한다. "이것은 '거짓된 이미지', '비방과 중상모략'이며, '진실과는 천양지차가 있다'"라고 한다. 그러나 레닌이 말한 "어떤 사람에 대하여 판단하려면, 그 사람 본인의 의사 표명이나 자기 평가가 아니라 그의 행동을 근거로 해야만 한다"라는 말로부터 판단한다면 소련 수정주의 사회제국주의社會帝國主義의 행동은 결국 해상 패권국가가 아닌가라는 질문에 대하여, 소련 수정주의자는 "그렇지 않다"라고 하며, 우리는 "사실을 보세요"라고 말한다. 소련 수정주의자가 해상에서 패권주의를 행하는 것은 사회제국주의를 추진하는 중요한 구성요소이다. 제국주의는 이전부터 해양을 지배하는 자가 세계를 지배할 수 있다고 하는 강권적인 논리를 신봉해 왔다. 19세기 말부터 20세기 초엽 사이에 등장한 머핸馬漢의 『해상무력론海上武力論』에서는 "세계 통치의 지위는 제해권의 장악에 의하여 획득할 수 있으며, 제해권은 반드시 해상 무력을 사용함으로써 탈취할 수 있다"라고 선양하고 있다. 현재 소련 수정주의자는 이미 전면적으로 이 제국주의 이론을 이어받고 있다. 사람들은 기억하고 있을 것이다. 흐루시초프가 집권하였을 때, 그가 일찍이 부끄러움도 모르고 어떠한 수상함정水上艦艇도 "이미 시대에 뒤떨어졌다"라고 하면서 핵미사일 공격의 '표적'이 될 뿐이라고 말한 것을. 그러나 실제로는, 소련 수정주의자는 여전히 거액을 아낌없이 쏟아 부어가면서 각종 수상함정을 다수 건조해왔다. 특히 브르지네프가 등장한 이후, 점점 대외 침략을 진척시키기고, 또 하나의 초강대국(미국)과 경쟁하기 위하여 해군을 강화시키는 리듬을 가속화하고, 소련 해군을 주로 근해 방어에 종사하는 해상 역량으로부터 원양 공격의 능력을 갖춘 거대한 함대로 변모시켰다. 소련 해군 총사령관 고르시코프는 당당하게 고취한다, 강대한 해군이 있고나서야 비로소 "해외 국가 권익을 지킬 수 있다", "강대한 해군이 없으면 장기에 걸쳐서 세계 강국의 지위는 지킬 수 없다"라고. 그러면 물어보자, 본국의 국토 밖에서 어떠한 '국가 권익'을 지키지 않으면 안 되는지. 이것은 해양 진출을 정당화하기 위한 전형적인 잘못된 논의가 아닌가? 소련 수정주의자는 전통적인 제국주의의 포함정책砲艦政策을 계승·발전시키고, 해군을 크게 확충하고 있으며, 특히 원양 해군의 정비는 뭇사람의 눈이 인정하는 바이다. 최근 10년간 소련 해군 함정의 총 톤수는 거의 2배로 증가하였다. 그것들은 항공모함이나 핵미사일원자력잠수함을 포함한 원양 작전의 함대이다. 소련 해군의 실력이 신장함에 따라서 그들의 함대는 태평양, 대서양으로부터 인도양, 지중해로 뻗어 나갔다. (…중략…) 소련 수정주의 사회제국주의가 미친 듯이 해상 패권을 추구하고, 해양 진출을 강화하고 있는 것은 결코 '거짓 이미지'가 아니고, 현대 세계의 생생한 하나의 현실인 것이다. (…중략…) 소련에 의한 해상 패권의 추구는 황제(차르)가 실현하지 못하였던 꿈을 다시 꾸는 것이다. 소련 수정주의의 해군 지휘관은 의기양양하게 "우리들의 1세기에 이르는 꿈이 바로 지금 현실이 되었다"라고 말한다.

위의 인용문은 첫째, 중소 대립의 첨예화라고 하는 위기 상황 가운데 소련에 대한 비판의 일환으로서 『인민일보人民日報』에 발표되어, 소위 중국 공산당의 공식 견해에 가까운 형태로 되어 있다. 둘째, 소련 해군의 '근해 방어'로부터 '원양 공격'으로의 해양진출, 원양 해군을 상징하는 항공모함, 핵미사일 탑재 원자력잠수함의 보유라고 하는 위협을 강조하여 들먹이며 소련 해군의 해양강국화를 비판한다. 셋째, 그 사상적 이론적 배경으로는 제국주의적 해양 패권주의의 부산물이라고 해야 할 머핸의 이론『해상무력론海上武力論』이 있으며, 그것을 실천한 것이 '붉은 머핸' 고르시코프라고 한다.

이상과 같이 중국 공산당은 머핸의 '해권'론을 제국주의 이론으로서 비판 대상으로 취급하였다. 만약 공산당이 머핸의 '해권'론을 긍정적으로 평가하고, 스스로의 해군 건설에 매진해갔다고 한다면 그 전환점은 어디에 있었을까? 정말로 류화칭의 등장은 큰 의미를 지니고 있었을까? 중국 자신의 해양 진출과 밀접한 관계가 있는 것은 상상하기 어렵지 않지만, 극복해야할 미국을 대표하는 이론이어도 무조건적으로 긍정할 수 있는 이론은 아니었다고 필자는 생각한다.

또 역사적 관점으로부터 중국에서의 머핸 '해권'론의 실천자를 생각할 때, 단지 '중국의 머핸' 류화칭과 '붉은 머핸' 고르시코프를 지적하는 것만으로 괜찮은 것일까? 처음으로 머핸 '해권'론에 접하여 소개한 량치차오梁啓超의 시대, 같은 시대에 실천을 지향하여 어업공사 및 상선商船학교의 설립에 종사한 정치가 · 실업가인 장젠張謇, 머핸 평전을 저술한 왕스푸王師復 등을 잊어서는 안 될 것이다.

그러나 위의 인용문을 읽을 때, 1970년대 중국에 의한 소련 해군 비판과 현대에 중국 해군이 비판받는 방식이 기묘하게 일치한다고 느끼는 것은 필자뿐 만은 아닐 것이다. 근래 중국 해군의 해양 진출은 점점 이전의 소련 해군과 혹사해가고 있다. 중국은 지각한 해상 패권국가사회제국주의국가인 것일까? 중국 공산당은 머핸의 '해권'론으로써 소련 해군을 맹렬하게 비난하였는데, 그것은 어떠한 의미에서는 현재의 중국 해군에게 부메랑처럼 되돌아오고 있다. '해권'론은 '양날의 검'이었다. 이론 속에 내포되어 있는 '제국주의', '해양 팽창주의'적인 부분은 대국화를 도모하는 국가가 그 과정에서 반드시 걸어가는 노정이다. 현재, 중국은 스스로를 '현대적인 사회주의 강국'이라고 칭하는데, 항공모함이나 전략戰略 원자력잠수함의 배치 등, 그 실태는 스스로가 일찍이 소련을 비판하였던 '해상 패권국가사회제국주의국가'와 마찬가지가 아닐까?

이전 러시아의 '차르황제의 꿈'은 바로 지금 현대의 '중국의 꿈中國夢'으로서 실현되어가고 있다. 이렇게 검토해보면, 역대 중국의 왕조 · 정부는 해양으로부터의 위협 · 위기 — 과거에는 서양 열강, 냉전기에는 소련, 현재는 미국—를 느꼈기 때문에 머핸 '해권'론에 대해서는 반사적으로 해양 패권주의를 정당화하는 이론이라고 거부해버림과 동시에, 현재 해양 강국으로서 세계에 군림하는 미국에 대하여 두려움과 동경심을 품고 있으면서도 가까운 장래에는 스스로도 그 이상적 발전형—머핸의 '해권'론을 초극한 주변 여러 나라와의 공생관계윈윈하는관계를 맺는 해양 발전을 강조한다—을 지향하고 있다. 현재의 중국은 머핸 '해권'론의 해양 팽창주의를 부정할 수는 없지만, 러시아나 미국과 다르다는 것을 표방하는 공생관계적 해양국가상이라는 외피를 두르고 있다고 할 수 있다.

중일 해양 분쟁의 냉전적 변용, 1952~1972

'열전' 이후의 바다에서 '냉전'의 섬으로

허원영

1. 동중국해 해양 분쟁의 역사성

동북아 해역은 유사 이래 집단 간 또는 국가 간의 교류가 이루어지는 동시에 그만큼 충돌과 갈등이 빈번하게 발생하는 공간이었다. 한중일을 중심으로 한 해역 내 국가들은 오랜 교류의 역사만큼 해상에서의 갈등을 자주 겪어 왔으며, 이러한 갈등은 국가 간 힘의 분포, 천연자원, 내셔널리즘 등의 요인에 따라 정태적이기보다는 매우 동태적인 모습을 보여왔다.[1] 그 양상 또한 시대와 국가 간 관계의 변천에 따라 표류, 상륙, 나포, 봉쇄, 위협, 전투 등 다양한 형태로 표출되어 왔다.

그중에서도 중국과 일본의 분쟁에 대해서는 탈냉전 이후 중국의 부상이 급속하게 현실화하면서 세계의 주목도가 점차 높아졌다. 중국이 국내총생산GDP에서 일본을 추월하고 세계 제2위의 경제대국이 된 2010년

---

1 Ralf Emmers, *Geopolitics and Maritime Territorial Disputes in East Asia*, London and New York : Routledge, 2010.

을 전후하여 중일 간의 해양 분쟁은 학술, 행정, 외교, 전략 등 거의 모든 측면에서 고려해야 할 요소로 자리잡게 되었다고 할 수 있다. 이러한 배경에서 중일 간의 해양 분쟁을 주제로 한 연구 또한 종적 횡적으로 풍부한 성과가 축적되어 왔다.

그런데 제2차 세계대전 이후 동중국해에서 발생한 충돌과 갈등을 다룬 많은 선행연구들은 대부분 중일 간에 첨예하게 대립하고 있는 센카쿠제도의 영유권 문제가 발생한 1960년대 말에서 1970년대 초반 '이후'의 시기에 주목한다.[2] 이로 인해 동중국해를 둘러싸고 벌어진 해양 갈등의 양상을 주로 냉전 후기의 중일관계, 즉 '중화인민공화국'과 '일본' 사이의 관계 속에서 해석하게 되는 편향성이 존재한다. 70년대 초반 이전 시기에 관심을 보이는 연구도 대부분 일본과 중국, 대만 등 관련국의 지도 표기 및 지명 사용처럼 '영유권 주장의 근거'를 찾기 위한 단서 발견에 집중하는 경향이 있다.[3] 일부 연구는 냉전 초기의 중일 간 해양 갈등에 대해 역사적인 시각에서 훌륭한 분석을 제공하고 있지만,[4] 그 초점을 도서 영유권 문제에 맞춤으로써 중일 간의 해양 갈등을 '센카쿠제도' 문제로 축소하여 이해하는 측면이 존재한다.

---

2 이러한 연구의 양은 방대하기에 일일이 열거하기는 어렵다. 중국의 부상과 함께 중일 양국의 내셔널리즘에 기반한 서적이 주류를 점하는 경향이 있으나, 최근에도 주목할 만한 연구 성과가 나오고 있다. 예를 들어, 房迪, 『日中国交正常化期の尖閣諸島・釣魚島問題－衝突を回避した領土問題処理の構造』, 花伝社, 2019.

3 대표적으로, 浦野起央, 『増補版 尖閣諸島・琉球・中国－日中国際関係史 : 分析・資料・文献』三和書籍, 2005.

4 ロバート・D・エルドリッチ, 吉田真吾・中島琢磨 訳, 『尖閣問題の起源－沖縄返還とアメリカの中立政策』, 名古屋大学出版会, 2016; Jean-Marc F. Blanchard, "The U.S. Role in the Sino-Japanese Dispute over the Diaoyu (Senkaku) Islands, 1945~1971", *The China Quarterly* 161, 2000, pp.95~123; Kimie Hara, *Cold War Frontiers in the Asia-Pacific: Divided territories in the San Francisco System*, London and New York : Routledge, 2007, Ch.7.

선행연구의 이러한 공백은 중일 간 해양 분쟁이 '확고한 냉전 구조 속에서', '영유권 분쟁을 중심으로' 벌어진 것으로 생각하게 만든다. 그러나 냉전이 지역에 따라, 또 국가에 따라 서로 다른 시기에 다른 양상으로 시작되고 진행되었다는 것은 여러 연구를 통해 잘 알려진 사실이다. 유럽과 달리 아시아에서 냉전이 상당 부분 '열전'의 형태를 띠고 진행되었다는 것 또한 지적되어 왔다.[5] 동북아 해역에서는 특히 냉전 초기의 시점에서 열전의 영향이 단절보다 연속의 형태로 이어져 왔다는 점을 이해해야만 이 시기의 중일 간 해양 분쟁을 보다 폭넓게 인식할 수 있다.

이러한 문제의식에서 이 글은 중일 간에 다툼을 벌이고 있는 센카쿠 제도의 영유권 문제는 자세히 다루지 않는다. 이 글의 목적은 전후 초기에서 냉전 초기[6] 동안 동북아 해역을 무대로 일본과 중국 및 대만 사이에서 발생한 해양 분쟁은 어떠한 것이었는가, 그리고 동중국해에서 센카쿠제도로 초점이 이동하는 과정에 어떠한 냉전적 요인들이 작용했는가를 명확히 하는 것이다. 이를 위해 다음과 같은 순서로 분석을 진행한다. 첫째, 일본의 패전 직후부터 냉전 초기 시기 일본 주변 해역, 특히 동중국해가 어떠한 상황에 놓여 있었고 중국, 대만과 일본 사이에서 어

---

5 Immanuel Wallerstein, "What Cold War in Asia : An Interpretative Essay", Zheng Yangwen et al. eds., *The Cold War in Asia : The Battle for Hearts and Minds*, Leiden & Boston : Brill, 2010, pp.15~24.

6 냉전기(Cold War Era) 안에서의 시대 구분은 사실상 개별 연구자가 각자의 기준과 필요에 따라 정의하는 경향이 강하다. 그러나 70년대를 기준으로 냉전의 성질이 '두 제도의 경쟁'에서 '미소 간의 패권 경쟁'으로 바뀌었다는 점은 지적되고 있다. 石井昭, 「冷戦と中国-進む中国の冷戦研究」, 『アジア研究』52(2), 2006, pp.8~9. 특히 일본 외교의 연구에서는 70년대에 그 이전 시기와 구분되는 구조적인 변화가 발생했다는 분석이 많으며 이 시기의 명칭을 '냉전변용기'라 부르고 있다. 대표적인 예로, 波多野澄夫 編『冷戦変容期の日本外交-「ひよわな大国」の危機と模索』, ミネルヴァ書房, 2013. 이 글에서는 일본이 패전한 1945년부터 샌프란시스코 평화조약이 발효한 52년 이전 시기를 '전후 초기', 52년 일본의 주권 회복 이후부터 72년 중일국교정상화 이전 시기를 '냉전 초기', 72년 이후를 '냉전 후기'로 구분하고자 한다.

떠한 방식으로 관리되었는지를 살펴본다.[7] 둘째, 제1차 대만해협 위기와 관련하여 일본과 대만 사이에 분쟁을 야기한 두 어선 격침 사건을 사례로 열전이 이어지고 있는 동중국해 상황 속에서 일본, 대만, 중국이 어떠한 방식으로 충돌했는가를 살펴본다. 셋째, 60년대 후반 이후 센카쿠제도를 둘러싸고 영유권 분쟁이 폭발하게 된 배경을 간략히 살펴보고, '도서 영유권'의 문제로 초점이 옮겨간 배경에 냉전의 구조적 변화가 있음을 확인한다.[8]

2. 냉전 초기 동중국해의 해양 분쟁 양상

1) '맥아더 라인'과 전후 초기의 동중국해

해양의 관점에서 보았을 때, 대일본제국의 패망은 곧 아시아 지역의 해양 질서를 형성하고 관리하던 세력의 소멸이었다. 즉 제2차 세계대전이라는 전 세계적인 규모의 '열전 이후'의 바다에 힘의 공백이 발생했음을 의미하는 것이었다. 이 힘의 공백은 오늘날 우리가 생각하는 것처럼 빨리, 그리고 균형 잡힌 형태로 채워지지 못했다. 물론 공백의 가장 큰

---

7 72년 이전의 일본 자료에서는 대만의 중화민국 정부를 중국(中国)·국민정부(国民政府, 国府)로, 중화인민공화국을 중공(中共)으로 표기하고 있다. 이 글에서는 읽는 이의 착오를 피하기 위해 가능한 한 전자를 '대만', 후자를 '중국'으로 통일하였다. 단, 대만으로 표기하는 것이 혼란을 초래할 우려가 있거나 정부 명칭으로 기재할 필요가 있는 경우에는 중화민국 또는 국민정부로 표기했다.
8 전후부터 냉전 초기에 이르는 시기의 분석을 위해, 이 글에서는 일본 국회회의록(国会会議録) 외에도 2019년 10월 10일 오키나와현 공문서관(沖縄県公文書館)이 개설한 '류큐 정부의 시대(琉球政府の時代)' 디지털 아카이브 및 2020년 12월 18일 일본 내각관방 영토·주권대책기획조정실이 개설한 '센카쿠제도 연구·해설 사이트(尖閣諸島研究·解説サイト)'에 공개된 공문서, 행정기록 등의 자료를 적극적으로 활용했다.

부분은 일본을 점령한 미국이 메웠고, 일본의 해양 문제는 그 권한과 책임이 연합군 최고사령관 총사령부SCAP/GHQ에 맡겨져 있었다. 그러나 중국 대륙에서는 1946년부터 마오쩌둥毛沢東이 이끄는 공산당 세력과 국민당 정권 사이에 치열한 전투가 벌어지기 시작했고, 이로 인해 대륙 연안의 동중국해는 국공내전의 '열전'과 미중 사이의 '냉전'이 공존하는 복잡한 해양 공간으로 변화하기 시작했다.

이러한 배경에서 전후 초기의 해양 분쟁은 동중국해에 초점을 맞추어 생각할 필요가 있다. 첫째로 동중국해는 국공내전의 지속으로 '열전'이 연속성을 띠며 남아 있는 공간이었던 반면, 센카쿠제도는 일본의 패전과 함께 오키나와를 중심으로 한 난세이제도南西諸島의 일부로 미 군정 통치 아래에 놓였기 때문이다. 둘째로 오늘날 우리가 배타적경제수역EEZ이나 12해리海里 영해 등의 개념으로 익숙한 해양의 '영토화'는 1970년대부터 급속하게 진행된 현상으로, 냉전 초기의 상황에 그대로 적용할 수 없기 때문이다. 전후 초기에 센카쿠제도가 해양 경계 문제의 일부로 생각되는 경우는 거의 없었다. 따라서 해양 분쟁의 양상 역시 동중국해에 초점을 맞추어야 한다.

전후 초기 일본 주변의 해양을 관리한 체계는 GHQ가 설정한 이른바 '맥아더 라인'이었다. 오늘날에는 해양 영유권과 경계획정의 맥락에서 논해지는 경우가 많지만, 당시 미국의 입장에서 맥아더 라인은 일본 어선의 남획을 규제하고 일본의 수산 자원을 연안 내에서 통제하는 등 점령 정책의 일환으로 설정된 측면이 강했다. 일본의 '무조건 항복 선언'으로부터 5일이 지난 1945년 8월 20일, GHQ는 연안 통제를 위해 전 일본 어선의 전면적인 행동 금지를 명했다.[9] 일본이 항복 문서에 서명한

9월 2일에는 '일반명령 제1호'를 통해 GHQ의 지시 없이는 일본의 모든 선박이 이동할 수 없도록 했다.

그러나 일본의 입장에서는 식량 확보를 위해 어업 구역의 설정이 절실히 요구되고 있었다. 패전 직후 식량 문제는 가장 중요하고도 심각한 문제였고, 4면이 바다인 일본에서 가장 중요한 식량 공급원 중 하나는 수산 자원이었기 때문이다.[10] 일본 정부의 요구로 9월 14일에는 연안 12해리 안에서 목조선의 어업 활동이 허가되었다.[11] 그러나 이에 만족하지 못한 일본 정부는 추가적인 조치 완화를 요구했고, 9월 22일 GHQ는 해당 수역에서 일반어선, 포경어선, 트롤어선 및 활선어 운반선의 조업과 항해를 허용했다.[12] 이렇듯 전후 초기의 해양 관리는 미국의 어업 '통제' 의도와 일본의 어업 구역 '확장' 요구가 교차하면서 수정되고 형성되었다.

일본의 어로 제한에 대한 완화 요청은 끈질기게 이어졌다.[13] GHQ는 1945년 9월 27일, '각서 제80호ELTLOSCAP No.80'를 통해 최초로 인가된 어

---

9 지철근, 『평화선』, 범우사, 1979, p.89.

10 존 다우어, 최은석 역. 『패배를 껴안고—제2차 세계 대전 후의 일본과 일본인』, 민음사, 2009, 제3장; 末永芳美, 「漁業の取り締まりの歴史—漁業の取り締まりの変化を中心に」, 『水産振興』, 623, 2020, p.38.

11 函館市史編さん室 編, 『函館市史』, 函館市, 2002, pp.158~159. 1해리는 1.852km에 해당한다.

12 지철근, 전게서, p.90

13 전후 초기 일본 국회에서도 어업 구역 제한에 대한 완화 요구가 여러 번 있었다. 1948년 3월, 그 자신 수산업자였던 오가타 로쿠로베에(尾形六郎兵衛) 참의원 의원은 "오늘날 일본의 수산물 생산고가 전전(戰前)과 비교했을 때 약 절반이 된 원인은 여러 가지 있으나, 어구(漁区)가 극히 좁은 것이 가장 큰 원인 (…중략…) 가능한 한 교묘하게 어구를 확장할 수 있도록 농림대신에게 선처를 바란다"며 맥아더 라인의 확장을 요구했다. 「第2回国会 参議院 水産委員会 第3号 昭和23年3月26日」 야노 도리오(矢野酉雄) 참의원 의원 또한 1949년 3월 "강화회의(샌프란시스코—인용자 주)를 굳이 기다리지 않더라도, 보다 국민의 단백질 공급의 근원이 되는 수산업을 활성화하기 위해서는 이른바 현재의 맥아더 라인을 한층 확대하게 하는 등 강력한 방책을 지금부터 충분히 세워두어야 할 것"이라 요구했다. 「第5回国会 参議院 水産委員会 第3号 昭和24年3月25日」

로 구역을 설정하는 지령을 하달했다(이른바 맥아더 라인).[14] 그러나 맥아더 라인이 설정된 이후에도 도쿄와 요코하마에서 1946년 5월에만 267명의 아사자가 발생하는 등 식량 부족은 여전히 심각한 수준이었다. 6월 22일 발표된 맥아더 라인의 첫 번째 확장SCAPIN 제1033호은 이에 대한 대응으로 이루어진 측면이 있었다.[15] 1947년 들어 다시 일본 정부의 어장 확대 요청이 있었으나 GHQ는 이를 받아들이지 않았다. 일본 정부의 요청이 식량문제 해결이나 어업 경영에 중점이 있고 자원 보호의 관점이 결여되어 있다는 점, 냉전 격화로 대일강화회의가 열리지 못한 점, 중국과 한반도 등 직접적인 이해관계가 있는 외국의 입장을 고려하지 않은 점 등이 그 이유였다.[16] 맥아더 라인은 이후 여러 차례의 확장과 수정을 거쳐 1952년 4월 25일 폐지되었다.

2) 해양 분쟁과 관리의 양상 – 일화평화조약과 중일민간어업협정

전후 초기에서 냉전 초기에 이르는 시기에 일본–중국–대만 사이에 벌어진 해양 분쟁은 큰 틀에서 보았을 때 '아직 끝나지 않은 열전'과, '이제 막 시작된 냉전'의 구조 속에서 발생했고 관리되었다. 보다 자세히 말하자면 제2차 국공내전의 연장선상에 있는 대만해협 위기열전와,

---

14 김명기, 「맥아더 라인의 독도영토주권에 미치는 법적 효과」, 『독도연구』 15, 2013, pp.176~180. GHQ가 인가한 어업 구역은 여러 차례에 걸쳐 수정 및 확장되었기 때문에, 기존 연구에서는 '맥아더 라인'의 설정일 및 근거 명령에 대한 설명이 일관되어 있지 않다. 1946년 6월 22일의 SCAPIN 제1033호를 '맥아더 라인'의 최초 설정으로 규정하는 연구도 있으나 이는 오류이다.

15 Takafumi Sasaki and Makomo Kuniyoshi, 「Japanese Fishing Operations around the Senkaku Islands Immediately After the End of World War Ⅱ : An Analysis of Public Materials Compiled by the Fisheries Agency and Kagoshima Prefecture」, 『地域漁業研究』 第57巻 第1号, 2016, p.61.

16 片岡千賀之, 「以西底曳網・以西トロール漁業の戦後史(1)」, 『長崎大学水産学部研究報告』 90, 2009, p.26.

공산 중국 대 반공의 일원으로서 일본과 대만이라는 관계냉전가 복합적으로 작용하고 있었다는 것이다. 이러한 시각에서 본 절은 어선 나포 문제를 중심으로 일본과 중국, 대만 사이에서 해양 질서가 어떻게 관리되었는지 살펴본다.

(1) 전후 일본의 어선 나포 문제와 해양 질서

일본 주변 해역에 대한 미 군정의 '관리'와 '통제'는 동중국해에서 더 엄격했다. 미소 대립과 한반도의 분단, 국공내전 등이 이어지는 상황으로부터 일본 어업을 격리해야 했기 때문이다. 그럼에도 일본 어선이 맥아더 라인을 넘어 타국 근해에서 조업하는 일은 수시로 발생했다.[17] 여기에 어업의 필요성과 일본 정부의 지원으로 단기간에 전전戰前을 상회하는 어선 세력을 회복하면서, 동중국해에서는 일본의 과잉 어업과 맥아더 라인 위반 사례가 빈번하게 발생했다. 맥아더 라인 내의 어획량은 2할 이하였다는 기록조차 있었다.[18] 일본 측에서도 이를 인지하고 있어서, 1954년 해상보안청이 작성한 보고서에는 "일본 어선 중에 '맥아더 라인'을 월경하여 조업하던 선박이 상당수 있었음은 부정할 수 없는 사실"이라는 기술이 있을 정도였다.[19]

---

17 일본 어선에 의한 피해를 호소한 한국 정부의 요구로 1948년 4월 17일에는 주한 미군정청 군정장관 겸 주한미군 부사령관 윌리엄 딘(William F. Dean) 소장이 '무허가 일본 어선이나 어획에 협조하는 선박이 맥아더 라인을 침범할 경우 나포할 것'을 지령하기도 했다. 박창건, 「한일어업협정 전사(前史)로서의 GHQ-SCAP 연구―맥아더라인이 평화선으로」, 『일본연구논총』 39, 2014, pp.43~44.

18 片岡千賀之, 「日中韓漁業関係史(1)」, 『長崎大学水産学部研究報告』 87, 2006, p.16.

19 海上保安庁警備救難部公安課, 『昭和二九年九月 だ捕事件とその対策』(非公開) (藤井賢二, 「戦後日台間の漁業交渉について」, 『東洋史訪』 9号, 2003, p.77에서 재인용).

〈표 1〉 전후 나포된 일본 선박과 승조원의 수(선박수/인원수)[20]

	소련		한국		중국(中共)		대만(国府)	
	척	명	척	명	척	명	척	명
47년			7	81				
48년			15	202			5	58
49년			14	154			30	374
50년			13	165	5	54	4	45
51년			43	497	55	671	6	75
52년			10	132	46	544	3	44
53년			47	585	24	311	2	24
54년			34	454	28	329	–	–
55년			30	498	1	10	–	–
56년	131	1207	19	235	2	24	–	–
57년	99	944	12	121	–	–	–	–
58년	80	557	9	93	20	245	1	60
59년	91	774	10	100	2	24	–	–
60년	58	476	6	52	1	12	–	–
61년	89	579	15	152	2	25	–	–
62년	72	506	15	116	–	–	–	–
63년	31	326	16	147	–	–	–	–
64년	35	268	9	99	–	–	–	–
65년	40	450	1	7	1	9	–	–
66년	34	294	2	6	–	–	–	–
67년	47	315	–	–	–	–	–	–
68년	40	346	–	–	–	–	–	–
69년	39	363	–	–	2	29	–	–
70년	22	190	–	–	–	–	–	–

이로 인해 빈번하게 발생한 주변국의 일본 어선 나포 문제는 1950년대를 통틀어 일본이 안고 있던 가장 큰 국가 간 해양 문제였다.[21] 동중

---

20 '–'는 나포 건수가 없음을 의미한다. 1947~55년의 통계는 藤井賢二, 前揭論文, 2003, p.76에서 인용함. 소련의 나포 건수는 기재되어 있지 않은 관계로 공란으로 두었다. 1956년 이후의 통계는 海上保安庁, 『海上保安の現況』 各年版을 참조하여 필자 작성.

국해의 경우에는 패전 이후부터 1960년대 초반까지 지속적으로 일본 선박에 대한 나포가 이어지면서 주변국과 갈등을 빚었다. 〈표 1〉은 전후 주변 국가에 나포된 일본 선박과 승조원의 수를 연도별로 정리한 것이다. 이를 통해 흥미로운 점을 세 가지 짚어볼 수 있다. 첫째로, 먼저 중국과 대만의 나포가 전후 초기에 집중되어 있다는 점이다. 둘째는 대만은 1952~53년, 중국은 1955년을 기점으로 나포 건수가 급격히 줄었다는 것이다. 셋째는 1958년에 중국의 나포 건수가 갑작스럽게 증가했다는 점이다. 이러한 특이점들은 냉전 구조의 동북아시아 확산으로 인해 미국과 일본, 일본과 대만, 일본과 중국 관계가 변화하면서 형성된 국가 간 해양 관리 질서와 밀접한 관련을 가지고 있다.

동북아시아에서 미소 대립을 핵으로 하는 냉전 구조가 형성되는 데에는 몇 가지 중요한 (일부는 열전의 형태를 띤) 사건들이 작용했다. 국공내전과 1949년 10월 중화인민공화국의 성립, 1950년 6월 한국전쟁과 중국의 참전, 그리고 1951년 9월 샌프란시스코 평화조약과 미일안전보장조약의 서명이 그것이다. 이러한 과정을 통해 냉전 구조에 속하게 된 일본 또한 ① 중화인민공화국과 중화민국이라는 '두 개의 중국'과 관계 유지, ② 안보를 의존하게 된 미국에 대한 적극적인 협조, ③ '반공'의 일원으로 역할 수행이라는 과제를 짊어지게 되었다.

샌프란시스코 평화조약이 현실화함에 따라 요시다 시게루吉田茂 수상

---

21 어떠한 형태의 행위를 나포(拿捕)로 규정할 것인가에 대해서는 명확하지 않은 부분이 많다. 선박의 포획에서부터 승선조사(臨檢), 연행, 취조 등 여러 행위가 나포에 해당할 수 있고, 기록하는 기관이나 사람에 따라 기준이 달라질 수 있기 때문이다. 森須和男, 「李ラインと日本船拿捕」, 『北東アジア研究』 28, 2017, p.84. 이 글에서는 이에 대해 명확한 정의를 내리기보다는 일본 해상보안청 기록을 토대로 나포 건수의 변화에 초점을 맞춘다. 다만 후술할 내용으로 알 수 있듯이 동 기록은 타국 선박의 공격에 의한 어선의 침몰 등을 '나포'에 포함시키지 않은 것으로 보인다.

은 '독립국' 일본의 외교에 대한 방향 설정을 미국과 논의하기 시작했다. 잘 알려진 것은 평화조약의 체결 상대로 중화민국을 선택하고 정부 승인을 약속한 1951년 12월의 '요시다 서간吉田書簡'이지만, 이보다 이른 시점에 의견을 교환한 것은 어업 문제였다. 요시다 수상은 1951년 2월 7일 덜레스John Foster Dulles 미 국무장관 고문에게 보낸 서간에서 일본의 어업 자원 남획을 인정하고 자원 보호를 위한 자발적 조치를 약속하면서, 주권을 회복한 뒤에 "가능한 한 신속하게 다른 국가들과 일본 및 타국 국민이 접근할 수 있는 어장의 발전과 보존을 위해 공정한 협정을 작성할 목적으로 교섭"할 뜻을 표명했고, 미국은 이를 환영했다.[22] 이로써 일본은 '맥아더 라인' 이후 일본 어업에 대한 항구적인 제한이 설정되는 사태를 피하면서,[23] 동시에 다른 국가와 교섭을 통해 해양 질서를 구축해야 할 필요성이 생기게 되었다.

(2) 냉전 초기 대만과의 해양 갈등과 관리

동중국해에서 일본이 전후 초기부터 해양 갈등을 가지면서 관리 체제 구축을 시도한 것은 대만이었다. 국공내전이 1947년 5월부터 공산당에게 유리하게 전개되고 1949년 8월에는 미국마저 공산당 정권 수립을 용인하는 자세를 보이면서, 궁지에 몰린 장제스蔣介石 정권은 12월 대만으로 옮겨갔다국부천대.[24] 이 과정에서, 그리고 이후에도 상당 기간 대륙

---

22 外務省, 「漁業に関する吉田内閣総理大臣ダレス大使間の書簡」, 外務省ホームページ.

23 藤井賢二 ,「公開された日韓国交正常化交渉の記録を読む―李承晩ライン宣言を中心に」, 『東洋史訪』 12号, 2006, p.51.

24 川島真, 「日華・日台二重関係の形成――九四五―四九年」, 川島真他, 『日台関係史 1945~2008』, 東京大学出版会, 2009, pp.20~23.

동부 연안과 대만해협 주변은 전투의 가능성이 상존하는 '열전'의 공간이었다. 이렇게 전후 초기 동중국해에서 두드러지게 나타난 냉전의 열전적 양상은 대만과 일본이 갈등을 빚는 주요 배경으로 작용했다.

바꿔 말하자면 1940년대 후반부터 시작된 대만의 외국 선박 나포는 단순히 일본과의 양국 간 관계 속에서 해석될 수 있는 성질의 문제가 아니었다. 중화민국 정부는 국공내전 중인 1949년 6월 26일 0시를 기해 중국 연안의 해상 봉쇄와 함께 선박 및 항공기가 공산당 지배 지역으로 진입하거나 기항하는 것을 금지한다고 발표했다. 이는 중국 대륙의 공산당 세력에 대한 보급과 무역 및 어업을 차단하기 위한 조치였다. 이러한 폐쇄 해역은 국민당 군의 연안 지역 철수와 함께 점차 확대되어 1950년 2월 12일에는 중국 대륙 연안 해역 모두가 봉쇄 대상이 되었고, 8월 16일에는 해상 봉쇄 강화로 공해상의 제3국 선박까지도 봉쇄 대상이 되었다. 이 과정에서 일본뿐만 아니라 소련, 영국, 노르웨이, 파나마 등 국적과 관계없이 많은 국가의 선박이 국민정부에 의해 나포되거나 공격받았다.[25]

국민당 세력은 중국과 해상에서 교전하고 대만으로 퇴각하는 과정에서 상당한 수의 선박을 필요로 했는데, 일본 어선의 나포는 이와 어느 정도 관계가 있는 것으로 보인다.[26] 〈그림 1〉은 1948년 5월부터 1951

---

25 林宏一, 「封鎖大陸沿海－中華民國政府的「關閉政策」, 1949~1960」, 國立政治大學歷史學系碩士論文, 2008. 전일본해원조합에 의하면 48년 10월 30일에는 어선 제21·22 운젠마루(雲仙丸)가 국민정부 군함의 총포격을 받아 21호선이 침몰하고 선원 2명이 사망했으며, 49년 6월 10일에는 제105 아카시마루(明石丸)가 국민정부 군선의 총포격으로 침몰하였고 선원 4명이 사망했다. 全日本海員組合, 「国際紛争と船員の歴史(戦後版)」, 『海員』, 2003年 8月号, pp.46~52.

26 한국전쟁 발발 이후 중화인민공화국을 견제하고 반공유격대를 지원하기 위해 위해 만들어진 미 중앙정보부(CIA) 소속 비밀 기관인 서방공사(西方公司, Western Enterprises Inc.)의 다천 주둔 요원들은, 해상에서 대륙으로 돌격할 선박 수가 부족하여 대만의 해상 유격대에 '공산당 쪽

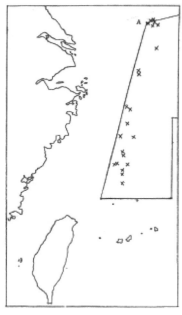

〈그림 1〉 중화민국 정부에 의한 일본 어선
의 나포 위치(×)[28]

년 2월 사이에 대만에 의해 나포되거나 포격을 당한 일본 어선 중 나포 위치가 명기된 23건의 위치를 표시한 것인데, 주요 어장이었던 A지점에서의 나포는 1948년부터 1949년 5월 사이에 이루어졌고 이후 나포 위치는 남쪽으로 이동하면서 국부천대의 시간적 흐름과 연관성을 보여준다.[27] 또한 나포된 26건 총 43척의 어선 중 1951년 2월 시점에 귀환한 어선은 8척에 불과했다(침몰 2척). 같은 시점에 한국에 의해 나포된 어선 53척 중 귀환한 어선이 40척인 것을 고려하면 미귀환 선박이 확실히 많다. 이들 선박은 국민정부의 도서 방어 및 연안 공격에 이용되었을 것으로 보인다.[29]

일본은 1952년 2월부터 국민정부와 2개월 이상에 걸쳐 평화조약 교섭을 진행했다. 샌프란시스코 평화조약이 발효한 4월 28일 서명된 '일화평화조약日華平和条約'의 제9조는 "일본국 및 중화민국은 공해에서의 어렵漁猟 규칙 및 제한과 어업의 보존 및 발전을 규정하는 협정을 가능한

(匪方)' 선박을 나포하여 보충하라고 요구했다. 林宏一, Ibid., p.59.

27 藤井賢二, 前掲論文, 2003, p.80.

28 실선은 맥아더 라인을 표시한 것이다. 대다수 어선이 맥아더 라인 안쪽에서 나포된 것으로 해석되나, 일본 어선의 맥아더 라인 월경이 일상적이었음을 고려하면 일본 승조원의 진술에 바탕한 기록이기 때문일 가능성이 높아 보인다. 水産庁生産部海洋課, 『拿捕並びにこれに類似した事故を発生した漁船の一覧表—昭和26年3月5日現在』(藤井賢二, op. cit., 2003, p.79에서 재인용).

29 水産庁生産部海洋課, 前掲資料. 해상보안청이 작성한 보고서에는 나포된 어선 중 "저우산 열도(舟山列島)의 국민정부군 기지로 연행되어 대 중공 작전에 사용되었고 대륙 철수 후 석방 귀환된" 어선이 있었다고 기록되어 있다. 海上保安庁警備救難部公安課, op. cit.

한 신속히 체결하기 위해 노력한다"는 규정을 담았다. 이에 따라 조약 체결 이후 어업 교섭이 이루어졌으나, 결국 국교가 단절되는 1972년까지 뚜렷한 합의에 이르지 못했다. 이로 인해 대만과의 해양 (어업) 질서는 이를 규정하는 명확한 실무 협정 없이 유지 및 관리되었다.[30] 그럼에도 불구하고 대만의 어선 나포가 1952~53년 이후 사라진 것을 보면, 일본-대만 간의 어선 나포 문제는 국공내전과 국부천대라는 '열전'에 의해 발생한 일시적인 현상이었다고 볼 수 있다. 전후 초기에서 냉전 초기에 이르는 기간 동안 일본과 대만 간의 해양 갈등 문제는 양국 간의 평화조약 체결을 포함한 냉전 구조의 공고화 속에서 관리되었던 것이다.

(3) 냉전 초기 중국과의 해양 갈등과 관리

1949년 10월 건국된 중화인민공화국은 동중국해에서 대만에 비해 비교적 늦게 일본과 갈등을 빚었다. 1950년 12월, 중국은 연안 어업 보호를 위해 황해 및 동중국해에 기선 저인망어업 금지구역최대 폭 60해리을 설정하고, 조업하는 일본 어선을 나포하기 시작했다. 나포의 이유는 스파이 용의, 영해 침범, 기선 저인망어업 금지구역 침범, 연안어업 방해 등이었다.[31] 이 중 스파이 용의는 당시 대만해협을 사이에 두고 '열전'이 끝나지 않았던 당시의 냉전적 대립 상황을 보여준다.

이 시기 동중국해 해역은 대만해협(및 일부 연안 도서)을 두고 중국과

---

30 대만과는 냉전 종결 이후 신국제해양질서인 유엔해양법협약(UNCLOS)이 발효된 1996년부터 새롭게 어업협정 교섭이 시작되었으며, 17차례에 걸친 교섭 끝에 제2차 아베 내각이 들어선 직후인 2013년 4월에서야 최초의 (민간) 어업협정이 체결되었다. 石原忠浩, 「第二期馬英九政権下の日台関係の展開－日台民間漁業取決めを中心に」, 『交流』 No. 921, 2017.12, pp.25~34.
31 片岡千賀之, op. cit., 2006, p.20. 이 구역은 한때 화동 라인(華東ライン)이라고 불렸다고 하며, 마오쩌둥 라인으로 불렸다는 한국 연구도 존재한다.

대만이 벌이는 대립 상황과 함께, 한국전쟁의 여파로 인해 지속적인 긴장 상태에 놓여 있었다. 1950년대의 동북아 해역에는 냉전의 '소극적 견제' 논리뿐만 아니라 열전의 '적극적 배제' 논리가 동시에 작용하고 있었던 것이다. 동중국해에서 조업 중인 어선은 항상 위험을 감수해야 했고, 어선 나포 역시 경고와 포획이 아니라 (적선敵船 오인으로 추측되는) 총격과 사망으로 이어지는 경우가 드물지 않았다. '전일본해원조합全日本 海員組合'에 따르면 1951년 2월 13일 제68 아카시마루明石丸가 중국 선박의 총격을 받은 뒤 나포되어 선원 1명이 사망했고, 같은 해 11월까지 중국의 나포로 사망한 선원은 11명9척에 이르렀다. 이러한 '어선 공격 및 사망' 사건은 1954년까지 계속해서 발생했다.[32]

열전의 영향으로 해상에서의 태도가 까다로웠던 반면에, 중국은 대일 정책에서 유연한 자세를 보여주었다. 1950년대 초반부터 대만·미국과의 대립이 격화한 중국의 입장에서 보았을 때, 미중일 관계 또는 일중대台 관계에서 공작의 대상이 되는 것은 일본뿐이었다. 따라서 미국·대만과 연결된 일본 정부를 비판하고 친중적이었던 민간과 경제계를 끌어들이는 것은 효과적인 전략이었다. 이 시기 중국의 유연한 자세와 평화공세는 '군민이분론軍民二分論', '이민촉관以民促官' 등의 논리로 뒷받침되었다.[33]

---

32 52년 3월 10일 제5 야스마루(安丸)가 총격과 함께 중국 선박에 나포되었고 선원 1명이 즉사했으며, 53년 6월 17일 어선 제5 만세이마루(万生丸)가 중국 배의 총격을 받아 선원 1명이 사망했고, 54년 2월부터 7월 사이에는 중국 선박의 나포 시 총격으로 선원 3명이 사망했다고 한다. 全日本海員組合, op. cit., pp.46~52. 이 자료는 나포 일시 및 사망 인원 등이 국회회의록 등 공적 기록을 통해 파악되는 것과 다른 경우가 있어 주의를 요한다.

33 '군민이분론'은 태평양 전쟁을 일으킨 일본군과 죄없는 민간인을 구분해야 한다는 것이며, 이는 일본의 주권 회복 이후 '일본 정부'와 '민간'을 구분하여 접근해야 한다는 논리로 이어졌다. 민간을 통해 정부(官)를 움직여야 한다는 '이민촉관' 역시 그러한 논리의 연장선상에서 있다고 할 수 있다. 国分良成他, 『日中関係史』, 有斐閣アルマ, 2013, pp.56~59.

중국의 '인민외교人民外交'는 해양 질서 분야에도 파급되어, 1955년 1월부터 중일 민간단체의 어업협의가 시작되었다. 일본 측은 대일본수산회大日本水産会, 이서저인망협회以西底曳網協会 등으로 구성된 일중어업협의회, 중국 측은 중국어업협회가 대표였다. 양국 대표단은 90일에 이르는 협의 끝에 4월 15일 '중일민간어업협정'에 조인했다.[34] 1년 기한의 동 협정은 1956년과 1957년 두 차례에 걸쳐 연장되었다.

그러나 1950년대 후반부터 중국 국내 정치가 '반우파투쟁反右派鬪爭'을 거쳐 '대약진 운동大躍進運動'으로 급진화하면서 중일 간의 우호적인 분위기가 바뀌기 시작했다.[35] 중국의 대일 자세 강경화는 1957년 2월 기시 노부스케岸信介 정권의 등장과 맞물리면서 점차 '중일 단절'의 방향으로 나아가게 된다. 전전戰前 도조 히데키東条英機 내각에서 상공대신을 역임한 바 있는 기시는 자신의 반공反共 이념에 비해 중일민간무역에 비교적 중립적이었고, 제4차 중일민간무역협정1958.3.5 조인에 대해서도 '동의하지는 않지만 지지 협력은 한다'는 자세를 보였다. 그러나 제4차 협정에 대만이 강하게 반발하면서, 일본은 동 협정으로 설치된 중국 통상대표부에 외교 특권을 부여하지 않고, 국기 게양 역시 인정하지 않을 것을 약속했다.[36]

중일 양국 관계의 경색은 '나가사키長崎 국기 사건'에서 정점에 도달했다. 1958년 5월 2일, 나가사키시의 중국상품전시회장에 걸려 있던 중국 국기오성홍기를 한 일본인 청년이 끌어내린 것이다. 중국은 이 사건을

---

34 "日本国の日中漁業協議会と中華人民共和国の中国漁業協会との日中漁業会談に関する共同声明." 「日中民間漁業協定(1955年)」, データベース, 「世界と日本」.

35 井上正也, 『日中国交正常化の政治史』, 名古屋大学出版会, 2010, pp.135~136.

36 양국은 국내적 요구에 따라 1952년 6월 1일 '제1차 중일민간무역협정'을 체결했고, 1953년 10월 제2차 협정, 1955년 5월 제3차 협정을 체결하면서 교류를 확대하고 있었다. 国分良成他, op. cit., p.68.

'중화인민공화국에 대한 모욕', '6억 중국 인민에 대한 도전'으로 규정하고, 10일에는 일본과의 경제문화교류를 모두 단절할 것을 선언했다.[37] 이러한 중일관계 단절은 민간어업협정을 통해 관리되고 있던 동중국해 일본 어선의 나포로 이어졌다. 해상보안청은 '나가사키 국기 사건' 등으로 중국의 대일 태도가 강경해지면서 1958년 5월 17척의 일본 어선이 영해 침범 혐의로 나포되었고, 중국이 '중일민간어업협정' 갱신에도 동의하지 않아 무협정 상태가 된 6월 이후 추가로 3척이 나포되면서 동중국해 조업이 안전하지 않음을 우려했다.[38]

일본 수산계는 중일민간어업협정이 갱신되지 못하고 종료된 뒤에 '어로활동에 관한 잠정 규칙'을 제정하여 조업을 자율적으로 규제했고, 무협정 상태에서 5년 동안 중국의 '기선 저인망어업 금지구역'을 비교적 잘 준수한 것으로 보인다. 기시 퇴임 이후 중일관계가 개선되면서, 중국은 일본의 이러한 노력을 긍정적으로 받아들여 제2차 중일민간어업협정이 1963년 11월 베이징北京에서 체결되었다.[39] 동 협정은 이후 1965년 12월, 1970년 12월의 수정을 거쳐, 1972년 중일국교정상화가 이루어진 뒤 1975년 8월 정부 간 어업협정이 체결될 때까지 동중국해 중일 해양 질서의 관리 체제로 작동했다.

---

37 선행연구에 따르면 나가사키 국기 사건의 배후에 대만이 있었으며, 대만 외교 사료를 통해 국민정부가 나가사키 영사관 및 도쿄 대사관을 거쳐 영향력을 행사한 정황을 어느 정도 파악할 수 있는 것으로 보인다. 祁建民, 「長崎国旗事件の真相とその意味」, 『東アジア評論』 6, 2014, pp.11~20.
38 海上保安庁, 『海上保安の現況 昭和33年版』, 1958, p.71; 해상보안청, 『海上保安の現況 昭和34年版』, 1959, p.67.
39 중국은 1958년 12해리 영해 선언을 했기 때문에, 그에 맞추어 제2차 민간어업협정에서 기존의 어로구역을 다소 조정하였다. 이병기·최종화, "韓半島 周辺水域의 国際漁業関係와 그 展望", 『수산해양교육연구』 3(1), 1991, p.13.

3. 열전과 냉전 사이의 동중국해

1) 열전과 냉전 사이 – 제1차 대만해협 위기와 일본

냉전 초기 미국의 압도적 영향력 아래에 있던 일본은 동중국해에서 '두 개의 중국'에 각각 대응해야 할 필요가 있었다. 이러한 구도는 패전 후 일본의 위치 변동, 즉 미국, 대만, 중국과 모두 대립하던 전체주의 지역 패권국에서 군사력이 배제된 미국의 동맹국이자 반공 연대의 일원이 된 것과 깊은 관련이 있었다. 이하에서는 제1차 대만해협 위기 과정에서 대만과 있었던 두 가지 해양 분쟁 사건을 사례로 냉전 초기 일본이 직면했던 과제와 대응을 살펴본다.

(1) '야마다마루' 사건

전술하였듯이 대만은 1949년 6월 대륙 연안에 해상 봉쇄를 선언했고, 1950년부터 1952년까지의 시기에 중국은 이를 돌파하는 것이 주요 과제였다. 중국 해군은 1950년 7월 즈음 장쑤성 남부蘇南와 저장성 동부浙東 연해를 장악했고, 1953년 5월부터 1954년 5월에 걸쳐 저장성 동부 연해의 섬들을 탈환했다.[40] '제1차 대만해협 위기(이하, 대만해협 위기)'는 9월 3일, 중국이 진먼섬金門島에 포격을 가하면서 본격적으로 시작되었다. 중국 해군은 11월부터 국민정부군의 주요 거점이었던 이장산섬一江山島 공격을 시작하여 1955년 1월 18일에는 상륙 작전을 성공시켰으며, 2월 중화민국 해군이 다천섬大陳島에서 철수하면서 대만 북부의 동중국

---

40 平松茂雄, 『甦る中国海軍』, 勁草書房, 1991, pp.78~87.

해 해역을 장악하게 되었다.

대만해협 위기와 관련하여 일본과 대만 사이에 일어난 직접적인 분쟁으로 먼저 꼽을 수 있는 것은 1954년 11월 22일 발생한 '야마다마루山田丸' 사건이다.[41] 사건의 개요는 다음과 같다. 이날 아침 일찍 동중국해 해상으로 출어한 나가사키長崎 어업부 소속 제31, 32 야마다마루는 북서쪽에서 다가온 국적 불명의 소형 군함フリゲート艦 2척의 공격을 받아 격침되었고, 사망 2명, 중경상 5명의 피해를 입었다. 사건이 일어난 장소는 대만해협 위기의 격전지였던 다천섬에서 동남쪽으로 불과 20해리약37km밖에 떨어지지 않은 곳이었다.[42] 야마다마루 사건이 발생한 날, 일본 정부는 대만의 일본대사관을 통해 사건 개요를 전달하고 국민정부의 군함인지 조회했고, 대만 외교부는 군 당국과 연락을 취한 뒤 조사 결과를 답하겠다고 회신했다. 요시자와 겐키치吉澤謙吉 주대만 일본대사는 해당 수역에서 같은 시간대에 대만 군함이 중공 선단을 공격, 2척을 격침시켰다는 현지 보도가 있었다고 보고했다.[43]

이러한 정황에도 불구하고, 외무성 아시아국장 나카가와 도오루中川融의 설명에 따르면 대만 정부의 첫 번째 회답은 '국민정부의 해군이 행한 공격의 결과로 일본 어선이 격침되었다는 확증을 발견하지 못했다'는 것이었다. 1955년 1월 10일 일본 외무성이 반론과 함께 보상을 요구하

---

41 제1차 대만해협 위기와 가장 직접적으로 일본이 관련된 해양 분쟁으로 생각됨에도 불구하고, 본 사건에 대한 연구는 거의 찾아보기 어렵다.

42 「第19回国会 参議院 水産委員会 閉会後第20号 昭和29年11月27日」.

43 야마다마루가 소속된 야마다야쇼텐(山田屋商店)의 무선부장 다카하라 도오루(高原徹)의 증언에 따르면, 11월 23일 자 INS 타이페이(台北) 특보(特電)는 대만 당국이 22일 다천섬 부근에서 중공의 호송선단으로 착각하여 일본 어선 2척을 격침시켰고, 그 책임은 대만 함정에 있다고 발표했다. 「第20回国会 衆議院 水産委員会 第1号昭和29年12月2日」.

자, 4월 30일 자로 요시자와 대사에게 도착한 두 번째 회답에서는 '국민정부의 군함이 한 행위라는 증거가 없을 뿐만 아니라 국민정부 군함의 행위가 아닌 것은 명백하므로 국민정부가 책임을 져야 할 이유는 없다'는 주장을 내세우며 인정하지 않았다.[44] 이처럼 대만은 점차 책임 회피적인 태도를 보이게 되었는데, 국민정부 군함의 행위가 아니라는 데서 한발 더 나아가 사건의 책임은 위험 구역에 스스로 진입한 일본 어선에 있다는 논리를 폈다.[45]

대만의 이러한 반응에 대해서는 보다 자세한 연구가 필요하나, 여기에서는 두 가지 배경이 있음을 지적하고자 한다. 첫째는 야마다마루 사건이 발생한 시기에 중국 해군의 공세로 대만해협 위기가 본격화하면서 다천섬 주변 해역의 상황이 매우 긴박하게 돌아가고 있었다는 점이다. 1954년 11월, 중국 해군 항공부대는 공군과 협동하여 국민정부군 이장산지구 사령부와 예하 '반공구국군反共救国軍' 돌격대대 등 1,000여 명이 주둔하고 있는 이장산섬 및 다천섬을 두 차례 폭격했고, 11월 1일에서 이듬해 1월 17일까지 중국 해군 항공부대와 공군 항공기 260기가 출격하여 각종 폭탄 1,600개를 투하했다.[46] 이렇게 긴박한 상황 속에서 발생한 사건에 대해 중화민국 군부 내에서 책임 소재를 명확히 찾지 못했을 가능성이 있다.

둘째는 대만이 일본 측에 대만해협 위기와 관련하여 여러 차례 경고했었다는 점이다.[47] 야마구치 쓰타에山口伝 당시 해상보안청 장관에 따르

44 「第22回国会 参議院 農林水産委員会 第10号 昭和30年5月24日」.
45 「第22回国会 衆議院 外務委員会 第31号 昭和30年7月15日」.
46 平松茂雄, 前掲書, pp.88~91.
47 대만 측은 1952년 11월 28일 시점에 이미 정식으로 일본 정부에 구상서(口上書)를 전달하고,

면 1954년 6월 대만으로부터 '다천섬을 놓고 국부와 중공의 분쟁이 있으므로 ① 국부 함정을 자극하지 말 것, ② 국부 함정이 퇴거를 요청하면 작전 구역 밖으로 나갈 것'을 경고한 전보가 전달되었다.[48] 또한 일본 정부는 대만의 요시자와 대사를 통해 10월 초순부터 대만해협 위기에 해당하는 전투 행위가 발생하고 있음을 인식하고, 수산업계에 이를 구두 연락함과 동시에 문서로 통지했다. 그럼에도 불구하고 1954년 1월부터 10월까지 해당 해역에서 대만 함정이 승선 조사臨檢하고 퇴거명령을 내린 일본 선박은 13척에 이르렀다.[49] 나카가와 도오루 외무성 아시아국장은 10월 20일 제10 신세이마루新生丸가 다천섬 근해에서 대만 군함의 승선 조사를 받았고 이에 대해 대만 외교부가 요시자와 대사를 통해 구두로 경고를 전달했다고 설명했다.[50] 이렇듯 여러 차례 경고가 있었음에도 사건이 벌어진 것에 대해 일본 어선 측이 책임을 져야 한다는 주장이 국민정부 내에서 강하게 제기되었을 가능성은 충분히 예상할 수 있다.

한편 야마다마루 사건에 대한 일본 국내의 반응은 크게 두 가지로 나누어진다. 첫째는 어업 중시의 자세이다. 먼저 정부에서는 대만의 해상 방위구역 설정이 국제법 위반이라는 지적과 함께[51] '공해상의 어업의

대만 근해를 군사방위경계구역을 획정하였으므로 해당 해역에 들어와 기폭되거나 중공(中共)의 배로 오인되는 일이 없도록 주의해 달라는 요구를 했다. 수산청에서는 이를 구두 등의 방법으로 업자에게 주의시켰으며, 이에 대해 업계에서도 주지하고 있을 것이라고 했다. 「第19回国会 参議院 水産委員会 閉会後第20号 昭和29年11月27日」.

48 「第20回国会 衆議院 水産委員会 第1号 昭和29年12月2日」.
49 기요이 다다시(清井正) 당시 수산청 장관의 설명. 「第19回国会 参議院 水産委員会 閉会後第20号 昭和29年11月27日」.
50 「第20回国会 衆議院 水産委員会 第1号 昭和29年12月2日」.
51 호리 시게루(保利茂) 당시 농림대신의 발언. 「第20回国会 参議院 本会議 第3号 昭和29年12月2日」

자유'를 강조했다. 국회에서의 발언을 보면 이러한 분위기는 농림대신, 수산청 장관, 해상보안청 장관, 외무대신 등 성청省庁을 가리지 않고 정부 내에서 공통적으로 발견된다.[52] 일본 어선은 열전이 지속되고 있는 동중국해의 위험에도 불구하고 조업을 계속했다. 사건 발생 후 겨우 5일이 지난 11월 27일, 야마다야쇼텐山田屋商店의 제15 야마다마루는 2척의 배가 격침당한 근처 해역에 진입했고, 이를 발견한 대만 함정은 "이 해역은 작전구역이고 따라서 어떠한 피해에도 책임을 지지 않을" 것이며, "이후 야마다마루를 이 해역에서 볼 경우에는 몰수할 것을 통고하며 즉시 퇴거를 명"하였다.[53]

둘째로 일본 정치인들의 반응은 동중국해에서 벌어진 해양 분쟁 사건을 냉전 구도 속에서 이해하고 있음을 보여준다. 사건 발생 초기, 아키야마 슌이치로秋山俊一郎 외무정무차관은 "(국교를 맺고 있는 대만과는) 중공 그 밖의 다른 나라와 달리 직접 교섭할 수 있는 입장"에 있고 "상당히 우호적인 관계"도 있기 때문에 크게 시일을 소요하지 않고 해결될 것으로 전망했다. 요시다 조지로田口長治郎 자유당 중의원 의원 역시 "**현재 일본 및 중공, 대만, 이 국제관계의 미묘한 실정**을 생각하더라도, 국민정부가 그러한 억지를 부리지는 않을 것"이라 발언했다.[54] 그러나 대만 정부가 자국 해군의 행위가 아니라고 부정하자, 지다 다다시千田正 참의원 의원은 "**같은 자유주의 국가 그룹**이기에 그저 악화하는 상태로는 매우 곤란"하다는

---

52 「第20回国会 衆議院 水産委員会 第1号 昭和29年12月2日」 이 당시의 영해는 현재의 12해리가 아니라 일반적으로 3해리를 기준으로 하고 있었고 배타적 경제수역의 개념도 없었기 때문에, 육지 영토로부터 3해리를 벗어나는 연안 해역의 바다는 모두 '공해'에 해당되었다.
53 야마다야쇼텐 지배인 마쓰오 시게조(松尾重三)의 증언. 「第20回国会 衆議院 水産委員会 第1号 昭和29年12月2日」.
54 강조 및 괄호 안 내용은 인용자(이하 동일). 「第20回国会 衆議院 水産委員会 第1号 昭和29年12月2日」.

의견을 피력했고,[55] 소노다 스나오園田直 외무정무차관은 "자유주의 국가끼리 서로 연계해 가고자 하는 중국(국민정부)과 일본의 관계이니만큼, (…중략…) 서로 자기 입장만 내세우고 결론이 나지 않는 방향水掛け論으로 가는 것은 지극히 유감"이라 발언했다.[56]

(2) 냉전 구조 속의 오키나와와 '제3 세이토쿠마루' 사건

대만해협 위기와 관련하여 기존에 어느 정도 다뤄져 온 것은 '제3 세이토쿠마루第三淸德丸' 사건이다. 그것은 이 배가 대만 선박(추정)에게 공격당한 것이 센카쿠제도 부근이었기 때문이다. 1955년 3월 2일, 센카쿠제도 중 가장 큰 섬인 우오쓰리지마魚釣島에서 서쪽으로 약 2해리약3.7km 떨어진 해역에서 조업 중이던 제3 세이토쿠마루가 중화민국 국기인 청천백일기青天白日旗를 내건 2척의 정크선에 습격당해 2명이 사살되고 3명이 행방불명되었다.[57] 이 사건은 당시의 해양 분쟁을 대만과 일본이라는 일대일 관계 속에서 다룰 수 없음을 잘 보여준다.

이 시기 오키나와 근해에서 발생한 해양 분쟁의 특징은 '일본－대만' 또는 '일본－중국'의 이원구조가 아니라 '일본－류큐 정부－미국－대만(또는 중국)'의 4원 구조를 이루고 있다는 점이다. 일본은 샌프란시스코 평화조약에 의해 본토 4개 섬 및 부속도서에 대한 주권을 회복했으나, 오키나와를 포함한 난세이제도南西諸島는 동 조약 제3조에 의해 미국의 시정권 아래 놓이게 되었다. 이에 따라 1952년 4월 1일, 미국은 국방성

---

55 「第22回国会 参議院 農林水産委員会 第10号 昭和30年5月24日」.
56 「第22回国会 衆議院 外務委員会 第31号 昭和30年7月15日」.
57 「(3)第三淸德丸襲撃事件」尖閣諸島研究・解説サイト.

산하 류큐열도 미국 민정부USCAR의 하부조직으로 전도全島 통일 기구인 류큐 정부를 설치하고, 이를 통해 난세이제도를 20여 년 동안 통치했다.[58] 이는 바꾸어 말하자면 동중국해에서 발생하는 여러 해양 분쟁에 대해 미국이 직간접적으로 책임을 져야 할 위치에 있었음을 의미한다.[59] 한편 일본 정부는 난세이제도에 얽힌 해양 분쟁에서 적어도 3개 주체, 즉 대만/중국, 류큐 정부, 미국을 상대해야 했다.

류큐 입법원은 사건 발생 3일 뒤인 3월 5일, 본 사건에 대한 결의안을 통과시켰다. 결의안에 대한 입법원 심의를 보면 존슨Walter M. Johnson 당시 미국 민정관은 사건이 일어난 센카쿠제도에 미 해군 및 공군이 출동하여 조사를 하고 있으며 류큐 정부가 조사단을 파견할 필요는 없다고 밝혔다.[60] 이후 미국 민정부는 류큐 정부 및 류큐 경찰과 협동 조사를 개시하면서 국무성을 통해 대만에 조회했다. 1956년 1월 4일, 대만은 '제3 세이토쿠마루' 사건과 국민정부군 사이에 아무런 관계가 없다고 회신했다.[61] 국민정부의 조사 결과, 중화민국 해군은 (미 대사관이 제공한 정보의) 그림 묘사와 같은 선박을 보유하지 않고 있음이 분명하며, 공

---

58 패전 직후 미군에 의해 점령된 오키나와는 군도(沖縄, 宮古, 八重山, 奄美)별로 분할통치되었으며, 46년부터 47년까지는 군도별 민정부(民政府), 50년 11월부터는 각 군도 정부(政府)가 설치되었다. 52년 개별 군도 정부를 통합하여 설치된 류큐 정부는 입법, 사법, 행정 기능을 모두 갖춘 정부였으나, 미국 민정부는 류큐 정부의 결정을 파기할 권한을 갖고 있었다. 「琉球政府の時代」アーカイブ, 沖縄県公文書館.

59 엘드리지(Robert D. Eldridge)는 미국이 센카쿠제도 문제에 대해 중립적인 자세를 보임으로써 실질적인 책임을 회피해 왔다고 지적하는데, 이는 영유권 문제뿐만 아니라 동중국해에서 벌어진 해양 갈등에서도 유사한 양상을 보인다.

60 「第三清徳丸乗組員に対する射殺事件の調査並びに乗組員の救援に関する決議案」, 琉球立法院会議録 第5回臨時 第6回, 1955年3月5日, pp.169~172, 「琉球政府の時代」アーカイブ, 沖縄県公文書館. 오완 기사부로(大湾喜三郎) 입법원의원은 존슨 민정관이 24일 회견에서 밝힌 것으로 설명하고 있으나 이는 4일의 오기로 보인다.

61 「行政記録 1956年1月4日【沖縄の部】」, 「琉球政府の時代」アーカイブ, 沖縄県公文書館.

산주의자가 미국과 류큐의 중화민국과의 우호관계를 저해하려는 목적에서 공격했을 가능성이 있다는 것이었다.[62]

1955년 6월 15일, 오키나와 어업협동조합연합회장 명의로 류큐 정부 행정주석行政主席에게 제출된 진정서는 이러한 복잡한 상황 속에서 문제 해결이 쉽지 않았음을 보여준다. 진정서는 사건 후 3개월이 지나도 행방불명된 3명의 선원의 실마리를 찾지 못했음을 지적하면서, 이 사건이 "류큐 정부의 외교권 유무로 불문에 부쳐져 규명되는 일 없이 방치된다면, 류큐 어민은 향후 안심하고 어업을 영위할 수 없을 뿐만 아니라 국제적 문제, 인권문제로서도 간과할 수 없다"면서 조치를 강구해 줄 것을 요구했다. 7월 18일, 초대 행정주석 히가 슈헤이比嘉秀平는 미국 민정관에게 이와 관련하여 어떠한 조치를 취했는지 문의하는 서간을 보냈다.[63] 2대 행정주석인 도마 주코当間重剛가 1957년 3월 28일 미 민정관 앞으로 보낸 전문을 보면, 류큐 정부가 1956년 7월 27일 세이토쿠마루 사건에 관한 정보를 요구했음에도 답신이 없었음을 지적하면서 빠른 조치와 답신을 요구했음을 알 수 있다.[64] 이처럼 당시의 해양 분쟁은 어민-류큐 정부-미국을 거쳐 대만 등 당사국과 상대해야 하는 점령지의 구조 속에 있었다.

---

62 エルドリッチ, op. cit., pp.47~48. 대만의 이러한 설명은 사실 정직하지 않은 것이었다. 국부천대 이후 대륙 연안과 주변 섬에서는 중공군에 대항하는 해상 게릴라 조직이 '반공구국군(反共救国軍)'이라는 이름으로 국민정부와 CIA의 지원을 받아 활동했다. 이들은 정규군에 비해 장비가 뒤떨어지고 자체적인 행동을 했기에, 이들의 간섭 또는 공격을 받은 외국 선박은 이것이 반공유격대의 공격인지 아니면 해적에 의한 것인지 구분하기 어려웠다. 林宏一, op. cit., p.64.

63 琉球政府法務局法制課, 「第三清徳丸事件 陳情書及び回答」 1955年7月26日, 「琉球政府の時代」アーカイブ, 沖縄県公文書館.

64 琉球政府総務局渉外広報部文書課, "Case of the Dai San Seitoku Maru". 「対米国民政府往復文書 1957年 発送文書 警察局」 1957年3月28日, 「琉球政府の時代」アーカイブ, 沖縄県公文書館

일본 국회에서 세이토쿠마루 사건이 처음 언급된 것은 1955년 7월 26일의 일이었다. 나카가와 도오루 외무성 아시아국장은 류큐 입법원의 결의를 4개월이 지나서야 남방연락사무소[65]를 통해 입수했다고 하면서, "제1차적으로는 미국 당국이 류큐 주민의 보호에 임해야 하기 때문에, 미 당국에 일본의 관심을 전달하고 철저한 조사를 요망했다"고 답변했다.[66] 1956년 3월, 세이토쿠마루 사건이 일어난 지 1년이 지난 뒤에도 해결되지 않았음을 추궁하는 참의원 의원의 질문에 대해, 당시 외무대신인 기시 노부스케岸信介는 "오키나와의 시정권은 일체 미국이 가지고 있으며, 일체의 책임을 미국이 부담하여 일본인인 오키나와 주민의 여러 가지 보호를 하고 있다"면서, 오키나와 주민의 요망 또는 미군과의 문제가 발생한 경우에 "우리들일본 정부은 항상 오키나와 주민의 의사를 미국에 통고하고, 실현될 수 있도록 주의를 환기시키고 있다"고 답변했다.[67] 대미 자주적인 기시의 성향에도 불구하고 확실히 선을 긋고 있는 이 발언은, 당시 일본-중국 또는 일본-대만 간의 해양 분쟁에서 핵심 당사자일 수밖에 없는 오키나와와 일본 사이의 냉전적 단절이 어떠한 것이었는지 짐작케 한다.

사건 발생 1년 3개월 뒤인 1956년 6월 2일, 몬지 료門司亮 사회당 중의

---

65 미 군정이 공식적으로 종료된 이후인 1952년 7월 1일부터 아마미오시마(奄美大島)가 본토로 복귀한 1958년 5월 15일까지 일본 정부는 '남방연락사무국'을 통해 오키나와의 미군 통치 기구와 연락을 취했다. 1958년부터는 북방영토를 포함한 '특별지역연락국'으로 개편되었으며, 1970년 5월에는 오키나와 본토 복귀가 미일 양국 정상에 의해 합의되면서 '오키나와·북방대책청'이 설치되었다. '대책청'은 오키나와가 본토로 복귀한 1972년 5월 15일 '오키나와 개발청' (북방영토 관련은 '북방대책본부')으로 개편되었다. 「沖縄総合事務局の沿革」, 沖縄総合事務局 ホームページ.

66 「第22回国会 衆議院 外務委員会 第37号 昭和30年7月26日」.

67 「第26回国会 参議院 予算委員会 第12号 昭和32年3月19日」.

원 의원은 오키나와 및 오가사와라제도의 시정권 회복을 위한 결의안 취지 설명에서 다음과 같이 호소했다.[68] "오키나와라는 특수한 상황 속에 갇혀서 외교라는 수단을 가지지 못한 저 80만 동포는, 예를 들어 제3 세이토쿠마루 사건 (…중략…)에 대해 그들은 어디에 호소하고 어디에 이 문제 해결을 요구할 곳이 있습니까. 오키나와 80만 주민은 그 곤경과 오늘날의 비참한 상황을 하늘에 호소하고 땅에 부르짖는다 해도 들어줄 곳은 전혀 없습니다." 제3 세이토쿠마루 사건에서 행방불명된 3명의 승조원 가족에 대해 재난피해지원금被災救援金이 인정된 것은 1967년 10월 28일의 일이었다.[69]

2) 해저 자원에 대한 주목과 해양 분쟁의 '중일관계' 화[70]

냉전 초기와 후기의 동중국해를 둘러싼 해양 분쟁을 가르는 가장 결정적인 두 가지 사건은 1960년대 말 유엔 아시아극동경제위원회ECAFE의 지원으로 이루어진 해저 자원 탐사와, 미중화해로 촉발된 1972년의 중일국교정상화라 할 수 있을 것이다. 전자는 동중국해 해양 분쟁의 초점을 '어업 자원 – 바다'에서 '해저 자원 – 대륙붕 – 섬'으로 바꾸었다 할 수 있다. 후자는 해양 분쟁의 주요 행위자를 대만에서 중국으로 이동시키고 센카쿠제도를 둘러싼 분쟁을 '중일관계'화했다고 할 수 있을 것이다.

---

68 「第24回国会 衆議院 本会議 第61号 昭和31年6月2日」.

69 류큐 정부 농림국에서 위로금으로 지급한 금액은 7,999달러 46센트로 기록되어 있다. 「行政記録 1967年10月28日(昭和42年)」, 「琉球政府の時代」アーカイブ, 沖縄県公文書館.

70 여기에서 다루는 시기의 센카쿠제도에 관해서는 房迪, op. cit., 第1~2章 및 エルドリッチ, op. cit. 第3~5章에서 상세히 분석하고 있다. 본 절에서는 '바다'에서 '섬'으로 동중국해 해양 분쟁의 초점이 옮겨가게 된 과정에 냉전 구조의 변용이 어떠한 역할을 하였는지 간략하게 서술하는 것에 그치고자 한다.

이하에서는 이 과정에 대해 살펴보고자 한다.

1969년 5월, 아시아연해지역 광물자원공동탐사 조정위원회CCOP는 68년 가을에 수행한 동중국해 해저 탐사를 바탕으로 "대만과 일본 사이에 있는 대륙붕은 세계에서 가장 풍부한 유전의 하나일 가능성이 크다"는 결과를 발표했다. 아시아 최대, 심지어 세계에서도 유수의 미개발 유전이 동중국해에 매장되어 있다는 보고 결과는 주변국과 국제석유자본의 관심을 끌어모으기에 충분한 것이었다.[71] 이로 인해 1970년 말에 이르면 일본, 대만, 중국은 대륙붕 한가운데 위치한 센카쿠제도의 영유권을 둘러싸고 대립되는 주장을 내세우며 부딪치게 된다.[72]

이와 관련하여 팡디房迪는 일본과 대만이 국내적인 에너지 자원 수급의 문제로 영유권 문제와 자원개발을 분리하는 '이국면화二局面化' 전략을 채택했다고 분석한다.[73] 그러나 일본과 대만이 공동개발을 추진한 배경에는 경제적인 이유뿐만 아니라 냉전 구도에서 비롯된 외교적인 발상이 포함되어 있었다. 1970년 11월 12일 서울에서 열린 '일한화日韓華 연락위원회' 설립 회의에서 일본, 대만, 한국 3개국의 준-민간 대표자들은 해양 공동개발에 대해 완전히 합의하고 '일한화 3국 해양 공동개발에 관한 합의문'을 채택함과 동시에 도쿄에서 해양 공동개발에 관한 제1회 특별위원회를 개최하기로 결정했다.[74] 이에 대해 중국 정부는 1970년

---

71 房迪, op. cit., pp.31~33. 물론 동중국해 대륙붕의 해저 자원에 대한 탐사는 68년 갑자기 이루어진 것이 아니며 1960년대 초반부터 주변국의 학자들이 지속적인 관심을 보여온 결과였다. エルドリッヂ, op. cit., pp.77~80.

72 房迪, Ibid., pp.36~38; エルドリッヂ, op. cit., 第3章.

73 房迪, Ibid., pp.39~51.

74 한일협력위원회 제5회 상임위원회의 자리를 빌려 개최한 회의로, 정부 대표자는 아니지만 정부에 강한 영향력을 가진(quasi-governmental) 이들, 즉 한일협력위원회 및 일화협력위원회를 대표하는 인물들이었다. 「第80回国会 参議院 外務委員会 第17号 昭和52年6月4日」; 「대륙붕 공

12월 4일 『인민일보』를 통해 3국 공동개발이 "해적행위"이며 "중국의 해저 자원을 약탈하는" "중국 침략 행위"라고 강력하게 비판했는데,[75] 이것이 중국이 센카쿠 문제에 대해 보인 공식적인 첫 대외 언급이었다. 그만큼 이 문제는 대만을 포함한 반중 연합전선의 문제로 이해되었고, 중국은 대륙붕 석유 자원 개발이 대만에 대한 일본의 이해관계와 영향력을 강화할 것이라는 강한 우려를 갖고 있었던 것으로 보인다.[76] 중일 국교정상화 이전, 즉 동중국해 해양분쟁이 냉전 후기의 양상으로 옮겨가기 전까지, 해저 자원을 둘러싼 분쟁은 중국과 소련 대 미국, 일본, 대만, 한국이라는 냉전 초기의 구도 속에서 이루어지고 있었던 것이다.

그러나 1969년 1월, 미국에서 리처드 닉슨Richard M. Nixon 정권이 탄생한 이후부터 이러한 냉전 초기의 구도에는 갑작스러운 변화가 일어나게 된다. 당시 베트남 전쟁의 늪에서 벗어나고자 했던 닉슨과 키신저Henry A. Kissinger는 1969년 7월 이른바 '괌 독트린'을 발표하면서 아시아에 대한 안보 공약을 대폭 축소하고, 소련과의 대립이 격화되고 있던 중국과의 관계 개선을 통해 세력균형을 유지하고자 했기 때문이다. 1971년 7월 15일 이루어진 닉슨 대통령의 방중 선언과 방문, 10월 25일 대만의 유엔 탈퇴와 중국의 대표권 획득은 이러한 배경에서 이루어진 변화였다. 즉, 이 시기에 이르러 일본이 놓여 있던 냉전 초기의 구도는 냉전 후기의 구도로 이동하기 시작했다고 볼 수 있다.

1972년 7월 28일, 중일국교정상화를 위해 다케이리 요시카쓰竹入義勝

동 개발 합작 기본 등 논의」 『동아일보』, 1970.11.11.

[75] 房迪, op. cit., pp.31~33.

[76] CIA, "The Senkaku Islands Disputes: Oil under Troubled Water?", Japan and the U.S., Part Ⅲ, 1961~2000(Secret, CIA/BGI GR 71-9), May 1971, p.14.

공명당 위원장과 회담을 가진 저우언라이周恩来 총리는 센카쿠제도가 국교회복에 비하면 문제가 되지 않는다면서 다룰 필요가 없다는 입장을 밝혔다. 이는 일본과의 국교정상화와 관련하여 센카쿠 문제를 다룬 중국 정부의 첫 번째 공식 견해였다. 9월 25일, 다나카 가쿠에이田中角栄 총리와 만난 자리에서도 저우언라이는 "해저에 석유가 발견되었기 때문에 대만은 이를 가지고 문제로 삼는다. 현재 미국도 이를 문제로 삼으려고 하여 일을 크게 만들고 있다"며 다시 한번 국교정상화 과정에서 언급하지 않는 것이 좋다는 자세를 보였다.[77] 즉 석유 자원의 발견으로 냉전

---

77 房迪, op. cit., pp.111~120. 중화인민공화국이 센카쿠제도에 대해 어떠한 입장을 표명했는가는 매우 중요한 문제이다. 이와 관련하여 야부키 스스무(矢吹晋)는 저우언라이가 1971년 6월 21일 미국 언론계의 주요 인사와 회견한 자리에서 '센카쿠제도 문제는 대만 문제와 동시에 해결해야 한다'고 발언했다고 기술하고 있다. 이에 대한 근거로, 해당 회견에 참석한 월스트리트 저널의 기자 로버트 키틀리(Robert Keatley)와 그의 부인이 집필한 글이라고 전제하면서 다음과 같이 인용하고 있다. "일단 대만 문제가 해결되면 다른 문제는 모두 해결된다. 그렇게 하면 중국은 미국과 외교관계를 수립할 수 있을 것이다. 조어도 문제가 얼마나 이 문제와 깊게 관련되어 있는가를 알기 위해서 우리는 '댜오위타이, 황웨이, 치웨이, 난샤오, 베이샤오를 포함한 섬들은 타이완 성에 속해 있다'는 저우언라이의 발언을 인용하는 것이 좋겠다." 矢吹晋『尖閣衝突は沖縄返還に始まる』, 花伝社, 2013, p.18. 야부키는 저우언라이가 "일부러 5개의 섬 이름을 언급하고 있다"면서, 그가 대외적으로 처음으로 '센카쿠 유보론'을 논한 중요한 담화(발언)이고 의도적으로 외신 기자들 앞에서 발언한 것이라 기술하고 있다. 그러나 야부키가 인용한 글(Roebert Keatley, "After Ping Pong, Before Kissinger", China File, December 31, 2012)은 키틀리의 단독 저술이며, 그 글에 야부키가 인용한 부분은 한 줄도 들어가 있지 않다. 그가 인용한 영어 원문은 1971년 10월 열린 '오키나와 반환 조약에 대한 미 상원 공청회' 기록에 포함된 '델라웨어 댜오위타이 위원회'의 청원서 내용이며, 센카쿠 열도 5개 섬이 타이완 성에 속해 있다는 것 역시 해당 청원서에서 1970년 12월 27일자『인민일보』를 인용한 것이다. Okinawa Reversion Treaty, Annex to Hearings before the Committee of Foreign Relations, United States Senate, Ninety-Second Congress, First Session on Ex. J 92.1, October 27, 28 and 29, 1971, p.8. 저우언라이 연보(周恩来年譜)를 살펴보면 외신 주요 인사와의 회견과 '대만 문제' 발언이 사실임을 확인할 수 있으나 센카쿠제도에 대한 언급은 없다. 저우언라이의 발언 역시 미중관계 안에서 대만 문제가 가지는 중요성을 강조하는 발언일 뿐 센카쿠제도와의 연관성은 찾아보기 어렵다. 물론 중국은 문제를 제기한 1970년 이래로 센카쿠제도가 대만의 일부라는 입장을 선언하고 유지해 왔으나, 저우언라이가 대만 문제를 (일본이 직접적인 당사자에 속하는) 센카쿠 문제와 밀접하게 연결시켜 생각했다는 야부키의 주장은 사실상 근거가 없다. 센카쿠 문제는 대만 문제의 (핵심이 아닌) '일부'로 생각되었기 때문에 중일국교정상화 과정에서 '유보'되었다고 보는 것이 타당할 것이다.

초기의 구도 안에서 격렬하게 움직이기 시작했던 센카쿠 문제는, 냉전 구도가 '중소 대 미국'에서 '소련 대 미중일'이라는 냉전 후기의 구도 안으로 들어감으로써 이른바 영유권 문제의 '유보棚上げ'가 이루어질 수 있었던 것이다.[78] 이리하여 동중국해 해양 분쟁은 미국, 중국, 대만, 류큐 정부 등 다양한 행위자가 복잡하게 얽힌 냉전 초기의 '열전과 냉전 사이의 바다'에서, 문제의 핵심이 '중일관계'화한 '냉전의 섬'으로 그 초점이 이동하게 되었다고 할 수 있다.

4. '영유권'을 넘어서 '해역'의 질서로

일본의 항복으로 제2차 세계대전이 종결된 이후, 동북아 해역은 오늘날과 같은 해양 질서를 형성하기까지 복잡다단한 변화를 거쳐야 했다. 그 중에서도 냉전 초기 일본이 주변국과 관계를 맺으면서 겪은 해양 분쟁은 냉전 후기의 분쟁과 그 성격이 크게 달랐다. 이 글은 이러한 차이는 어떠한 배경에서 발생했으며 냉전 초기에서 후기로 이어지는 변화는 어떠한 것이었는지 분석했다.

이상의 분석을 통해 얻을 수 있는 결론은 다음과 같다. 첫째, 일본의 패전 직후부터 냉전 초기의 시기에 일본 주변 해역, 특히 동중국해에는 열전의 영향이 강하게 남아 있었다. 이러한 영향은 '어선 나포'의 형태

---

78 일본 국내적으로는 1973년의 석유위기와 함께 석유 자원이 '자주 개발'의 문제에서 '수입 다각화 및 확대'의 문제로 변화한 것이 관심 저하의 배경에 있다. 許元寧・金男恩, 「冷戦後期の海洋問題に対する日本の対応変化」, 『인문사회 21』 제11권 6호, pp.2147~2157.

로 드러나는데, 1940년대 후반부터 본격화된 제2차 국공내전이 국민당 세력의 위축과 함께 점차 동중국해 연안으로 옮겨가면서 심화되었다. 일본은 중국과 대만이라는 '2개의 중국'과 마주해야 하는 과제 속에서, 대만과는 '일화평화조약', 중국과는 '중일민간어업협정'을 통해 해양 분쟁을 관리하고자 했다. 둘째, 일본과 대만 사이에 발생한 두 어선 격침 사건 중 '야마다마루' 사건을 통해 냉전 초기 동중국해의 해양 분쟁에 열전과 냉전의 영향이 동시에 미치고 있었음을 알 수 있었다. 대만해협 위기라는 급박한 상황 속에서 발생한 어선 격침 사건에 대해 대만은 충분히 책임 있는 대응을 하지 못했으며, 일본은 '자유주의 국가'의 일원으로 조속한 해결을 기대했으나 열전의 영향으로 이러한 기대가 충족되기 어려웠다. 셋째, 또다른 어선 격침 사건인 '제3 세이토쿠마루' 사건을 보면 냉전 초기 동중국해 해양 분쟁은 일본과 대만또는일본과중국이라는 이원적 구조로 해석할 수 없었다. 특히 오키나와를 포함한 난세이제도는 미국의 점령이 이어지면서, 해양 분쟁이 '일본-류큐 정부-미국-대만'이라는 4원 구조 속에서 발생하였고, 따라서 관리와 해결이 결코 쉽지 않았다. 넷째, 이러한 냉전 초기의 일본과 대만또는중국 간의 해양 분쟁 양상은 1960년대 말에 들어 해저 자원의 발견과 냉전 구조의 변화로 인해 '바다'에서 '섬'의 영유권으로 그 초점이 옮겨가게 되었다.

이상의 분석에서 얻을 수 있는 함의는 다음 세 가지이다. 첫째, 2차 세계대전 이후 동북아시아 해역을 두고 벌어진 분쟁은 처음부터 도서의 영유권 분쟁을 핵심에 두고 있었던 것이 아니다. 국가 간의 영토 분쟁은 육상과 해상을 가리지 않고 그 실지회복주의irredentism적인 성격 때문에 항상 회고적으로retrospective 문제를 바라보게 하며, 그로 인해 분쟁의 성격이 과거부터 오늘날까지 바뀌지 않고 이어져 왔다고 생각하게 만든다. 그러나 이는 사실이 아니며, 적어도 동북아 해역에서는 냉전 후기에 들어서 그러한 구도가 만들어졌다. 영유권의 내셔널리즘이 강력하게 작동하고 있는 현재 상황에서 이 사실은 다시 상기할 필요가 있다. 둘째, 동북아 국가 간의 관계를 '해역'의 관점에서 바라봄으로써, 해양 질서의 형성 과정을 일국 또는 양국 관계에서가 아니라 지역해역 관점에서 정립하는 가능성을 모색할 수 있다. 도서 영유권의 중력에서 벗어나 기존의 중일 관계 또는 일본-대만 관계로만 해양 분쟁을 보았을 때 놓치기 쉬운 지점들을 드러냄으로써, 전후 동북아 해양 질서가 어떠한 방식으로 형성되었는지 재검토해야 한다는 것이다. 이러한 관점의 연구는 앞으로도 계속 이어져야 할 것이다. 셋째, 동아시아의 해양 질서를 어떻게 관리해야 할 것인가에 대한 힌트를 얻을 수 있다. 냉전 초기에 평화조약 및 국교정상화, 냉전 후기에 냉전 구도 속에서의 '유보론'으로 관리되었다면, 탈냉전기 이후의 해양 질서 역시 관리의 '수단' 측면에서 검토할 여지가 있으며, 그 수단의 근간은 국가 간의 외교에서 찾아야 할 것이다.

참고문헌

1. 자료

CIA, "The Senkaku Islands Disputes: Oil under Troubled Water?", Japan and the U.S., Part III, 1961~2000 (Secret, CIA/BGI GR 71-9), May 1971.

Okinawa Reversion Treaty, Hearings before the Committe of Foreign Relations, United States Senate, Ninety-Second Congress, First Session on Ex. J 92.1, October 27, 28 and 29, 1971.

Roebert Keatley, "After Ping Pong, Before Kissinger", China File, December 31, 2012(https://www.chinafile.com/after-ping-pong-kissinger).

データベース,「世界と日本」(https://worldjpn.grips.ac.jp/).

日本国会会議録検索システム(https://kokkai.ndl.go.jp/).

沖縄総合事務局,「沖縄総合事務局の沿革」, 沖縄総合事務局ホームページ(http://www.ogb.go.jp/Soshiki/about/003649).

内閣官房領土・主権対策企画調整室,「尖閣諸島研究・解説サイト」(https://www.cas.go.jp/jp/ryodo/kenkyu/senkaku/index.html).

沖縄県公文書館,「琉球政府の時代」, アーカイブ(https://www3.archives.pref.okinawa.jp/GRI/).

外務省,「漁業に関する吉田内閣総理大臣ダレス大使間の書簡」(https://www.mofa.go.jp/mofaj/gaiko/treaty/pdfs/A-S38(3)-234.pdf).

海上保安庁,『海上保安の現況』各年版.

全日本海員組合,「国際紛争と船員の歴史」,『海員』2003年 8月号.

2. 논문 및 단행본

김명기, 「맥아더 라인의 독도영토주권에 미치는 법적 효과」, 『독도연구』 15, 영남대 독도연구소, 2013.

박창건, 「한일어업협정 전사(前史)로서의 GHQ-SCAP 연구-맥아더라인이 평화선으로」, 『일본연구논총』 39, 현대일본학회, 2014.

이병기・최종화, 「韓半島 周辺水域의 国際漁業関係와 그 展望」, 『수산해양교육연구』 3(1), 한국수산해양교육학회, 1991.

존 다우어, 최은석 역, 『패배를 껴안고-제2차 세계 대전 후의 일본과 일본인』, 민음사, 2009.

지철근, 『평화선』, 범우사, 1979.

Blanchard, Jean-Marc F., "The U.S. Role in the Sino-Japanese Dispute over the Diaoyu(Senkaku) Islands, 1945~1971", The China Quarterly 161, Cambridge University Press, 2000.

Emmers, Ralf, Geopolitics and Maritime Territorial Disputes in East Asia, London and New York : Routledge, 2010.

Hara, Kimie, Cold War Frontiers in the Asia-Pacific : Divided territories in the San Francisco System, London and New York : Routledge, 2007.

Sasaki, Takafumi and Makomo Kuniyoshi, "Japanese Fishing Operations around the

Senkaku Islands Immediately After the End of World War Ⅱ : An Analysis of Public Materials Compiled by the Fisheries Agency and Kagoshima Prefecture", 『地域漁業研究』 第57巻 第1号, 地域漁業学会, 2016.

Wallerstein, Immanuel, "What Cold War in Asia : An Interpretative Essay", *Zheng Yangwen et al. eds., The Cold War in Asia : The Battle for Hearts and Minds*, Leiden & Boston : Brill, 2010.

石井昭, 「冷戦と中国－進む中国の冷戦研究」, 『アジア研究』 52(2), アジア政経学会, 2006.

井上正也, 『日中国交正常化の政治史』, 名古屋大学出版会, 2010.

石原忠浩, 「第二期馬英九政権下の日台関係の展開－日台民間漁業取決めを中心に」, 『交流』 No. 921, 交流協会, 2017.12.

浦野起央, 『増補版 尖閣諸島・琉球・中国－日中国際関係史 : 分析・資料・文献』, 三和書籍, 2005.

エルドリッチ, ロバート・D., 吉田真吾・中島琢磨訳, 『尖閣問題の起源－沖縄返還とアメリカの中立政策』, 名古屋大学出版会, 2016.

片岡千賀之, 「日中韓漁業関係史(1)」, 『長崎大学水産学部研究報告』 87, 長崎大学水産学部, 2006.

_____, 「以西底曳網・以西トロール漁業の戦後史 (1)」, 『長崎大学水産学部研究報告』 90, 長崎大学水産学部, 2009.

川島真他, 『日台関係史 1945~2008』, 東京大学出版会, 2009.

国分良成他, 『日中関係史』, 有斐閣アルマ, 2013.

末永芳実, 「漁業の取り締まりの歴史－漁業の取り締まりの変化を中心に」, 『水産振興』 623, 東京水産振興会, 2020.

函館市史編さん室 編, 『函館市史』, 函館市, 2002.

波多野澄夫 編, 『冷戦変容期の日本外交－「ひよわな大国」の危機と模索』, ミネルヴァ書房, 2013.

藤井賢二, 「戦後日台間の漁業交渉について」, 『東洋史訪』 9号, 史訪会, 2003.

_____, 「公開された日韓国交正常化交渉の記録を読む : 李承晩ライン宣言を中心に」, 『東洋史訪』 12号, 史訪会, 2006.

許元寧・金男恩, 「冷戦後期の海洋問題に対する日本の対応変化」, 『인문사회21』 제11권 6호, 아시아 문화학술원.

房迪(ぼう・てき), 『日中国交正常化期の尖閣諸島・釣魚島問題－衝突を回避した領土問題処理の構造』, 花伝社, 2019

平松茂雄, 『甦る中国海軍』, 勁草書房, 1991

森須和男, 「李ラインと日本船拿捕」, 『北東アジア研究』 28, 北東アジア地域研究センター, 2017.

祁建民, 「長崎国旗事件の真相とその意味」, 『東アジア評論』 6, 長崎県立大学, 2014.

矢吹晋, 『尖閣衝突は沖縄返還に始まる』, 花伝社, 2013.

林宏一, 「封鎖大陸沿海──中華民國政府的 「關閉政策」, 1949~1960」, 國立政治大學歷史學系碩士論文, 2008.

한국전쟁기 유엔군의 원산 상륙작전과 철수작전을 통해 본 해상수송

김윤미

1950년 6월 25일 한국전쟁이 시작되자 유엔은 결성 이후 처음으로 '집단안보체제'를 가동하여 참전을 결정했다. 유엔군은 병력, 무기, 군사물자, 항공기 등을 탑재한 군함과 선박을 세계 각지에서 동북아 해역으로 집결시켰다. 한반도 대부분이 북한군의 진영에 들어간 상황에서 전황을 바꿀 수 있는 모든 전략은 해군력이었다.[1]

한국전쟁의 해상작전 중 가장 많이 주목받은 주제는 인천상륙작전과 흥남철수작전이다. 성공적인 작전이자 영화로 제작될 만큼 감동적인 서사도 있다. 이 두 작전은 상륙작전과 철수작전의 대표적인 사례이긴 하지만, 한반도를 둘러싼 해안과 해상에서 벌어진 많은 주효한 작전들 가

---

[1] 맥아더는 해군의 역할에 대해 "한국과 같은 반도국가에서 전쟁을 할 때 해군은 대단히 중요하다. 왜냐하면 오직 해군만이 바다로 오는 적을 막을 수가 있고 상륙작전을 할 수 있기 때문이다. 더 나아가 한국에서 부산까지 밀렸더라도 해군이 우리의 보급로를 열어주고 해군의 화력 아래에서 상륙 거점을 끝까지 확보할 수 있었다"고 평가했다(Cagle, Malcolm W · Manson, Frank A., 신형식 역, 『한국전쟁 해전사』, 21세기군사연구소, 2003, 86쪽).

운데 하나이다.[2]

이 글에서는 한국전쟁 동안 유엔군이 전개했던 해상수송과 해양통제 활동에 주목했다. 부산교두보를 확보한 이후, 한국전쟁에서는 큰 해전이 없었고, 일찍이 해상통제권을 확보하여 해군의 활동은 육상작전 지원과 해상수송으로 좁혀졌다. 그런데 유엔 해군은 휴전협정이 효력을 발휘하기 시작하는 1953년 7월 27일까지 폭격과 포격 등 해상봉쇄를 전개한 곳이 있었다. 바로 원산이었다.

원산은 북한군 해군 전력이 배치되었던 곳으로 한국전쟁이 시작되자 동해안을 통해 해군병력을 부산으로 향하는 길에 신속하게 배치했다. 한편 유엔군은 원산의 지정학적 중요성, 집중되어 있는 북한군 병력, 항만과 철도를 연결하는 교통망 확보 등을 이유로 원산항에 폭격과 포격, 상륙작전과 해상통제를 휴전협정이 효력을 발휘하기 시작하는 1953년 7월 27일까지 실시했다. 이로 인해 원산은 전쟁 이전 원산이 가지고 있었던 경제적, 군사적 기능을 잃는 것은 물론, 원산지역민들의 삶도 피폐해졌다. 도시 형태가 파괴되어 전후복구된 원산은 이전과 다른 새로운 도시가 탄생하게 될 정도였다.[3]

---

2 김보영, 「유엔군의 해상봉쇄 · 도서점령과 NLL」, 『한국근대사연구』 62, 2012. 김인승, 「판도라 작전(Operation PANDORA) – 한국전쟁기 서해지역 해상 철수작전 연구」, 『통일문제연구』 33-2, 2018; 「한국전쟁 해전사(海戰史) 연구자료의 발굴과 그 효용성 – 영국 해군의 '작전기록'을 중심으로」, 『군사』 110, 2019; 조덕현 · 길병옥, 「6 · 25전쟁 초기 해군의 봉쇄와 호송작전 분석 및 평가」, 『군사논단』, 한국군사학회, 2019; 박종상, 「6 · 25전쟁 시 장사상륙작전에 대한 재검토」, 『동북아역사논총』 69, 2020; 최정준, 「6 · 25전쟁 시 미 해군의 역할과 주요 작전 분석」, 『군사연구』 151, 육군본부 군사연구소, 2021.

3 김태우, 『폭격 – 미공군의 공중폭격 기록으로 읽는 한국전쟁』, 창비, 2013. 박희성, 「6 · 25전쟁 초기 북한 해군의 해안방어 작전 – 원산 제588군부대 작전을 중심으로」, 『사총』 98, 고려대 역사연구소, 2019; 현명호, 「북한의 피포위의식(Siege Mentality)과 역사적 단절 – 한국전쟁기 원산을 중심으로」, 『사이間SAI』 31, 국제한국문학문화학회, 2021; 박동민, 「전후복구기 원산의 계획안과 재건, 1953~1963」, 『대한건축학회논문집』 37-4, 2021.

한국전쟁과 원산에 대한 연구에 앞서 한국전쟁 동안 해군의 활동을 먼저 살펴봄으로써 상륙작전과 철수작전의 의미, 원산의 중요성 등을 정리할 수 있었다. 한국전쟁과 해군에 관한 연구에서 가장 먼저 소개할 저서는 해군본부에서 출간한 『6·25전쟁과 한국해군작전』과 『6·25 전쟁과 한·미 해군작전』이다.[4] 미해군연구소에서도 2,800장이 넘는 방대한 분량의 *The Sea Services in the Korean War, 1950-1953*을 발행하여 미해군의 전사에 대한 정보를 제공하고 있다.[5] 미해군의 한국참전에 대해서 가장 많이 인용되는 역서는 2002년 발간된 *The SEA WAR in KOREA*와 '한국전쟁 정전60주년' 기념으로 2013년 발간된 *History of United States Naval Operations, Korea*이다.[6] *History of United States Naval Operations, Korea*의 원문은 미해군역사문화사령부Naval History and Heritage Command 웹페이지에 게시되어 있다.[7] 일본 해군의 전쟁 참전에 대한 연구도 한국전쟁의 해군과 해전사를 이해하는데 큰 도움이 된다.[8] 한국전쟁 연구를 위한 1차 자료로는 한국 해군에서 1950년 6월 25일부터 작성한 8천장이 넘는 『작전경과보고서』가 있다. 2001년 해군본부 군사연구실에서 영인하여 19권으로 발간했다.[9]

4 임성채 외, 『6·25전쟁과 한국해군작전』, 해군역사기록관리단, 2012; 임성채, 『6·25 전쟁과 한·미 해군작전』, 해군역사기록관리단, 2020.
5 S Field, James·Montross, Lynn·Canzona·Cagle, Malcolm·Manson, Frank, *The Sea Services in the Korean War, 1950-1953* , the U.S. Naval Institute(Annapolis, Maryland), 2000.
6 Cagle, Malcolm W·Manson, Frank A., 신형식 역, 앞의 책; James A. Field, Jr., 김주식 역, 『미국 해군 작전의 역사-한국전』, 한국해양전략연구소, 2013.
7 미해군역사문화사령부(Naval History and Heritage Command, www.history.navy.mil).
8 국방부 군사편찬연구소, 『한국전쟁과 일본의 군사적 역할(한일 국제학술세미나)』, 2002; 이종판, 「한국전쟁시 일본의 후방지원」, 『군사』 46, 2002; 이종판, 『韓國戰爭당시 日本의 役割에 관한 연구-日本의 對美協力活動을 中心으로』, 한양대 박사논문, 2007; 鈴木英隆, 「朝鮮海域に出撃した日本特別掃海隊」, 『朝鮮戰争と日本』, 防衛省防衛研究所, 2013; 남기정, 『기지국가의 탄생-일본이 치른 한국전쟁』, 서울대 출판문화원, 2016.

한국전쟁은 좁게는 한국이 현대로 재편되는 전환점이지만, 넓게는 동북아를 포함한 세계의 냉전이 현시화된 사건이었다. 이 글에서는 먼저 한국전쟁에서 해군의 역할을 조명해보고자 한다. 한국전쟁에서 한국 해군을 포함한 유엔 해군의 역할과 활동에 대해서는 알려진 바가 많지 않다. 다음으로 동해안 해역에서 진행된 작전과 군함의 이동을 살펴보고자 한다.[10] 이것은 한국전쟁에서 발휘되었던 해양력과 해군력을 고찰해보려는 것이다. 마지막으로 동북아, 특히 동해에서 원산의 지정학적 위치와 의미를 검토해보고자 한다. 현재도 북한군의 동해 해군기지는 원산을 핵심으로 하고 있고, 한국과 가까이는 강원도 고성군의 장진항에 해군기지를 두고 있다. 한국 해군의 경우 지상군으로 포항에 해병대1사단을 모두 배치하고, 제1함대를 통해 해상을 방어하고 있다.

1. 유엔군의 해상작전과 해군조직

한국전쟁에 참전하기로 결정한 유엔은 일본에 본부를 둔 유엔군사령부의 병력을 한반도에 파견했다. 7월 13일 재편된 사령부는 극동해군, 미8군, 극동공군, 주일미군군수본부를 지휘하고 있었다. 미8군에는 한국육군, 부산군수사령부와 제24사단, 제25사단, 주한미군사고문단이

9　김주식, 「한국 해군의 6·25전쟁 기록 『작전경과보고서』」, 국가기록원, 2014.
10　군함은 전투능력을 갖추며 기동성이 생명이다. 군함은 기지를 출발하여 얼마 동안 작전을 할 수 있는 작전지속능력도 필요하며 공격을 무효화하거나 최소화 할 수 있는 방호력도 갖추어야 한다. 군함의 역할에 따라 종류와 명칭이 분류된다. 전투함으로는 항공모함, 수상전투함, 전함, 순양함, 구축함, 잠수함을 포함한다. 기타전투함으로 초계함, 상륙전함, 기뢰전함을 분류한다. 이외에도 보조함과 전투주정이 분류 범위에 든다.

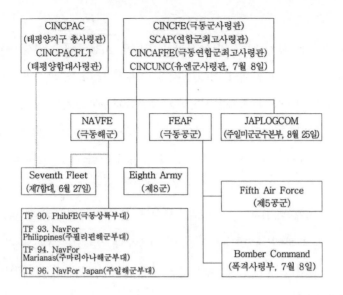

〈그림 1〉 유엔군사령부 조직도(1950.6~8)
출처 : James A. Field, Jr., 김주식 역, 『미국 해군 작전의 역사－한국전』, 75쪽.

예하부대로 편재되어 있었다. 일본에 있는 미8군은 요코하마와 고베에
주요 기지를 두고 있었다. 한국전쟁 직후 재편된 유엔군사령부 조직은
〈그림 1〉과 같다.

1950년 7월 4일 태평양 미 함정에 한국 해안 봉쇄 명령이 내려졌다.
서해안은 북위 39° 35′, 동해안은 북위 41° 51′ 아래의 소련과 중국의
영해가 포함되지 않는 구역으로 지정했다. 유엔의 지휘하에 있지 않은
모든 군함, 북한 함정을 제외하고 소련을 포함한 모든 국가의 군함은 북
한 항구에 들어갈 수 있으나, 기타 선박은 출입이 금지되었다.[11]

1950년 7월 말 유엔의 해상세력 요청에 따라 함정들이 한국해역으로
이동했다. 순양함 3척, 미 해군 구축함 4척, 영국 구축함 2척, 호주 구축
함 2척, 뉴질랜드 프리깃함 2척, 네덜란드 구축함 1척이 추가되었다.[12]

11 Cagle, Malcolm W·Manson, Frank A, 신형식 역, 앞의 책, 329~330쪽.

조이 제독은 봉쇄 및 지원 함정들을 하나의 기동부대로 편성하여 95.6 부대로 편성하고 동해와 서해 봉쇄를 임무로 했다. 서해는 영국 해군[13] 앤드류스 제독에게, 동해는 96.51기동전단과 96.52기동전단으로 미 해군이 맡았다. 동해안은 해안선이 길고 목표물이 많아서 많은 함정이 필요했고, 포격과 저지 임무가 많아 미 함정이 적합하다는 판단이었다.[14]

유엔 해군은 반격을 위해 인천상륙작전을 전개하기 직전 1950년 9월 12일 조직을 재편했다. 극동해군사령부, 주일미해군사령관, 96기동부대사령관 휘하에 제7함대사령관, 90기동부대, 95기동부대, 96기동부대가 편성되었다. 9월 12일 한시적이고 유동적인 TF부대로 재편된 해군 조직은 〈그림 2〉와 같다.

〈그림 2〉의 95기동부대는 1950년 7월 21일 편제에는 없었던 부대이다. 유엔봉쇄및호송부대로 불리는 95기동부대에는 8가지의 임무가 부여되었다. ① 한국봉쇄, ② 동해안에서 유엔군의 화력지원, ③ 폭격, ④ 소해작전, ⑤ 호송, ⑥ 대잠작전, ⑦ 해안 어뢰활동 통제, ⑧ 정보수집이었다. 95기동부대 호주, 영국, 캐나다, 네덜란드, 콜롬비아, 뉴질랜드, 프랑스, 태국, 한국 해군이 연합군을 조직했다. 이 부대는 전쟁이 끝날 때까지 봉쇄와 호송 임무를 수행했다.

95.1기동전단은 영국 제독 지휘하에 서해안을 담당하는데, 미국 항모

---

12 한국전쟁기 유엔군으로 참전한 각 국의 함정은 다음과 같다.
　　미국 제7함대, 오스트레일리아 항공모함 1척·구축함 2척·프리깃함 1척, 캐나다 구축함 3척, 프랑스 구축함 1척, 콜롬비아 프리깃함 1척, 영국 함정 17척(항모 1척 포함), 네덜란드 구축함 1척, 뉴질랜드 프리깃함 1척, 태국 프리깃함 7척·수송선 1척(박동찬, 『통계로 본 6·25전쟁』, 군사편찬연구소, 2014 부록).
13 영국 해군은 홍콩에 해군사령부를 두고 있었다.
14 Cagle, Malcolm W·Manson, Frank A., 신형식 역, 앞의 책, 336~337쪽.

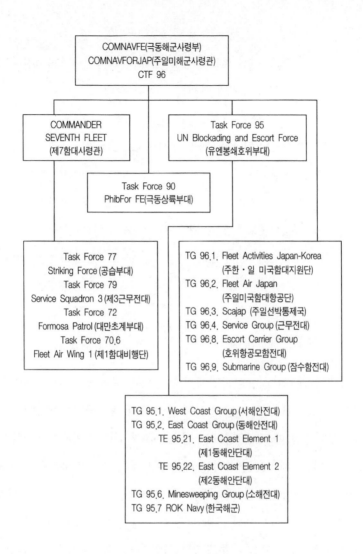

```
                    COMNAVFE(극동해군사령부)
                    COMNAVFORJAP(주일미해군사령관)
                    CTF 96
```

```
        COMMANDER                      Task Force 95
        SEVENTH FLEET                  UN Blockading and Escort Force
        (제7함대사령관)                   (유엔봉쇄호위부대)
```

```
                    Task Force 90
                    PhibFor FE(극동상륙부대)
```

```
        Task Force 77                  TG 96.1. Fleet Activities Japan-Korea
        Striking Force (공습부대)                 (주한·일 미국함대지원단)
        Task Force 79                  TG 96.2. Fleet Air Japan
        Service Squadron 3 (제3근무전대)            (주일미국함대항공단)
        Task Force 72                  TG 96.3. Scajap (주일선박통제국)
        Formosa Patrol (대만초계부대)        TG 96.4. Service Group (근무전대)
        Task Force 70.6                TG 96.8. Escort Carrier Group
        Fleet Air Wing 1 (제1함대비행단)            (호위항공모함전대)
                                       TG 96.9. Submarine Group (잠수함전대)
```

```
                TG 95.1. West Coast Group (서해안전대)
                TG 95.2. East Coast Group (동해안전대)
                    TE 95.21. East Coast Element 1
                              (제1동해안단대)
                    TE 95.22. East Coast Element 2
                              (제2동해안단대)
                TG 95.6. Minesweeping Group (소해전대)
                TG 95.7. ROK Navy (한국해군)
```

〈그림2〉 해군 조직(1950.9.12)
출처 : James A. Field, Jr., 김주식 역, 『미국 해군 작전의 역사 – 한국전』, 345쪽.

1척과 영국 또는 호주 항모 1척이 10일 주기로 교대했다. 이 부대는 대
동강 입구에서 선박을 공격하며 서해안의 많은 섬을 장악하는 활동을
했다. 95.2기동전단은 동해안을 담당하는데, 폭격전대를 별도로 배치했

다. 중요지역으로 원산, 성진, 흥남 일대에서 작전을 하는 전대도 편성했다.[15] 95기동부대의 하부편제는 다음과 같다.

95.1 : 기동전단(영국지휘관)	95.2 : 기동전단(미국지휘관)
95.11 : 항모전대	95.21 : 원산전대
95.12 : 수상봉쇄 및 초계전대	95.22 : 성진전대
95.15 : 서해도서 방어전대	95.24 : 흥남전대
(한국 해병여단)	95.25 : 동해 도서방어전대
95.5 : 호위전단	(한국 해병여단)
95.6 : 소해전단	95.28 : 폭격전대
95.7 : 한국해군	

미해군 제7함대는 한국전쟁이 일어나자 즉시 파견된 부대였다. 제7함대는 마리아나, 필리핀, 일본에 주둔하며 해상작전을 하고 있었다. 제2차 세계대전 때도 제7함대는 상륙전을 지원하는 임무를 수행했다. 1943년 3월 각 해역을 담당하는 해군부대로 공식 재편하면서 중부태평양 해역 3함대, 남태평양 해역 5함대, 남서태평양 해역 7함대로 창설되었다. 제7함대의 임무는 육군의 작전을 지원하는 것으로 중순양함 이하의 함선과 호위항공모함 위주로 편성되었다.[16]

미해군 함대의 주요 작전 기지는 필리핀 루손섬이었다. 아시아의 대도시로 비행장, 작업장, 숙련된 노동력이 갖추어진 곳이었다. 또한 상당

---

15 위의 책, 342~345 · 354~355쪽 참고.
16 Edward J. Marolda, *Ready Seapower : A History of the U.S. Seventh Fleet*, 2012 참고.

수의 상선이 존재하고 있어 필요시 이용할 수 있었다. 그러나 한국전쟁이 시작되면서 더 큰 역할을 한 곳은 일본이었다. 근대 일본의 군항으로 개발된 요코스카는 일상적인 유지 보수를 할 수 있는 작은 선박 수리시설이 있었고, 약 3,000톤의 탄약을 보관할 시설이 있으며, 최근 100개의 침구가 갖추어진 해군 병원도 있었다. 그러나 제2차 세계대전 패전 후 일본군이 해체되면서 요코스카의 군항도 지휘체계나 관리처가 불분명했다.

1950년 6월 25일 한국전쟁이 발발하자 미국은 맥아더 장군에게 대만해협 봉쇄를 위해 제7함대 배치를 명령했다. 그러나 제7함대가 실제 출동한 곳은 일본의 사세보항이었다. 사세보항은 근대 일본 해군기지로 거대한 도크시설을 갖추고 있었다. 그 외 다른 장비는 최소한으로 구비되어 있었고, 항만 방어를 위한 자재는 공급이 거의 되지 않고 있었다. 근대 일본 해군이 존재하던 시절 함대의 활동은 요코스카에 집중되어 있었고, 사세보는 보조기지였다. 그러나 한국전쟁이 시작되면서 요코스카의 업무량이 한때 증가했지만 소해대와 호위함 활동으로 두 기지의 역할은 바뀌었다. 요코스카보다 사세보가 부산과 훨씬 더 가까웠기 때문이다. 사세보 기지는 즉각 확장되었고, 더 많은 인력을 공급해야 했다.[17]

---

17 James A. Field, Jr., 김주식 역, 앞의 책.

2. 원산의 지정학적 의미와 상륙작전

1) 원산의 지정학적 의미

원산항은 북한에서 중요한 항구도시로 큰 천해 항구를 보유하고 있었다. 북쪽의 다른 항구와 달리 원산항은 겨울철에도 얼지 않는 부동항이며 항구 내 투묘 지역은 수심이 적절하고, 해저가 갯벌로 되어 있어 선박이 닻을 내릴 수 있는 좋은 여건을 갖추고 있었다. 원산은 1880년 시작된 항만공사로 항구가 건설되고, 1914년 경원선이 부설되면서 철도로 서울과 원산이 연결되었다. 원산의 개항을 요구했던 일본은 1905년 러일전쟁 중 원산항에 일본 군사기지를 구축하는데, 한국전쟁이 시작된 1950년에도 원산의 지정학적 중요성은 유효했다.[18]

1950년 원산은 부두시설과 크레인, 대소형 선박이 정박할 수 있는 설비가 있었고, 주요 철도 설비와 해군기지, 우수한 도로망과 산업시설까지 갖추어 10만의 인구가 되었다. 이곳에는 대규모의 정유공장, 철도, 선박, 파이프 공장 등 많은 산업설비들이 있었다. 또한 원산은 북한의 어업기지였다.[19] 특히 원산은 일제시기 만들어진 원산비행장이 위치해 있어 공군의 기지로 역할을 할 수 있었다. 원산과 연결된 철도와 원산항 지도는 〈그림 3〉, 〈그림 4〉와 같다.

원산은 한국전쟁 시기 북한 해군이 주둔한 곳이었다. 북한 해군은 1949년 8월 해군 군관학교를 졸업한 약 200명의 기간 장교를 기반으로 하여 청진기지에서 발족했다. 이후 원산으로 중앙기지를 이전하고, 청진·원

---

18 김윤미, 「일본군의 군사수송과 한반도 해안요새」, 『역사와실학』 59, 2016.
19 Cagle, Malcolm W·Manson, Frank A., 신형식 역, 앞의 책, 472~473쪽.

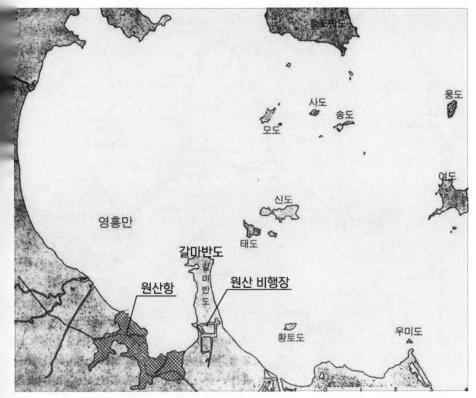

<그림3> 원산항과 영흥만 내 지도

산·진남포에 각각 위수사령부를 설치했다. 청진기지는 제1위수사령부, 원산기지는 제2위수사령부, 진남포기지는 제3위수사령부로 명명되었다. 각 기지 중에서 요충지대에는 파견대와 초소를 설치하여 해상감시 및 방위를 담당하도록 했다. 이 중 북한 해군의 중추적인 역할을 수행한 것은 원산 제2위수사령부였다. 원산에는 4개 정대와 해안포병연대, 그리고 육전대로 편성된 제588부대가 편성되었다.[20]

북한은 소련에서 각종 함정을 인수하고, 1949년 진남포조선공장에서

---

20 임성채 외, 앞의 책, 78~80쪽.

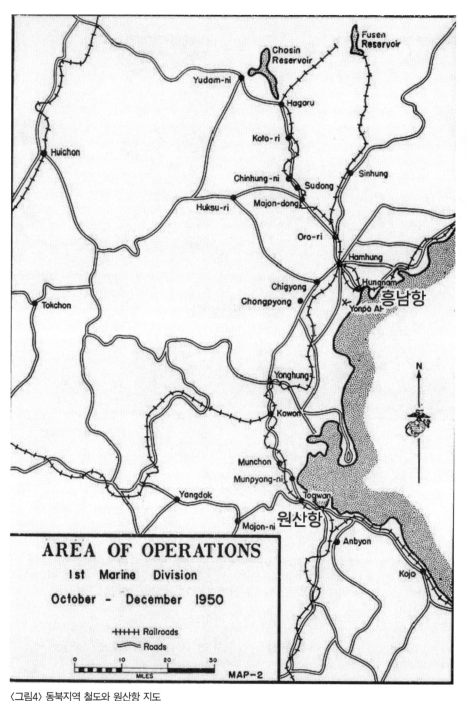

〈그림4〉 동북지역 철도와 원산항 지도
출처 : S Field, James · Montross, Lynn · Canzona · Cagle, Malcolm; Manson, Frank, *The Sea Services in the Korean War, 1950–1953*, the U.S. Naval Institute(Annapolis, Maryland), 2000.

800톤급 군함을 건조할 계획이었다. 원산에서도 이순신호를 준공하는 등 군함건조에 힘을 쏟았다. 원산은 북한군 해군기지 중에서 가장 큰 곳이며, 해군의 중추적인 역할을 했다. 더욱이 블라디보스톡은 러시아 해군기지가 있어 북한을 지원하며 동해안에서 군사적 활동을 전개할 수 있었다. 북한은 유엔군이 원산에 상륙할 것이라고 예상하고 전투를 준비하고 있었다. 1950년 6월 25일 원산에 주둔한 북한 해군 제2위수사령부는 속초로 모든 함정을 출발시켰다. 북한군은 서울을 점령하고 강원도 주둔 부대는 원산과 흥남을 방어하며 동해안 주문진까지 하루 만에 행군했다.[21]

6월 28일 미해군이 한국해역에 도착하고, 다음날 묵호에 있는 북한군에 대해 정밀사격을 시작했다. 7월 2일 유엔 해군과 북한 해군 사이 최초의 해전이 벌어졌다. 한반도에서 북한군이 계속 남진하자 맥아더는 7월 4일 서해의 인천이나 군산에 미1기병사단을 상륙시킬 계획을 작성하도록 했다. 그러나 대전이 북한군의 영향에 들어가게 되자 측면에서 병력을 투입하는 것보다 교두보 확보가 더욱 시급해졌다.

이에 따라 첫번째 상륙작전은 포항이 결정되었다. 포항은 비행장과 양호한 정박묘지, 상륙이 가능한 긴 해안이 있었다. 더욱이 포항은 대구를 거쳐 대전으로 이어진 철도도 이용할 수 있어 상륙군을 중부전선으로 신속히 이동시킬 수 있는 장점이 있었다.[22] 블루하츠Bluehearts라는 암호명을 갖게 된 포항상륙작전은 7월 18일 진행되었다.[23] 포항항을 중심

---

21 박희성, 앞의 글, 2019 참고
22 임성채 외, 앞의 책, 120~124쪽 참고.
23 James A. Field, Jr., 김주식 역, 앞의 책, 172~193쪽.

으로 한 동해안 해안봉쇄 작전은 부산교두보를 확보하고,[24] 북한군의 병력과 군수물자 수송을 차단하기 위한 작전이었다.

2) 원산항 확보를 위한 상륙작전 전개

유엔군은 전세를 바꾸기 위해 기습 상륙작전을 동해와 서해에서 전개했다. 인천상륙작전의 개념은 미8군이 어느 한 해안에서 주요활동을 하고 있는 동안 미10군단이 다른 해안에서 제2의 상륙포위작전을 실시한다는 것이었다. 인천상륙작전을 위해 9월 14일 제7합동기동부대의 병력들이 인천 근해에 집결했다. 함정은 미국 225척, 한국 15척, 영국 12척, 캐나다 3척, 호주 2척, 뉴질랜드 2척, 프랑스 1척, 네덜란드 1척 등 모두 261척이었다. 상륙군은 71,339명이었고, 이중 한국 해병대는 2,786명이었다.

9월 극동군사령부는 한국 해군본부에 '한국해병대 1개 연대와 육군 제17연대를 부산으로 집결시키라'는 전문을 보냈다. 제주도에서 7월 중순부터 신병 3천명을 모집해 3개 대대로 증편한 한국해병대는 9월 1일 제주도를 출항해 진해를 거쳐 부산에 집결했다. 작전의 준비, 집결, 탑재는 주로 일본에 있는 기지에서 실시되었다. 미군 제1해병사단은 고베에서, 미군 제7보병사단은 요코하마에서 출발했고, 미군 제5해병연대

---

24 한국의 동해안, 서해안, 남해안에는 선박과 해상터미널운영이 가능한 항구가 한정되어 있었다. 부산항은 한국의 2대 철도 노선의 종착역이었고 북한과 가장 먼 남쪽에 위치하기도 했다. 부산항은 24~29척의 선박을 정박할 수 있는 4개의 부두와 12~15척의 상륙함 전차를 방출할 수 있는 해변이 있었다. 이에 따라 부산항은 한국전쟁기간 동안 유엔군을 지원하는 주요 항구가 되었다(MAJ Michael J. Watkins US Army, "Employment of Joint Maritime Logistics Capability During the Korean War", School of Advanced Military Studies US Army Command and General Staff College Fort Leavenworth, KS, 2019 참고).

는 부산에서 출발해 인천으로 향했다.[25] 9월 15일 인천상륙작전이 시작

되었고, 유엔군은 서울탈환에 성공했다. 〈그림 5〉와 〈그림 6〉은 9~10

월 한국전쟁 양상을 보여주는 지도로 인천상륙작전과 원산상륙작전시

기의 전황을 그린 것이다.

인천상륙작전이 성공하자 북한군은 후퇴했고, 9월 30일 미국 트루먼

대통령은 38선 북진을 결정했다. 지상군의 북상과 함께 해군에서는 10

월 9일 장전, 10월 18일 원산, 11월 4일 진남포 등 북한지역의 주요 항

〈그림5〉 1950년 8월 29일~9월 27일 전황 :
인천상륙작전 시기

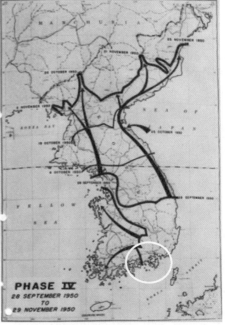

〈그림6〉 1950년 9월 28일~10월 29일 전황 :
원산상륙작전 시기

출처 : RG 341 Records of the Headquarters U.S. Air Force(Air Staff); Record Group)(Air Force
Plans Decimal File 1942-1954, Korea; Serie.

25 임성채 외, 앞의 책, 254~254 · 260~261쪽.

구에 전진기지를 설치했다.[26]

육상으로 원산에 가는 것은 쉽지 않았다.[27] 이미 선로와 도로가 유엔군의 폭격으로 상당부분 파괴된 상황이었다. 게다가 가는 길은 좁고 산이 많으며 곳곳에 적이 있었다. 또한 경인지역에서 평양과 원산 두 갈래의 진격을 지원하는 것은 완전히 새로운 군수보급 체계를 구상해야 했다.[28]

원산상륙작전을 위한 해군의 계획은 인천상륙작전 때와 거의 유사했다. 스트러블 제독은 임무 조직으로 90기동부대소장 도이레제먼스, 92상륙부대중장 알몬드 에드워드, 95선견부대, 96.2초계 및 정찰전단, 96.8호위항모전단, 77고속항모부대, 79군수지원부대를 조직으로 10월 5일 계획을 결정했다.[29] 임무는 다음과 같다.

① 동해안의 효과적인 봉쇄 유지

② 원산 상륙부대와 동해안에서 작전하는 육군에 대한 함포 및 항공 지원

③ 목표일까지 폭격 수행

④ 제10군단 탑재 및 원산 수송

⑤ 상륙돌격에 의한 원산 확보

⑥ 교두보 확보 및 방어 그리고 이상의 모든 임무를 완수 후에

⑦ 제10군단에 대한 함포, 항공지원 및 군수지원 제공

---

26 위의 책, 292쪽.
27 유엔군은 원산상륙작전을 계획하면서 흥남과 이원으로 상륙도 검토했다. 원산을 점령 한 후 이원이나 흥남으로 상륙한다는 작전이었다. 이원이 흥남보다 상륙이 비교적 단순할 것으로 판단했다. 이원은 개방된 해안을 가지고 있어 상륙돌격을 성공시킬 수 있는 조건이었고, 흥남은 기뢰가 많이 부설되어 있어 소해에 많은 시간이 필요할 것으로 예상했다(Cagle, Malcolm W · Manson, Frank A., 신형식 역, 앞의 책, 150~151쪽).
28 James A. Field, Jr., 김주식 역, 앞의 책, 362쪽.
29 Cagle, Malcolm W · Manson, Frank A., 신형식 역, 앞의 책, 144~145쪽.

원산상륙작전에서 해군의 가장 중요한 역할은 지상군인 제10사단을 안전하게 상륙시키고, 군수지원을 통해 전력을 계속 유지시키는 것이었다. 상륙작전을 했던 많은 병력과 물자들이 원산과 근해에서 하선 혹은 하역되었다. 원산항을 통한 수송은 일부였다. 많은 물량이 해안에 상륙시킬 수 있는 LST를 통해 이동되었다.

원산상륙작전의 지상군은 인천상륙작전에 투입되었던 미10군단이었다. 인천상륙작전 계획과 거의 같았지만, 원산은 적의 기뢰제거가 중요한 변수였다. 9월 26일부터 10월 1일 사이 기뢰에 의한 함정들의 피해가 속출했다. 북한이 사용한 기뢰는 모두 소련이 공급한 것이었다. 1950년 7월 블라디보스톡에서 철도로 원산에 수송되고, 해상으로도 일부 수송되었다. 약 4천 개의 기뢰가 북한에 들어왔고, 그 가운데 약 3천 개가 원산 근해에 부설되었다고 한다. 나머지 1천 개는 열차나 화물차로 진남포, 해주, 인천, 군산 등 서해안으로 이송되었다.[30] 유엔군이 파악한 당시 기뢰부설 현황은 〈그림 7〉과 같다. 기뢰폭발 사고도 곳곳에서 일어났다.

한국전쟁에서 소련은 상륙공격이 가능한 동해와 서해의 모든 해안에 기뢰를 부설했다. 사전에 공격을 방해하고, 계류기뢰를 이용하여 해안포격의 위험을 방지하려고 했다. 기뢰는 해군의 다른 무기를 보완하는 역할을 하지만, 적 함선이 항구, 해안, 대양으로 접근하지 못하도록 막을 수 있는 장점이 있었다. 유엔군이 포항과 인천상륙으로 전세를 바꾸자, 소련은 유엔군이 동해안에 상륙 혹은 함포공격을 할 것을 예상했다.

---

30 해군본부, 『6·25전쟁과 한국해군작전』, 해군역사기록관리단, 2012, 295~296쪽.

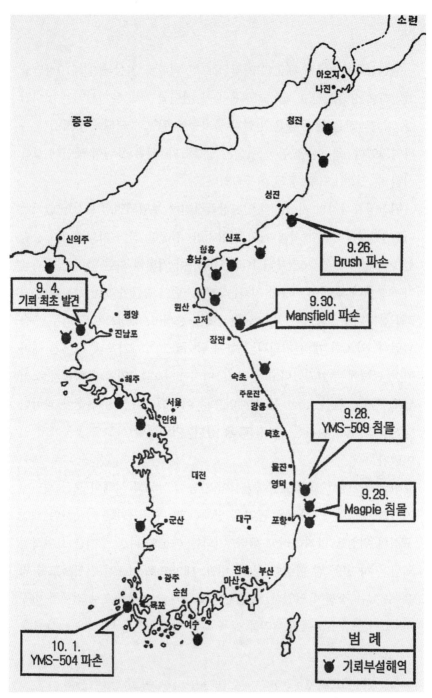

<그림7> 북한의 기뢰부설 해역(출전 : 임성채 외, 『6 · 25전쟁과 한국해군작전』, 298쪽)

동해안은 해안에서 조금만 벗어나면 수심이 깊어져 저수심지역이 좁은 해안이 대부분이지만, 원산과 흥남은 기뢰를 부설하기 적합할 만큼 저수심 지역이 넓게 발달되어 있었다. 반면 서해안은 해안선이 복잡하고 바다의 수심이 얕아 기뢰 부설에 이상적인 조건은 아니었다. 그럼에도 기뢰 부설은 가능했다. 소련의 기뢰부설은 유엔군의 전진을 지연시키고 북한군에게 재정비 시간을 확보해주었다.[31]

원산상륙작전을 위해서는 이 많은 기뢰를 제거해야 했는데 소해함정이 부족했다. 미 해군의 경우 제2차 세계대전시 500여 척의 소해함을 갖추고 있었지만, 전쟁 이후 예산이 감소하고 기뢰전에 대한 인식도 낮아지면서 소해부대는 명맥만 유지하고 있었다. 미국의 소해기술자들과 장비를 실은 소해정들이 일본 사세보항과 부산항에 도착했다. 한국해군도 어선 40척을 동원해 소해작전에 투입되었다. 일본도 주일미군 산하의 선박통제국 소속 소해정, 소해기술자, 하역인부를 파견했다.[32] 소해작전은 1950년 10월 10일 새벽에 시작됐다.

원산항에서 소해작전이 진행되는 동안 지상군은 서쪽에서 급속히 북진하고 있었고, 이를 지원하기 위해 서해안 항구 확보를 시도했다. 10월 19일 유엔군이 평양을 점령하자 군수지원을 위해 평양과 연결된 진남포항 개방이 필요했다. 또한 곧 닥칠 겨울에 대비한 월동준비도 시급했다. 북한지역의 철도와 도로가 폭격으로 인해 이용이 어려워지자 진

---

31 Cagle, Malcolm W · Manson, Frank A., 신형식 역, 앞의 책, 150 · 152~153쪽.
  조이 제독은 원산상륙작전에 대해 "되돌아보면, 원산상륙은 해군에 상당한 대가를 지불했다. 만약 이런 일이 없었더라면 기뢰전에 위력을 알 수도 없었고, 실전에서 소해 방법을 터득할 수도 없었을 것이다"라고 회고했다.
32 임성채 외, 앞의 책, 297 · 300쪽.

남포항을 통한 지원이 시급했다. 진남포항은 강한 조류가 흐르는 긴 수로를 가지고 있고, 하역시설이 인천항의 반에 못 미치는 항구지만 이를 대체할 만한 항구가 없었다. 원산항에서 소해작전이 끝나는 대로 소해부대를 진남포로 이동시켰다.[33] 유엔군은 원산과 진남포 상륙작전이 완료되자, 북쪽으로는 흥남과 성진으로 이동했고, 남쪽으로는 여수와 고흥, 목포, 묵호로 상륙을 했다.[34]

3. 철수작전과 해상봉쇄작전

1) 동해안 철수작전

중국공산당이 압록강을 건너 한국전쟁에 참전했다. 1950년 10월 19일 이후 북진하고 있던 미8군과 미10군단을 남쪽으로 철수시켜야 하는 상황에 직면했다. 유엔군은 동해안 철수작전은 흥남을 중심으로 전개하고, 서해안 철수작전은 진남포와 인천을 중심으로 진행했다.

유엔군은 원산부터 병력과 장비를 철수시키는 작전을 시작했다. 12월 3일 순양함 1척과 구축함 2척의 지원을 받아 7,009명의 피난민, 3,834명의 군인, 1,146대의 차량, 10,013톤의 화물을 탑재해서 이동했다. 원산작전은 이후 대규모 흥남작전에 대한 연습작전으로 삼았다.

유엔군은 동해안에서 대규모의 상륙작전은 원산으로 결정했지만, 대규모 철수작전은 흥남으로 결정했다. 그 이유는 흥남은 함흥에 있는 미

---

33 Cagle, Malcolm W · Manson, Frank A., 신형식 역, 앞의 책, 191~192쪽.
34 임성채 외, 앞의 책, 324쪽.

10군단 사령부에서 얼마 떨어져 있지 않고, 연포비행장과도 가까워 철수작전을 위한 항공통제센터를 활용할 수 있었다. 또한 흥남은 원산과 이원에서 북쪽으로 전개된 미10군단을 집결시켜 탑재시킬 수 있는 좋은 지점이었다. 마지막으로 흥남은 항구시설이 갖추어져 있고, 잘 보존되어 있었다. 7척이 동시에 정박하여 짐을 실을 수 있는 부두와 LST가 계류할 수 있는 해안도 있었다.[35]

흥남에서 철수시킬 병력은 장진호에서 후퇴하는 병력을 비롯한 동해 북부에서 철수하던 유엔군이었다.[36] 특히 장진호에서 후퇴하는 유엔군은 흥남으로 퇴각로를 잡았다. 흥남철수작전은 공간과 시간이 크게 제한 받았다. 흥남, 성진, 함흥 3개의 항구를 통해 전방으로 갔던 병력과 보급품들이 하나의 항구로만 집결되었다. 두 달 동안 집결된 인원과 장비를 2주 안에 실어 날라야 했다. 지나치게 확대된 전선은 보급품을 초과하여 보유하게 만들었고, 보급시설 역시 분산되어 있었다. 최초의 판단으로는 철수량이 11~12만 병력, 약 15,000대의 차량 그리고 40만 톤의 화물을 예상했지만, 그보다 훨씬 더 많은 철수량이 기다리고 있었다.

미 제1해병사단과 수송임무를 맡은 제90.2기동전대는 흥남에 도착한 12월 11일 곧바로 철수작전을 개시했다. 12월 18일 연포비행장을 폐쇄하고 한국군 제1군단 철수완료와 미7사단 탑승 준비를 시작했다. 12월 24일 미3사단도 LST 7척에 탑승을 시작했다. 모든 병력 철수는 완료되었으나 화물을 적재할 선박이 부족했다. 결국 400여 톤 다이너마이트,

---

35 임성채, 앞의 책, 223~229쪽 참고.
36 중공군의 참전으로 장진호 계곡에서 포위를 당하게 되고, 1950년 11월 27일부터 12월 11일까지 2주간 함흥으로 철수하는 작전을 벌였는데, 이를 장진호 전투라 이른다. 철수한 병력과 물자를 수송하는 작전이 시작되었다.

227여 톤 폭탄, 200여 드럼 휘발유를 실을 수 없었다. 항만에 남아있는 군수품들은 적이 활용하지 못하도록 철수와 동시에 폭파시켰다.[37]

흥남철수로 병력은 10만 5천 명, 피난민 9만 2천 명이 수송되었다. 동원된 수송함은 192척이다. 여기에는 MSTS 소속의 상선, 일본과 미국의 용선은 포함되어 있지 않다. 자세한 현황은 〈표 1〉과 같다.

〈표 1〉 흥남철수작전 시 철수통계 및 동원된 수송함선

철수		수송함	
병력	105,000명	공격수송함(APA)	6척
피난민	91,000명	공격화물선(AKA)	6척
차량	17,500명	수송선(TAP)	12척
화물	350,000명	일본선박통제국(SCAJAP) 소속 수송선	76척
		전차양륙함(LST)	81척
		도크형 양륙함(LSD)	11척
		합계	192척

출처 : 임성채 외, 『6·25전쟁과 한국해군작전』, 364쪽

한국전쟁을 지원하기 위한 수송단 인원, 항만선박과 장비수리는 군자원만으로는 충분하지 않았다. 부족한 인원은 일본인 노동자를 고용했고, 운용인원이 갖추어진 현지 항만선박과 계약을 체결하여 보충했다. 육군성 소속 민간인 87명, 일본인 고용인 1,860명, 선박주의 일본인 고용인 2,491명으로 구성된 4,438명의 민간인들에 의해 운영되었다.[38]

---

37 임성채 외, 앞의 책, 356·360~361쪽.
38 육군본부, 『韓國戰爭時 軍需支援 logistics in the korean operations』 제1권, 2006, 131쪽. 인천상륙작전에 필요한 화물을 하역하기 위해 1950년 9월 항만노동자들을 특별 모집했다. 이중 3,936명이 일본군수사령부 수송과가 직권으로 60일간의 계약을 체결하고 한국으로 수송했다. 일본인 노동자 고용은 인천상륙작전에서도 시행되었다. 제3보병사단이 원산에 상륙하기 위해 큐슈에서 준비하고 있을 때 원산에 군항구가 설치되지 않아 물자와 장비 하역이 문제가 되었다.

2) 영흥만 해상봉쇄작전

원산에서 철수한 유엔군은 제7함대를 통해 1951년 2월부터 한국전쟁이 끝날 때까지 원산을 봉쇄하여 북한의 중요항구 이용을 차단했다. 미해군 역사상 가장 길었던 원산항 해상포위공격은 1951년 2월 16일 시작되었다. 이 작전을 시작할 때는 원산항을 항구적 또는 일시적으로 봉쇄하겠다는 계획은 없었다. 원산 해상포위공격 작전은 홍남 철수를 위해 원산항에 있는 일부 섬들을 포함한 도서확보 계획의 일부로 스미스 제독의 제안으로 수행되었다. 스미스 제독이 이 계획을 제안했을 때는 중국공산군의 맹공으로 유엔군이 철수하고 있을 1950년 12월이었다. 유엔군이 다시 북진할 경우를 대비하여 원산항 인근의 섬들을 포함한 10여개의 섬들을 정복해두려는 것이었다. 원산항 봉쇄계획을 맡았던 스미스 제독은 전략적 요충지 확보를 다음과 같이 강조했다.[39] 항만시설이 있는 항구도 중요했지만, 그 항구를 방어할 수 있는 섬도 중요하다는 것이다.

나는 전략적 요충지에 있는 도서들을 확보하는 것이 나중에 해전 수행에 유리할 것이라고 판단했다. 나는 첫 번째로 진남포 입구에 있는 초도를 선택했고, 다음은 장산곶 남쪽에 위치한 백령도, 세 번째는 인천 입구에 있는 덕적도, 네 번째는 군산이며, 다섯 번째는 원산항 인근에 있는 섬들이었다.

원산은 전방에 가까워 한국인을 고용하기가 불가능해 보였다. 각 선박이 화물 하역능력을 갖추기 위해 실제 이동을 맡은 제90특수임무부대 지휘관은 필요한 수의 일본인 항만노동자, 권양기 조작, 화물 검사관들을 각 선박에 탑승시켜 줄 것을 요청했다. 11월 11일 각 1명의 십장, 7명의 권양기 조작수, 42명의 항만노동자로 구성된 2개의 노무집단 10그룹이 한국으로 출발했다. 총 1,300여 명의 일본인 노동자들이 이 작전에 참가했고, 12월 31일까지 전원 일본으로 복귀했다.

39 Cagle, Malcolm W·Manson, Frank A., 신형식 역, 앞의 책, 471쪽.

유엔군은 막강한 해양력을 이용해 해양통제와 북한의 주요 항구 봉쇄를 시도했다. 적의 해상활동은 물론 해양을 통한 전쟁물자 수송을 막았다. 1951년 2월 중순부터 원산항 해상봉쇄에 이어 3월 8일부터 성진항, 4월 26일부터 흥남항에 대한 해상봉쇄를 시작했다. 이 작전에는 순양함 맨체스터Manchester함, 구축함 에반스Evans함, 찰스 스틸맨 스페리Charles Stillman Sperry, 네덜란드 구축함 에버트센Evertsen함이 참전했다.

북한군과 중공군도 유엔군이 원산상륙을 할 가능성을 배제하지 않고, 원산에 병력을 주둔시켜 대응했다. 유엔군은 원산지역에만 약 5만 발의 포탄을 발사한 것으로 알려져 있다. 북한군은 포격으로 보급품 수송이 중단되고, 병력의 피해도 컸다. 북한군은 해안에 기뢰를 계속 부설하고 원산 방어를 위해 병력 79,200명을 배치했다.

유엔군은 원산항을 봉쇄하기 위해 동북해안 철도망 차단작전을 실시했다. 1950년 12월 유엔군이 흥남에서 철수한 후 제7함대는 미8군의 육상작전에 항공지원을 하겠다는 제의를 했다. 미극동사령관은 1951년 1월 15일 제7함대에 함흥과 수송 간의 주요 교량, 철로와 보급물자를 수송하는 열차 파괴를 요청했다. 극동해군사령관 조이제독은 제7함대 스트러블 제독에게 전문을 보내 동북부 지역의 철로를 무력화시켜야 한다고 강조했다. 주요 내용은 다음과 같다.[40]

원산과 청진 사이의 동북해안을 따라 이어지는 철도는 공산군의 보급품, 병력, 장비를 전선에 수송하는 주요 교통로로 사용되고 있다. 공산군들은 이 철

---

40 임성채, 앞의 책, 1002 · 1013~1014쪽.

도가 파괴되면 신속하게 임시 복구하는 능력도 가지고 있다. 따라서 철도의 주요부분들을 파괴하여 공산군들이 수리하지 못하도록 해야 한다. 해군항공기와 함포는 철도파괴 임무에 아주 적합한 수단이다.

유엔군은 한국전쟁 초부터 후방 보급차단로와 주요 시설을 파괴하기 위한 항공 폭격과 함선 포격을 실시했다. 북한 철도와 도로교통의 중심지였던 평양, 원산, 함흥, 청진, 나진 등 대도시를 전쟁 초기부터 공중폭격을 감행했다. 특히 원산, 진남포, 나진은 물자가 대량으로 드나드는 항구도시로 철도역과 항구가 부설된 곳이었다. 유엔 공군은 '전략폭격'이었다고 이야기하나 명중률이 높지 않아 지역의 파괴로 이어졌다. 1950년 10월 19일 중국공산군이 압록강을 도하한 이후 유엔 공군은 '초토화작전'으로 한반도에 융단폭격을 감행했다. 북한에서 물자를 공급하고 이동을 가능하게 하는 모든 시설을 파괴하는 작전이었다. 특히 철도와 항구를 가진 진남포, 원산, 함흥, 청진, 나진 등의 대도시는 전쟁 초기부터 작전 목표지점이었다.[41]

한국전쟁에서 유엔군이 참전을 결정한 이후, 미 해군은 필리핀 수빅만의 기지에서 항공 모함 밸리포지Valley Forge를 한반도에 급파했다. 밸리포지에서 날아오른 비행기에 의해 1950년 7월 초부터 원산폭격이 시작되었다. 이 과정에서 원산 정유공장 등 주요시설이 파괴되었다.[42]

---

41 김태우, 앞의 책 참고
　　연구에 따르면 한국전쟁 초기 미군의 폭격은 전략폭격과 전술폭격으로 구분된다. 전략폭격은 적군의 군수를 방해하고, 전쟁 수행 능력과 전쟁 의지를 없애기 위해 핵심시설을 파괴하는 것이다. 전술폭격은 주요 군사 작전을 보조하는 전략이었다.
42 임성채 외, 앞의 책.

4. 한국전쟁에서 해상수송의 역할

한국전쟁에 참전하기로 결정한 유엔은 유엔군을 결성하여 동북아해역에 배치했다. 유엔군은 부산을 교두보로 병력과 병참을 지원하며 전세를 바꾸기 위해서 상륙작전을 고려했다. 9월 15일 인천상륙작전으로 유엔군과 한국군은 38선을 넘어 압록강을 향해 북진했다. 이때 중국공산군이 참전하면서 유엔군은 북한지역에서 긴급히 철수작전을 단행했다. 유엔군은 진남포와 인천, 원산과 흥남항 등을 통해 동해안과 서해안에서 부산으로 해상수송작전을 진행했다. 치열한 전투가 육지에서 벌어지는 한편 바다에서는 병참지원과 대규모 철수작전이 전개되었다.

이 글에서 살펴본 것은 첫째 한국전쟁과 해군의 해상작전이었다. 한반도 해역에서 북한군의 해군력이 일찍이 붕괴한 상황이므로 한반도 전역의 제해권은 유엔 해군이 장악했다. 전쟁 초기 유엔 해군은 인천, 원산, 흥남, 진남포 등에서 상륙작전, 철수작전, 해군항공 폭격, 소해작전, 해상수송작전을 반복했다. 사실상 해군의 가장 중요한 임무는 육군의 작전을 지원하며 해상수송을 하는 것이었다. 이후 한국전쟁에서 유엔 해군은 동해와 서해의 북한군이 해상활동을 할 수 없도록 해상봉쇄작전을 펼쳤다.

두 번째는 한반도 해역의 작전과 함선 이동을 검토했다. 병력과 물자가 육상에서 해상으로, 해상에서 육상으로 수송되는데 이것은 해상네트워크 속에서 가동된 것이었다. 한국전쟁을 기준으로 한반도 해역을 포함한 동북아의 해상네트워크는 변화했다. 제국 일본의 영향력 아래에서 형성되었던 근대 동아시아의 해상수송은 한국전쟁을 거치면서 유럽과 미국의 해상수송시스템으로 재편되었다.

한국전쟁에서 수송시스템은 해상수송, 육상수송, 항공수송이 모두 가동되었다. 그런데 왜 유엔군은 전략에 있어서 해상수송을 적극 선택했을까? 인천상륙작전 논의가 진행되는 동안 부산교두보를 통해 병력과 물자 지원을 하자는 의견도 있었다. 그러나 부산항의 물류수송량은 초반부터 한계를 넘어섰다. 게다가 맥아더가 주장한 상륙작전이 설득력을 얻은 것은 한반도의 지형과 자연환경의 한계 때문이었다. 한국의 대부분 지역은 산악지대여서 평지나 평야는 극히 적다. 게다가 육로교통망인 철도와 도로가 완전하지 않고, 철도량도 부족했다. 특히 동서교통망이 부재하여 인천상륙작전 이후 육상수송이 아닌 해상수송으로 원상상륙작전이 시행되었다. 유엔군의 입장에서 보면 한국에는 기반수송시설이 거의 없었기 때문에 가능하면 해상수송을 우선하여 '상륙양륙'작전을 결정한 것이다.

세 번째는 한국전쟁에서 원산의 지정학적 역할과 군사적 대응을 고찰했다. 원산은 일제시기 북한지역의 대표적인 도시였다. 일찍이 개항된 원산에 철도와 항만공사가 시작되어 성진, 청진, 흥남, 나남 등 북한 서쪽지역의 교통, 산업, 경제 중심지로 역할을 하고 있었다.

한국전쟁에서 수송과 전투를 고려한 해상작전이 전개된 곳은 부산과 인천, 원산과 진남포였다. 부산항은 유엔군의 교두보였고, 인천항은 수도 서울로 진입하는 관문이었다. 원산은 북한의 교두보였고, 진남포는 수도 평양으로 진입하는 관문이었다. 이 점은 유엔군이 한반도에서 전략기지를 확보해나가는데 우선 고려 대상이었다. 가장 먼저 부산을 교두보로 확보한 뒤, 서해에는 진남포와 인천 근해, 동해에서는 원산을 확보하려고 했다. 군사전략적으로 원산과 진남포항은 또 다른 의미가 있었다. '한반도의 좁은 허리 부분'으로 동서로 연결했을 때 가장 짧은 거리에 위치한 항구였다. 한국전쟁 시기 원산이 전략적 거점이었다는 것을 대변해주는 단어가 있다. 신체행위로 표현되는 가혹행위이기도한 '원산폭격'이라는 속어다. 원산에 대한 무차별 폭격과 파괴에서 시작된 용어이지만 한국전쟁기 한반도 곳곳에서 유엔군이 벌였던 폭격의 실상을 대표적으로 표현하는 말이기도 하다.

참고문헌

1. 연구논문

국방부 군사편찬연구소, 「한국전쟁과 일본의 군사적 역할(한일 국제학술세미나)」, 2002.

김보영, 「유엔군의 해상봉쇄·도서점령과 NLL」, 『한국근대사연구』 62, 2012.

김상규, 「한국전쟁기 중국인민지원군 노획문서 고찰–국립중앙도서관 소장 美 NARA RG242 문서군을 중심으로」, 『역사문화연구』 77, 역사문화연구소, 2021.

김윤미, 「일본군의 군사수송과 한반도 해안요새」, 『역사와실학』 59, 2016.

＿＿＿, 「1930년대 나진 개항과 항만도시 건설의 군사적 전개」, 『인문사회과하연구』 20-4, 2019.

김인승, 「판도라 작전(Operation PANDORA)–한국전쟁기 서해지역 해상 철수작전 연구」, 『통일문제연구』 33-2, 2018.

＿＿＿, 「한국전쟁 해전사(海戰史) 연구자료의 발굴과 그 효용성–영국 해군의 '작전기록'을 중심으로」, 『군사』 110, 2019.

김주식, 「한국 해군의 6·25전쟁 기록 『작전경과보고서』」, 국가기록원, 2014.

박동민, 「전후복구기 원산의 계획안과 재건, 1953~1963」, 『대한건축학회논문집』 37-4, 2021.

박종상, 「6·25전쟁 시 장사상륙작전에 대한 재검토」, 『동북아역사논총』 69, 2020.

박희성, 「6·25전쟁 초기 북한 해군의 해안방어 작전–원산 제588군부대 작전을 중심으로」, 『사총』 98, 고려대 역사연구소, 2019.

이동원, 「미국 대외원조와 대한(對韓)원조의 군사화(軍事化)–제2차 세계대전 이후부터 한국전쟁 시기를 중심으로」, 『사이間SAI』 28, 2020.

이종판, 「한국전쟁시 일본의 후방지원」, 『군사』 46, 2002.

＿＿＿, 『韓國戰爭당시 日本의 役割에 관한 연구–日本의 對美協力活動을 中心으로』, 한양대 박사논문, 2007.

조덕현·길병옥, 「6·25전쟁 초기 해군의 봉쇄와 호송작전 분석 및 평가」, 『군사논단』, 한국군사학회, 2019.

최정준, 「6·25전쟁 시 미 해군의 역할과 주요 작전 분석」, 『군사연구』 151, 육군본부 군사연구소, 2021.

현명호, 「북한의 피포위의식(Siege Mentality)과 역사적 단절–한국전쟁기 원산을 중심으로」, 『사이間SAI』 31, 국제한국문학문화학회, 2021.

2. 단행본

강성학 외, 『유엔과 한국전쟁』, 2004.

김태우, 『폭격–미공군의 공중폭격 기록으로 읽는 한국전쟁』, 창비, 2013.

남기정, 『기지국가의 탄생–일본이 치른 한국전쟁』, 서울대 출판문화원, 2016.

박동찬, 『통계로 본 6·25전쟁』, 군사편찬연구소, 2014.

손규석·조성훈·김상원, 『6·25전쟁과 UN군』, 국방부 군사편찬연구소, 2015.

육군본부, 『韓國戰爭時 軍需支援 logistics in the korean operations』, 2006.

임성채, 『6·25 전쟁과 한·미 해군작전』, 해군역사기록관리단, 2020.

_____ · 김용진 · 김희철 · 박기연, 『6 · 25전쟁과 한국해군작전』, 해군역사기록관리단, 2012.

최동주, 『유엔과 한국 1945~1973』, 경계, 2020.

3. 번역서 및 외국논저

Cagle, Malcolm W · Manson, Frank A. 신형식 역, 『한국전쟁 해전사』, 21세기군사연구소, 2003.

James A. Field, Jr., 김주식 역, 『미국 해군 작전의 역사-한국전』, 한국해양전략연구소, 2013.

S Field, James · Montross, Lynn · Canzona · Cagle, Malcolm · Manson, Frank, *The Sea Services in the Korean War, 1950-1953*, the U.S. Naval Institute(Annapolis, Maryland), 2000.

Edward J. Marolda, *Ready Seapower : A History of the U.S. Seventh Fleet* , 2012.

RG 341 Records of the Headquarters U.S. Air Force(Air Staff) · Record Group)(Air Force Plans Decimal File 1942-1954, Korea; Series.

鈴木英隆, 「朝鮮海域に出撃した日本特別掃海隊」, 『朝鮮戦争と日本』, 防衛省防衛研究所, 2013.

4. 기타자료

Naval History and Heritage Command(www.history.navy.mil).

시베리아 지역 '가라유키상^{からゆきさん}'과 현지의 인적 연계

니항사건 '순난자' 재고

다케모토 니이나

1. 들어가며

이 글은 제4회 동북아해역과 인문네트워크 국제학술대회의 '동북아 해역 인문네트워크의 분절과 갈등'이라는 주제에 맞추어 필자의 전문영역에서 접근하는 것이다. 필자는 일본 근대 젠더史를 전문영역으로 하고 있으며, 특히 '가라유키상^{からゆきさん}'이라고 총칭되는 일본인 여성을 대상으로 하고 있다. 우선 이 '가라유키상'이라는 것부터 설명하겠다.

'가라유키상'이란 일본이 개국한 이후 해외로 건너가 그곳에서 성매매를 경제적 수단으로 삼았던 여성들을 말한다. 원래는 규슈 북서부 방언인데, 한자로 '唐行きさん'이라고 표기하듯이, '당唐'으로 '가는行'사람을 가리키는 말이었다. '당'은 당시의 중국을 지칭했지만, 여기서는 엄밀한 의미에서 나라로서의 중국이 아니라 바다 건너 나라들을 통틀어 '당'이라고 불렀던 것 같다. 처음에는 외국 '이주 노동出稼ぎ'[1]자들을 남

---

1 '이주 노동(出稼ぎ)'이라는 말에 ' '를 붙이는 것은 다음의 이유 때문이다.

녀 구별 없이 '가라유키상'이라고 불렀으나, 점차 '이주 노동' 장소가 창관娼館이나 이와 유사한 요리점이 되면서 어느덧 '가라유키상'이라고 하면 해외에서 성매매를 하던 여성을 지칭하는 말이 되어 갔다고 한다. '가라유키상'의 출신지로는 나가사키현長崎縣 시마바라島原반도와 구마모토현熊本縣 아마쿠사天草가 유명하다. 왜 이 지역이 특히 유명하냐면, 시마바라반도에는 석탄 출하를 위한 국제선이 정박할 수 있는 구치노쓰항口之津港이 있는데, 이 항에서 여성들이 석탄과 함께 밀항으로 송출되고 있었기 때문이다.

한 사례로, '오요네およね'라 불리던 '가라유키상'이 있었는데, 그녀는 안중근의 동료 중 한 명으로 뤼순감옥에 수용되어 있던 조선인 김씨의 부인이었다. 출신지는 나가사키현 시마바라였다. 당시 신문은 그녀의 경력을 '열여섯 살에 스스로 일본을 떠나 한국으로 건너갔으며, 끝내 시베리아에서 유럽으로 이동하여 영국 런던의 매음굴에서 오랫동안 서양인들 상대하였다. 그러나 결국 고향이 그리워 귀향하던 중 하얼빈에서 성매매를 시작하였고 그곳에서 유럽을 굴러다니던 오요네라고 불렸다. 그 후 김씨와 하얼빈 프레스턴 거리에서 볼품없는 집을 짓고……'[2]라고 썼다. 오요네의 경력의 진위를 확인할 수는 없지만, 신문 기사를 신뢰할 수 있다면 그녀의 이동은 광범위하였고 최종적으로 조선인 김씨와 '부

근대적 노동 관념과 노동 형태가 침투하기 전까지 여성들의 고용-계약은 흔히 봉공계약(奉公契約)으로 체결되기 마련이었고, 매신(賣身)과 이주 노동(出稼ぎ)의 경계가 모호했음을 함의하기 때문이다. (…중략…) 그러나 이주 노동(出稼ぎ)이라는 말에는 어떻게든 스스로 선택으로 돈을 벌러 간다는 주체적 의미가 들어있기 때문에 두 희생을 담보하기 위해 '이주 노동(出稼ぎ)'으로 표기한다(참고 : 嶽本新奈, 『「からゆきさん」-海外〈出稼ぎ〉女性の近代』, 共栄書房, 2015, pp.19~20).

2 『北清時報』770號, 1909.12.7. 倉橋正直, 『北のからゆきさん』(共栄書房, 1989, p.9)에는 '본 지는 톈진에서 거류민을 상대로 발행되던 일본어 신문이다. 또 거의 같은 글이 『朝鮮新聞』 1909년 11월 26일 자에도 게재되어 있다'고 설명되어 있다.

부나 다름없이 살았음'[3]을 알 수 있다. 이 글에서 '가라유키상'이라는 말을 쓰는 것은 오요네의 사례에서 볼 수 있듯이 그들을 일률적으로 '창부娼婦'로 묶어버리면 거기에 균열이 생기기 때문이기도 하다. 이들은 원하든 원하지 않든 성매매를 생활의 수단으로 삼았던 시간도 있었지만 그렇지 않았던 시간도 있었기 때문이다. 이 여성들을 창부라는 직업명으로만 표상할 수 있을 만큼 이들의 인생은 고정적이지 못하였다. 물론 첫머리에서 설명했듯이 '가라유키상'은 성매매를 경제적 수단으로 삼았던 여성들을 가리키지만 창부라는 말보다 더 넓은 의미를 내포하고 있다는 사실을 먼저 밝혀 두고 싶다.

한편 사람이 이동을 하면 이동한 곳에서 다양한 사람들과 만나게 된다. 물론 국가를 초월한 만남도 많이 생긴다. 그것은 단순하게 스쳐 지나가는 관계였을 수도 있으며, 그 이상의 관계를 맺는 일도 있었을지 모른다. 이러한 사람들의 관계성은 지금까지 보잘것없는 것으로 간과되어 왔다. 여기서는 그 관계성에 관하여 종종 자료에 등장하는 여성의 입장에서 파악해 보려고 한다. '가라유키상'의 '이주 노동出稼ぎ' 장소는 국제선 항로의 관계로, 홍콩이나 상하이, 싱가포르, 북방의 블라디보스토크를 중심으로 한 시베리아 지방까지 퍼져있지만, 여기에서는 이 연구총서의 주제인 동북아해역으로 지역을 한정할 것이다. 또 '전쟁'을 키워드로 하여 최종적으로는 니콜라옙스크사건(이하 니항사건) 순난비 건립까지 다루려고 한다.

일본의 역사교육이나 역사학에서도 거의 다루어지지 않은 '가라유키

---

3   Ibid.

상'이라고 불리던 여성들의 궤적과 연구총서의 주제가 제대로 연결될 수 있을지 필자도 명확하게 말할 수 없다. 그러나 지금까지 정면으로 마주하지 않은 여성들의 이동과 거기서 생겨난 관계성을 살펴봄으로써, 확실히 그곳에 존재하고 있었던 사람들을 되새기는 기회로 삼고 싶다.

2. 시베리아 지역과 일본인, 그리고 '가라유키상'

북쪽으로 향해 간 '가라유키상'의 첫 행선지는 블라디보스토크였다. 아직 러시아가 뤼순을 조차하기 전으로, 부동항을 가지지 못한 러시아가 블라디보스토크에 배치된 러시아함대의 월동 기류항으로 나가사키를 이용했던 것에서 시작되었다. 나가사키의 이나사稻佐에 만들어진 러시아인 사관 전용 마타로스 휴게소는 1860년에 러시아 군함 제독 빌레프가 나가사키 봉행소에 신청하면서 설치된 것으로, 러시아인의 유흥장이었다. 1881년 나가사키—블라디보스토크 정기항로가 개설된 이후 블라디보스토크에 재류하는 일본인의 수가 증가하게 되었다.

1884년 시점에서의 블라디보스토크 인구 통계는 〈표 1〉과 같다.

〈표 1〉에서는 재류 일본인 남녀 비율이 1884년 시점에서 남자 126명에 대해 여자 286명으로 여성의 수가 남성의 배 이상이었음을 알 수 있다. 러시아 연구자 하라 데루유키原暉之에 따르면 1860년 블라디보스토크와 그 배후지가 러시아령으로 편입된 뒤에 이곳은 오랫동안 남녀 성비가 남성 쪽으로 치우쳐져 있었기 때문에 일본인 창부가 환영받을 조건이 충분했다고 밝혔다.[4] 즉 블라디보스토크나 그 배후지에서 일본

	남	여	합계
러시아인	4,827	1,395	6,222
구미인	64	23	87
일본인	126	286	412
청국인	3,016	3	3,019
조선인	347	7	354
합계	8,380	1,714	10,094

출전 : 黒田清隆, 『環游日記』上, 1887, pp.18~19의 표에서 작성한 것이다.

인 창부에 대한 수요가 있었다는 것이다.

1910년 시점에서 일본인 창부가 시베리아에 어떻게 분포했고 일본 거류민 사회에 얼마만큼 비중을 차지하고 있었는가를 하라가 외무성 기록을 토대로 정리했으므로 참고해 보자(〈표 2〉 참고).

〈표 2〉의 숫자는 총영사관 신고에 근거한 공식 통계이기 때문에 반드시 실태를 충분히 반영하고 있다고는 말하기 어렵지만, 바이칼 호수 동쪽 주요 도시에 걸친 일본인 창부의 분포 상황이나 일본인 거류민 인구의 4분의 1 가까이를 일본인 창부가 차지하고 있던 것을 알 수 있다.[6] 1910년 5월 시점의 블라디보스토크 총영사관 관내 일본인 거류민의 출신 통계에 의하면, 신고한 3,050명 가운데 나가사키현, 구마모토현, 사가현, 후쿠오카현의 순서로 많았는데, 이 규슈 4개 현이 전체의 6할 이상을 차지하고 있었다. 규슈지역 출신이 많은 것은 앞서 말했듯이 정기 항로 개설이나 러시아와 나가사키의 관계성에 의한 것일 터이다. 참고로 1911년 12월 현재 블라디보스토크 재류 일본인의 주요 직업은 요리

---

4 原暉之, 『シベリア出兵-革命と干渉 1917~1922』, 筑摩書房, 1989, p.9.
5 黒田清隆, 『環游日記』上, 1887, pp.18~19의 표에서 작성한 것이다(https://dl.ndl.go.jp/info:ndljp/pid/761045).
6 原暉之, op. cit., p.10.

<표 2> 시베리아 각 지역 재주 일본인 거류민의 수(1909년 말)[9]

	남	여	(a)	(b)	계
(연해주)블라디보스토크市	843	736	(506)	(230)	1,579※
하바로프스크市	186	254	(91)	(163)	440
우수리스크市	137	162	(98)	(64)	299
이만駅	33	51	(20)	(31)	84
노보키에프스크村	22	26	(12)	(14)	48
스파스카야駅	13	14	(14)	(−)	27
라즈돌노예駅	6	12	(3)	(9)	18
(아무르州)블라고베첸스크市	157	155	(67)	(88)	312
제야市	24	78	(8)	(70)	102
(바이칼州)치타市	72	53	(32)	(21)	125
스레첸스크市	31	45	(16)	(29)	76
네르친스크市	10	11	(5)	(6)	21
베르흐네우딘스크市	4	19	(6)	(13)	23
합계	1,538	1,616	(878)	(738)	3,154

(a) : 추업부(醜業婦)가 아닌 자 (b) : 추업부(醜業婦)[10]

※ 원주:「浦潮斯德在留本邦人人口ハ届出ヨリ少クモ五六百人多カルヘシ」, 原前揭書, p.10.

업 및 대좌부업, 봉공인, 이등 잡화상, 세탁업, 대공업, 재봉업, 이발업, 금은 시계 세공업, 사진업 등으로 신고 총계는 1,764명, 무신고 체재자 등을 포함한 재류자 수는 약 2,500명으로 간주되었다.[7] 하라는 이러한 상황을 "남자는 직인職人, 여자는 이른바 추업부 및 하녀와 보모가 많았고, 일반적 특징은 잡다한 직업의 도시주민, 이른바 '나가사키 봉공'의 연장으로 볼 수도 있을 것"[8]이라고 총괄하였다. 블라디보스토크에서 일본인 거류민이 계절노동자가 아닌 중장기적인 생활을 영위하고 있었음을 알 수 있다.

참고로 대좌부업은 유곽을 의미한다. 일본에서 멀리 떨어진 대좌부에

7   Ibid., p.12.
8   Ibid., p.12.

어떻게 여성을 알선했는지 그 수단의 사례를 미야오카 겐지宮岡謙二는 이렇게 말하였다. '괘씸한 것은 블라디보스토크 근처의 상인, 그것도 시계점이라든가 소간물상 등 꽤 상당한 규모의 가게 주인이 물건을 구하기 위해 일시 귀국했을 때 상품과 함께 다른 상품도 귀국한 김에 가져가는 것이 당연하였다. 보모 또는 하녀 등의 명목이었으나 실제로는 '창품娼品'이라고 하여, 젊은 여자들을 몇 명 반드시 데리고 돌아갔다. 외국에서 큰 가게를 가진 주인이라는 것에 믿음이 가고 높은 급여에 눈이 멀어 지원자는 얼마든지 있었다. 그런데 현지에 도착하자마자 바로 유곽으로 팔려버렸다.'[11]

한편, 이러한 시베리아 지역에서의 일본인 창녀의 증가는 일본 국내에도 알려져 비판의 눈길이 쏟아졌다. 특히 공창제도 폐지를 요구하던 폐창 운동 담당자들로부터 추업부 자체에 대한 원색적인 비난의 목소리가 터져 나왔다. 주요 폐창 운동 단체 중 하나인 일본기독교부인교풍회의 기관지『부인신보婦人新報』에는 '현재 시베리아에 있는 일본 추업 부인은 400~500명에 달하는데, 블라디보스토크, 하바로프스크 지방은 말할 것도 없고 니콜라이스크와 같은 곳도 추업부 30~40명이 몰려들고 있다고 한다. 이 추업상들은 모두 일본인으로, 특히 나가사키 인들이 가장 많다. 중등 이상의 러시아인은 이러한 가게의 주인 및 추업부를 마치 축생이나 다름없이 보고 있다. (…중략…) 지금 추업부의 족적을 끊지 않는다면 현지 거류 일본인은 오랫동안 러시아인의 경멸을 면할 수 없

---

9 Ibid., p.10.
10 '추업부(醜業婦)'는 당시 창부를 지칭하는 단어였다. 매춘을 '추업'이라고 간주하는 의식이 여기서 보인다.
11 宮岡謙二,『娼婦 海外流浪記－もうひとつの明治』, 三一書房, 1968, p.23.

을 것이다'[12]라고 일본인 창부의 존재가 일본 부인들, 나아가 일본인에 대한 수치라는 글이 게재되었다.

3. 현지 '가라유키상'의 인간 관계

앞서 제시한 통계 결과가 정확한 수치를 나타내고 있지는 않더라도 블라디보스토크에 러시아인 다음으로 중국인이 많았으며 다음으로 조선인, 일본인, 구미인으로 이어지는 점, 그리고 남녀 성비는 일본인만이 여성이 많았던 점 등 그 경향을 파악하기는 어렵지 않다. 또한 일본인 여성 가운데 성매매를 경제적 수단으로 삼고 있는 여성도 어느 정도 있었다는 것을 〈표 2〉를 통해 알 수 있다. 그러나 이러한 간소한 숫자만으로는 여성들이 현지에서 대체 어떻게 생활하고, 어떠한 사람들과 어떠한 관계를 맺었는지 자세한 내용은 알 수 없다. 게다가 여성들 스스로 자신의 상황에 대해 말한 자료도 거의 남아 있지 않은 실정이다. 그러나 당시 시베리아 지역에는 출신지가 각기 다른 사람들이 집주하고 있었고, 그렇기 때문에 당연히 그 속에서 다양한 관계성이 생겨나고 있었을 것이라는 점은 상상하기 어렵지 않다.

예를 들어, 여성들 중에는 현지에서 일본인 이외의 사람과 혼인 관계(또는 사실혼 관계)를 맺은 사람들도 있었다. 다음의 인용은 육군 첩보원이었던 이시미츠 마사키요石光真清가 휴직 중이던 1899년 사비유학으로

---

12 一女史, 「日本婦人よ恥を雪げ」, 『婦人新報』 22, 1986.11, p.15.

블라디보스토크에 갔을 때의 수기이다.

바로 좀 전의 일이었다. 절에 이르니 만주인 여성이 와서 남편이 죽었으니 와 달라고 하였다. 그 여성은 '창부女郞' 출신으로, 그 절의 신도였다. 장소가 중국 거리에 있었는데 스님이 모르겠다고 해서 내가 안내하였다. 가보니 빈민굴이 었다.[13]

인용문 중에 스님은 서본원사 블라디보스토크 출장소에서 기밀 조사를 위해 주지로 분장하고 있던 하나다 나카노스케花田仲之助 소좌였다. 가짜 주지스님인 줄 모르는 일본인 여성이 만주인 남편이 죽었으니 불경을 외워달라고 부탁하러 왔는데, 그 자리에 있던 일본 신문 기자 이노우에 가메로쿠井上亀六가 그 장면을 목격하고 쓴 인용문이다. 이 여성이 원래는 '女郞', 즉 창부였음을 말하고 있다.

시베리아 지방에 있던 '가라유키상'이 중국인 남성과 혼인관계를 맺은 것은 일본기독교부인교풍회의 하야시 우타코林歌子가 1918년 시베리아로 시찰 갔을 때의 보고에도 기록되어 있다. 하야시는 폐창 운동 단체 기관지 『곽청廓清』에 "시찰하러 온 시베리아 지방에서는 추업부가(-인용자) 중국인의 아내가 되어 있기도 합니다"[14]라고 썼다.

원래 블라디보스토크에서 사비 유학중이었던 이시미츠는 스스로 '그 나라와 러시아어에 익숙해짐에 따라, 나는 점차 안정되어 갔다. 재류 방인이라고 해도 세탁소, 매춘업 주인, 페인트 직인 등 수십 명의 남자와

---

13 石光真清, 石光真人 編, 『曠野の花 新編・石光真清の手記(二) 義和団事件』, 中公文庫, 2017, p.23.
14 林歌子, 「西比利亜に於ける我同胞の実情」, 『廓清』 9巻 3号, 1919.

나머지는 20여 명의 매춘부였는데, 각자 모르는 얼굴이 없었고, 러시아인은 물론, 한국인, 중국인과의 면식도 점차 증가하였다'라고하며 현지에 익숙해짐에 따라 일본인 이외의 사람들과도 교류가 증가해 간 것을 기록하였다. 이시미츠는 그 밖에도 중국 상인 밑에서 일하고 있는 일본인 여성 '오하나ぉ花', 중국인의 아내가 된 '오키미ぉ君'와의 만남을 현장감 넘치게 기록하고 있다.[15] 예를 들어, 오키미는 창관媚館에서 일할 때 손님으로 온 마적 두목 증세책增世策의 인정이 두터워 자처해서 아내가 되었음을 이시미츠에게 말하였다.[16]

'가라유키상'이었던 여성들은 가난 때문에 학교에 갈 기회를 놓쳐 대부분 글을 쓰지 못했다. 따라서 이들이 자신의 처지를 글로 남긴 것은 거의 없다고 봐도 무방하다. 그러한 그녀들의 흔적을 엿볼 수 있는 것은 위와 같이 현지에서 생활하고 있던 사람의 수기나 시찰 보고에 의해서이다. 통계 숫자에서는 전해지지 않는, 그녀들이 현지에서 타 민족 사람들과 관계를 쌓아 올리고 있던 모습이 흘러 전해져 온다.

4. 니항사건과 순난비

역사 속에 묻혀 있던 존재인 '가라유키상'의 이름이 표면으로 떠오르게 된 계기는 1920년 니항사건이라고 할 수 있다. 1920년에 발생한 니항사건은 1918년부터 시작된 일본군의 대 소련 간섭전쟁, 이른바 시베리아

---

15 石光眞人 編, op. cit., pp.31・106.
16 Ibid., pp.110~111.

출병 과정에서 일어난 사건이다. 사건의 대강을 이야기하자면, 1920년 1월 콜차크 정권의 붕괴로 니콜라옙스크 지방의 반혁명군은 거의 힘을 잃은 상태였고 일본군은 적은 병력으로 빨치산 부대와 대치하던 구도 속에서 정전협정이 체결되었다. 그러나 3월, 빨치산의 무장해제 요구에 일본군은 정전협정을 어기고 기습 작전에 나섰고, 압도적 세력을 자랑하던 빨치산에게 수비대는 물론 비전투원 거류민도 죽임을 당하는 결과를 초래하였다. 1924년에 출판된 참모본부 편찬의 『시베리아출병사西伯利出兵史』에서는, 거류민은 전투와 관계없음에도 불구하고 빨치산에 의해서 350명 정도가 학살된 것처럼 쓰고 있지만,[17] 하라는 이 점에 의문을 제기하였다. 즉 나중에 구원대와 함께 현지에 도착한 외무성의 하나오카花岡 서기관의 보고를[18] 기초로 '일본인 거류민의 상당수는 궐기에 말려들어 전사'했다고 지적하였다. 그 비참한 사례로 누주의 손에 걸려 차례로 살해된 십 수 명의 '작부酌婦'[19]들의 이야기를 소개하고 있다.

"이 누주는 '여자들이 발목이 잡힐까 두려워' 권총으로 차례차례 죽였고 자신은 살려고 했다는 것이다. 이는 극단적인 이야기일지라도 일본인 거류민의 전멸은 패전 과정에서의 집단 자결을 빼놓고는 생각할 수 없다"[20]고 하였다. 하라의 이러한 문제제기는, 본래 거류민 보호에 힘써야 할 이시다 토라마츠石田虎松 부영사가 스스로 영사관에 불을 지르고 처자를 길동무로 삼아 해군 소좌와 서로 칼로 찔러 사망한 사례를 근거로 한 주장

---

17 参謀本部 編, 『西伯利出兵史』, 第三卷. 新時代社, 1972, p.900.
18 하나오카는 '당 지역 거류민은 이번 봄 3월 12일 사건 때 영사관 및 군대와 행동을 함께하고 대부분 전사했다'고 기술하고 있다(花岡止郎書記官이 内田外相에게 보낸 보고(大9・6・22), 外務省記錄[5・3・2・153](5)).
19 작부라고 하지만 실은 창부이며, '가라유키상'이라고 정의할 수 있을 것이다.
20 原暉之, op. cit., p.524.

이기도 했다.[21] 빨치산에 의해 비전투원이었던 일본인 거류민이 학살되었다는 단순화된 줄거리가 아니라 일본인 거류민의 상당수는 정전협정을 파기한 일본군의 행동에 말려들어 전사한 것이고, 그 중에는 이기적인 이유로 '가족과 같은 사람身內'으로부터 살해당한 사람들도 있었다는 분석이다.

앞의 인용문에서는 작부가 누주의 손에 의해 살해되었다고 되어 있지만, 일본인인지 빨치산에 의한 것인지는 불분명하다. 그러나 니항사건으로 많은 '가라유키상'이 목숨을 잃은 것은 확실하다.

그리고 역사적으로 드러내어놓고 이야기되지 않던 '가라유키상'의 이름이 확실히 각인된 것이 니항사건 순난비였다. 니항사건 순난비는 연해주 니콜라옙스크 시를 포함해 8곳에 세워져 있다. 건립 시기 순으로 보면 다음과 같다.

① 니항충혼비 연해주 니콜라옙스크시 (1921.9)

② 니항사변순난자비 나가사키현長崎県 南高来郡 国見町 (1923.5)

③ 니항순난자지비 야마구치현山口県 熊毛郡 平生町 (정확한 건립 연도 불명, 1926년경)

④ 위령비 홋카이도北海道 札幌市 (1927)

⑤ 니항순난자기념비 이바라키현茨城県 水戸市 (1935.10)

⑥ 니항순난자납골당 홋카이도北海道 小樽市 (1936.12)

⑦ 니항사변순난자비 구마모토현熊本県 天草市 五和町 (1937.12)

⑧ 니항조난자기념비 도쿄東京 九段坂下 (나중에 전몰자위령비, 시기 불명)

---

21 Ibid., p.524.

이 8개의 기념비 중 ②와 ⑦에 '가라유키상'이었던 여성들의 이름이 새겨져 있다. ②와 ⑦은 앞에서 설명한 '가라유키상'의 출신지로 유명한 나가사키현 시마바라와 구마모토현 아마쿠사에 건립된 비석이다. 실제 니항사건의 출신현 별 피해자를 보면, 347명 중 구마모토가 122명으로 가장 많고, 다음으로 나가사키 49명이다.[22]

아마쿠사에 건립된 니항사변순난자비는 2005년에 아마쿠사시 지정 문화재가 되었는데, 그 설명문을 보면 '이 비는 유족이 국가로부터 받은 위로금의 일부를 내어 쇼와 12년[1937]에 건립된 것이다'라고 되어 있다. 국가로부터의 위로금이라는 것은 정확히 말하면, 1922년, 1926년에 교부된 니항사건 피해자 및 유족에 대한 '구휼금'과 더불어 1935년 '구제금' 명목으로 정부에서 출연한 위문금을 지칭한다.

이 구휼금 및 구제금 교부에는 니콜라옙스크 재류 일본인으로서 최대의 성공자로 불린 시마다 겐타로島田元太郎의 노력이 컸다. 시마다 겐타로는 나가사키현 시마바라 출신으로 15세에 러시아로 건너가, 1897년 니콜라옙스크에서 시마다 상회를 개업한 인물이다.[23] 시마다 겐타로와 그 가족은 니항사건 당시 우연히 나가사키에 체류하고 있었기 때문에 사건을 피할 수 있었지만, 시마다 상회에서 일하고 있던 종업원의 대다수가 희생이 되었다. 사건 후 시마다는 일본 정부에 지원을 요구했지만, 정부는 사건에 따른 피해자·유족에의 배상은 본래 러시아 정부가 해야 할 것으로, 정부에게 그 책무는 없다고 표명하였다. 그러나 시마다의 끈질

---

22 石塚経二, 『アムールのささやき－尼港事件秘録』, 千軒社, 1972. 이 숫자에는 다소 오차가 있지만, 경향은 같다.
23 松尾卓次 監修, 『図説島原半島の歴史』, 郷土出版社, 2009, p.176.

긴 교섭의 결과, 배상금이 아닌 '구휼금'으로서 교부되게 되었다. 참고로 '배상'이란 손해를 갚는다는 뜻이고, '구휼'이란 연민을 베풀어준다는 뜻이다. '구휼'에는 가해에 대한 책임을 진다는 뜻은 없다. 정전협정을 어기고 기습공격을 감행한 것은 일본군이고 비전투원인 일본 거류민이 살해된 원인은 일본 측에 있었지만 일본 정부는 일관되게 이를 인정하지 않았던 것이 '구휼금'이라는 단어 선택에 나타나 있다.

또 일본 정부는 기타카라후토北樺太를 니항사건의 보상 점령이라는 형태로 점령하고 1925년 베이징에서 소련과 국교수립 교섭에 임했을 때 니항사건 배상과 기타가라후토의 이권을 저울질하면서 장기 이권을 챙길 수 있다면 배상을 요구하지 않겠다는 태도를 취했다. 결과적으로 소련으로부터 얻은 것은 '유감의 뜻'이라는 말뿐이었고 기타가라후토는 소련에 반환되었는데, 이는 일본 정부가 배상을 의제로 삼지 않았기 때문이었다.[24]

아마쿠사에 건립된 니항사변순난자비는 1937년에 받은 구휼금의 일부를 유족들이 내어 건립한 것이다. 이 비석에는 니항사건에서 사망한 아마쿠사 출신자들 110명 정도의 이름이 새겨져 있고, 여성이 많다. 외무성 자료에 기재된 그녀들의 기록을 보면, '창기', '작부', '첩'이 적지 않다.[25] '가라유키상'이었던 여성들이 새겨져있는 것이다. 그러나 이 구휼금 교부는 일률 평등하게 이루어진 것은 아니었다. 54종류의 직업구분에 의한 구휼액 산정으로 창기, 작부, 첩은 가장 낮은, 평균 65엔이었다.

---

24 清水惠,「「尼港事件」と殉難碑、そして函館」,『挑水』, 地域の情報を語る会, 2003.11, pp.26~27.
25 清水惠, op. cit., p.28. 논문에는 여러 딸을 잃고 구휼금을 교부받은 구마모토현의 유족 서류에 '장녀는 러시아인의 첩', '셋째는 일본인의 첩'이라고 기재되어 있는 점도 언급하고 있다.

가장 높은 산정액은 재목상으로 1만 엔이었다.[26] 그녀들의 일을 '추업'으로 보고 있었던 것에 따른 차별 처우였다.

덧붙여 국가가 '가라유키상'도 포함된 니항사건의 희생자들을 두고두고 일본 제국주의의 양식으로 이용한 점 또한 간과해서는 안 될 것이다. 미토水戶의 제14사단 연병장에 '니항순난자기념비'가 건립된 것은 러일전쟁 30주년인 1935년이며, 구마모토현 아마쿠사에 순난비가 건립된 것은 중일전쟁이 시작된 해인 1937년이다. 그 비문에는 다음과 같이 새겨져 있다.

> 우리 아마쿠사 순난자는 110명으로 다수에 달한다. 그리고 이러한 순난자는 모두 자력갱생을 위해 대륙으로 진출한 용자들이었다. 그렇게 생업에 열중하다가 갑자기 흉수兇手에 쓰러졌다. (…중략…) 하지만 순난자의 죽음은 절대 헛된 죽음은 아니었을 것이다. 그 고귀한 희생이 국가에 공헌하는 바는 결코 적지 않다. 즉 국방상 가장 필요한 기타가라후토의 이권은 필경 순난자의 선물임은 물론 제국 금일의 대륙 정책도 역시 일찍이 이들의 웅대한 계획에서 배태되었다고 해도 절대 과언이 아닌 것이다.

니항사건에서의 죽음이 '고귀한 희생'이고 그 희생으로 얻은 기타가라후토의 이권은 국가에 대한 '공헌'으로서 칭송되고 있다. 심지어는 그들의 이동을 일본 제국주의와 결부시켜 '대륙정책'에 비유하고 있는 것을 읽어낼 수 있다.

---

26 Ibid., p.28.

5. 나가며

'가라유키상'이었던 여성들의 죽음이 국가와 결합되어 '고귀한 희생'이 되었을 때 망각되는 것은 2가지가 있다. 첫 번째, '고귀한 희생'이 되지 않았던 기타 '가라유키상'의 존재이다. 1987년 동북아시아와 일본 근현대사를 둘러보기 위한 목적으로 중국과 소련 국경지역을 방문한 작가 하야시林郁는 다음과 같이 일본인의 말들을 써서 남겼다.

> 헤이허黑河·아이후이愛輝에 전전戰前에 살고있던 일본인의 이야기에 의하면, 시베리아 출병은 헛수고였지만 그래도 일본군들은 인양되었다. 그러나 매춘부의 대부분은 소련과 만주 국경(중·소국경)에 버려졌다. 그녀들 가운데 일부는 '청산되어' 청국 상인이나 한방약국의 처첩이 되었다. 또 작부(매춘부)로 일본 패전까지 헤이허에 살고 있던 여성들도 있었다고 한다.[27]

니항사건으로 희생된 '가라유키상'은 순난비에 그 이름이 새겨져 국위 선양의 언설로 회수되었지만, 기타 '가라유키상'은 돌아올 수단도 없이 버려졌다는 사실이 이야기되고 있다. 그녀들은 중국인의 처나 첩이 되어 어떻게든 연명했다고 한다. 기록에도 남지 못한 채 이야기되지 않았을 뿐, 그녀들은 다양한 길을 찾아 갔을 것이고, 그렇게 하지 않을 수 없었을 것이다. 러시아인이나 중국인, 조선인 등 당시 그 지역에서 생활하고 있던 사람들과 '가라유키상'이 어떠한 관계성을 맺고 있었는지, 혹

---

27 林郁, 『新編 大河流れゆく』, 筑摩書房, 1993, p.56.

은 맺지 못했는지 자세한 것은 알 수 없다.

유토피아적인 것을 서술할 수 있는 구체적인 자료는 없지만, 내셔널리즘과 결부된 죽음이 망각시키는 두 번째는 그녀들이 현지에서 구축한 타민족과의 관계성임을 알 수 있다. 예를 들어 다음과 같은 에피소드가 당시 일본사회의 언설 공간에서 낯설지 않았으리라는 것을 상상하기는 어렵지 않다.

(니항사건−인용자) 간신히 죽음을 면한 것은 겨우 62세의 모피상인 한 명과 나가사키 출신 부인 한 명, 그의 아이 두 명, 전부 4명뿐이었다. (…중략…) 부인과 그 아이는 일단 투옥되었지만, 중국인 지인이 '중국인의 아내와 자식이다'라고 거짓 증언을 했던 덕분에 살아났던 것이다.[28]

원래 '가라유키상'이라는 존재를 이용하기는 했지만, 결코 무대 위에 서는 것을 허락하지 않았던 일본이다. 당연히 이러한 에피소드는 돌이킬 수 없는 역사 속으로 묻혔다. 시베리아 출병이나 니항사건에 관해서도 정치사나 전쟁사라는 국가의 틀을 제공하는 연구가 다수이다. 그러나 '가라유키상'의 이름이 순난비에 새겨진 배경과 살아남았으나 더욱더 주변으로 쫓겨난 상황을 생각할 때, 국가에 의해 망각, 절단된, 희미한, 하지만 확실히 존재했던 네트워크가 떠오르는 것은 아닐까.

국가적 틀을 전제로 한 사고는 우리들의 상상력마저도 속박할 가능성이 있다. 이 글에서는 한정된 자료 안에서 그려내지 못한 부분도 많았

---

28 北野典夫, 『天草海外発展史』 下, 葦書房, 1985, pp.150~151.

다. 민중이자 여성의 입장에서 타민족과의 네트워크를 다시 생각하고 상상력을 확장하기 위해서 '가라유키상'이 현지에서 어떠한 관계성을 구축해갔는지 향후에도 이와 관련한 연구를 계속 이어갈 것이다.

참고문헌

石塚経二, 『アムールのささやき－尼港事件秘録』, 千軒社, 1972.

石光真清, 石光真人 編, 『曠野の花 新編・石光真清の手記(二) 義和団事件』, 中公文庫, 2017.

北野典夫, 『天草海外発展史 下』, 葦書房, 1985.

倉橋正直, 『北のからゆきさん』, 共栄書房, 1989.

黒田清隆, 『環游日記』上, 出版社不明, 1887.

参謀本部 編, 『西伯利出兵史』第三巻, 新時代社, 1972.

清水恵, 「'尼港事件'と殉難碑, そして函館」, 『挑水』, 地域の情報を語る会, 2003.11.

嶽本新奈, 『'からゆきさん'－海外〈出稼ぎ〉女性の近代』, 共栄書房, 2015.

林郁, 『新編 大河流れゆく』, 筑摩書房, 1993.

原暉之, 『シベリア出兵－革命と干渉 1917~1922』, 筑摩書房, 1989.

松尾卓次 監修, 『図説島原半島の歴史』, 郷土出版社, 2009.

宮岡謙二, 『娼婦 海外流浪記－もうひとつの明治』, 三一書房, 1968.

오키나와 전투와 방언 논쟁에 관하여

차별과 갈등의 관점에서

양민호

1. 들어가며

근대 오키나와沖縄에서는 류큐琉球 독자의 문화와 사상을 배제하고 야마토大和의 문화나 사상을 이식시킬 목적으로 야마토 동화정책을 펼쳤다. 언어도 문화로 볼 수 있기 때문에 오키나와 방언은 동화정책의 대상이었다. 이러한 분위기 속에 근대 일본은 오키나와 방언을 금지시키고 표준어를 가르치는 교육을 시행했다.[1]

오키나와 방언우치나구치, ウチナーグチ에 대해서는 철저히 배척하고 표준어 야마토구치, やまと口를 보급시키려 했다. 이러한 표준어 장려정책 중에 벌칙으로 등장한 것이 방언 표찰方言札이다. 쇼와昭和 초기 오키나와 방언 표찰에 관한 연구는 많다. 예를 들어 지방어론地方語論 입장에서 바라본 오키나와 방언 연구, 언어와 국가의 관계를 살펴보기 위한 방언 표찰 실태

---

1 猿田美穂子,「標準語励行の実態と人々の意識ー方言札に着目して」,『沖縄フィールド・リサーチ』1, 2007.2, pp.160~168.

조사, 그리고 표준어 정책을 펼치며 학생들 사이 갈등을 촉발시킨 방언 표찰과 학교생활과의 관계, 마지막으로 황민화교육을 표방하며 국가통제를 진행했던 지방어 몰살정책에 관한 연구가 존재한다. 그렇지만 다시 한번 오키나와 문화 회복 차원에서 방언 논쟁에 대해 되짚어 보는 것이 필요하다. 왜냐하면 오키나와 방언 연구를 통해 국가의 급진적 근대화에 따른 명과 암을 살펴 볼 수 있기 때문이다. 다시 말해 근대화라는 굴곡 속에 국어교육은 방언과의 관계 속에 파국을 맞이하였으며, 오키나와현민은 이러한 과정 속에 심한 갈등을 겪었다. 본 연구가 기존의 연구와 다른 점은 방언을 전쟁의 상흔과 결부시켜 파악하려는 시도가 있다. 특히 쇼와 초기 제2차 세계대전 중에 펼쳐진 방언금지령은 오키나와현민의 아이덴티티에 관한 중요한 문제로 작용한다. 이번 연구에서는 오키나와 전투 속 방언의 문제, 이와 관련하여 방언 표찰에 관한 배경, 야나기 무네요시柳宗悦[2]가 불붙인 방언 논쟁에 대하여 설명하고, 이 논쟁으로 인한 표준어와 방언의 차별의식에 대한 정책적 함의를 찾고자 한다.

20세기 초중반은 방언을 말하는 것이 차별로 이어지고 방언에 대한 콤플렉스로 연결되는 일련의 과정이 있었다.

언어는 의사전달의 수단이면서 문화전승의 역할도 한다. 결국 언어를 잃어버리면 문화도 소멸되는 것이다. 태평양전쟁 중 오키나와 역시 황민화의 수단으로 이용하려 했다. 그래서 오키나와현민의 언어 오키나와 방언의 소실이 결국 본토인과 차별당하며 오키나와 정체성을 잃게 되는

---

2 일본의 민예연구가 · 미술평론가. 미술사와 공예연구 및 민예연구가로 활약하면서 도쿄에 민예관을 설립하여 공예지도에 힘을 쏟았다. 특히 일제강점기 광화문 철거가 논의되었을 때 적극 반대하는 등 한국의 민속예술에 대한 깊은 관심을 나타내었다. 1924년 조선미술관을 설립했고, 이조도자기 전람회와 이조 미술전람회를 열기도 했다.

사건이며, 중요한 이슈의 하나로 보는 것이 오키나와 방언 논쟁이다. 우선 이 오키나와 방언 논쟁부터 살펴보고자 한다.

2. 오키나와 방언 논쟁의 시작

먼저 '오키나와 방언 논쟁'에 대해 살펴보도록 하겠다. 오키나와 방언 논쟁이란 오키나와현의 표준어 장려운동의 평가를 둘러싼 논쟁을 말한다. 이 논쟁은 국민정신총동원체제[3]시기인 1940년 1월부터 약 1년에 걸쳐 전개되었고, 논쟁의 시작은 야나기 무네요시를 비롯한 일본민예협회 일행이 오키나와를 방문하여 당시 오키나와에서 방언을 부정하고, 표준어 장려를 무리해서 추진하는 사태를 비판한 것이 발단이었다. 오키나와 학무부學務部의 초청으로 오키나와를 방문한 야나기 일행은 오키나와의 전통문화에 매료되어 민예협회 작가, 연구자들과 함께 오키나와 문화를 조사했다.

오키나와현 측이 주최한 좌담회에서 야나기는 오키나와현의 숙박시설과 도로의 설비, 교통기관이 충실하게 갖추어졌다는 등의 의견을 전했다. 또한 오키나와의 민예품 등 전통 문화 보존에 힘써야 한다는 제언을 하기도 했다. 이와 같은 제언 중에서 가장 주목을 받았던 것이 오키

---

3 제1차 고노에(近衛) 내각이 1937년(쇼와 12년) 9월부터 실시한 정책으로, "국가를 지키기 위해 자기를 희생하는 국민의 정신", 즉 멸사봉공을 추진한 운동이다. 장기전과 물자부족이 우려된 중일전쟁과 태평양전쟁 때 정부는 국민의 전의고양을 위해 "욕망하지 않는다 승리할 때까지", "사치는 적이다!", "성전이다 자기를 죽여 나라를 살리자", "석유 한 방울, 피 한 방울", "모든 것을 전쟁에" 등의 전시 표어를 내걸고 여성과 아동을 포함한 비전투원 국민에게까지 내핍 생활을 강요했다.

나와 방언에 대한 의견이었고, 야나기는 중앙어中央語인 표준어의 필요성을 인정하면서도 지방어地方語인 오키나와 방언의 중요성을 강조했다. 또 방언을 지나치게 부정하는 표준어 장려운동을 비판하였고, 오히려 방언 보존을 호소했다. 이에 대해 오키나와 현측은 현민이 군대에 입대하거나 본토로 나갔을 때 표준어를 말하지 못해 불이익을 받았다는 사례를 들어 현민에게도 표준어 장려운동이 필요하다며 역설하였으며, 야나기의 의견을 정면으로 반박했다. 결국 오키나와 지식인들의 의견을 수렴하면서 논의는 계속되었지만 논쟁은 1년여 동안 계속됐다.

사실 오키나와 지식인들은 고유문화를 지키는 것에 대해서는 찬성하지만, 생활하면서 차별을 받지 않기 위해서는 표준어가 필수적이라는 의견이 많다. 예를 들어 나카소네 세이젠仲宗根政善은 오키나와 문화에 있어서 방언의 중요성을 인식하면서도 방언은 사용 범위가 지극히 좁다는 것을 지적하며 일본문화의 압도적인 영향 아래 있는 현재의 오키나와는 표준어를 철저히 습득해야 한다고 주장하였다.

이와 같이 오키나와 사람은 자신들이 불편하지 않게, 불평등하지 않게 생활하기 위해서는 표준어 교육도 필요하다고 이해했다. 그럼에도 불구하고 야나기를 포함한 본토 사람들이 와서 현재 표준어교육이 지나치게 강요되고 있으니 오키나와 주민은 고유문화를 지켜야한다는 식으로 설명하며 오히려 외지인들이 거꾸로 과잉반응을 보인다고 판단하였다.

사실 방언 논쟁의 시작은 사소한 신문의 내용이었지만 결과적으로 도쿄의 논단까지 끌어들여 표준어와 방언의 관계를 묻는 일대 논쟁으로까지 비화된 사건이다.

이 논쟁은 언어 정책의 시시비비是是非非에 대해 문제 삼았을 뿐만 아니라 오키나와의 근대화와 전통 문화의 갈등 문제 그리고 후술하는 오키나와 전투 속 방언 문제까지 사회 전반을 뒤흔들어 놓은 사건으로 기록되어 큰 반향을 일으켰다.

3. 방언 표찰의 유래

표준어와 방언을 둘러싼 논쟁이 지속되는 가운데 학교교육에서는 표준어 장려운동이 진행되고 있었다. 이러한 사회적 분위기 속에 방언 사용에 대한 제재 방안으로 '방언 표찰'이 등장하게 되었다. 방언 표찰은 일본어로 호겐후다方言札라고 불리며 당시 오키나와를 중심으로 사용되었다. 추후에 일부 지역에서도 확산되어 사용하기 시작하였다.

우치나구치는 류큐 오키나와 왕국의 전통 언어로 메이지明治 이전에는 활발히 사용되어 왔다. 하지만 앞서 설명한 것처럼 국민정신총동원체제 하에서 표준어 장려정책이 펼쳐지면서 오키나와 도처에서 방언은 나쁜 말, 표준어는 좋은 말과 같이 이분법적 이데올로기ideology로 구분되기 시작했다. 그럼으로 인해 국민국가로 발돋움한 일본의 제도화된 학교 교육 안에서 방언을 말하는 것 자체에 심한 제한을 두기 시작했다. 전시戰時에 동원될 인력이 의사소통에 지장을 주어서는 안 되기 때문에 언어규범 측면에서 철저하게 통제하고 박멸시키려는 움직임을 보였다. 이에 도입한 방언 표찰은 학교교육에서 방언을 말하는 학생에게 주는 일정의 벌칙이라고 보면 될 것이다. 그렇다면 이 방언 표찰의 유래에 대해 살펴볼 필요가 있다. 우선 가장 유력한 설은 다른 법규 위반 사항을 본떠 만들었다는 설이 있다.

류큐 왕국 시대부터 1908년에 도서정촌제島嶼町村制[4]가 시행될 때까지 각 지역에 마기리間切り[5] 촌내법村內法이라는 규칙이 존재했다. 이 규칙에는 농업 관련 업무나 임업, 납세 등에 대해 단속법이 존재하였다. 다만 이 규칙을 위반한 자에게는 하루반ハルバン이란 표찰이 주어지게 되었다. 이 하루반이라는 표찰을 응용하여 방언 표찰이 만들어진 것[6]이라고 추정하고 있다. 이를 뒷받침해줄 근거는 마지키나 안코真境名安興[7]의 하루반 표찰에 대한 기록을 살펴보면 알 수 있다.

만약 이 촌내법 규칙의 위반자가 있으면 마을에서 협의하여 이에 해당하는 위반행위를 정하고, 표찰을 주는 것으로 한다. 이 표찰을 소지한 자는 매일 일정한 벌금과 쌀을 납부해야하며, 다음 위반자를 발견할 때까지 몇 년 동안일지라도 이를 지급할 의무가 있다.

이러한 기록에서 알 수 있듯이 다음 위반자가 나올 때까지 그 표찰을 가지고 있게 하는 규칙은 방언 표찰과 같은 벌칙 규정이라는 것을 알 수 있다.

한편 학교교육에서 곧바로 방언 표찰이 사용되지는 않았고 다른 공간에서 사용되었다는 예가 있었다. 이 방언 표찰은 마을청년단에 의해 사

---

4 과거 일본 본토의 정촌제와 별도로 도서 지역에서 시행되던 제도이다. '오키나와현 및 도서정촌제'(1907년 칙령 제46호, 후에 '도서정촌제'로 개정)로 정해졌다.
5 원래 류큐의 행정구역이었다. 여러 마을로 이루어져 있고, 류큐처분 이후에도 존속했지만, 1907년에 폐지되었다.
6 井谷泰彦, 『沖縄の方言札』, 沖縄－ボーダーインク, 2006, p.177.
7 井谷(2006)에 따르면『真境名安興全集』1, p.177에 하루반 표찰에 관한 규칙을 기록하고 있다.

용되었고, '방언을 사용하면 표찰을 건네주고 벌금을 물리게 되었다'는 언급이 있다. 이는 학교 안이 아니라 지역 내 방언 표찰이 확대되어 사용되었다는 방증이다. 이러한 기록을 살펴보면 방언 표찰과 하루반 표찰의 공통점이 보이므로 하루반 표찰을 응용하여 방언 표찰이 생겨났다고 설명하는 것도 설득력이 있다.

이와는 별개로 방언 표찰에 대한 또 하나의 주장이 있다. 다나카 가즈히코田中克彦에 따르면 방언 표찰은 프랑스식 아이디어였다고 설명하고 있다.

오키나와에서 방언 표찰이 등장하기 시작한 것은 메이지 40년1907 무렵이다. 일본이 러일전쟁에서 승리하여 세계 1등 국가로 치닫던 도중에 벌어진 일로 바른 문법을 가진 국어만이 옳고 방언은 야만적이라는 편견에 바탕을 둔 정책이다. 그렇지만 이 방언 표찰은 프랑스에서 유래한 것으로도 볼 수 있다. 프랑스에서는 오크어지역어 랑그도크, langue(s) d'oc를 배제하기 위해 사용된 방언 표찰로, 남부 프랑스의 오크어를 모국어로 하는 사람들에게 이 방언 표찰이 사용되었던 기록이 있다. 프랑스는 혁명을 일으킨 나라이지만 말에 관해서는 오랫동안 정통문법을 가진 오일어공통어 랑그도일, parlers d'oïl 이외를 인정하지 않았고, 학교교육을 통해 오크어를 배제하려고 했던 역사가 있다. 실수로 오크어를 입 밖으로 내뱉을 경우 위반자의 방언사용에 대한 부끄러움을 알리기 위해 남의 눈에 잘 띄는 표시로 senhal 표찰을 목에 걸게 했다. 이후 위반자는 누군가 동료 중에 오크어를 말하는 친구가 나타나면 그에게 표찰을 넘겨준다.

이와 같이 2가지 설이 존재하는 방언 표찰의 유래는 차치하더라도 방언 표찰이 만들어지고 사용되기 시작한 것은 표준어를 종용하고, 그것을 사용하는 자들 사이에서 내부 고발을 유도하는 시스템으로 만들어진 매우 심각한 차별 제도이다.

일본 오키나와에는 다양한 방언 표찰이 존재하였기 때문에 〈그림 1〉과 같이 몇 종류의 방언 표찰 내용을 발췌해 살펴보겠다. 목에 걸 수 있는 방언 표찰에는 다음과 같이 기록되어 있다.

'나는 방언을 사용하였습니다.'
'이 표찰을 잃어버린 자는 무거운 벌칙을 준다.'

이와 같이 방언 표찰을 목에 걸게 되면 이목이 집중되고 부끄러움과 벌칙을 받게 된다. 그렇기 때문에 방언 표찰의 존재만으로 직간접적 영향을 받기 때문에 당시 오키나와는 공적 장소에서는 방언을 말하는 데 있어 주의를 기울일 수밖에 없었다. 손지연2016[8]에 따르면 표준어 장려 정책으로 인해 오키나와에서 방언이 사라지고 표준어가 정착해 가는 과정을 성공적으로 표현한 사례를 다음과 같이 인용[9]하고 있다.

생각건대 표준어장려가 현민 운동으로 전개된 이래 현 전체가 약진적인 실적을 올리고 있음은 많은 식자들이 인정하는 바이다. 그 보급으로 인해 얼마나 현민성県民性이 명랑활달해졌으며, 진취적 기풍이 양성되어 가고 있는지 새삼 말할 필요도 없을 것이다. 7, 8년 전까지만 해도 청년들이 인습과 타성에 젖어

---

8 손지연, 「일본 제국 하 마이너리티 민족의 언어 전략—오키나와(어) 상황을 시야에 넣어」, 『日本思想』 30, 2016, 147~170쪽.
9 沖縄県学務部, 「敢て県民に訴ふ民芸運動に迷ふな」, 『月刊民藝』, 1940, pp.259~261.

私は方言を使いました[10]
(나는 방언을 사용하였습니다)

この札をなくした者は重いバツをあたえる[11]
(이 표찰을 잃어버리는 자는 무거운 벌칙을 준다)

〈그림 1〉 일본의 방언 표찰 모습

자신의 의지를 표하는 것은 물론 예의를 차리는 것도 하지 제대로 못하는 자가 많았던 반면, 지금은 그 정신적 신념 면에 있어서 타인과의 응답에서도 아직 충분하다고는 할 수 없으나 예전의 그것과 비할 바가 아니다. 그것은 시세의 진운, 교육의 진흥에 힘입은 측면도 있지만 그 가장 큰 이유는 표준어 보급에 의한 것이라고 단언하지 않을 수 없다.

그렇다면 이렇게 언어를 통제하고 규범화하고자 하는 노력은 언제 어떻게 생겨났는지를 파악할 필요가 있다. 언어규범에 관한 역사적 인식은 제2차 세계대전 이전의 일본의 표준어 정책으로 거슬러 올라가, 일본의 국어의 기초를 세운 우에다 가즈도시上田万年[12]에 의해 진행되었다고 볼 수 있다.

우에다는 국가를 정치적 제도만으로 여기지 않고, '국민' 전체를 통합하는 유기체로 파악했다. 그리고 그 유기체에 생명을 부여하는 데 있어 가장 중요한 요소를 '언어'로 보았다. 이와 같이 '국가'와 불가분의 관계로 맺어진 언어를 우에다는 '국어國語'라고 불렀다. 우에다는 '일본어는 일본 사람들의 정신적 혈액'이며, '일본의 국체는 이 정신적인 혈액으로 유지된다'고 강하게 주장하였다. 그러면서 표준어를 '도쿄의 중류 사회에서 쓰는 언어'로 정하고, 각 지방의 다양한 방언을 쫓아내기 위해 국가적 차원에서 급격하게 방언박멸운동을 진행시켰다. 국가의식이 고양

---

10 http://coralway.jugem.jp/?eid=4947/(인용 2021.11.13)
11 https://ameblo.jp/w-tummy/entry-12641290273.html/(인용 2021.11.13)
12 1867교네 도쿄 출신의 국어학자이다. 체임벌린에게 수학하였으며 독일로 유학하게 되었다. 서구 언어학 연구방법을 소개하여 과학적인 국어학의 기초를 제공하였고, 국어정책에 많은 힘을 쏟았다. 저서로는 『국어를 위하여』, 『국어학 10강』 등이 있다.

되면서 이러한 일련의 과정 속에 오키나와에서 최초로 학교에서 방언을 사용하는 학생들 목에 '방언 표찰'이라는 것을 걸어가며 표준어로의 교정矯正을 시도했던 것이다.

이렇게 표준어라는 용어로 통제되며 일본 대통합을 위해 탄생시킨 '국어'를 유지하는 데에는 당시의 시대상이 반영되어 있다. 아시아·태평양 전쟁이 막바지에 이르면서 오키나와 방언을 둘러싼 차별과 갈등은 더욱 심해졌다. 과연 방언이 이러한 전쟁 상황 속에서 어떠한 차별을 당하였는지 오키나와 전투 속 방언의 차별 양상에 대해 살펴보겠다.

4. 오키나와 전투의 발발

오키나와 전투는 태평양 전쟁1941~1945이 막바지에 다다른 1945년 4월 1일부터 6월 23일까지 83일에 걸쳐 치른 전투를 말한다. 이오지마硫黃島 전투에 이어 일본 영토 내에서 벌어진 미군과 일본군의 전면전이었기에 일본인들에게 큰 충격을 안겨주었다. 〈그림 2〉와 같이 이 전투에서 미군 역시 아시아·태평양 전쟁에서 가장 큰 피해를 입었다.

일본의 경우에도 사령관 및 군인뿐만 아니라 군의 명령에 의해 그곳까지 동행한 주민들까지 전원 옥쇄玉碎하였고 가족끼리 서로 목을 졸라 죽이거나 할복 자결을 명령받기도 하고 수류탄으로 자결하는 등 이른바 '집단 자결'의 비극이 일어났다. 미군이 오키나와 섬을 완전히 장악하는 3개월 동안 여기서 벌인 전투에서 전사자 1만 2,000명, 부상자 3만 6,000명의 피해를 입었고, 일본군은 6만 명가량 전사했으며 앞서 언급한 것처럼 집

단 자결 등을 통해 희생된 주민 사망
자는 대략 12만 명으로 추산된다. 이
전투에서 미군 역시 예상치 못한 많
은 피해를 입었지만 오키나와를 점령
하게 되면서 가까운 규슈九州 지역 등
을 폭격할 수 있게 되었고 이는 1945
년 일본의 패망을 앞당기는 계기가
되었다.

이렇게 많은 피해를 입은 오키나와
전투에서 간첩을 경계하기 위해 오키
나와 방언사용을 금지하게 했다는 충
격적인 사실이 밝혀진다. 특히 오키나
와 전투를 설명할 때 등장하는 키워드
중에 노유부녀자老幼婦女子라는 용어가
존재한다. 오키나와 전투 당시 소위 인
텔리 지식 계층이 아닌 우치나구치 밖
에 사용할 줄 모르는 오키나와현민을

〈그림 2〉 오키나와 전투 모습[13]

가리켜 이렇게 불렀다. 이러한 약자들이 오키나와 전투에 대해 후나코시船越
씨는 다음과 같이 묘사[14]하고 있다.

---

13 https://100.daum.net/encyclopedia/view/b16a1411n1503/(인용·2021.11.13.)(상)
   https://ameblo.jp/takuchan-sing/entry-11899338158.html/(인용·2021.11.13.)(하)
   写真週報 1945(昭和20)年 7月11日発行 374・375合併号.
14 https://www.okinawatimes.co.jp/articles/-/14082/(인용·2021.11.13)

야마토大和, 일본 본토와 우란다ウランダー, 구미열강 사람의 싸움을 왜 오키나와까지 끌고 내려와서 하는 것일까?

이처럼 오키나와현민의 경우 야마토본토일본도 우란다서양인도 그들에게 는 타자他者일 뿐 성가시고 그들과는 전혀 상관없는 존재일 수밖에 없다. 이러한 두 집단의 싸움에 끼어 있는 오키나와현민에게 몹시 불편한 전투이다.

다른 차원에서 생각해 보면 오키나와 역시 조선이나 대만처럼 일제강점기의 피지배자 입장에서 황민화교육과 총력전체제가 학교 현장과 지역을 온통 뒤덮고 있는 상황이다. 나이 많은 고령자와 어린 약자들에게 이 오키나와 전투는 평화로운 현실과는 동떨어진 감정으로 느껴졌을 것이고 앞서 묘사한 것처럼 우리 일도 아닌데 왜 여기까지 끌고 내려와서 굳이 싸움을 하고 있는 것일까라고 생각할 수밖에 없을 것이다.

바로 이 시기는 학교교육을 통해 표준어교육을 받은 어린 학생들이 집에 가서 자랑삼아 표준어를 사용하려 해도 보수적인 집안 어른들에게 오히려 꾸중을 들었던 시기이다.

이렇게 외부 세력에 대한 저항이 강하고 우치나구치 밖에 사용할 줄 모르는 오키나와 시골 사람들에게는 이 오키나와 전투가 갈등을 유발시키는 하나의 사건일 수밖에 없다.

5. 오키나와 전투 속 방언에 대한 차별의식

오키나와 전투 속에서 방언을 둘러싼 차별은 지속되어 왔으며 결국 비극을 맞이하게 되었다.

제32군 사령부가 창설되고, 오키나와 각지에 일본군 부대가 배치되면서 오키나와현민들은 표준어를 잘 하지도 못하고 국체國體관념도 없던 고령자에게는 표준어를 사용하는 군인들의 등장은 다른 의미에서 보면 '이문화 접촉'과 같은 양상이었다. 아군 측 일본군 입장에서 보더라도 오키나와의 문화와 우치나구치와 밖에 모르는 어른들과의 조우는 이질적 문화 접촉 그 자체인 것이다.

하지만 군부는 오키나와 주민을 향해 '군관민軍官民 공생공사共生共死'에 대해 지속적으로 설파하였다. 그러면서도 오키나와 주민의 국체관념, 황국사상, 국가의식이 매우 희박하다는 것을 공공연하게 비난하게 된다. 이러한 상황으로 보더라도 군부에 뿌리 깊이 박힌 사상은 '주민불신'이었다.

오키나와 전투와 방언에 관한 차별로 생긴 비극은 여기서 파생된다고 볼 수 있다. 우시지마 미쓰루牛島滿 사령관은 1944년 8월 31일자 훈시에서 '지방 관민에게 군의 작전에 기여하고 나아가 향토를 방위하도록 지도해야 한다'라고 언급하며 각 부대에 주의를 촉구하였다. 군의 작전에 기여하게 하라는 이러한 훈시는 결국 주민불신을 갖고 있던 군에게 경계심을 초래했다. 이러한 상황 속에 군에는 방첩防諜에 엄중한 주의를 기울여야 한다는 지시가 내려왔다. 32군의 명령을 전하는 1945년 4월 9일자 구군회보球軍會報에 구체적인 지시 사항이 등장하였으며 이를 설명하면 다음과 같다.

군인 및 군 관계자는 표준어 이외 사용 금지

오키나와 방언으로 이야기하는 자는 간첩으로 보고 처분(살해)한다

다시 한번 살펴보면 군인 또는 군 관계자 사이에는 무조건 표준어로 대화를 나누어야 하며, 오키나와 방언을 사용한다는 것은 간첩 즉 스파이로 간주하고 살해할 수 있다는 지시인 것이다.

아무리 표준어 장려운동이 펼쳐지고 있고 방언 표찰과 같은 벌칙을 받아가며 언어 교정을 해왔더라도 우치나구치는 오키나와현민에게 있어서는 평상시 자유롭게 사용되는 일상어이자 생활어였던 것이다.

그렇기 때문에 이와 같은 군의 지시는 오키나와를 삶의 터전으로 삼았던 그들에게는 매우 납득하기 힘든 조치였다. 아무리 민군이 혼재한 전투 상황이라고 하더라도 야마토구치보다 우치나구치가 주된 커뮤니케이션 수단이 되는 것은 당연한 이치이다. 그러나 이런 상황 속에서 우치나구치밖에 말할 수 없는 사람을 대상으로 결국 '간첩몰이'를 하게 된 것이다.

아시아·태평양 전쟁에서 패색이 짙은 일본군이 수세에 몰리는 상황 속에서 우치나구치의 사용을 금지했다는 것은 미군 상륙을 앞두고 제32군 사령부가 극도의 긴장 상태를 표출한 것으로 볼 수 있다. 더욱이 주민에 대한 불신감이 더해져 있었기 때문에 국가적 통제 수단인 표준어를 사용하지 않고 오키나와 방언을 사용하는 사람에게 불만을 표출하면서 결정을 내렸다고 판단할 수 있고 이러한 판단이 결국 비극을 초래한 것이다.

6. 나오며

이상 이 글에서는 오키나와 전투와 방언에 초점을 맞추어 설명하였다. 근대화되는 과정 속에서 민중들이 여태까지 사용하고 있었던 다양한 방언은 표준어 교육을 하는 동안 멸시받고 철저히 배척당해왔다. 이는 본 연구에서 설명한 오키나와 방언의 경우에도 마찬가지다. 오키나와의 경우 조선, 대만, 사할린 정도의 레벨은 아니지만 식민지화해가는 국가처럼 황민화된 '일본국민'으로 통합해야만 했을 것이고, 피지배 민족처럼 불순물이 섞이지 않은 형태로 '일본인화'하려고 했을 것이다. 이 가운데 언어 즉 표준어라고 불리는 국어는 '일본국민'으로 만들어가는 매우 중요한 열쇠인 것이다. 근대화를 추진했던 메이지 정부의 입장에서 일본 국민이 공통으로 사용하는 '말'이 필요했다. 왜냐하면 일본이라는 한 나라 안에서 말이 다르면 통합하기에 불편하기 때문이다. 예로부터 지역을 벗어나면 말이 통하지 않아 불편한 경우가 많다. 에도江戸 시대 사무라이의 뿌리 깊이 남아 있던 '번藩 의식'을 불식시키고 '야마토'라는 하나의 일본인 의식을 심어주기 위해서는 말이 통일되어야 하고 일치해야 한다. 그러한 이유로 메이지 정부는 '폐번치현廃藩置県'을 단행하였고 공통의 '말'을 사용함으로써 연대의식을 고양시키고, '일본인'이라는 동족 의식을 창출하고자 하였다. 이에 본 연구는 정치적 수단으로 활용되어 갈등과 상처를 남긴 오키나와 방언과 오키나와 전투에 대해 살펴보았다.

일본 국민 모두가 총동원된 제국의 전투에 언어권력으로 통일된 일본어야마토구치가 필요했고, 이를 위해 우치나구치인 오키나와 방언은 불필요하고 무의미했다. 전장戰場에서 의사소통을 위해서는 매우 불리한 형태의 언어였던 것이다.

이렇게 불필요한 방언을 없애고자 하는 노력은 방언 표찰 등의 벌칙을 활용하며 지속되어 왔지만 야나기 무네요시와 같이 오키나와 방언을 지역문화의 보존이라는 측면에 지키고자 주장도 있었다.

그럼에도 불구하고 오키나와인에 대한 차별이 오키나와 방언을 사용하기 때문에 의사소통에 장애가 되고 거기서 불이익을 당했다는 차별의식을 몸소 경험하였기 때문에 정부 주도로 진행된 표준어 장려정책에 동조할 수밖에 없는 상황이었다. 즉 표준어를 말하지 못함으로써 초래되는 불이익이 컸기 때문에 스스로 고쳐가려고 판단했을 것이다. 오키나와 전투는 방언과 관련하여 불이익을 당하는 직접적 사건이 되었고, 오키나와 방언을 사용한다는 이유로 간첩으로 몰려 살해당하는 모습을 본 오키나와현민에게는 씻을 수 없고 치유되기 힘든 아픔과 상흔으로 남게 되었다.

이 글에서는 지금까지 많은 선행연구가 간과했던 언어 권력이 어떠한 것인지 '오키나와 전투'와 '오키나와 방언'을 결부시켜 설명하였다. 이를 통해 '말'은 사회를 통제하는 수단이 될 수 있음을 확인할 수 있었다. 향후 '오키나와 전투'라는 굴곡진 경험을 통해 살아남은 오키나와 방언의 변화된 인식에 대해 깊이 연구해보고자 한다. 그렇게 되면 박멸되기를 바랐던 방언이 어떻게 살아남아 있을 수 있었는지 현재는 이러한 방언이 어떻게 변화했는지에 대해서도 파악할 수 있을 것이다. 언어 권력의 이동에 대한 매커니즘에 대해서도 응용이 가능하리라 생각된다.

참고문헌

손지연, 「일본 제국 하 마이너리티 민족의 언어 전략 ⑩ 오키나와(어) 상황을 시야에 넣어」, 『日本思想』 30, 한국일본사상사학회, 2016.

한성우, 「방언과 표준어 의식」, 『방언학』 16, 한국방언학회, 2012.

井谷泰彦, 『沖縄の方言札さまよえる沖縄の言葉をめぐる論考』, 沖縄：ボーダーインク, 2006.

川口隆行, 「台湾・韓国・沖縄で日本語は何をしたのか―言語支配のもたらすもの」, 東京都：三元社, 2007.

近藤健一郎, 「近代沖縄における方言札(4)―沖縄島南部の学校記念誌を資料として」, 『愛知県立大学文学部論集児童教育学科編』　50,　愛知県立大学文学部児童教育学科・愛知県立大学文学部, 2002.

猿田美穂子, 「標準語励行の実態と人々の意識―方言札に着目して」, 『沖縄フィー ルド・リサーチ』, 秋田大学教育文化学部, 2007.

関口千佳, 「沖縄方言論争」にみる柳宗悦の精神」, 『近畿大学文芸学部論集 文学・芸術文化』 14-2, 近畿大学文芸学部, 2003.

外間守善, 『沖縄の言葉と歴史』, 東京都：中央公論新社, 2000.

谷川健一, 『わが沖縄第二巻』, 木耳社, 1970.

柳宗悦, 「国語問題に関し沖縄県学務部に答ふる書」, 『月刊民芸』, 1940.3.

https://www.okinawatimes.co.jp/articles/-/14082/(인용 2021.11.13)

http://jugyo-jh.com/nihonsi/jha_menu-2-2/%E5%8F%A4%E7%90%89%E7%90%83%E
3%81%A8%E7%90%89%E7%90%83%E7%8E%8B%E5%9B%BD/%E3%80%8C%E
6%96%B9%E8%A8%80%E3%80%8D%E8%AB%96%E4%BA%89%E3%81%A8%E6%
B2%96%E7%B8%84%E6%88%A6/(인용 2021.11.13)

https://ameblo.jp/w-tummy/entry-12641290273.html/(인용 2021.11.13)

https://ameblo.jp/takuchan-sing/entry-11899338158.html/(인용 2021.11.13)

http://coralway.jugem.jp/?eid=4947/(인용 2021.11.13

https://100.daum.net/encyclopedia/view/b16a1411n1503/(인용 2021.11.13)

https://news.yahoo.co.jp/articles/fd24648417325829624119b66b757dccfe467bce/(인용 2021.11.13)

https://machi.to/bbs/read.cgi/okinawa/1198549251/(인용 2021.11.13)

일본 출입국 관리체제의 성립과정

역사적·국제적 비교를 통해

박사라

1. 문제의식과 제기

1) 배경

일본의 출입국 관리정책은 오랫동안 국내외에서 비판받아 왔다. 신형 코로나 바이러스의 세계적 유행에 따른 '쇄국' 이전부터 일본의 출입국 관리정책은 영주永住를 전제로 하고 있지 않다는 점, 난민 신청자의 인정이 현저하게 낮은 점유엔및앰네스티로부터비판, 그리고 법무성 입국관리국이하입 관(入管)의 재량권이 크다는 점이 비판받아 왔다. 예컨대 방글라데시 출신의 일본어 교사 지망생이었던 위슈마 산다마리가 경찰에게 학대 피해를 호소했다가 유효한 비자가 없다는 이유로 강제 수용되어 수용소에서 아 사한 사건은 일본 국내로부터 거센 비판을 받았다.

한편, 최근 일본의 헤이트크라임과 레이시즘의 고조 또한 국내외에서 주목받고 있다. 2018년 8월 UN인종차별철폐위원회는 일본 정부에 대 하여 조약 실시를 위한 개선권고를 내렸다. 이 권고는 포괄적인 인종차별금지법 채택과 국내 인권기관 설치, 아이누족 차별 철폐 노력 강화, 부락 차별 해소 추진법 실시, 류큐·오키나와 사람들의 안전과 보호, 조선학교 차별 시정, '위안부' 문제의 영속적인 해결, 기능실습제도 개선이 포함된다. 그 중에서도 헤이트크라임과 헤이트스피치에 관해서는 모든 헤이트스피치를 대상으로 하도록 헤이트스피치 해소법을 개정할 것, 헤이트크라임을 포함한 포괄적인 인종차별금지법을 채택할 것, 헤이트스피치 사용과 폭력 선동을 금지하고 가해자에게 제재를 가할 것 등 10개 항목에 이르는 '지금까지 한국에 비해 훨씬 상세하고 구체적인 권고'前田, 2018를 내놓았다.

이러한 출입국 관리 정책의 문제점과 헤이트스피치·헤이트크라임에의 주목에 직면한 현대 일본에서의 이민 연구는, 최근 이민뿐만 아니라 이민에 대한 일본사회의 차별적·배외주의적 언설도 분석 대상에 포함하고 있다赤嶺. 또 극우적 언설이나 배외주의를 대상으로 한 연구에서는 인터넷 이용자 중 1%정도 밖에 극우적 언설을 유포시키고 있지 않다㭡, 2017는 점이나 배외주의적 언설은 실제 많은 곳에서 지지를 얻지 못하고 있다田辺, 2018는 점을 지적하기도 한다. 한편 일본에서 이민은 어느 정도 일본사회로 통합되고 있다는 연구도 이루어지고 있다. '배외주의'에 이목이 집중되고 있는 한편에서 이민은 실제로 일본사회에 통합되고 있다는 지적이 나오고 있는 것이다. 예를 들어 고레카와是川, 2018는 일본에서 '외국 국적의 어머니를 둔 경우 자녀의 고교 재학률은 일반적으로 낮은 경향을 볼 수 있다'고 하는 한편, '부모 세대의 계층적 격차가 자녀의 교육 달성에서 확대 재생산되는 현상이 나타나지 않을 가능성을 시사'是川, 2018 : 33한다고 하였다.

2) 문제제기

그렇다면 결국 일본에서 외국인은 차별되고 배제되고 있는 것인가, 아니면 배외주의나 레이시즘은 그다지 큰 소동으로 이어지지 않고 외국인은 일본에 통합되고 있는 것인가. 이 물음은 다음과 같이 이야기함으로써 해소된다. 일본형 배외주의는 출입국관리 및 난민인정법과 국적법의 조합(때에 따라 호적법 추가)에 의해 영속적으로 일본사회 안에 외국인, 즉 기본적으로 영주하지 않는 사람들을 만들어내는 법제도에 기원을 가지고 있다.Park, 2018 그리고 그 제도적 배외주의는 고레카와가 대상으로 하는 것처럼 대학졸업 이상의 학력을 가지고 엘리트로서 일본사회에 이주하는 사람들보다도 일본사회에서 태어났음에도 불구하고 복지의 범위에서 제도적으로 배제되어 있는 사람들에게 보다 심각한 영향을 준다. 바꾸어 말하면, 일본형 배외주의는 일탈자에 의해서가 아니라 법제도에 의해 지지되고 있다. 그리고 일본에서는 지금, 혹 이미 거주하고 있는 외국인에 대한 차별과 앞으로 도래하게 될 외국인에 대한 처우가 출입국 관리 및 난민인정법에 따라 일체화되고 있다. 따라서 출입국 관리제도의 역사적 검토는 일본사회의 외국인 차별과 출입국관리청의 난민신청자 또는 비정규 체류자에 대한 박해를 모두 시사한다 하겠다.

이 글은 출입국 관리제도의 역사와 그 연구를 통해 무엇이 어디까지 밝혀져 있는지 리뷰함으로써 일본사회의 레이시즘과 출입국 관리 정책상의 문제가 어떻게 관련되어 왔는지 밝히는 것이다. 이 글의 문제제기는 '일본 출입국 관리제도의 역사에 관하여 지금 무엇을 어디까지 알고 있는가?'이다. 일본 출입국 관리제도의 역사는 1960년대 말부터 연구되었다. 이러한 연구는 그 연구가 진행될 당시의 일본 혹은 국제적으로 구체적인 정치적, 사회적 상황 속에서 이루어져 왔다. 따라서 선행연구를 검토하기 위해서는 그 연구가 이루어졌던 당시의 역사적 배경도 검토해야만 한다.

역사학자, 법학자, 활동가들은 일본 출입국 관리제도가 안고 있는 문제점의 원류를 살피기 위해 출입국 관리 및 난민인정법1982년 '출입국관리 및난민인정법'으로 개칭, 또는 그 전신인 출입국관리령1951년 제정, 외국인등록법1952년제정, 2012년 출입국 관리 및 난민인정법으로 일체화과 그 전신인 외국인등록령1947년 제정, 1952년 외국인등록법으로 개정, 국적법이 제정되었을 당시의 국제관계나 일본의 정치 정세를 조사해왔다. 그 결과 밝혀진 것들을 되돌아보고 그 내용을 정리하는 일은, 일본사회에서의 레이시즘의 기원을 찾는 연구 결과 알게 된 사실을 그 연구가 진행된 시대에 맞추어 재정리하는 것과 같다.

2. '입국체제'에 대한 비판 – 1960년대 말에서 1980년대

1) 1960년대 후반의 변화

출입국 관리제도·행정에 대한 의문이 일본사회에서 드러나게 된 것은 베트남반전운동이나 학생운동·시민운동과 관련이 있었다. 이 시기 베트남전쟁은 장기화되어 수렁에 빠져들고 있었고, 미국이나 유럽 등 이른바 서구의 여러 국가에서는 반전운동이 고양되고 있는 상황이었다. 북베트남으로의 대규모 폭격은 1965년 2월에 시작되었지만, 일본에서 베트남전쟁 반대운동을 담당한 대표적인 시민단체 '베트남에 평화를! 시민연합'(이하 '베평련')은 1965년 4월 결성되었다. 그리고 1974년 1월

파리협정이 조인되고 미군이 베트남에서 철수했기 때문에 베평련은 그 다음 달에 해산하였다.

베평련 멤버들은 한국 국적을 가진 탈영병 김동희의 일본 재류를 위한 재류특별허가 취득과 그가 수용되어 있던 나가사키현長崎縣 오무라大村 입국자 수용소나중에 오무라 입국관리센터로부터의 해방을 요구하는 운동을 하던 중 입국관리행정의 절차적 권리보장 부재와 '재량'에 직면하였다. 베평련 활동가들은 베트남전쟁 반대운동을 통해 일본이 미 제국주의의 베트남 침략에 미일안보조약을 통해 가담하고 있다는 가해자 의식을 가지고 있었다. 그리고 탈영병 처우를 둘러싸고 출입국관리령과 구 식민지 출신자의 법적 지위 문제에 직면하여 "베평련의 활동가들은 '스스로'의 변혁은 물론 시민의 인식 변화를 추구하는 반 '입관체제' 운동을 전개해 나갔다".盧, 2010 : 84

식민지 지배의 청산과 동서냉전이라는 두 개의 요인은 1970년 전후, 특히 1969년부터 73년에 걸쳐 출입국관리령을 전면적으로 개정하는 법안이 제출되었을 즈음, 그 법안에 반대하는 운동 속에서 격렬하게 논의되었다. 출입국관리령 개정법안의 배경에는 '반전운동에 참가한 재일 외국인에 대하여 당시 입관령으로 제한을 하려고 하는 케이스가 이어지고 있었던 점', '입관법안 자체에 정치운동 참가를 퇴거 강제 사유로 추가하는 규정이 포함된 점', '동아시아·동남아시아 출신 유학생들이 출신국 정부로부터 받은 교육의 영향에 따라 재류가 인정되지 않는 케이스가 거듭되었던 점'高谷, 2017 : 70 등 냉전의 영향을 직접적으로 반영한 것이었다.

입관령 개정안이 베트남전쟁에 반대하거나 전선에서 도망쳐온 외국인을 대상으로 하던 것이라고 한다면, 입관법안 반대 투쟁은 그 자체가 냉전의 한 현상이었다고 할 수 있다. 1969년 3월 이후 재일한국청년동맹을 중심으로 재일조선인·한국인은 여러 지역에서 입관 법안 개정에 반대하는 집회와 시위행진을 벌였고, 1969년 7월에는 단식농성을 하는 등 격렬한 반대운동을 전개하였다.

한편 같은 해 하와이대학 유학 중 북베트남 폭격 반대 시위에 참가했다는 이유로 대만 정부로부터 유학 계속 신청이 기각된 학생이 일본 유학을 신청했지만 입국관리국이 거부하는 바람에 대만으로 강제 송환되었다. 그 후 강제 송환된 그 학생에게 사형이 선고된 것에 대하여 재일화교 청년들은 강하게 반발하였고, 1969년 3월 화교청년투쟁위원회(이하 '화청투')를 조직하였다. 화청투는 그 후 입관 법안 반대운동만이 아니라 '입관 체제' 전체에 대한 항의·저항운동을 전개해갔다.

> 입관 문제는 결코 재일 '외국인'의 문제만도 아니고 추상적인 인권·인도주의 일반의 문제만도 아니다. 그것은 아시아에서 늘 억압자의 위치에 있었던 일본인＝우리 자신과 피억압자인 조선인, 중국인과의 관계 — 우리들의 내적 차별津村喬 — 를 문제시 하는 것이며, 또 그것을 규정하는 요인, 즉 메이지유신 이래 근대화의 이름을 빌려 아시아 여러 민족에게 가한 억압과 60년대 후반부터 분명히 그 모습을 보이기 시작한 일본 제국주의의 자립화＝아시아 침략을 문제로 하는 것이다. 東大法共鬪編, 1971：63

이 인용문에서 볼 수 있듯이 입관 법안 반대운동은 이때에 비로소 그 실태를 아는 사람들 사이에서 '억압자인 일본인＝우리 자신'의 문제로서 이야기되게 되었다고 할 수 있을 것이다.

베평련의 활동에 있어서 일본 출입국관리제도, 혹은 '입관체제'는 1960년대 후반에 일본에 재류하고 있던 재일조선인·대만인에 대한 차별의 원인이었으며, 그 역사적인 기원은 일본 식민지 지배라고 인식되었다. 그리고 한반도의 남북 대립과 베트남전쟁이라는 아시아에서의 냉전에서 일본이 미국의(그리고 한국의 박정희 정권의) 동맹국이라는 인식을 가지고 있었기 때문에 출입국 관리체제는 동북아의 냉전을 지탱하는 법 제도로 인식되었다. 이처럼 1960년대 후반에서 70년대 전반에 걸친 출입국 관리정책 연구는 재일조선인·대만인 차별의 역사적 원류를 동북아 냉전이라는 역사적 배경에서 밝혀내는 것이었다고 할 수 있다. 또 주된 담당자는 연구자·활동가·학생단체였으며, 연구자도 정치·사회운동과 깊은 관계를 가지고 있었음을 지적할 수 있다.

2) 배경

이 운동·연구가 활발해진 배경으로서 우선 베트남 반전운동이라는 당시의 국제적인 정치 정세를 들 수 있을 것이다. 다음으로 한일관계 및 일본에서의 정치 언설 조합 방식의 변화를 들 수 있을 것이다. 앞에서 서술한 것처럼 베평련의 활동과 재일조선인·대만인에 의한 조직적인 운동은 일본인에게 식민지 지배의 책임을 물었고, 억압자로서 일본인 활동가들 스스로의 입장을 물었으며 식민지 지배에 대한 실제적 가담에의 속죄를 강요하는 성질을 가지고 있었다. 이는 신좌익운동이 시작되기 이전에 강력했던 계급투쟁적 관점 대신 에스니시티 또는 내셔널리티를 문제 삼는 시각을 강화하였다. 오키나와현 지사였던 고故 오나가 다케시翁長雄志의 표현에 따르면 '이데올로기보다 아이덴티티'로 정치운동과 사회운동에서의 언설 조합 방식이 변화했다고 할 수 있다.

그리고 개인 차원에서 아이덴티티를 묻고, 입장을 묻는 것은 전공투 운동의 특징으로서 지적되던 자기부정의 발상과 극히 친화적이었다고 할 수 있다.

> 과거에는 수천 명의 재일조선인이 사소한 등록법 위반을 이유로 남조선으로 강제 송환된 바 있었다. 이처럼 아주 사소한 일에도 성립되는 '외국인등록법 위반사건'과 강제 퇴거를 연결시킴으로써 재일조선인에 대한 절대적인 생사여탈권을 갖게 된 것이다. 在日朝鮮人の人権を守る会, 1965 : 87

> 입관 문제는 결코 재일 '외국인'의 문제만도 아니고 추상적인 인권·인도주의 일반의 문제만도 아니다. 그것은 아시아에서 늘 억압자의 위치에 있었던 일본인＝우리 자신과 피억압자인 조선인, 중국인과의 관계 — 우리들의 내적 차별津村喬 — 를 문제시 하는 것이며, 또 그것을 규정하는 요인, 즉 메이지유신 이래 근대화의 이름을 빌려 아시아 여러 민족에게 가한 억압과 60년대 후반부터 분명히 그 모습을 보이기 시작한 일본 제국주의의 자립화＝아시아 침략을 문제로 하는 것이다. 東大法共鬪編, 1971:63

전자의 인용문에서는 민주적인 국가 일본 정부가 강제 송환이라는 방법으로 '재일조선인에 대한 절대적인 생사여탈권을 가지는' 것이 강조되었다. 그에 반해 후자의 인용문에서는 '우리 자신'이나 '우리들의 내적 차별'이 문제시되고 더 나아가 그 차별은 메이지유신 이래 근대화와 함께 시작된 군사적 침략과 적어도 1970년대까지 이어진 일본의 경제적 침략에 의지하고 있다고 지적하였다. 마치 일본은 근대화 이후 인근의 여러 국가를 침략하고 차별하는 것을 숙명으로 삼고 있었으며 그렇기에 일본인은 항상 스스로 차별성을 문제시하지 않으면 안 된다고 서술하고 있는 것 같다.

또 하나 입관 법안 반대운동에서 언급되는 것으로는 동시기 벌어졌던 한국의 민주화투쟁과 그와 관련한 재일코리안 학생 체포사건, 그리고 김대중 납치사건과 같은 국제적 스캔들로 인해 불거진 사회운동인 한일연대가 있다.

이미숙2018은 한일연대 운동이 1960년대 후반 베트남 반전운동, 재일한국·조선인의 민족차별문제 고발, 신좌익 학생운동에 대한 재일마이너리티학교청년투쟁위원회의 결별 선언 등을 경험한 후 학생과 활동가가 아시아로 눈을 돌리기 시작한 것을 배경으로 하고 있다고 하였다. 또한 한일연대 운동이 초기에는 한국에서 체포·구속된 재일코리안 학생 구호운동의 성격을 가지고 있었으나, 1970년대 중반부터 '연대'를 외치는 운동으로 전개해 갔으며, 그 전개과정에서 베트남반전운동그룹, 재일한국인 커뮤니티, 기독교 조직, 여성운동 및 노동운동 그룹 활동가 사이의 조직 간 네트워크와 연계가 작용하고 있었던 점, 그리고 마지막으로 한일연대운동이 1980년대 중반 이후 식민지 과거 청산으로의 노력과 재일한국·조선인의 처우 문제지문날인 반대운동 등로 규합해 갔다는 점을 지적하고 있다.

앞서 언급했듯이 출입국관리령 개정법안의 배경에는 반전운동에 참여한 재일외국인에 대한 제한과 정치운동 참여를 억압하는 규정이 포함되어 있었다. 그리고 유학생이 출신국 정부에 대한 항의활동에 참가했다는 이유로 재류가 허용되지 않는 경우도 있었다. 그러므로 일본의 입관 법안 반대운동은 유학생의 국외로부터의 민주화운동을 지원하는 성격도 가지고 있다고 할 수 있다. 그리고 신변의 위험을 무릅쓰고 민주화투쟁에 참가하는 동세대 젊은이들의 모습은 입관 법안 반대운동에 참가하는 일본인 청년들에게 있어서 아마도 모범적인 존재로 비쳤을 것이다.

1960년대 후반부터 80년대 말에 걸쳐 일본인은 베트남 반전운동·입관 법안 반대운동·지문날인 거부운동을 통해 전후 일본 출입국 관리정책에 문제를 제기했다. 그 과정에서 일본 출입국 관리정책의 성립과정과 행정기관에서의 실시과정을 관련지어(즉 일본 입관행정 자의성의 역사적 기원을 리서치 퀘스천으로 하여) 연구를 진행하였다.

3) 성과

1960년대 후반부터 70년대에 진행된 사회운동과 1980년대에 성행한 외국인등록증의 지문날인거부운동은 모두 일본 출입국 관리제도의 역사적 기한을 밝히려는 연구를 창출하는데 기여하였다. 정치적인 면에서 입국관리령 개정은 1973년 폐안廢案되었고 외국인등록증의 지문날인 의무는 1993년 폐지되었다.

학술적인 면에서 오누마 야스아키大沼保昭는 과거 GHQ/SCAP의 고관으로서 일본 출입국 관리제도 설립에 관련된 미군 등에 대한 인터뷰 조사와 일본 국내의 자료 발굴을 통해 1970년대 후반 '입관체제' 확립 역사 연구를 진행하였다. 결과적으로 오누마는 '입관체제'를 출입국관리령·외국인등록령을 통해 외국인즉로구식민지 출신자을 퇴거 가능한 사람들로서 계속 관리하는 법령이라고 정의하였다. 그리고 그 특징으로서 '동일 사회에서 태어나고 자라 그 사회의 일원으로서 생활을 영위하고 있는 60만 명 이상의 민족적 소수자를 외국인으로서 관리하여 최종적으로는 강제 퇴거시킨다'大沼, 2004 : 233는 점을 밝혔다.

더 나아가 1980년대에 더욱 활발해진 외국인등록증의 지문날인 거부운동은 일본 지문등록제도의 역사 연구를 진행하게 하였다. 다나카 히로시田中宏와 김영달은 전쟁 중 협화회에 의한 재일조선인 지문등록과 만주국에서의 지문등록제도田中宏, 1984; 1987가 외국인등록증 지문날인 의무의 전신이라고 지적하였다.ロバート・リケットと「裁判の会」, 1988 나아가 전후 곧바로 도쿄・미야기・나고야 등에서 주민 지문등록이 권장되거나 실시되었음을 밝히고金英達, 1987 : 86~91, '외국인 지문등록은 역사적 사실에 비추어 봐도 일본인 지문등록과 밀접 불가분하다'田中宏, 1984고 지적하였다. 2000년대 이후 이러한 지문제도의 역사 연구를 바탕으로 만주국에서 주민 지문등록의 원류로서, 또는 국제적・역사적 비교로서 제4공화정 프랑스의 범죄수사・영국령 인도제국의 지문등록渡辺, 2003 ; 高野, 2016을 검토하는 연구도 등장하였다.

3. 일본 연구・출입국관리사 연구 – 2000년대

1) 2000년대 연구들

2000년대 이후 일본 출입국 관리제도의 역사는 다시 주목받는 연구대상이 되었다. 여기서는 이른바 입관체제는 일본의 식민지 지배의 잔

해라기보다도 동북아시아에서의 동서냉전과 일본의 인종차별에 따른 산물로 간주되고 있다. 더욱이 일본의 출입국 관리제도가 성립된 1940년대 후반, 한반도를 비롯한 동북아시아의 혼란과 점령군미군General Head-quarters : GHQ/SCAP · 영연방점령군British Commonwealth Occupation Forces : BCOF의 의사 결정 과정, 그리고 한반도부터의 비정규적인 이주자로 이목이 집중되고 있는 점도 지적할 수 있다.

2) 배경

2000년대 이후 입국관리정책의 역사 연구가 진전한 몇 가지 이유가 있다. 하나는 일본, 미국, 오스트레일리아, 뉴질랜드에서 문서 자료가 기밀 보전 기한을 넘겨 공개되었다는 점이다. 일본에서는 외무성이 1976년부터 외교자료 공개를 진행하였고, 2010년 이후 원칙적으로 작성·취득한 지 30년이 경과한 행정문서를 공개하는 방침이 결정되었다.외무성, 2019 미국에서는 인적 인텔리젠스·외국 정부 또는 국제기관의 인텔리젠스 등에 관한 기밀문서는 대량살상무기의 개발정보나 미국의 무기시스템·암호시스템에 중대한 손해를 초래하는 정보에 관한 것만 아니면 원칙적으로 기밀 지정 후 25년이 경과한 해 12월 31일까지 기밀이 해제되어야 했다. 하지만 그러한 기록은 50년 또는 75년의 기밀해제기간을 설정할 수 있다.今岡, 2014 또, 오스트레일리아 국립대학의 테사·모리스=스즈키テッサ·モ-リス=スズキ, 2010와 같이, 오스트레일리아·뉴질랜드의 문서를 이용한 점령 연구도 행해지고 있다.

이러한 연합국의 군사 사료를 얻게 된 결과 연구자들은 연합군이 입관체제를 성립시키는 데 맡은 역할에 대한 평가를 변화시켜 갔다. 즉,

과거에는 구 식민지 출신자들의 권리 보호나 국적 소속에 큰 관심을 갖지 않은 것으로 간주되었던 연합군을, 오늘날에는 "반공주의 이데올로기를 가지고 한반도나 제주도에서 오는 '밀항자'를 적극적으로 체포·송환하려 했던 자들"이라고 보고 있다.

게다가 일본에 큰 영향을 끼친 활동으로서 한국의 과거사 진상 규명·과거사 청산사업의 진전을 들 수 있다. 한국에서 김대중, 노무현 정권의 성립은 제주 4·3사건을 비롯한 해방 직후 한반도에서 벌어진 민간인 학살의 실태조사를 가능하게 했다. 후지나가 쓰요시藤永壯, 2005에 의하면, 2005년 현재 한국에서 제정된 17개의 과거사 청산 관련 법 가운데, 14개가 2000년에서 2005년 사이에 제정되었다. 이 과거사 청산법에 기초한 사업은 광주 5·18민주화운동이나 '의문사'로 불리는 민주화운동의 탄압만이 아니라, 제주 4·3사건이나 노근리사건이라는 대한민국 성립기 학살과 한국전쟁에 관련한 반공주의에 의한 학살사건의 생존자들에게 과거의 체험을 이야기하고 보상을 받을 수 있도록 해주었다. 그리고 생존자의 체험 기록이나 위령활동은 학살과 정치적 탄압이 한국 사회에서 역사화 되어 이야기되는 과정이라고 할 수 있다.

연합군의 사료와 한국의 학살·탄압 생존자들의 증언이라는 2종류의 자료가 공급됨에 따라 일본 출입국 관리제도사 연구는 그때까지의 법령에 관한 이해의 일부를 수정할 수 있었다. 구체적으로 말하면, 이러한 자료의 공급을 통해 1940년대 후반부터 1950년대 전반에 걸쳐 주로 한반도에서 일본으로 비정규로 이주해온 사람들의 존재에 보다 많은 이목이 집중되고 있다. 그리고 그러한 사람들 중에 제주 4·3사건의 생존자가 있었다는 점에서 그들의 오랄히스토리가 수집되었고, 연합군의 자료에 있는 '밀입국·밀무역'에 관한 언급이 주목되게 되었다.

예를 들면, 1947년에 제정된 외국인등록령은 '실질적으로 입국허가에 관한 규정을 두지 않을 뿐인 외국인관리령이며, 재류외국인의 등록과 동령 위반자의 퇴거에 관한 당시의 기본 법령이었다'입국관리국, 1981 : 77고 입국관리국 스스로가 쓰고 있는 것처럼 전후 일본에서의 출입국관리제도의 원형이다. 1965년에는 일본정부가 '재일조선인에 대한 절대 생사여탈권'을 갖는 법적 근거로 인용되었던 이 법령은 한반도에서의 비정규 이주에 대한 대책 중 하나이며, 이미 일본에 거주하고 있던 재일조선인을 입국관리·외국인등록의 대상으로 하는 것オーガスティン, 2006으로 간주되었다.

또한 외국인등록령의 개정1949은, 과거에는 '본 개정은 결코 외국인에 대한 일반법으로서의 외국인등록령 개정으로 진행되는 것이 아니라, 9월의 조련朝連 해산, 10, 11월의 민족교육에 대한 규제 철저 등 1949년 후반기에 추진된 재일조선인에 대한 규제 강화의 일환과 다름없었다는 점에 주의를 기울일 필요가 있다'大沼, 1978 : 104고 이해되어 왔다. 그러나 현재에는 아래와 같이 국제적 인텔리젠스의 관점에서 연합군이 이 비정규적인 이동에 관심을 가지고 있었던 점이 밝혀지고 있다.

① 불법입국과 일본으로부터의 유출을 저지하는 것은 밀무역을 수반하는 경제상의 관점에서뿐만 아니라 공산주의자에게 지배된 지역에서 온 인물이 입국하는, 점령 목적에 적대적인 특정 조직의 멤버를 증가시키는 인물이 유입되는 인텔리젠스의 관점에서도 가장 중요하다. (…중략…)

④ 현재 불법입국으로 체포된 사람들을 송환하는 정책은 이들을 행정적으로

송환하는 것이다. 이 정책은 현재의 경제상황 하에서는 의심할 여지없이 정당하지만, 다른 한편으로 만일 체포되었다고 해도 송환될 뿐이라는 것을 알고 있는 불법입국자들의 용기를 북돋우는 것이다. 그들은 다시 같은 일을 시도할 것이다. 몇 가지 일본의 법률을 회복하고 강화하는 일이 필요할 것이다. 그 법률에 따라 불법 입국자들에게 그들의 의도를 포기하도록 하는 것이다. GHQ/SCAP, G2, 1949

또 하나, 일본 출입국관리와 관련한 연구가 1990년대 후반에서 2000년대에 걸쳐 진행되었다. 오키나와·아마미의 '밀항', '밀무역' 연구이다. 사타케 교코佐竹京子, 2003, 이시하라 마사이에石原昌家, 2005, 오쿠노 슈지奧野修二, 2005, 다카기 린高木凜, 2007, 야카비 오사무屋嘉比收, 2009, 마츠다 요시타카松田良孝, 2013, 고이케 고닌小池康仁, 2015의 연구를 통해 일본 패전 직후부터 1950년 무렵까지 일본과 한반도만이 아니라 대만, 오키나와, 아마미와 일본 사이에 인적 물적 비정규 왕래가 행해지고 있었다는 점이 밝혀졌다. 이 '밀무역'은 GHQ/SCAP가 우려한 바와 같이 공산주의 조직과의 관계뿐만 아니라 일본 내 극우세력이나 중국 국민당에 직접적인 이익을 제공하고 있었을 가능성이 있다는 점도 지적되었다. Morris-Suzuki, 2014 예를 들어 GHQ/SCAP가 1949년에 효고현 군정부로부터 받은 정보에는 '국제적인 밀수집단'이 '중국의 군벌로부터 지원을 받고'있다는 점, 관계자 중에 일본인, 중국인, 오키나와인, 조선인이 포함되어 있다는 점, 탕언보湯恩伯와 깊은 관계를 맺고 있는 중국인이 중국 국민당군에 재정적으로 공헌하고 있다는 점이 지적되고 있다. GHQ/SCAP G2, 1949 이러한 당시의 역사 정세를 생각하면, 일본에서의 출입국 관리정책은 일본의 식민지 지배

해체의 첫 번째 프로세스일 뿐만 아니라 중국의 국공내전과 대만 정세, 한반도의 정치적 혼란과 한국전쟁이라는 동시대의 동북아시아 국제정세에도 대응한 결과로 간주하는 것이 적절할 것이라 생각된다.

3) 성과

이러한 연구의 결과, 일본 출입국 관리제도는 동북아시아 해역에서의 이동·이주와 그 관리라는 보다 넓은 지역적 범위 안에 자리하고 있다는 것을 알 수 있었다. 상술한 바와 같이 연합군 GHQ/SCAP 및 BCOF에 대한 평가는 '재일외국인에 대해 무관심하였다'는 것에서 '적극적인 반공주의에 입각하여 한반도로부터의 '밀항'을 억제하려고 시도하였다'로 변화되었다고 할 수 있다. 그리고 지금 일본의 출입국 관리정책은 동시기 한반도 정세동북아시아에서의냉전와 보다 강하게 관련되어 있다. 바꿔 말하면 출입국 관리정책 역사 연구에서 해방 직후의 한반도 동란 속에서 일본으로 (재)이주한 '밀항'과 외국인등록령과의 관계가 중시되고 있다는 것이다.

이러한 변화는 이른바 '입관체제'의 성립을 일본과 한국·대만·미국이라는 보다 큰 국제비교 속에서 검토할 수 있게 하였다. 모리스=스즈키モーリス=スズキ, 2010는 1951년에 성립한 일본의 출입국관리령과 미국의 1952년 이민 및 국적법Immigration and Nationality Act of 1952이 역사적으로 상호 영향을 미쳤을 가능성을 지적하였다. 이는 일본의 입국관리제도가 국제비교를 통해, 즉 미국과 일본은 물론 한국이나 대만의 출입국 관리제도 성립과정과 비교할 수도 있음을 시사하는 것이다.

4. 나가며

이 글은 일본 입국관리제도의 역사 연구가 어떠한 역사적 배경 속에서 이루어졌으며, 그러한 연구를 통해 무엇을 알게 되었고, 이후 어떠한 연구가 가능할지에 대해 밝혀보고자 한 것이다. 지금까지의 연구를 통해 아래의 4가지 점이 밝혀졌다고 할 수 있다. 즉, 일본에는 '입관체제'라고 부를 수 있는 것이 존재하며, 그것이 외국인을 거주의 권리에 있어서 일본인과 현저하게 다른 존재로 만들고 있다는 점이다.

① 일본 지문등록의 역사에서 만주국(국민 모두 지문등록)이 달성한 역할이 크다 : 만주국 관료나 특별고등경찰이 전후 입국관리국의 직원이 된 사례

② GHQ/SCAP 및 BCOF에 대한 평가 : 단순한 방관자나 민주주의의 이입자 移入者가 아닌 반공주의적 이데올로기로 '밀항'을 저지하려고 하였다(때문에 외국인등록령에 반대하지 않았다).

※ 단, 그럼에도 연합군 GHQ/SCAP은 외국인등록령에서 절차적 권리 확보가 중요하다는 태도는 바꾸지 않았다. 절차적 권리가 박탈된 것은 일본으로 출입국의 권한이 이양된 후부터이다.

③ 입관체제의 성립은 동북아에서의 냉전을 빼놓고 설명할 수 없다.

= 2000년대 이후 출입국 관리제도의 역사 연구는 해방 직후 한반도의 동란 속에서 일본으로 (재)이주한 '밀항'과 외국인등록령과의 관계를 중시하고 있다.

= '밀항자'의 존재는 한국의 이데올로기 대립과 반공주의적 폭력에서 나왔고, 그러한 '밀항자'의 이동은 반공주의적 이데올로기에 의해 위험시되

었다. 이러한 역사적 배경을 감안하지 않고서는 출입국관리제도의 성질
을 분명히 할 수 없다.

④ 일본 패전 직후에는 동중국해 해상에서 대규모의 사람과 물자의 이동('밀
항', '밀무역')이 있었고, 그러한 네트워크는 모두 연합군으로부터 위험시
되고 있었다.

더욱이 일본 출입국 관리제도 역사 연구에는 두 가지 정점이 있었다.
그 정점은 각각 동시기의 국내외 정치 정세에 입각한 것이었다. 즉 1960
년대 후반부터 1980년대까지는 베트남 반전운동에서부터 한일연대, 외
국인등록증 지문날인 거부 운동에 이르는 일본 시민사회의 '아시아'에
대한 관심이 고조되었다. 그것은 계급투쟁에서 반차별투쟁으로, 이데올
로기에서 아이덴티티로 사회운동을 전환시켰다. 한편, 2000년대의 연구
는 제2차 세계대전 후 동북아에서의 지역 질서 확립이라는 보다 넓은 역
사적 맥락 속에서 일본의 출입국 관리제도 성립과정을 재검토하였다. 그
결과 일본해와 동중국해에서의 비정규적 인적 이동과 조선·대만·중국
의 이데올로기 대립이 가져온 인권 탄압이 보다 주목받고 있다.

이러한 연구성과를 고려하면 다음과 같이 말할 수 있을 것이다. 즉 일
본 입관체제의 성립 과정은 보다 큰 국제비교한국과 일본, 대만과 일본, 미국과 일본
속에서 검토 가능하다는 점, 다나카 히로시田中宏와 김영달이 수행한 지
문등록의 역사 연구는 통시적 검토가 필요하다는 점(1930년대부터 현재에
이르는 이른바 '만주인맥' 연구와 그 국제비교. 예컨대 한국에서 국민의 지문등록을
담당한 사람은 누구인가, 그 사람의 경력은 어떠한가), 그리고 1940년대 말부터
50년대 전반에 걸쳐 동북아해역에서의 사람과 물건의 이동을 밝힘으로

써 일본뿐만 아니라 한국·대만 출입국 관리제도의 역사를 밝힐 수 있는 가능성이 있다는 점이다.

다양한 연구의 결과, 지금까지 일본의 출입국 관리제도 성립과정은 국경관리라는 국가의 전권사항으로 이해되어 왔지만 이제는 국제정치·외교에 의해 좌우되는 것이라고도 할 수 있다. 그리고 국경관리제도를 통해 누가 '일본인'인가 하는 이해를 넓히고 정착시켜 온 것이 전후의 일본이라고 한다면, 일본 출입국 관리제도의 성립과정을 역사적으로 밝히는 것은 '일본인'은 어떠한 사람들인가라는 일본 연구의 과제에 역사적으로 응답하는 것이라고 할 수 있을 것이다.

참고문헌

藤永壯, 「韓国の「過去清算」とは何か」, 『情況』第3期 第6巻 第9号[=http://www.dce.osaka-sand ai.ac.jp/~funtak/papers/joukyou_0510.html](2022.3.16), 2005.

GHQ/SCAP, Government Section, Administrative Division, 15/5/1949, "Korean Illegal Entra nts"(米国国立文書館所蔵, NAIL Control Number: NWCTM-331-UD1387-2190(2)).

GHQ/SCAP, G-2, Public Safety Division, 1949, CCD Intercepts—Smuggling, 1949 Book #2, 国立国会図書館所蔵, 請求番号 : G2 00199-00209.

今岡直子, 「諸外国における国家秘密の指定と解除−特定秘密保護法案をめぐって」, 『調査と情報Issue Brief』vol.806, 2014.

石原昌家, 『空白の沖縄社会史−戦果と密貿易の時代』, 晩聲社, 2005.

李美淑, 『「日韓連帯運動」の時代−1970~80年代のトランスナショナルな公共圏とメディア』, 東京大 学出版会, 2018.

金英達, 『日本の指紋制度』, 評論社, 1987.

小池康仁, 『琉球列島の「密貿易」と境界線−1949~51』, 森話社, 2015.

是川夕, 「移民第二世代の教育達成に見る階層的地位の世代間変動−高校在学率に注目した分析」[Educa- tional Attainment and Intergenerational Class Mobility of the Second-Generation Immigrant in Japan : Analyzing High School Enrollment], 『人工学研究』vol.54, 2018.

前田朗, 「国連人種差別撤廃委員会は日本に何を勧告したか」, 『国際人権ひろば No.142(2018年11 月発行号)』, https://www.hurights.or.jp/archives/newsletter/section4/2018/11/po st-201822.html(2022年3月16日閲覧), 2018.

松田良孝, 『与那国台湾往来記−「国境」に暮らす人々』, やいま文庫, 2013.

外務省(Ministry of Foreign Affairs), 「外交記録公開」(https://www.mofa.go.jp/mofaj/ms/dr_i d/page25_001087.html), 2019.

Morris-Suzuki, Tessa, *Borderline Japan : Foreigners and Frontier Controls in the Postwar Era*, Cambridge University Press, 2010.

_____, "Democracy's Porous Borders : Espionage, Smuggling and the Mak ing of Japan's Transwar Regime(Part I)", *The Asia-Pacific Journal*, Vol. 12, issue : 40, No. 4(Retrieved 16th March 2022, http://apjjf.org/2014/12/40/Tessa-Morris-Suz uki/4198.html#sthash.lRPAFzD8.dpuf), 2014.

村山家国, 『奄美復帰史』, 南海日日新聞社, 1971.

奥野修二, 『ナツコ沖縄密貿易の女王』, 文芸春秋, 2005.

大沼保昭 編, 「《資料と解説》出入国管理法制の成立過程」, 『法律時報』第51巻 第5号 , 1978.

_____, 『新版 単一民族社会の神話を超えて−在日韓国・朝鮮人と出入国管理体制』, 東信堂, 1993.

_____, 『在日韓国・朝鮮人の国籍と人権』, 東信堂, 2004.

ロバート・リケットと「裁判の会」, 「指紋押捺制度の背景」, 『思想の科学』(100), 1988.

佐竹京子, 『軍政下奄美の密航・密貿易』, 南方新社, 2003.

菅(七戸)美弥, 「「反共主義」から「人種差別廃止」へ−アメリカ合衆国移民帰化法改正審議過程に関す

る一考察1952~1965年」, 『社会科学ジャーナル』 vol.46, 2001.

高木凛, 『沖縄独立を夢見た伝説の女傑 照屋敏子』, 小学館, 2007.

田辺俊介, 「日本人は排外的? 現代日本の排外主義と移民政策」, 読売新聞オンライン, https://yab.y
　　omiuri.co.jp/adv/wol/opinion/society_181029.html(2022年3月16日閲覧), 2018.

高野麻子, 『指紋と近代－移動する身体の管理と統治の技法』, みすず書房, 2016.

田中宏, 「指紋管理の歴史」, 「ひとさし指の自由」編集委員会 編, 『ひとさし指の自由－外国人登録法
　　・指紋押捺拒否を闘う』, 社会評論社, 1984.

―――, 「外国人指紋制度の導入経緯」, 新見隆, 小川雅由, 佐藤信行ほか, 『指紋制度を問う : 歴史・実
　　態・闘いの記録』, 神戸学生・青年センター, 1987.

辻大介, 「計量調査からみる「ネット右翼」のプロファイル : 2007・2014年 雨調査の分析結果をもと
　　に」, 『年報人間学』第18号, 2017.

東大法共闘 編, 『告発・入管体制』, 亜紀書房, 1971.

渡辺公三, 『司法的同一性の誕生－市民社会における個体識別と登録』, 言叢社, 2003.

屋嘉比収, 『沖縄戦, 米軍占領史を学びなおす－記憶をいかに継承するか』, 世織書房, 2009.

在日朝鮮人の人権を守る会 編, 『在日朝鮮人の法的地位 : 剥奪された基本的人権の実態』, 東京 : 在日
　　朝鮮人の人権を守る会出版局, 1965.

한국전쟁 후, 영도대교의 장소성과 점바치골목 형성의 사회적 의미

1950~60년대 대중가요를 중심으로

김경아

1. 영도대교의 건설

영도대교는 일제강점기인 1934년에 세워진 한국 최초의 도개교로 부산의 남단에 위치한 영도와 내륙을 이어주는 다리이다. 당시 영도에는 한국 최초의 현대식 조선소인 '다나카조선소'가 세워졌고 이어 크고 작은 조선소와 철공소가 본격적으로 들어섰다. 일본 정부는 영도에 군마조련장, 관동군 훈련장, 해안포진지를 구축해 군사요충지로 삼았고, 수산시험장을 세우기도 했다. 원래 목장이었던 영도에 조선소, 제염소, 도자기 공장 등이 들어서면서 영도는 산업도시로 성장했고 인구도 점차 유입되기 시작한다. 1920년과 1926년의 영도와 부산 간 물류 및 화객의 운수교통량을 비교해 보면, 화객수가 1,575,546인에서 2,992,284인으로 약 2배 증가했고, 화물은 61,382개에서 142,000개로 2배 넘게 증가한다.[1] 수송 인원과 물류의 증가에 따라 부산과 영도를 연결하는 교

---

[1] 부산부, 『釜山府勢要覽』, 1932, 122·170쪽 참조.

량의 필요성이 대두되었고, 가교 건설을 위한 기술적인 검토 끝에 도개교가 건설되었다.

영도대교는 남빈정南濱町 입구의 공터, 즉 현재 롯데백화점광복점 앞 교차로에서 바다 건너 부산영도경찰서 앞을 지나도록 연결되었다. 1932년 4월 20일 착공해, 총 연장 214.63m, 폭 18m로 시공되었고, 부산부측 31.3m를 도개할 수 있도록 설계되었다.[2] 다리 중 고정된 부분은 캔틸레버cantilever식 강판항교鋼板桁橋로 50t급 이하의 기선의 경우 다리의 도개여부와 상관없이 교량 아래를 자유롭게 항행할 수 있었다.[3] 2년 7개월만에 완성된 영도대교는 하루 7회 도개했는데, 이는 동양 최초이자 한국 유일의 도개교였다. 영도대교는 부산 내륙과 영도를 이어 물류 및 화객을 운수하는 교량의 역할을 했고, 한국 최초의 도개교라는 상징성은 영도대교를 부산의 랜드마크로 자리하게 했다.

하지만, 한국전쟁을 계기로 영도대교는 원래의 내륙과 섬을 잇는 교량의 역할을 벗어나, 전쟁의 상흔과 결합해 고유한 장소성을 갖게 된다. 그리고 영도대교 아래의 점바치골목은 바로 이러한 영도대교의 장소성에 기대어 형성되었다. 영도대교와 피난민의 서사는 이미 많은 구술자료에서 발견되고, 점바치골목과 피난민에 관한 이야기 또한 다양한 인터뷰 자료에서 쉽게 발견된다. 다만, 이들의 이야기는 각 개인이 가진 서사에 머무를 뿐, 이것을 영도대교가 가진 장소성과 연계해 영도대교

---

2 가교가 건설되면 부산항을 오가는 선박의 통행에 제약이 생기므로 해운업계의 반발이 거세었다. 만일 영도를 돌아서 북항으로 입항한다며 운수비용이 증가하기 때문이었다. 일본 정부는 지하터널을 만드는 등 여러 가지 안들을 비교한 끝에 결국 선박 출입이 가능하도록 교각 사이 상관한 부분을 들어올리는 도개교(跳開橋, bascule bridge)를 설치하는 것으로 결정하였다.

3 부산역사문화대전, '영도대교(影島大橋)', http://http://busan.grandculture.net/Contents?local=busan &dataType=01&contents_id=GC04213694(검색일:2021.9.17)

아래 점바치골목이 형성된 사회적 원인을 밝혀내지는 못했다. 그도 그럴 것이 점바치골목은 한국전쟁 초기 우후죽순으로 자리한 피난촌과 함께 생겨났고, 시기에 따라 점바치나 점집의 수가 수시로 변했으므로 의미 있는 수치나 기록을 제시할 수 있는 근거 자료가 남아 있지 않기 때문이다. 점바치 대부분이 정규교육을 받지 못한 맹인이거나 신내림을 받은 무당이라는 점 또한 관련 연구 자료가 적은 원인으로 작용했다. 게다가 일제강점기부터 미군정기와 이승만정권에 이르기까지, 무속은 낙후성과 비문명성을 상징하는 타파해야 할 폐습으로 억압받았기에 관련 점술업의 기록이나 전승을 그다지 중요하게 생각하지 않았다. 곧이어 1960~70년대는 근대화와 산업화를 추구했고, 그 이후는 과학적, 이성적 사고가 지배적인 담론으로 자리했기에 점바치골목은 연구대상으로 주목받을 기회를 얻지 못했다.

점바치골목은 한국전쟁 후 어지러운 사회상과 전후 이산離散이라는 특수한 시대성이 영도대교라는 장소성과 결합해 만들어진 문화적 산물이다. 따라서 피난민의 삶 속에서 영도대교가 어떤 심상성을 가지는 장소로 자리매김했는가에 대한 분석을 통해 영도대교 아래 점바치골목이 형성된 이유를 고찰하는 것도 의미 있는 작업이 될 것이다. 다만, 앞서 밝혔다시피 이 시기 점바치나 점바치골목의 상권에 대한 기록물이 거의 없기에, 당시의 역사 자료를 읽고 그 의미를 분석하기보다는 문화사회학의 관점에서 주제에 접근하고자 한다. 이에 1950~60년대에 대중적으로 히트한 노래 중 영도대교가 소재로 등장하는 대중가요를 대상으로 피난민들에게 영도대교가 어떤 장소성을 갖는지를 분석할 것이다. 가요에 반영된 피난민의 삶과 영도대교의 장소성을 분석하는 작업은 피난민의 심상성을 개인의 주관적 경험이 아니라 전쟁의 경험을 공유한 세대 전체로 확대한다는 측면에서 의미가 있다. 다만, 가요의 분석은 주관적 판단이 개입되므로, 연구 시각의 균형을 찾기 위해 피난민에 관한 역사학적 연구성과를 최대한 활용해 분석의 논거로 삼으려 노력했다. 그리고 이러한 분석내용을 바탕으로 영도대교 아래 점바치골목의 형성원인과 그 사회적 의미를 짚어낼 것이다.

2. 피난민의 남하와 영도대교의 장소성

1950년 6월 25일 한국전쟁이 발발한다. 그해 8월 18일 서울에 있던 정부 기관을 부산으로 이전했고, 국회, 사법기관, 검찰 기관뿐 아니라 중앙에 있던 경제·사회·문화·금융·교육 관련 기관들도 모두 부산에 자리를 잡았다. 1951년 1월 4일 부산이 대한민국 정부의 임시 수도로 지정되자, 북쪽의 피난민들도 전쟁의 포화를 피해 대거 남하한다. 1949년 473,619명이던 부산의 인구는 한국전쟁 초기 약 2배로 늘어났고, 종전 이후에도 지속적으로 증가해, 1955년에는 1백만을 넘어선다.[4] 정부는 피난민의 보호와 통제를 위해 여러 가지 민사정책을 수립했으나, 피난민을 모두 수용하기에는 역부족이었다. 당시 피난민 정착촌은 두 종류로 나눌 수 있는데, 하나는 정부의 인구이동정책의 일환인 피난민 정착사업에 의해 형성된 곳이고, 다른 하나는 피난민의 이동에 따라 자연

---

4 차철욱·류지석·손은하, 「한국전쟁 피난민들의 부산 이주와 생활공간」, 『민족문화논총』 제45집, 영남대 민족문화연구소, 2010, 257쪽.

발생적으로 형성된 곳이었다.[5] 당시 전국에서 몰려온 피난민을 수용하기 위해 정부는 영도의 대한도기주식회사, 영도 해안가, 영도 청학동, 남부민동, 대연고개 등 40여 곳에 수용소를 마련할 계획을 세웠으나, 수용 규모는 7만 명에 지나지 않았다.[6] 나머지 피난민들은 용두산과 국제시장, 충무동 해안가와 영도 남항동과 대평동 등 부두 주변에 판잣집을 지어 살 수밖에 없었다. 정부가 이들을 전면적으로 수용하기 어려웠고, 피난민 스스로도 언제 고향으로 돌아갈 수 있을지 기약할 수 없었으므로 나름의 정착지를 찾을 수밖에 없었다.

피난민들이 부산에서 거주지와 일자리를 찾아 정착하는 과정에서 영도대교는 그들의 삶과 매우 밀접한 관계성을 가지게 된다. 원래 영도대교는 영도와 내륙을 연결해 물자와 사람의 수송을 용이하게 하기 위한 구조물로 설치되었다. 하지만 한국전쟁 후 피난민에게 영도대교는 단순히 이동을 목적으로 한 구조물이 아니라, 그들의 삶의 터전이자, 가족을 만날 수 있는 희망의 장소인 동시에 삶의 고단함을 토로하는 장소가 되기도 했다. 케빈 린치Kevin Lynch는 장소의 정체성은 장소에 개별성을 부여하거나 다른 장소와의 차별성을 제공하며, 독립된 하나의 실체로 인식하게 하는 토대 역할을 한다고 정의했다. 모든 개인이 특정 장소에 정체성을 부여할 수도 있지만, 이러한 정체성은 상호 주관적으로 결합해 공통의 정체성을 형성할 수도 있다.[7] 이처럼 인간이 특정 장소와 관계를 맺

---

5 김귀옥, 『월남인의 생활 경험과 정체성 – 밑으로부터의 월남인 연구』, 서울대 출판부, 2000, 111쪽; 권태환·김두섭, 『인구의 이해』, 서울대 출판부, 1997, 165쪽.

6 차철욱, 앞의 책, 257쪽.

7 에드워드 렐프, 김덕현 외역, 『장소와 장소상실(PLACE AND PLACELESSNESS)』, 논형, 2005, 109쪽 참조.

으며 의미를 생성해 고유하면서도 다른 장소와 차별화된 특성을 보이는 것을 장소성이라 한다면, 영도대교는 한국전쟁 이후 피난민의 삶과 밀접한 관련을 맺으며 고유의 장소 정체성을 가지게 되었다고 볼 수 있다.

피난민과 영도대교의 관계성은 1950~60년대 발표된 대중가요 속에서 잘 드러난다. 이 시기에 발매된 대중가요 중 유독 '영도다리'를 제목으로 하거나, 가사에 영도다리가 등장하는 노래가 상당히 많다. 앨범이 발매된 순서대로 열거하면 1950년대 가요로는 현인의 〈굳세어라 금순아〉1952, 남인수의 〈고향의 그림자〉1954, 박재홍의 〈경상도 아가씨〉1954와 〈손금 보는 내력〉1955, 남백송의 〈고달픈 청춘〉1956, 박재홍의 〈이름없는 조각배〉1956, 손인호의 〈여수의 부산항구〉1957, 윤일로의 〈추억의 영도다리〉1958, 박재홍의 〈끊어진 영도다리〉1958가 있고, 1960년대 가요로는 박재홍의 〈영도다리 비가〉1960, 백야성의 〈눈물의 영도다리〉1961, 시민철의 〈울고넘는 영도다리〉1961, 안정애의 〈눈물의 영도다리〉1963, 김희수의 〈이별의 영도다리〉1965, 명국환의 〈영도다리〉1965, 손인호의 〈부산은 내 고향〉1965, 이성남의 〈잠들은 영도다리〉1967, 이상열의 〈이별의 영도다리〉1968, 여운의 〈들지않는 영도다리〉1968 등 총 19곡에 이른다.

그럼 아래에서는 1950년대 초중반 발매된 가요와 1950년대 후반부터 1960년대에 발매된 가요로 나누어 가요 속에 영도대교의 장소성이 어떻게 나타나고, 또 변화하는가를 살펴보도록 하겠다. 이렇게 시기를 구분한 이유는 영도대교의 장소성이 전쟁시기나 휴전초기, 그리고 휴전의 장기화가 확정되고 타향살이가 길어진 이후가 다소 다른 결을 보이기 때문이다.

1) 1950년대 초중반 영도대교의 장소성

1950년대 초중반에 발매된 노래는 피난민, 특히 이북 피난민의 피난 과정과 생계의 고통을 담은 가사가 많았다. 이 노래들은 전쟁 시기 피난민의 상처를 위로하고 그들의 공감대를 얻으며 크게 히트했다. 그중 1953년과 1954년에 발매되어 대중적으로 많은 인기를 얻은 세 곡, 〈함경도 사나이〉[8]와 〈굳세어라 금순아〉,[9] 〈경상도 아가씨〉[10]의 가사를 대표로 살펴보도록 하겠다.

〈굳세어라 금순아〉(1953)	
(1절) 눈보라가 휘날리는 바람 찬 흥남부두에 목을 놓아 불러 보았다 찾아를 보았다 금순아 어디로 가고 길을 잃고 헤매었더냐 피눈물을 흘리면서 일사 이후 나 홀로 왔다	(2절) 일가친척 없는 몸이 지금은 무엇을 하나 이내 몸은 **국제시장 장사치**①이다 **금순아 보고 싶구나 고향 꿈도 그리워진다**⑦ **영도다리** 난간 위에 초생달만 외로이 떴다
(3절) 철의 장막 모진 설움 받고서 살아를 간들 천지간의 너와 난데 변함 있으랴 금순아 굳세어다오 남북통일 그날이 되면 손을 잡고 울어보자 얼싸안고 춤도 춰보자	

〈함경도 사나이〉(1953)	
(1절) 興南 埠頭 울며 찾던 눈보라 치든 그날 밤 내 子息 내 아내 잃고 나만이 외로이 恨이 맺혀 설움에 맺혀 南韓 땅에 왔건만 釜山 港口 갈매기의 노래조차 슬프고나 **影島다리** 欄干에서 누구를 찾어보나?	(3절) 麗水 統營 님을 싣고 떠나만 가는 똑딱 船 **내 家庭 내 子息 싣고**① **내 아내 싣고** **내 품에다 내 가슴에다** **반겨 주게 하련만** 하루 終日 **埠頭 勞動**② 땀 방울을 흘리면서 四十階段 板子집에 오늘도 우는구려 ~

---

8 손로원 작사, 나화랑 작곡, 손인호 노래, 〈함경도 사나이〉, 킹스타레코드사, 1953.
9 강사랑 작사, 박시춘 작곡, 현인 노래, 〈굳세어라 금순아〉, 오리엔트레코드사, 1953.
10 손로원 작사, 이재호 작곡, 박재홍 노래, 〈경상도아가씨〉, 미도파, 1954.

〈경상도 아가씨〉(1954)	
(1절) 사십계단 층층대에 앉아 우는 나그네 울지 말고 속시원히 말 좀하세요 피난살이 처량스레 동정하는 판자집에 경상도 아가씨가 애처로워 묻는구나 그래도 대답없이 슬피우는 이북고향 언제가려나	(2절) 고향길이 틀 때까지 **국제시장 거리에** **담배장사 하더래도 살아 보세요**③ 정이 들면 부산항도 내가 살던 정든 산천 경상도 아가씨가 두 손목을 잡는구나 그래도 뼈에 맺힌 내 고장이 이북고향 언제 가려나
(3절) **영도 다리** 난간 위에 조각달이 뜨거든 안타까운 고향 애기 들려주세요 복사꽃이 피던 날밤 옷소매를 끌어잡는 경상도 아가씨가 안타까워 우는구나 **그래도 잊지 못할 내 고장이 이북고향 언제 가려나**ⓒ	

  1953년에 발매된 〈굳세어라 금순아〉와 〈함경도 사나이〉, 그리고 1954년에 발매된 〈경상도 아가씨〉 속 화자는 모두 이북 출신의 피난민이다. 앞의 두 노래의 화자는 1·4후퇴 때 흥남부두에서 미군 상륙함 LST를 타고 부산에 왔고, 마지막 노래의 화자는 피난 경로의 설명 없이 출신만 언급되었다. 세 노래 모두 이북 출신 피난민이 가족과 헤어지고 타향에 홀로 남은 외로움과 가족과 고향에 대한 그리움을 담아내고 있다. 위의 노래에는 공통적으로 영도다리영도대교가 배경으로 등장한다. 표면적으로 보면 영도다리와 가사 속 화자의 관계성은 그다지 두드러져 보이지 않는다. 하지만 당시의 시대상과 피난민의 생활을 가요 속 화자의 삶에 대입해보면, 양자의 관계성이 좀 더 명확히 드러난다.

  먼저 위의 세 곡에서 영도다리는 모두 그리움이라는 심상과 연결된다. 〈굳세어라 금순아〉는 ㉠ 금순이와 고향을, 〈함경도 사나이〉는 ㉡ 자녀와 아내를, 〈경상도 아가씨〉는 ㉢ 이북 고향을 그리워하는데, 영도다리는 바로 그들을 향한 그리움을 토로하는 장소로 등장한다. 실제로 50년대 초기 영도대교는 피난민들이 헤어진 가족이나 연인과의 만남을 염원하던 장소였다. 영도대교는 일제강점기인 1934년부터 대한민국 최초의 도개교로 유명했고, 하루에 몇 번씩 전기 장치에 의해 하늘 위로 들렸다가 내려오는 다리는 부산의 명물로 전국에 알려졌다.[11] 한국전쟁 이전의 영도대교는 섬과 내륙을 오가거나, 다리가 도개하는 광경을 보기 위해 찾는 사람이 대부분이었다. 하지만, 전쟁 이후에는 이산가족을 찾기 위해 이곳을 찾는 이들이 생겨났다. 피난민들의 자서전, 매체 인터뷰와 구술자료를 보면, 만일 헤어지게 될 경우 '올라갔다, 내려갔다 하는 다리'에서 만날 것을 약속했고, 그래서 많은 피난민들이 이곳을 자주 찾았다는 진술을 확인할 수 있다.[12] 1950년대 초 영도대교 양쪽 난간에 가족의 이름을 적은 종이나 헌 옷이 빽빽하게 붙어 있었고, 가족의 정보를 적은 팻말을 목에 건 사람들도 있었다.[13] 위의 노래 속 화자들이 영도다리에서 난간을 붙잡고 가족과 고향을 그리워하는 것은 당시 피난민들의 자화상이 반영된 것이라 할 수 있다.

또한 위의 노래에서 영도대교는 노래 속 화자들의 주거지나 일자리와 가까워 그들에게 매우 익숙한 장소이기도 했다. 1950년대 초, 영도대교의 양 끝에 피난촌이 자리했다. 대교의 내륙 쪽에는 피난민 1,000여 가구가 판자집을 짓고 살았고,[14] 대교의 섬 쪽, 즉 영도 부두 변에도 피난촌이 자리했다. 주목할 점은 영도 부두쪽의 피난촌에는 이북 출신 피난민 350여 가구가 모여 살았다는 것이다.[15] 분단 후 고향으로 돌아가지

---

11 「釜山大橋等 竣工式擧行」, 『동아일보』, 1934.11.26.석간, 4면1단.
12 「[부산 영도다리] "우리 딸이 이 다리로 오기로 했는데…"」, 『중앙일보』, 2016.6.24; 〈알쓸신잡 3 부산〉(9회, tvN, 2018); 「(6・25전쟁 70년) 사진으로 본 피란수도 부산… 70년 전, 그리고 오늘」, 『연합뉴스』, 2020.6.19 참조.
13 「굳세어라 영도다리」, 『경향신문』, 1997.5.24, 25면.
14 위의 글, 25면. 하지만 1953년 7월 18일 『동아일보』 기사 「避難살이 三年의 발자취 (5) 住宅篇」 에는 영도대교 인근에 7백 호가 살았다고 보도하고 있어, 구체적인 수치는 다소 차이가 있다.
15 「이들을 어디로 가람?-影島埠頭邊避難村에 撤去令」, 『동아일보』, 1953.4.26.

못한 이북 피난민 중 다수가 영도에 정착했고, 그 흔적은 현재 영도 청학동 산복도로 위 '이북할매길'이란 이름에도 남아 있다. 「부산 닥밭골 구술자료」 중 최석분女, 1935년생은 한국전쟁과 각 지역 사람들에 대해 기억하면서, 영도에 사는 이북 사람들이 국제시장에 와서 장사하면서 상권을 장악했다고 구술하였다.[16] 영도에 거주하는 피난민이 국제시장으로 가려면 이른 아침 영도대교를 지나야 했고, 밤늦게까지 고된 노동 후에는 영도다리 위에 걸린 조각달을 보며 다시 판자촌으로 돌아갔을 것이다. 설령 영도에 거주하지 않았더라도, 피난민들에게 영도대교는 매우 익숙한 장소일 수밖에 없었다. 노래 속 화자들은 ① 국제시장 장사치, ② 부두 노동자로 고단한 생계를 이어가고, ③은 국제시장 담배 장사를 권유받는다. 당시 피난민들에게 가장 중요한 문제는 생계였다. 정부에서 제공하는 수용소에서 생활하는 경우는 정부나 부산시가 양식을 배급했지만, 그 외 피난민들은 생계를 스스로 해결해야 했다. 전쟁 기간 부산에서 가장 많은 직업은 상업과 공무자유업이었다. 상업의 경우는 국제시장에서 정상적인 유통과정을 거쳐 판매하기도 했고 미군 부대나 항구를 통해 밀수품을 유통하기도 했다. 공무자유업의 경우는 부산역이나 시장 등지에서 물건을 운반해 주는 지게꾼들도 있었고, 부두 노동자도 있었다. 특히 부두 노동은 피난민들이 가장 손쉽게 얻을 수 있는 일자리였다. 당시 부산항은 일제강점기때부터 이미 큰 상권이 형성되었고, 한국전쟁 시기에는 미군부대와 구호단체들이 원조물자를 싣고 왔으므로 엄청난 부두 하역노동이 필요했다. 하역노동은 특별한 기술이 필요

---

16 경성대 한국학연구소, 「부산 근현대 구술자료수집 학술용역 보고서－부산 닥밭골 구술자료」, 2018, 15쪽.

없어 일자리를 구하기도 상대적으로 수월했다.[17] 영도대교는 섬과 내륙을 잇는 교량이지만, 위치상 서쪽으로는 국제시장과 가깝고, 동쪽으로는 부산항에 인접해 있었으며, 북쪽으로는 부산역이 가까웠다. 즉 영도대교는 피난민의 유동인구가 많고, 또 굉장히 집중된 곳이기도 했다.

따라서, 이 시기 가요에 나타난 영도대교는 피난민들이 떠나온 고향과 헤어진 가족을 만날 수 있기를 염원하는 장소이자, 그들의 삶의 고단함과 노동의 흔적을 엿볼 수 있는 장소였다고 할 수 있다.

2) 1950년 후반부터 1960년대 영도대교의 장소성

1953년 7월 27일 휴전 협정이 맺어지고, 38선이 남한과 북한의 정치적 경계선이 되었다. 이북 피난민들은 실향민이 되었고, 이제는 타향에 적응하며 살아갈 수밖에 없었다. 1950년대 후반부터 1960년대에 발매된 가요를 보면, 영도대교는 피난민들의 양가적인 감정이 반영되는 공간으로 변한다. 물론 이 시기 노래 속 영도대교는 기나긴 타향살이의 설움과 영원히 돌아갈 수 없게 된 고향에 대한 절망의 정서가 더 짙게 스며들어 있다.

1958년에 발표된 윤일로의 〈추억의 영도다리〉[18]를 살펴보자.

---

17 차철욱·류지석·손은하, 「한국전쟁 피난민들의 부산 이주와 생활공간」, 『민족문화논총』 제45집, 2010, 259~260쪽 참조.
18 이철수 작사, 이재현 작곡, 윤일로 노래, 〈추억의 영도다리〉, 1958.

<추억의 영도다리>(1958)	
(1절) 울었네 소리쳤네 몸부림쳤네 안개 낀 부산 항구 옛 추억만 새롭구나 몰아치는 바람결에 **발길이 가로 막혀** **영도다리 난간 잡고 나는 울었네**	(2절) 울었네 소리쳤네 몸부림쳤네 차디찬 부산 항구 조각달이 기우는데 **누굴 찾아 헤매이나 어데로 가야하나** 영도다리 난간 잡고 나는 울었네

1950년대 초의 노래는 피난민의 고된 노동과 힘듦을 드러내지만, 삶의 흔적이나 목표를 읽어낼 수 있다. 힘든 삶 속에서도 만나고자 염원하는 대상이 있고, 그 대상은 '금순이', '자식', '아내' 등으로 분명히 제시된다. 하지만, 50년대 후반으로 갈수록 노래 속 화자의 그리움의 대상은 모호해지고, 절망의 정서가 짙어진다. 위의 '추억의 영도다리'는 서두부터 슬픔과 절망의 몸부림으로 시작한다. 화자는 몰아치는 바람에 '발길이 가로 막혀' 더이상 앞으로 나아갈 수 없고, 심지어 '어데로 가야 할지' 그 방향성도 잃어버렸다. 그리고 이산가족과의 만남을 상징하는 영도대교에 왔으나, 이제는 누굴 찾아야 할지 그 대상조차 모호해진 것이다. 이처럼 50년대 후반부터 60년대에 발매된 노래 속 영도다리는 여전히 누군가를 그리워하는 공간이지만, 그리움의 대상은 모호해지거나, 더 이상 피난길에 헤어졌던 가족이 아니라 타향에서 만난 정인情人으로 변모하기도 한다. 이제는 고향으로 돌아갈 수 없게 된 피난민에게 영도대교는 '난간', '차가운 초생달', '조각달', '타관 십년', '눈물', '이별', '외로움', '그림자' 등 그 심상心象에 있어 결핍되거나 불안정하며, 부정적인 단어들과 함께 자주 등장한다.

휴전의 장기화가 확정되자, 영도대교는 기대와 염원을 드러내는 장소에서 현실에 대한 불안과 절망을 드러내는 공간으로 변화한다. 타향에서의 가난, 질병, 장애, 외로움 등을 견디지 못한 사람들은 죽기 위해 영도대교를 찾기도 했다.[19] 영도대교에서 투신자살한 사람의 숫자가 얼마나 되는지 구체적인 자료는 없지만, 우리는 당시의 신문 기사를 통해 대충의 상황을 추정할 수 있다. 1959년『조선일보』12월 24일 자 기사를 보면 영도경찰서에 근무하던 박순경이 공로상을 받은 내용을 싣고 있는데, 그는 재직한 10년 동안 44명의 자살자들을 구출한 공로를 인정받아 상을 받았다. 기사는 박순경이 구출한 사람 수만 싣고 있어, 이곳에서 10년간 얼마나 많은 사람이 죽었는지는 알 수 없다.[20] 하지만, 1960년 12월 16일 자『조선일보』의 기사를 보면, 1959년 6월부터 11월 말까지 4개월간 영도대교에서 투신한 자가 192명에 이른다고 하였다.[21] 위의 영도경찰서 소속 박순경의 기사와 1년의 시차를 두고 동일한 신문사에서 보도한 내용을 놓고 보면, 영도대교에서 전쟁 후 10년간 얼마나 많은 사람이 자살했거나 자살을 시도했을지 미루어 짐작할 수 있다. 그래서인지 1962년 3월 9일자『경향신문』은「봄의 영도다리는 '죽음의 다리'」라는 자극적인 제목으로 보도하고 있다.[22] 다리에서의 자살 이유는 생활고, 사업실패, 가족에 대한 그리움 등 다양했고, 계절상으로는 추운 겨울이 지나고 바닷물이 따뜻해지는 봄에, 시간상으로는 주로 야간통금시간 직전에 투신했다고 한다. 매년 영도대교에서 투신자살자가 발생하자 이를 막기 위해 1961년 이곳에 자살방지초소를 설치[23]했으나, 1962년의 기사에도 여전히 '죽음의 다리'라고 불린 것으로 보면 그 이후에도 여전

19 김찬수,『내가 겪은 6 · 25(1945~1958)』, 명문당, 2017, 278쪽.
20 「釜山市影島署 朴巡警에 最古의 功勞賞」,『조선일보』, 1959.12.24.
21 「自殺(자살)의 影島(영도)다리」,『조선일보』, 1960.12.16.
22 「봄의 影島(영도)다리는 '죽음의다리'」,『경향신문』, 1962.3.9.
23 「影島橋에 監視哨 投身自殺防止(釜山)」,『동아일보』, 1961.10.22.

히 이곳에서 투신자살을 시도하는 이들이 많았던 것으로 보인다.

물론 피난민 중 이제는 타향에 적응해 새로운 사회 질서 속에서 희망을 꿈꾸는 사람들도 있었다. 1961년에 발표된 시민철의 〈울고 넘는 영도다리〉[24] 는 이제 과거의 슬픔을 모두 잊고, 영도대교에서 새로운 미래와 희망을 노래한다.

〈울고 넘는 영도다리〉(1961)	
(2절) 영도교 난간에서 등불 고운 부산항을 **눈물로 보는것도 오늘밤이 끝이다** 인연이 없다하며 울고가던 사람아 어느 집 지붕 밑에 어느 집 지붕 밑에 무슨 꿈 꾸나요	(3절) 영도야 잘 있거라 고갈산아 판잣집아 못생긴 하소연도 속절없는 눈물도 버리고 **바라보는 노송나무 가지에** **샛별이 반짝이면 샛별이 반짝이면** **새희망 부른다**

노래의 화자는 영도대교 위에서 부산항과 영도를 바라보며 작별을 고한다. 가사의 내용을 미루어 보건대, 아마도 화자는 영도 고갈산봉래산 산복도로의 판잣집에 거주하며 부산항에서 부두일용직으로 힘들게 살아왔을 것이다. 그는 이제 영도다리 위에서 자신의 힘들었던 과거에 작별을 고하고, 새로운 사회에 뿌리를 내리고 살아갈 희망을 꿈꾼다. 여기서 영도대교는 화자의 슬픈 과거와 희망찬 미래를 이어주는 가교이자, 이제는 고향으로 돌아갈 수 없다는 사실을 인정하고 이곳의 구성원으로 살아가야 한다는 사실을 인정하는 출발점이 되고 있다.

위의 대중가요에 나타난 영도대교는 섬에서 육지로 건너기 위한 구조물로 기능하는 것이 아니라, 때로는 피난민들이 느끼는 외로움과 절망을 드러내는 장소로, 또 때로는 인생의 새출발을 꿈꾸는 장소로써 의미

---

24 아인초 작사, 박금호 작곡, 시민철 노래, 〈울고 넘는 영도다리〉, 아세아레코드, 1961.

를 갖는다. 이처럼 한국전쟁 후 영도대교는 피난민의 삶과 긴밀하게 연결됨으로써 당시의 시대적 상황을 함의하는 메타포로 기능하게 되었다고 할 수 있다.

3. 점바치골목의 형성과 그 사회적 의미

앞 장에서 언급했다시피, 영도대교 양쪽에는 큰 규모의 피난촌이 있었다. 1953년 『동아일보』 기사에는 피난민 700호가 거주했다고 하고, 1997년 『경향신문』 기사에는 1,000여 가구가 거주했다고 한다. 비록 구체적인 수치에는 차이가 있으나, 영도대교 아래 피난민의 집단 거주지가 있었음은 분명해 보인다. 하지만 1950년대 초 영도대교와 관련한 기사에는 난민촌에 관한 언급만 있지, 점바치에 관한 언급은 전혀 나타나지 않는다. 점바치골목에 관한 연구가 어려운 점은 점바치에 관한 당시의 기록 자료가 매우 제한적이라는 것이다. 하지만 1951년에 촬영한 사진자료를 보면, 이미 영도대교 아래 난민촌에는 점을 보는 노상점바치들이 자리 잡고 있는 것을 확인할 수 있다.

다음의 사진들은 모두 영도대교 아래를 찍은 것이다. 〈사진 1〉과 〈사진 2〉는 근거리에서 촬영한 것이고, 〈사진 3〉은 영도대교 위에서 원거리로 촬영한 것이다. 〈사진 1〉은 영도대교 아래 바닷가쪽에 점바치들이 일렬로 앉아 있는데, 모자를 쓴 남성들이 많다. 가판 앞쪽에 자신들이 주로 보는 종목인 사주, 관상 등의 팻말을 걸어놓았고, 그 맞은 편에는 앉아서 점을 보고 있는 사람, 서서 구경하는 사람들이 있다. 〈사진 2〉

〈사진 1〉 대교 아래 노상 점바치

〈사진 2〉 대교 아래 노상 점바치

1951(출처 : 영도문화원)

〈사진 3〉 대교 아래 노상 점바치
1952(출처 : 부경근대사료연구소)

역시 영도대교 아래 바닷가 쪽에 점바치들이 앉아 있는 모습인데, 여성
점바치들이다. 중앙에 앉아 있는 여성 점바치를 보면 판자를 깔고 앉아
있고, 자신이 주로 보는 점술 종목을 종이에 써서 무거운 돌로 눌려 놓
았다. 그 옆에 염주가 있는 것으로 보아 영점靈占을 치는 점바치로 추정
된다. 〈사진 3〉은 영도대교에서 점바치골목의 전체적인 모습을 조망한
것인데, 바닷가 쪽에는 노상 점바치들이 앉아 있고, 그들 맞은편으로 점
을 보는 손님들이 북적이며 앉아 있다. 일렬로 늘어선 커다란 목조 건물
은 창고로 쓰는 공간도 있고, 창고를 나누어 점집으로 쓰인 곳도 있다.
위의 사진들로 미루어 보건대, 1951년부터 이미 상당수의 점바치가 영
도대교 아래 난민촌에 유입되었고, 그곳에서 꾸준히 고객을 확보하며
상권을 형성한 것으로 보인다. 이때의 점바치는 부산의 원주민도 있었
겠으나, 타지에서 점복업에 종사하던 사람들이 남하해 피난을 왔고, 생

계를 위해 피난민을 대상으로 점술업을 했을 것으로 추정된다.[25]

영도대교에서 점바치들이 영업을 했었다는 사실은 대중가요에서도 확인된다. 박재홍이 1955년 발표한 〈손금보는 내력來歷〉[26]을 보면, 영도 다리와 점술업의 관계성이 나타난다. 다음의 노래 가사를 살펴보자.

〈손금보는 내력(來歷)〉(1955)	
(3절) 釜山을 떠나 볼까? 濟州島를 가 볼까? 가도 그만 와도 그만 망설이는 단봇짐은	제트기 껄껄대는 **影島 다리 欄干에서** 四柱八字 걸어 놓고 **손금占이 웬 말이냐?**

노래의 화자는 생략한 1절과 2절에서 서른을 훌쩍 넘긴 나이에도 홀로 타향살이를 하며 돌아가지 못하는 고향을 그리워한다. 한곳에 정착하지 못하고 불안정하게 떠도는 삶에 여러 여자를 만나보고, 술주정으로 한을 풀어보기도 한다. 위의 3절에서 화자는 역마살 마냥 여기저기 떠도는 삶이 한심스러워지자, 영도다리 난간에 '사주팔자' 간판을 걸어 놓고 영업하는 점바치를 찾아가 '손금점占'이라도 보고 싶어진다. 앞서 제시한 사진자료가 1951년과 1952년 영도대교 아래 점바치들의 모습을 보여준다면, 위의 노래는 1955년 영도다리 난간에 입간판을 걸어놓고 장사하고 있는 점바치의 모습을 노래하고 있다. 대중성을 확보해야 하는 가요의 속성을 감안하면, 영도다리에서 점치는 행위는 당시 매우

---

25 전쟁시기 맹인 점술업에 관해서는 다음의 논문 참조. 주윤정, 「맹인 점복업 조합을 통해 본 소수자의 경제활동」, 『한국사연구』 제164집, 한국사연구회, 2014, 139쪽.

26 野人草 작사, 韓福男 작곡, 朴載弘 노래, 도미도레코드사. 대중음악연구가이자 옛날가요보존회 장인 김종욱은 이 노래가 1955년에 발표되었다고 했다(「김종욱의 부산 가요 이야기(1) 영도다리가 나긴 그 시절 노래」, 『국제신문』, 2012.3.8). 이 노래는 1961년에 발매된 박재홍의 『가요 힛트집 제1집 물방아 도는 내력』에도 실려있다.

혼히 볼 수 있는 풍경이었음이 분명하다.

영도대교가 점바치들에게 상당히 좋은 상권이었음은 문학작품에서도 드러난다. 허천은 1962년 출간한 수필집『교하촌의 삽화』에서 영도대교 아래 점바치에 대해 다음과 같이 기록했다.

영도대교影島大橋가 한국명물韓國名物의 하나라면, 그 밑에 있는 판자 취락은 부산 명물名物의 하나임에 틀림 없을 것이다. 그 마을의 이름이 무언지 모르기에 우린 '교하촌'이라고 해 둔다. 아는 사람은 아는 일이지마는, 그 교하촌은 이른바 '점장이', '사주장이', '관상장이'의 점유지다. (…중략…) 앞이 보이지 않을 정도로 답답한 사람이라면 몰라도, 이곳에 실제로 와보면 선뜻 운명감정을 해볼 생각이 들지 않는다. 몇 사람의 '관상사'를 빼놓고는 거의가 장님이요, 그 장님이라는 것도 또한 거의가 부녀자이기 때문이다. (…중략…) 허지마는 이 세상에는 답답한 사람도 많아서, 사실상 이 교하촌은 번창 일로에 있고, 그중에는 대금을 모은 사람도 있다고 한다.[27]

허천은 영도대교 밑에 부산의 명물인 '교하촌'이 있다고 하면서, 그곳을 점바치들의 점유지로 정의하고 있다. 영도대교 아래 점집들이 소위 부산의 명물로 인정할 만큼 성행했던 것이다. 허천은 이러한 점집의 성행에 대해 부정적인 입장을 취하고 있으나, 우리는 그의 글을 통해 1960년대 초 영도대교 아래 공간이 이미 점바치의 집단거주지로 그 정체성을 확보했음을 알 수 있다. 그 이름만 '교하촌'에서 '점바치골목'으로 바뀌었을 뿐이다.

---

27 許天, 『(許天隨想集) 橋下村의 揷話』, 國際新報社, 1962, pp.55~56.

그렇다면 영도대교 아래에 왜 점바치들이 몰려들었을까? 이기태는 점복촌의 역사적 실태에 관한 연구에서 점복촌의 입지는 대체로 사람들의 왕래가 잦은 역이나 시장, 또는 나루터나 특정한 종교적 의미가 깊은 곳이라는 공통점을 지니고 있다고 하였다.[28] 현대사회의 점복촌은 기우제나 마을의 산신제 등과 같은 공공성을 중요하게 여기기보다는 개인의 생계를 주 목적으로 하는, 지극히 상업적인 성격을 띤다. 전란 이후 불안정했던 시대적 상황을 감안한다면 영도대교 아래 점복촌의 형성은 종교성보다는 상업성이 더 중요했을 것이다.

한국전쟁 이후, 영도대교는 피난민의 유입으로 인해 상업적으로 매우 유리한 입지 조건을 갖추게 되었다. 영도대교는 일자리가 풍부한 부산항, 국제시장, 영도와 지리적으로 가까웠고, 특히 영도에 직장이 있거나 주거지가 있는 사람들은 적어도 하루에 두 번씩은 이곳을 지날 수밖에 없었다. 게다가 영도대교가 도개하는 모습을 구경하러 오는 사람도 많았고,[29] 또 가족을 찾기 위해 이곳을 주기적으로 찾는 실향민들도 적지 않았다. 그뿐만 아니라, 영도대교는 교통도 편리했다. 근처에 시청이 위치했고, 부산의 주요 도로를 운행하던 전차가 광복동을 지나 영도대교 위를 지나갔으므로 접근성도 좋았다.

이처럼 영도대교가 가진 우월한 입지 조건은 동종업계의 점바치들을 불러들였을 것이다. 영도대교의 마지막 점바치로 이름난 '소문난 대구점집'의 배남식83세 할머니는 대구에서 평범한 주부로 지내던 중 서른 살 때 아들을 사고로 잃은 것을 계기로 갑자기 신통神痛이 찾아왔고, 고통을

---

28 이기태, 「점복촌의 역사적 실태 연구」, 『한국무속학』 제13집, 한국무속학회, 2006, 234쪽.
29 영도대교는 1966년 시설이 낙후되어 도개를 멈추었다.

다스리려 전국을 떠돌았다고 한다. 그러다가 영도대교 아래에서 명성을 떨치던 90세의 무녀 '봉선화'에게 신내림을 받고, 그후부터 이곳에 자리를 잡았다고 한다.[30] 배남식 할머니는 영도대교 점바치골목의 소문을 듣고 신병을 고치기 위해 이곳으로 왔고, 신어머니는 신딸이 이곳에 자리를 잡도록 도왔다. 비단 무격 점바치 뿐만 아니라 맹인 점바치들도 인적 연결망이 있었을 것으로 추정된다. 허천은 수필에서 영도대교 아래 점바치 대부분이 맹인 부녀자였다고 했다. 맹인의 경우 학습에 의해 도제식으로 점술을 익힌 점을 고려해보면, 아마도 그들이 속한 점복업 조합[31]이나 그들 간의 인적 네트워크가 점바치의 유입에 어느 정도 영향을 미쳤을 것으로 판단된다.

당시 점바치골목의 규모나 구체적인 통계 기록은 안타깝게도 전하지 않는다. 관계자들의 구술에 의하면, 대략 50여 곳에서 많게는 80여 곳 정도 있었고, 노점까지 포함하면 많을 때는 약 120여 곳에 이르렀다고도 한다.[32] 정확한 통계는 집계된 바 없으나, 허천이 말한 것처럼 "교하촌은 번창 일로"에 있고, 그중에는 "대금을 모은 사람도 있다"라고 했으니, 그곳을 찾는 사람들로 "문전성시"[33]를 이룰 만큼 흥했던 것은 사실일 것이다.

---

30 「영도다리 마지막 '점바치' 배남식 할머니」, 『연합뉴스』, 2014.7.6.
31 해방이후 맹인 점복업 조합에 대해서는 다음의 논문 참조. 주윤정, 「맹인 점복업 조합을 통해 본 소수자의 경제활동」, 『韓國史硏究』 164집, 한국사연구회, 2014, 138~143쪽.
32 점집이 50여 곳이 있었다고 하고('영도 점바치골목', 부산역사문화대전), 금강산 철학관 김용진(73)은 한국전쟁 당시 80여 곳의 점집이 있었다고 하며(「굳세어라 영도다리」, 『경향신문』, 1997.5.24), 점성촌의 점집이 80여 곳에 노상에서 돗자리를 펴놓고 점을 보던 곳까지 포함하면 약 120여 곳에 이르렀다고도 한다(「[쉿! 우리동네] 영도다리 밑에는 왜 점집이 많았을까」, 『연합뉴스』, 2017.12.23).
33 許天, op. cit., p.56.

그렇다면, 당시 어려운 경제 사정에도 불구하고 사람들은 왜 점집을 찾아갔을까? 점바치골목에서 오랫동안 영업을 했던 점바치의 매체 인터뷰와 한국전쟁을 겪은 김찬수의 자서전 내용을 참고할 만하다.

① 영도다리라는 곳이 만남의 장소거든. 원래. 한이 맺힌 사람들 보고 싶은 사람들 만남의 장소거든. 여기 아니면 소식을 알 수 없었어요. 그러면 이제 점을 보거나 철학을 보면 (헤어진 가족들이) 동쪽으로 갔나 서쪽으로 갔나 그걸 많이 봐요. 동쪽에 있다, 서쪽에 있다, 며칠이 지나면 여기서 만날 거다. (사람들이) 기대를 하고 있었어요. 점을 보면 한 달만 참으면 이 장소로 올 거다 이러고 다 그런거지.[34]

② 인천상륙작전이 성공하니까 사람들이 막 몰려 들대. 자기는 원래 대학교수인데 여기서 부두 짐꾼 노릇한다는 둥 하며 울고불고했지. 고향에 돌아갈 수 있겠느냐, 어디가면 일자리가 많으냐 하는 것도 물었다니까. 하루에 100명도 넘게 찾아왔지.[35]

③ 올라갔다 내려갔다 하는 영도다리 바로 밑에는 점卜보는 집이 아주 많다. 유명 점술가들이 다 모였다고 할 정도로 많았었는데, 답답한 심사를 달래고자 피난민들의 오가는 사람들이 점을 보는 집마다 줄을 지어 문전성시를 이루었다. (…중략…) "언제 통일이 되느냐?", "언제 고향마을에 가게 되느냐"와 "부모, 자식, 아내, 남편이 살아 있느냐 죽었느냐?"가 점괘 보

---

34 다큐멘터리 〈특별기획 부산 이바구를 품다〉, 부산MBC, 2017.
35 「소문난 점집」, 『여행스케치』(http://www.ktsketch.co.kr/news/articleView.html?idxno= 4634)(검색일 : 2021.9.26).

는 주된 관심사였다고 한다.

이웃에 예배당에 나가는 평안도 할머니가 있었는데 하도 답답하여서 영도
다리 점보는 집엘 자식들 몰래 가셨다가 점을 보니 곧 통일이 된다고 하면
서 오더니 얼굴에 희색이 가득한 모습이었다. 개신교 신자였던 그 분이 언
제 통일이 되어 가족 만나게 되리까 하고 점집에 갔다가 그 점쟁이가 영험
하다면서 할머니 보고도 점 한번 보라고 권유했다.[36]

①와 ②는 영도대교 아래 점바치골목에서 점집을 운영했던 박춘길 옹
과 김용진 옹 인터뷰 기사이고, ③은 김찬수 씨의 자서전의 일부이다. 위의
내용을 보면, 대부분 실향민들이 점집을 찾았음을 알 수 있다.

위의 점집을 찾은 고객들의 질문은 가족의 생존 여부나 만남의 가능
성, 그리고 일자리를 얻을 수 있는지, 또 고향으로 언제 돌아갈 수 있는
지 등이었다. 이들의 사연은 개인적 층위에서 보자면 각 개인의 일신에
관한 지극히 사적인 질문이라 할 수 있다. 하지만 이러한 문제를 보다
확대해 사회적 층위에서 살펴보면 이들의 질문은 당시 사회의 불확실성
을 반영하고 있다. 고향에서 대학교수였으나 남한으로 내려오자 일당으
로 하루를 연명하는 부두 노동자로 전락한 개인사는 확대해 보면, 전쟁
이 야기한 사회의 변화, 신분 변동, 그리고 고용불안과 당시 사회의 경
제적 어려움을 엿볼 수 있다. 그리고 많은 실향민들이 이산가족의 행방
과 이북으로의 귀향 가능성을 국가가 아닌 점집에 물었다는 것은 그만
큼 국가의 행정시스템이 안정화되지 않았고, 또 국가의 통일정책이 국

---

36 김찬수, 앞의 책, 278~279쪽.

민에게 믿음을 주지 못했음을 반증한다고 볼 수 있다. 그리고 ②의 맹인 점바치 김용진 옹은 당시 하루에 100명도 넘게 점집을 찾아왔다고 했는데, 이 수치의 정확성 여부를 떠나 영도대교 아래 그런 점집이 80여 곳이나 성행했다는 것은 그만큼 당시의 불안했던 사회상을 반영하고 있다고 할 수 있다.

점집에서 점을 친 결과가 항상 맞지는 않았을 것이다. 하지만 그럼에도 불구하고 사람들은 다시 점집을 찾는다. 위의 인용문 ③에 등장하는 평안도 할머니는 실향민으로 고향에 가는 것이 평소의 소원이었을 것이고, 점바치의 입을 통해 곧 통일이 된다는 말을 듣고 기쁜 마음을 감출 수 없다. 할머니는 영험한 점집이라 입이 마르게 칭찬하고 이웃에게도 가 볼 것을 권한다. 하지만 그로부터 70년이 지난 지금도 한국은 여전히 분단 상태이다. 아마도 평안도 할머니는 점집에 갈 때마다 머지않아 통일이 된다는 이야기를 들었을 것이다. 여기서 우리는 점친 결과의 실현의 유무 보다 점바치의 예언을 듣고 난 후 일어나는 고객의 심리와 정서적 변화에 더 주목할 필요가 있다. 그녀가 점집을 다녀온 후 긍정적으로 변화한 것은 점바치의 예언을 통해 고향으로 돌아갈 수 있다는 희망을 갖게 되었기 때문이다. ②에 언급된 고객의 관심사는 어디에 일자리가 많은가 하는 것이다. 일반적으로 점치는 준비과정에서 점바치는 고객의 기본정보를 확인하는데,[37] 아마도 그 과정에서 그 고객은 이북에서 대학교수였으나 지금은 부두 노동자로 전락한 자신의 처지에 대해

---

37 보통 점치는 과정은 '준비 단계 – 점사를 공수하는 단계 – 점사의 결과를 실천하는 단계' 순으로 이루어지는데, 보통 준비 단계에서 내담자의 기본정보를 확인하게 된다. 표인주, 「광주 점복(占卜)문화의 실상과 특징」, 『MUN HWA JAE』 Vol.43, No4, 2010, 15쪽 참조.

말했을 것이다. 그리고 자신의 처지에 대한 하소연은 곧 울음으로 이어진다. 아마도 점집을 찾는 이들에게 심리적 위안은 예언의 실현보다 더 중요했을지도 모른다.

점치는 행위는 과학의 잣대를 들이대면 '미신'으로 치부할 수 있으나, 피난민의 입장에서는 전쟁 이후 지극히 불가항력적인 상황에서 찾아낸 지극히 과학적인 심리요법이었다 할 수 있다. 그리고 점치는 행위가 가져오는 심리적 기능은 본래 점을 친 개인에게 작용하지만, 그들이 사회의 구성원으로서 사회활동에 참여한다는 점에서 당시 사회의 유지와 안정화에 긍정적인 영향을 미쳤다고도 할 수 있다.

4. 철거된 점바치골목과 향후 과제

점바치골목은 한국전쟁이라는 시대적 상황에서 영도대교가 가진 장소성에 기대어 형성되었다. 하루에 몇 번씩 하늘을 향해 열리는 영도대교는 전국의 명물이었고,[38] 한국전쟁이 터지자 피난민들은 무작정 임시수도 부산을 향해 남하하면서 영도대교를 이정표로 삼았다. 피난민에게 영도대교는 단순히 섬과 육지를 잇는 구조물이 아니었다. 헤어진 가족과 사랑하는 사람을 찾을 수 있는 희망의 장소였고, 힘든 노동과 삶의 고통을 하소연할 수 있는 장소였으며, 때로는 외로움과 고통에 침잠해 죽음을 택하는 장소이기도 했다. 하지만 또 누군가에게는 과거를 뒤로

---

[38] 영도다리의 도개횟수는 처음에는 7회였으나 교통상황에 따라 달랐다. 1966년 도개 중단 직전에는 오전과 오후 각 1회씩만 작동했다.

하고 새로운 삶을 꿈꾸는 출발점이 되기도 했다. 이처럼 영도대교는 피난민의 삶과 긴밀하게 연결됨으로써 당시의 시대적 상황을 함의하는 메타포로 기능하게 되었다.

영도대교에 점바치들이 상권을 형성하게 된 것은 피난민의 대규모 유입과 그들에게 영도대교가 갖는 장소성, 그리고 상업적 입지 조건이 더해진 결과이다. 당시 영도대교 아래뿐만 아니라 부산 곳곳에 난민촌이 있었으나, 오직 영도대교 아래에만 점바치들이 몰려든 것은 그만큼 영도대교가 가지는 장소성에 기인한 바가 크다고 할 수 있다. 본문의 사진 자료, 대중가요, 수필 등에서 보았듯이, 1951년 점바치가 난민촌에 등장한 이후부터 1960년대까지 영도대교 아래 점바치골목은 상권을 꾸준히 유지하고 있었다.

강준만은 한국 미신의 역사에 관한 논문에서 미신이란 인간의 시련, 불안과 불확실성에 대한 투쟁이라고 하였다.[39] 수요와 공급이라는 경제 법칙에 근거해 보면, 영도대교에 점바치들이 몰려든 것은 결국 그들에 대한 시장의 수요가 컸다는 것이고, 이는 결국 당시 사회의 불안과 불확실성을 반증한다고 볼 수 있다. 점바치들의 예언은 비과학적이고 비이성적이며, 때로는 실현되지 않은 허언도 많았다. 우리가 주목해야 할 점은 적어도 그들의 점술이 전후 혼란했던 사회문제의 불확실성을 줄여주고, 피난민의 힘든 삶을 위로하는 긍정적인 효과를 가졌었다는 것이다.

영도대교 아래 형성된 점바치골목은 한국 현대사에서 중요한 문화유산 중 하나이다. 하지만 안타깝게도 현재 점바치골목은 철거되어 이미

---

39 강준만, 「한국 미신의 역사―'호모 루덴스'의 시련 불안 불확실성에 대한 투쟁」, 『인물과 사상』, 2017, 152~196쪽 참조.

완전히 사라졌다. 사실 옛날만큼 번화하지는 않았으나, 2000년대까지도 그런대로 명맥을 유지하고 있었다. 이곳이 역사의 뒤안길로 완전히 사라지게 된 것은 아이러니하게도 영도대교가 다시 도개 기능을 복원하면서부터이다. 영도다리의 복원공사는 2007년 7월에 시작해서 2013년 11월 27일에 완료되었다. 영도대교의 복원공사를 전후해 부산시는 관광객 유치를 위해 그 일대의 환경을 정비하게 되는데, 그 과정에서 점바치골목의 낡은 집들을 철거하기 시작했다. 물론 이곳이 일제강점기 때 세워진 목조건물들이라 안전 문제도 제기되었다. 아쉬운 점은 이곳의 문화유산을 보존하려는 적극적인 노력이 부족했다는 것이다. 지금이라도 점바치골목과 관련한 문화유산에 관심을 가지고 적극적으로 자료를 발굴, 정리해 보존할 필요가 있다.

참고문헌

「(6・25전쟁 70년) 사진으로 본 피란수도 부산... 70년전, 그리고 오늘」, 『연합뉴스』, 2020.6.19.
「[부산 영도다리] "우리 딸이 이 다리로 오기로 했는데..."」, 『중앙일보』, 2016.6.24.
「[쉿! 우리동네] 영도다리 밑에는 왜 점집이 많았을까」, 『연합뉴스』, 2017.12.23.
「굳세어라 영도다리」, 『경향신문』, 1997.5.24.
「김종욱의 부산 가요 이야기(1) 영도다리가 나긴 그 시절 노래」, 『국제신문』, 2012.3.8.
「봄의 影島(영도)다리는 '죽음의다리'」, 『경향신문』, 1962.3.9.
「釜山大橋等 竣工式擧行」, 『동아일보』, 1934.11.26.석간.
「釜山市影島署 朴巡警에 最古의 功勞賞」, 『조선일보』, 1959.12.24.
「影島橋에 監視哨 投身自殺防止(釜山)」, 『동아일보』, 1961.10.22.
「영도다리 마지막 '점바치' 배남식 할머니」, 『연합뉴스』, 2014.7.6.
「이들을 어드로 가람?-影島埠頭邊避難村에 撤去令」, 『동아일보』, 1953.4.26.
「自殺(자살)의影島(영도)다리」, 『조선일보』, 1960.12.16.
「避難살이 三年의 발자취(5) 住宅篇」, 『동아일보』, 1953.7.18.

강준만, 「한국 미신의 역사-'호모 루덴스'의 시련 불안 불확실성에 대한 투쟁」, 『인물과 사상』, 인물
　　과사상사, 2017.
경성대학교 한국학연구소, 「부산 근현대 구술자료수집 학술용역 보고서-부산 닥밭골 구술자료」,
　　2018.
권태환・김두섭, 『인구의 이해』, 서울대 출판부, 1997.
김귀옥, 『월남인의 생활 경험과 정체성-밑으로부터의 월남인 연구』, 서울대 출판부, 2000.
김찬수, 『내가 겪은 6・25(1945~1958)』, 명문당, 2007.
이기태, 「점복촌의 역사적 실태 연구」, 『한국무속학』 제13집, 한국무속학회, 2006.
주윤정, 「맹인 점복업 조합을 통해 본 소수자의 경제활동」, 『韓國史硏究』 제164집, 한국사연구회,
　　2014.
차철욱・류지석・손은하, 「한국전쟁 피난민들의 부산 이주와 생활공간」, 『민족문화논총』 제45집, 영
　　남대 민족문화연구소, 2010.
표인주, 「광주 점복(占卜)문화의 실상과 특징」, 『MUN HWA JAE』 Vol.43, No.4, 국립문화재연구소,
　　2010.

釜山府, 『釜山府勢要覽』, 釜山府廳, 1932.
에드워드 렐프, 김덕현 외역, 『장소와 장소상실(PLACE AND PLACELESSNESS)』, 논형, 2005.
許天, 『(許天隨想集) 橋下村의 揷話』, 國際新報社, 1962.

'소문난 점집', 『여행스케치』.
〈[부네스코위원회] 삶을 건너다, '영도 다리'〉 16회. KBS1, 2017.
〈알쓸신잡3〉 부산편 9회, tvN, 2018.

http://www.ktsketch.co.kr/news/articleView.html?idxno=4634(검색일 : 2021.9.26).

김영조 감독의 영화 〈그럼에도 불구하고(Still and All)〉, 2015.

다큐멘터리 〈특별기획 부산 이바구를 품다〉, 부산MBC, 2017.

분열과 심리전

전쟁 중 양안兩岸 어민의 군사화

우쥔팡

1. 양안전쟁과 분단

1949년 6월 국민당군은 진먼에 요새본부를 설치하고 방어시설 및 통신설비 구축을 시작했다. 8월에는 리량롱李良榮이 이끄는 제22병단이 진먼섬에 주둔했다. 9월에는 진먼의 총 병력이 2만 명에 달했지만 여전히 인원이 부족하다고 판단되었기 때문에 중국공산당으로부터 '사납기가 호랑이 같고, 교활하기가 여우같다'고 불리던 후롄胡璉이 이끄는 제12병단도 진먼知兵堂 編輯部, 2015 : 18~19에 파견되었다. 중국공산당은 원래 '진샤빙쥐金廈並擧' 즉 진먼과 샤먼을 동시에 점령하는 전략을 세웠으나, 선박 부족으로 인하여 샤먼을 먼저 점령하기로 결정했다.張火木, 1999 : 17 샤먼을 먼저 무너뜨린 후에 진먼을 공격하려고 한 이유는 두 가지였다. 첫째, 국민당군이 점령한 진먼군도에는 원래 샤먼에 속했던 다단다오大膽島와 얼단다오二膽島가 포함되어 있어 샤먼항을 왕래하는 민하이閩海 해상의 주요 항로를 봉쇄할 수 있다고 보았다. 그래서 푸젠福建에 주둔하고 있던 중공군의 고위층들은 진먼 전투를 민하이 해방전쟁의 마지막 전투로 여기고 진먼섬을 건국의 선물로 삼고자 상륙전을 계획하였다. 둘째, 명말 청초 정청공鄭成功의 노선을 따라 샤먼, 진먼, 타이완의 순서로 해방전쟁을 계획하고 있었던 것이다.張火木, 1999; 沈衛平, 2008; 李福井, 2014

그러나 일은 뜻대로 이루어지지 않았고, 공산당은 1949년 10월 구닝터우古寧頭 상륙작전과 1950년 7월 다단다오와 얼단다오 상륙작전에서 모두 패전했다. 이 두 전투는 쟝제스蔣介石에게 희망을 주어, 타이완을 대륙 역습을 위한 본격적인 국가수복기지로 삼기에 이르렀으며, 진먼섬과 마쭈섬은 반공의 최전선이 됐다. 이러한 사실은 1956년부터 1957년까지 발행한 우표 중 지도를 주제로 한 우표를 통해서도 확인할 수 있다. 국민정부는 '잠시' 포기한 중국대륙지도 바깥에 국민당 반공기지와 자유를 밝히는 등불로서 타이완, 특히 타이완의 바깥쪽을 빛나게 표시하고 중국대륙에는 '광복대륙光復大陸'이라는 큰 글자를 쓰고 있다.

1950년 한국전쟁이 발발하면서 미국은 공산주의 확산 봉쇄의 중요성을 인지하였다. 이에 따라 트루먼 대통령은 타이완해협에 제7함대를 보내어 타이완해협중립화를 선언했다. 또 그 동안 타이완에 군사지원을 하지 않던 정책을 풀어 중공의 타이완 공격을 저지하는 동시에 중화민국 정부도 중국대륙을 공격하지 못하도록 했다. 1953년 2월 2일 아이젠하워 미국 대통령은 한반도 휴전회담을 조속히 끝내기 위해 타이완해협 봉쇄해제를 선언했다.

〈그림 1〉 1957년 중화민국지도 우표
출처 : 中華郵政全球資訊網 · 郵票寶藏

이것은 곧 국민당정부가 중국 대륙을 공격할 수 있다는 의미였기 때문에 남북한이 휴전협정을 체결하기 전에 국민당은 '대륙 반격'의 서막을 열었다. 7월 15일 오후 9시경 진먼방위사령관 후롄胡璉의 지휘 아래 약 13,000여 명의 국민당군이 푸젠福建과 광둥廣東의 경계에 있는 둥산다오東山島로 진격하였다. 처음에는 상륙에 성공했을 뿐 아니라 국민당군의 수가 중공군보다 10배나 많아서 월등히 유리한 위치를 점유하고 있었다. 하지만 나중에는 중공군이 승리하여 과거 구닝터우古寧頭 전투의 치욕을 씻었다. 1953년 7월 27일 정전협정에 따라 남북한은 전쟁을 중단하였다. 그러자 마오쩌둥毛澤東·장아이핑張愛平·예페이葉飛 등 중공 고위 장령들은 다시 진먼으로 눈을 돌렸다. 마오쩌둥은 1955년 1월말 이전까지 진먼의 해방을 위한 모든 준비를 완료하라고 지시했다. 진먼 탈환 작전의 작전명은 '합동작전연습聯合作戰演習'이었다. 그러나 12월 말 마오쩌둥과 펑더화이彭德懷가 진먼을 공격하는 데 대략 **5만억 위안**당시 위안화 1만 위안은 현재의 1위안에 해당, 따라서 현재 화폐로 계산하면 5억 위안 정도의 비용이 들 것으로 추정했고 더구나 승리를 100% 확신할 수 없다고 보아서 이 제안은 잠정 보류됐다. 張勝, 2008 : 161~164

그러나 대륙의 공산당정권은 타이완 문제를 내정문제로 끌어들이기 위해 1954년 9월 3일 중공군이 진먼의 쉐이터우水頭 등지에 포격을 가해 5시간 만에 6,000여 발의 포탄을 쏘았고, 미군 고문단 2명이 폭격으로 사망했다. 이에 따라 진먼 방위부는 동쪽에 있는 다우산太武山 지역으로 이동했으며, 1957년 9월 3일까지 3년간 총 52,923발의 포탄을 진먼섬에 발사했다. 타이완은 이 사건을 '구삼포전九三砲戰'이라고 하며 국제사회는 '제1차 타이완해협위기'라고 부른다. 사실 남북한의 분단과 함께 타이완 문제는 더 이상 단순한 내정문제가 아니라 국제간 문제가 되었고 복잡해졌다. 예를 들어, 1955년 1월 18일, 이장산一江山 전투가 발발하자 1월 29일 미국 의회는 '1955년 타이완 결의안Formosa Resolution of 1955'을 통과시켰으며, 그 주요 내용은 미국 대통령이 필요하다고 판단되면 무력을 사용하여 타이완 및 관련 진지를 보호할 작전권을 갖는 것이었다. 여기서 말하는 '관련 진지'에는 1954년 중국에게 폭격당한 진먼섬과 마쭈섬도 포함된다.李仕德, 2014 : 29~30 중국 공산당은 이장산一江山섬과 다천大陳섬을 점령한 후 1957년 제338차 미국 국가안보회의에서 타이완과 펑후澎湖를 '아일랜드 체인island chain, 오키나와-타이완-필리핀을 연결하는 방어선'의 일부로 삼고, 이러한 방어체계가 미국 국가안보에 중요하다는 것을 제시하며 필요시 타이완의 외도 방위에 협력해야 함을 재차 강조하였다.李仕德, 2014 : 29~30 이러한 미국의 태도로 인하여 1955년 8월 제네바 회의에서 미국과 중공이 타이완해협 긴장완화에 합의하면서 제1차 타이완해협 위기가 종식됐다.江柏煒, 2017 : 55

1958년의 제2차 타이완해협위기는 국제사회를 더더욱 뒤흔들었다. 1958년 8월 23일 오후 6시 30분부터 2시간 동안 중공군이 진먼섬을 맹렬히 폭격하여 국민당군 부사령관 3명이 폭격 중 숨지고, 국방부장 위다웨이俞大維가 파편에 맞아 부상했다. 타이완정부군의 통신시설도 파괴되자 진먼을 봉쇄하기 위해 공항과 해안에 집중 포격을 가했다. 9월 13일부터 중공군의 포격이 점차 잦아들자 타이완 군대는 하루 종일 어둡고 습한 갱도에 숨어 반격하지 못한 채 진먼에 대한 전면봉쇄를 취했다.鄭有諒, 2018 : 19 이 포격전을 타이완에서는 '823포전八二三砲戰', 중국과 홍콩은 '진먼포전金門砲戰', 국제사회에서는 '제2차 타이완해협위기'라고 칭한다.

이 포격전은 타이완과 중공 간의 전쟁에 그친 것이 아니라 미국과 중공의 전쟁, 나아가 미국과 소련의 핵 대결이기도 했다. 또한 이 전쟁은 미국이 진먼섬과 마쭈섬의 방어에 협력하여 실제 군사행동으로 타이완을 지원하도록 만들었으며,宋學文, 2009 : 13 제7함대를 파견하여 순찰·방어하는 한편 진먼의 전투력을 높이기 위해 오키나와沖繩 미군기지에서 8인치 유탄포榴彈砲를 진먼으로 보내도록 이끌었다. 9월부터 시작하여 미국 군함과 타이완 해군은 강력한 화력으로 무장한 '연합함대'를 조직하고 타이완 본섬에서 온 해군과 공군의 물자 보급을 호송했다.陳映真, 1989 : 76

중공의 진먼섬 폭격 목적은 진먼 상륙이 아니라 진먼 봉쇄였다. 이것은 미국의 진먼섬 및 마쭈섬 방어 결심의 시험대인 동시에 미국의 패권주의 기세를 꺾어 '두 개의 중국'을 만들려는 미국의 의도를 분쇄하려는 것이었다. 이후 중공중앙군사위는 타이완해협의 안정을 위해 1961년 12월 푸젠전선부대福建前線部隊로 하여금 진먼에 대한 실탄포격을 중단하라고 지시함과 아울러 전쟁을 단다솽부다單打雙不打, 홀수일포격, 짝수일무포격 선전전으로 전환했다.曹志剛·王仲遠, 2009 : 19~20 결과적으로 미국의 개입으로 타이완해협에서 국공내전이 장기화되면서 진먼섬과 마쭈섬은 민족대치의 최전선이 되어 국민당에게 오랜 권위주의 통치의 빌미를 제공하였다.陳映真, 1989 : 77

2. 냉전시기 진먼섬과 마쭈섬 어민들의 생활변화

중화민국타이완의 정공제도政工制度는 1924년 황푸군黃浦軍 창군 당시 중공군이 위장·기만·침투·분화 등의 수단을 이용해 군민의 마음을 이간질하고 동요시키는 것을 막기 위한 목적에서 나왔는데, 대내·대외적 심리작전(이하 심리전으로 칭함)을 매우 중시했다. '정공'은 정치공작政治工作의 약칭이다. 1959년에 나온 『국군정공개황國軍政工概況』이라는 책에 의하면 당시 국민당 국군정공의 기본임무는 7가지로서, 첫째, 정치교육, 둘째, 문화선전, 셋째, 심리전 공작수행, 넷째, 군대기율 정비, 다섯째, 부대 안전보장, 여섯째, 전지戰地의 정무 처리, 일곱째, 부대 내 체육 및 건강관리가 이것이다. 이 중 세 번째의 심리전 공작수행의 목적은 '공비들의 전투의지를 와해시키고 아군의 심리 방어를 공고히 한다'였다. 당시 심리전 공작 및 문화선전 업무는 국방부 산하 총정치부 제1처에서 담당했다.[1] 당시 전선의 신전新戰 공작 내용에는 '진지함성, 선전탄 발사, 전단 공중살포, 방수처리 전단지의 해상 살포, 대륙 연해 어민 위문 등 5대 항목이었다.國防部總政治部: 19-37 이 중 진먼·마쭈심리전지휘소金馬心戰指揮所가 관리하는 '대륙어민구제소大陸漁民救濟站'는 총무팀·구제팀·선전팀의 3개 팀으로 나뉘어 있었다.

1) 마쭈馬祖섬 주민의 생활

마쭈열도는 중국 푸젠성 동부 해안지역약칭 閩東에 위치한 도서지역으

---

[1] 제2처는 교육·레크레이션·체육 담당, 제3처는 행정감찰·전술감찰·기술감찰 담당, 제4처는 보안방첩 담당, 제5처는 전지(戰地)의 정무·민사·서비스 담당이었음.

로 냉난류가 교차하는 곳이어서 어업자원이 풍부한 까닭에 수천년 동안 주민들은 바다에 의존해 1촌 1포구의 취락형태를 형성하고 있다. 1949년 이전 국공내전과 항일전쟁 등의 전란으로 농경이 어려워지자 대륙의 많은 어민들이 마쭈열도 부근으로 옮겨와서 고기를 잡고 살았다. 그런데 마쭈섬의 주민 대부분은 수산상인들에게 고용되어 있었고, 이들 상인들은 창러長樂와 푸저우福州 등 내륙지방에 물고기를 팔았는데, 이들의 어선漁船과 어구漁具는 모두 대륙에서 구입한 것이었다. 이로 말미암아 대륙과 타이완 양안의 어업이 이곳에 공존하며 함께 번영했는데 특히 매년 청명에서 단오까지 조기를 잡는 계절이면 마쭈열도 해역으로 와서 조기를 잡는 대륙어선이 약 1천여 척에 가까웠다. 뿐만 아니라 대륙 푸저우福州 지역과의 교역이 빈번해지면서 마쭈열도의 난간南竿섬에는 당시 백화점, 아편관阿片館 등이 있을 정도로 상당히 번창하였다.連江縣南竿鄕公所 : 383

그런데 1949년 8월 17일 국민당 군대는 푸저우를 철수한 후 마쭈섬을 수비체제로 전환했다. 국민당과 공산당이 바다를 사이에 두고 전면 봉쇄하면서 대륙의 목재와 미곡 수송이 단절되었고 어민들이 필요로 하는 어구를 살 수 없게 되었으며, 잡은 물고기도 팔 곳이 없어지고 말았다. 국민당 군대가 어민들의 조업지역, 시간 등을 제한하기 시작하면서 마쭈섬에서의 어업이 어려워졌다. 각종 작업상의 제한조치 외에 혹시라도 있을 어민과 공비간의 접촉이나 배반, 이탈을 막기 위해 어민들은 반드시 단체로 해상출입을 해야 했다. 최소 3명이 함께 바다로 나가서 작업해야 했고, 항구 출입 시 검문검색을 거쳐야 했으며, 매년 안전강습에 참가하여 애국정신 교육을 받아야 했다. 국공전쟁이 마쭈의 어업에 부정적인 영향을 끼쳤지만 1955년부터 타이완 중앙정부의 정책적 협조로

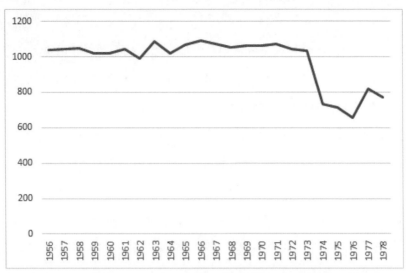

〈그림 2〉1950~1970년대 롄장현의 어업 종사자 인구
출처 : 連江縣文獻委員會(1979~1986), 『福建省連江縣誌』 제1권, pp.179~180

'어민에게 어선을漁者有其船, 어부에게 그물을漁者有其船' 정책이 실시되어 마쭈의 어선도 전면 기계화 되었고, 어업기반조성, 타이완 본도에서 일괄 어구구입, 방대한 주둔군이 수산물의 중요한 판매대상이 되어 1950년 대에서 1970년대까지 마쭈의 어업이 다시 한 번 번성하게 되었다. 이에 따라 한동안 롄장현連江縣의 어업 종사 인구가 안정적으로 유지되었다. 그러나 1970년대 이후 크게 감소하여(〈그림 2〉) 어획량 대부분이 타이 완 본섬에 직접 판매되고 일부는 가공판매를 하며 물고기가공판매조합 설립과 냉동기술 및 설비향상을 거쳐 홍콩 등 국외 시장으로 수출되었음을 알 수 있다.

전쟁이 한창이던 무렵, 마쭈섬 어민들의 행동을 효과적으로 통제하기 위해 20세가 넘은 어민들은 마을 공소公所에 신고하고, 안전조사와 보증인의 보증 등 제반 절차를 거쳐야만 어민증을 발급받아 출항할 수 있다. 중화민국 국군이 마쭈섬에 입항하기 전까지만 해도 조수潮水 상황에 맞추어 조업을 했지만, 국군이 입항하면서 오전 4시에 출항하고 오후 7시에 귀항하며, 겨울에는 4시 반에 출항하고 6시 반에 귀항하도록 했다. 시간을 넘겨 귀항하는 어민들은 범죄자로 간주해 구속심문을 받고 7~15일간을 출항금지 시켰는데, 이러한 처분은 어민들을 곤혹스럽게 만들었다. 왜냐하면 경우에 따라 바다에서 배가 고장이 나거나 예측하지 못한 일이 발생할 수도 있기 때문이다.

1952년 마쭈행정공서馬祖行政公署 시절에는 어민부대를 조직해 중공군의 침입을 막았다. 1957년 점령지의 정무를 본격적으로 보기 시작하면서 어민과 조업선박의 팀별 훈련과 관리, 집행을 강화하여 어민들로 하여금 출항조어 시에 적들의 동태를 수집하도록 했으며 민방위대의 경비초소 근무와 군부대 수송, 군사훈련 등의 임무를 부여하였고 어선 편성을 통해 같은 팀의 어민들이 서로 감독하고 고발하도록 했다. 어민의 팀별 훈련은 매년 1회씩 3일간 18시간 진행되었으며, 교육내용에는 충성교육, 정보교육, 방위교육, 적 인식, 중공어민에 대한 심리전 선전요령, 임기응변교육 등이 있었다. 連江縣莒光鄉公所, 2006 : 200

2) 진먼다오 어민의 생활

해적과 강도의 횡포로 인하여 1945년 대일항전 승리 직후 진먼섬의 남은 어민은 373가구 1,800명에 불과했으나 1948년 양안분단 전에 이르러 그 숫자는 4,000여 명으로 증가했다. 그러나 군사적 문제로 말미암아 어민들을 통제하면서 그 숫자는 다시 급격히 감소하여 1951년에 남은 어선은 고작 84척에 그쳤다. 中華民國國家公園學會, 2005 : 24~27 타이완 경제부가 1952년 진먼현기술팀金門縣技術小組 설립, 1953년 진먼현수산협회金門

縣漁會組織 설립을 통하여 적극적으로 농촌 건설을 지원하면서 농업, 임업, 수자원 관리, 어업, 목축업 등의 경제개발 사업을 착수했다. 1969년부터 1976년까지 진먼현 내 전체 어선 수는 351척으로 늘어났으며, 이 가운데 10톤 이상의 어선은 모두 24척이나 되었다. 어로종사자도 1955년 1,464명에서 1976년 2,501명으로 증가하였다.福建省金門縣政府文獻委員會, 1979：984~987

전쟁 당시 진먼은 전시경제체제로 정부의 통제를 받았다. 진먼은 농업과 어업이 산업중심이었는데 고기잡이를 할 때 출항시간과 활동 공간의 제한을 받게 되자 많은 어민들이 군인을 상대로 하는 자영업과 서비스업으로 직업을 전환하면서 어촌이 점차 몰락하였다. 어업을 적극적으로 장려하기 위해 어업협회는 중앙정부의 지도 아래 신식 어망과 동력 어선을 구입해 진먼 어민들에게 신기술을 가르치고 어선의 기계조업과 가공설비를 늘리고자 했다.

1950년 진먼행정공서金門行政公署는 잡지에 '진먼어민공약'을 게재했는데, 공비들을 위해 배를 대주다가 폭탄받이가 되는 일이 없어야 하며 공비들의 농예가 되지 말아야 하고 평소에는 물고기를 잡더라도 전시에는 공비소탕을 도와야 하며 군대를 대신해 첩자를 정탐하고 군량과 무기를 운송할 것을 강조하고 있다. 특히 적군과 아군의 대치시기에는 경제작전 강화, 경제봉쇄, 침투, 파괴와 심리전 실천을 요구하고 있다.[2]

전쟁 시기에 진먼의 어민들 가운데 출항할 수 있는 항구와 기동어선이 정박하는 항구는 모두 10곳이었으며[3] 이곳 어디에나 어민을 관리하

2　金門縣志, 『經濟志』, p.64.
3　구강(古崗), 시궈산(昔果山), 청궁(成功), 랴오뤄(料羅), 위강(漁港), 펑상(峰上), 시벤(溪邊),

〈그림 3〉 1950년 진먼어민공약(金門漁民公約)
출처 : 正氣中華, 「金門漁民公約」, 1950.4.10, 제4판

는 전담 직원이 있었다. 현縣 전체를 통틀어 하나의 어민대대가 있었고, 모든 향鄕과 진鎭에는 각각의 어민중대가 있었다. 진먼다오의 어민들도 마찬가지로 경찰국의 검열을 받아야 했으며 검열에 통과했을 때에야 비로소 **민방총대**民防總隊가 어민증을 발급해 주었으며, 그런 후에야 출항할 수 있었다. 어민강습은 비밀엄수와 방첩의 중요성과 대처법을 가르치고 선전하고, 어민들의 애국심을 더욱 공고히 하기 위함이었다. 당시 샤오정즈蕭政之 비서장은 심지어 어민들을 민간신앙 공간인 묘우廟宇에 데리고 가서 맹세까지 시키면서 닭 머리를 자르는 종교의식까지 했다. 이외에도 이유 불문하고 진먼의 어선이 대륙 영토로 표착하거나 끌려가면 어민증을 몰수하여 일정 기간 조업활동을 못하게 했다.國史館, 2003 : 254~258

1960년에는 진먼을 삼민주의三民主義 모범현으로 지정하기로 하고 진먼현을 삼민주의 실험현으로 계획하여 민족·민권·민생으로 분야를 나누었다. 이 가운데 '민족' 건설 목표는 '윤리의식'을 드높이고 반공애국의지를 굳건히 하여 '전투' 진먼을 세우자'는 것이었다. 또한 민간인 자위대의 전력을 굳건히 하기 위하여 매년 자위대간부와 자위부대, 기관

추궈둔(復國敦), 뤄춰(羅厝), 칭치(靑岐) 등

원, 학생, 어민, 골간 대원, 통신원, 직속구역 대원 등에 대한 교육과 훈련을 시행했다.

1976년 진먼전지정무위원회金門戰地政務委員會가 정한 「진먼현 삼민주의 실험 6년 건설계획대강」에는 현 단계 진먼의 발전은 반드시 군사작전에 부합돼야 하고 전투 속에서 건설업무가 전개돼야 함을 언급하고 있다. 따라서 전투를 전제로 한 현대화에 목표를 두고 있음을 알 수 있다. 어업 방면으로는 어민들이 선박을 가질 수 있는 정책을 실시하여 어민간의 협력을 이끌고 근해 조업이나 담수어 양식을 강화하고, 전문인재를 양성하여 어로기술 개선 및 설비 현대화, 어장 탐지, 신식 어로도구 도입, 근해어업 성장 등을 통하여 생산량을 확대하고 강풍에 대피할 항구와 어선수리공장 및 접안시설 건설을 통하여 어업의 현대화를 이끈다는 것이었다.[4] 진먼의 민간가요 〈달빛은 빛나고月光〉[5]에는 국민당정부가 타이완으로 들어간 이후 어업의 현대적 관리와 어민 삶의 개선을 위해 어떻게 했는지를 알 수 있다.

한편 1976년부터 국민들로 하여금 애국심을 높이고 반공의식을 강화하기 위해 쥐광르莒光日라는 명칭의 국군정치교육일을 제정하고 매주 한 차례 각 지역의 기관과 단체, 학교와 자위대원에게 동일하게 쥐광르 교육활동에 참가하도록 했다. 1987년에는 '진먼지구 쥐광르 정치교육 실시 요점' 자료를 나누어주고, 각 가정에서 농어민들이 여가시간을 이용

---

4 金門縣志, 『政事志』, pp.89~90.
5 "討海人〈漁民〉, 用電船, 遠洋深海掠魚群. 好政府, 標價均〈公道〉, 馬鮫紅花釣規船〈滿載而歸〉. 嘉鱲籠(塊), 規〈滿〉菜盆, 鰆魚用炊〈蒸〉也用煮(燉). 大條錢, 銀行存, 家家戶戶都有賭〈有錢存〉. 無幾年, 變大富, 買樓買店起大厝〈建新屋〉. 有貸款, 好應付, 存錢憶著我政府(飲水思源), 捐獻金, 愛大注(多貢獻), 草喙熏枝〈好的香煙〉較少炙〈應少抽, 節約報國〉." Ibid., p.275.

하여 중화뎬스中華電視 방송의 정치교학 프로그램에 맞추어 각자 가정에서 자발적으로 시청하도록 했다.[6]

3. 냉전시기 진먼 전선의 심리전 작업

1) 대륙동포접대소大陸義胞接待站

전쟁시기 어민이든 일반인이든 중국 대륙에서 귀순한 사람이라면 타이완에서는 이들을 모두 동포義胞, 의로운 동포라고 불렀다. 어민들에게 자유롭게 왕래할 수 있는 해역으로 중선中線, 중간지역이 있었다. 중선은 죽의 장막竹幕과 자유세계의 분수령이었다. 타이완 CNA中央通訊社 기자 차오지위안曹志淵의 분류에 따르면, 당시 마쭈섬에 귀순한 대륙 동포는 세 종류로 분류할 수 있다. 첫째는 계획적인 도망자이고, 둘째는 기회가 생겨서 감행한 도망자중선에 중공 순찰군이 없는 것을 보고 기회를 틈타 귀순한 경우, 셋째는 특별한 의도 없이 온 도망자호기심 삼아 자유지역을 들러볼 요량으로 귀순한 경우가 이것이다.[7]

마쭈섬의 대륙동포접대소옛 대륙어민구제소는 대륙동포를 대상으로 한 심리전 목적의 일환으로 1955년 4월 마쭈 난간南竿 커티워科蹄沃의 우자다러우吳家大樓에 처음 설치되었는데, 천재지변이나 선박 고장으로 구조가 필요한 대륙어민 접대를 위해 마쭈심리전지휘소 산하에 예속되어 있었다. 이 접대소는 보통의 민가형태로 약 40~60명을 수용할 수 있었다. 대문에는 붉은 페인트로 "자유를 쟁취하신 영웅, 돌아온 부로형제父老兄弟

---

6 Ibid., p.120.
7 「鐵幕邊緣的『自由之家』訪大陸漁民接站」, 『臺灣民聲日報』 第二版, 1955.12.13.

〈그림 4〉 마쭈섬 시웨이춘 대륙동포접대소(1963) / 출처 : 國家文化記憶庫[8]

〈그림 5〉 1969년 진먼대륙동포접대소 낙성 / 출처 : 國家文化記憶庫[9]

들을 환영합니다"라고 쓰여 있었다. 가장 특기할 것은 접대소 직원들 대부분 한국에서 돌아온 반공의사反共義士 출신들이었다. 이들은 공비들의 박해를 직접 경험하고 스스로의 선택에 의해 자유세계로 도망쳐 왔으므로 투항한 어민들과 공감대 형성이 될 수 있었다. 귀순한 동포에게는 1명당 솜이불 하나, 군용담요 두 장, 칫솔, 치약, 수건을 나눠주며, 식사는 중화민국 국군과 비슷하게 제공되었다. 대개 타이완 국민들에게 바나나 껍질까지 먹는 대륙 사람들의 생활상을 둘려주어 사람들에게 탄식을 자아내게 하는 식이었다.[10] 1962년까지 이곳 접대소에서 대륙으로 15만 개 풍선, 700여만 장의 전단 및 기타 일용품 등을 날렸는데 1954년부터 1959년까지 5년간 234척의 중국 어선에 도합 1,919명의 어민이 귀순했다. 이외에도 6척의 어선에 41명의 어부가 귀순했으며, 이 가운데 15명은 마쭈섬에, 26명은 타이완 본섬에 정착했다.[11] 1963년 마쭈방위사령부는 난간南竿의 시웨이춘四維村 푸롱아오芙蓉澳에 대륙동포접대소大陸義胞接待站를 세웠는데, 설립기금은 대륙재해동포구제총회大陸災胞救濟總會에서 마련하여 마쭈방위사령부馬祖防衛司令部에 위탁했다. 평지붕에 품品자형으로 총15개의 방에 최소 30명을 수용할 수 있었으며, 기초생활시설 외에 신문·텔레비전 등의 여가용품, 의료서비스 제공 및 용돈도 지급되었다.[12] 시웨이춘 마을은 군민이 함께 화합하는 따뜻한 분위기

---

8 https://memory.culture.tw/Home/Detail?Id=244791&IndexCode=Culture_Object
9 中央社老照片, 1969.1.10.(搜尋日期 : 20211218).
   https://memory.culture.tw/Home/Detail?Id=539063&IndexCode=online_metadata
10 「鐵幕邊緣的『自由之家』訪大陸漁民接站」, 『臺灣民聲日報』 第二版, 1955.12.13.
11 連江縣志(參)兵事志, p.278.
12 國家文化記憶庫, 「1967年5月的大陸義胞接待站」.
   https://memory.culture.tw/Home/Detail?Id=244791&IndexCode=Culture_Object
   國家文化記憶庫, 「大陸義胞接待站」.

때문에 마쭈열도의 '거실'이라는 별명을 가지고 있었고,[13] 푸룽아오는 난간의 가장 서쪽에 위치한 항구였다. 이곳은 중국의 푸저우 주민들이 난간섬에 도착하는 첫 번째 장소이자 민장閩江 어귀에서 푸젠에 이르는 중요한 항로 구간이었기 때문에 이곳에 접견소를 설치했던 것이다.[14]

1969년 1월 진먼金門에 대륙동포접대소가 설립되면서 중국대륙재해 동포총회의 이사장을 구정강谷正綱, 1902~1993이 맡았다. 냉전기간 중 진먼 으로 귀순한 대륙주민 중에는 어민, 사공, 민병, 홍위병, 농민노동자 등 이 포함되어 있었다. 그 후 대륙동포접대소는 잠시 샤오추춘小坵村 주민 들이 진먼에 이주할 때 머무는 숙소로 쓰였으며 현재는 한 쌍의 노부부 만 남았을 뿐이고, 모두 떠난 지 10년이 넘었다.[15]

2) 해상반공복국학교海上反共復國學校

1949년 장제스가 이끌던 국민당정부는 국공 내전에 패하면서 국민당 군대가 진먼섬과 마쭈섬 등 대륙과 가까운 섬들에 주둔하게 되었고, 중 국 대륙과 가까운 생활권이었던 이 섬들은 공산화 된 중국에 대항하는 최전선이 되고 말았다. 자유롭게 왕래하며 물고기를 잡던 어민들은 출 항시간 준수, 지정된 입항포구 준수 등은 물론 조업 공간도 제한받았다.

---

https://memory.culture.tw/Home/Detail?Id=157316&IndexCode=Culture_Place
國家文化記憶庫,「1958年大陸漁民林春官等人自馬祖抵達基隆合影」.
https://memory.culture.tw/Home/Detail?Id=149734&IndexCode=Culture_Object
13 1970년 5월 26일 자『馬祖日報』에는 마쭈춘(馬祖村)을 마쭈열도의 대문이라 표현하면서, 스웨 이춘은 아늑하고 차란한 과거와 훌륭한 전통이 넘치는 마을이며, 유일하게 맞은편 해안의 고난 의 대륙동포를 접대하는 곳, 조국의 온기를 만끽하는 동포접대소(義胞接待站)가 설치되어 있는 곳이라고 쓰여 있다(검색일 2021.12.19 https://matsumemory.tw/node/27941).
14 馬祖記憶庫,「四維村芙蓉澳聚落」, https://matsumemory.tw/node/28335
15 「被遺忘的縣民 烏坵老夫妻流落金門10年 心中有個痛」,『聯合報』, 2021.9.29.(https://vip.udn.com/vip/story/121942/5780065).

진먼섬과 마쭈섬은 중국 대륙과 매우 가까운 데다 해상의 기상 상황이 항상 조용하지는 않기 때문에 안개, 태풍, 좌초 등의 상황이 닥치면 양안 어선은 해협의 중간선을 넘어 적의 해안에 도달하기 일쑤였다. 이에 대응하기 위해 진먼과 마쭈 등지에 어민구제소 같은 시설을 갖추게 되었는데, 이런 곳에서는 인도적 지원 외에도 대륙어민들을 통해 적진의 동정을 염탐하려는 시도도 당연히 있었을 법하다.

당시 사무처리는 주로 중국대륙재포구제총회中國大陸災胞救濟總會16(이하 구총)가 맡고 있었다. 1945년에 설립된 구총의 주요업무는 공중투하풍선 날리기와 조류를 이용한 물품 보내기 등을 통하여 중국대륙의 동포에게 자유세계로의 귀순을 유도하는 것이었는데, 심리전의 측면에서 이 두 가지 방식이 매우 효과적 조치로 간주되었다. 1950년 설치된 메이스잉취梅石營區와 1968년 설치된 난간천마기지南竿天馬基地는 대륙영공에 공중투하 임무를 수행하는 거점으로17 풍선 안에는 전단과 옷, 사탕, 일용품이 들어있었으며18 이 중 가장 멀리까지 날아간 전단은 중동지역까지도 갔다고 한다. 바다에 띄워 보내는 경우 조류를 잘 파악한 뒤 비닐봉지, 풍선, 술병, 대나무 뗏목 등을 대량으로 만들어 해류를 이용하여 전단, 식량, 실용품 등을 푸젠 연안지역으로 흘려보내어 연안 어민들이 줍도

---

16 중국대륙재포총회(中國大陸災胞救濟總會)의 전신은 중화구조총회(中華救助總會)로 1950년 4월 4일 창립되었고 1991년 중국재포구조총회(中國災胞救助總會)로 개칭했다가 2000년 다시 중화구조총회로 개명했다.

17 1950년부터 1968년까지 타이완정부의 국방부는 심리전을 위해서 마쭈현에 77곳의 공중살포소를 설치했다. 이 가운데 천마기지(天馬基地)는 풍선 공중살포의 센터였다(連江縣志(参)兵事志, p.281).

18 공중살포와 해상살포에는 수건, 칫솔, 비누, 셔츠, 면스웨터 등이 있었고, 음식류로는 식량, 사탕, 소시지, 닭다리, 대만산 소흥주, 금문고량주, 명절 떡, 쫑즈, 월병 등이 있었다(金門戰地政務委員會, 『蔣總統與金門』, 1974, p.60).

〈그림 6〉 풍선을 이용한 전단 살포[19] / 출처 : 金門戰地政務委員會, 『蔣總統與金門』, 1974, p.60.

록 유도하였다. 바다에 띄우는 작업은 보통 4~10월 사이에 했는데, 대부분 어민들에게 맡겼다. 일설에 의하면 대륙 어민들에게 가장 인기가 있었던 것은 매화석영손목시계梅花石英錶였다고 한다.

문화대혁명 기간은 대륙 동포에게 선전을 강화할 수 있는 적기였다. 특히 쌀밥, 채소, 육류, 과일 등이 차려진 밥상 제공은, 3년간의 대기근과 인민공사人民公社에 의해 개인소득을 제한 받은 대륙의 동포들에게 대단한 유혹이었다. 어떤 어부는 기자에게 '대륙어민초대소大陸漁民招待所'에서의 한 끼 식사는 대륙에서 5일간의 식량이라고 했으며, 일부 사람들은 가족들을 먹일 수 있도록 포장해서 돌아갈 수 있게 해달라고 간청했다. 또 대륙에서는 잡은 물고기를 모두 바쳐야 하고 '어로공사漁撈公社'가 정한 수량에 맞춰야 하기 때문에 어떤 때에는 부득불 경계선을 넘어서까지

---

19 國家圖書館, 臺灣記憶, https://tm.ncl.edu.tw/

물고기를 잡을 수밖에 없다고 불평하며, 출항할 때마다 매번 조편성을 하고 선장은 어로공사에서 배정한다고 했다. 또 어린이를 귀와 눈으로 삼아 어선에 태워 함께 보냈다가 귀항하면 어린이에게 어로공사에 보고하게 한다고 했다. 그렇다면 타이완 국민당 쪽에서는 무슨 이유로 대륙 동포들을 구제하려 했을까? 당시 타이완 신문의 보도 내용을 살펴보면 푸젠 어민들의 옷이 낡고 부녀자 머리에 꽂는 비녀가 대나무 조각으로 만들었으며, 이들이 피우는 담배의 품질은 타이완의 거친 초지草紙보다 못하고 달력 인쇄 종이질도 매우 낮았다. 대륙 어민들에게는 '쇼핑의 자유'라는 말조차 사치인 듯했다. 왜냐하면 '티켓'이 있어야 물건을 살 수 있는 배급제였기 때문이다.

구총의 초기 임무는 타이완이나 다른 지역으로 도주한 대륙동포들을 구조하는 것을 위주로 했으나, 1962년부터 해군은 '종밍中明' 함LST227 등의 군함을 이용하여 '해상반공복국학교海上反共復國學校'의 임무를 시행했는데, 이 임무는 대륙 근해에서 대륙어선 순찰을 차단한 후 대륙어민들을 함정에 태워 반공 및 국가수복교육을 실시한 후 돌려보내는 것이었다. 통상 여름과 가을 물고기가 몰리는 기간과 전통명절을 전후해 식사와 물품 전달, 영화관람, 사진관람, 위문 등의 이름으로 정치선전을 했다. 군함 내의 강의실은 길이 200미터, 폭 50미터, 정면에는 장제스의 사진이 걸려있고, 사방에는 자유조국 인민의 생활, 대륙에서 자유 조국으로 귀순한 의사義士와 동포義胞들의 모습을 보여주고, 중화민국 국군 장병들의 반공 준비상황을 보여주며, 뒤쪽에는 '국경일 열병', '오늘의 타이완', '각종 군사훈련' 등의 반공 교육 기록영화를 방영하는 설비가 설치되어 있었다. 강의실의 주체는 열정이 넘치는 '선생님'과 남루한 대륙어부

'학생'이었으며, 동포애로 충만한 분위기에서 중화민족의 자유와 행복을 사랑하고, 권위와 폭정에 증오하는 마음을 불러일으켰다. 이 임무는 1964년에 가장 활발하게 이루어져 1966년까지 '해상 위무'를 받은 대륙 어민의 수가 이미 만여 명이나 되었다. 그러나 결국 대륙 어민들은 돌아간 후에 자신들이 받은 교육을 유포하지도 못하고, 기증받은 물품도 바로 사용하지 못하는 등 효과가 없다는 것을 깨닫고는 이후 더 이상 시행하지 않았다. 이처럼 대륙어민을 해상에서 교육하는 것 외에도, 진먼과 같은 전선의 섬이나 타이완 본섬에 보내어 참관을 시키기도 했다. 특히 진먼과 같은 곳은 비록 전선의 전쟁터이지만, 삼민주의 모범현으로 지정되었기 때문에, 번화한 거리 풍경과 즐거워하는 사람들의 모습은 대륙 동포들에게 하나같이 가장 훌륭한 본보기였다.

4. 나오며

타이완과 중국 양안은 국공내전과 냉전으로 인하여 분단 상태가 되었다. 현재 타이완 관할 지역은 모두 도서島嶼로 이루어져 있으며, 이 가운데 진먼섬과 마쭈섬 등은 중국 본토에서 약 8~10km 떨어진 곳에 위치하는 반면 타이완 본섬과는 200여 km 떨어져 있어 양안 분단 초기 영토가 고착화되기 전 이들 섬을 둘러싸고 일촉즉발의 분위기가 팽배했다.

진먼군도金門群島와 마쭈열도馬祖列島 등의 도서 주민들은 분단 이전 어업과 농업에 의존하며 살아왔고, 자유롭게 왕래하며 어로활동을 했다. 하지만 분단 이후 타이완정부는 이동이 자유로운 이들 어민들이 혹여 중공의 간첩이 될까봐 염려했고, 그 결과 정부는 어민들의 민족사상과 반공의식 강화를 통해 이들이 배반 혹은 적진에 역이용 당하는 것을 예방하고자 했다. 이 때문에 조업 시 단체로 출항하고 단체로 귀항하는 관리시스템 구축, 규정을 위반하는 행동에 대한 검문검색, 주별 민족의식 강화 및 반공사상 교육 등을 진행하여 전선의 어민들을 신체적·심리적 군사화 시켰다. 타이완정부가 대륙동포접객소와 해상반공복국학교 등을 설치함으로써 대륙어민의 귀순을 유도한 것은 일종의 회유 심리전이었다. 그 결과 귀순한 어민들이 귀순을 '기꺼이 원하는' 상태가 되도록 이끌었고 나아가 이들이 쓴 글을 대대적으로 언론에 노출시켜 타이완 내부의 반공정서와 의지를 강화시킬 수 있었다.

참고문헌

中華民國國家公園學會, 『金門傳統漁業調查研究』, 金門縣 : 內政部營建署金門國家公園管理處, 2005.

江柏煒, 『冷戰金門-世界史與地域史的交織』, 金門縣 : 內政部營建署金門國家公園管理處, 2017.

宋學文, 「全球化下的國際關係理論」, 『政策與治理』, 巨流圖書, 2009.

李仕德 編譯, 『金門的戰爭與和平-823砲戰期間美國外交文書有關金門文獻選譯』, 金門縣政府文化局, 2014.

李福井, 『1949古寧頭戰紀-影響台海兩岸一場關鍵性的戰役』(第3版), 臺北 : 五南圖書出版, 2014.

知兵堂編輯部, 『國共內戰-戡亂與解放角力』, 知兵堂出版社, 2015.

國史館, 『金門戒嚴時期的民防組訓與動員訪談(一)』, 台北縣 : 新店市, 2003.

國防部總政治部, 『國軍政工概況』, 臺北市 : 國防部總政治部, 1959.

張火木, 『古寧頭戰役與役事-金門戰史與軼事』, 金門縣政府, 1999.

張勝, 『從戰爭中走來-兩代軍人的對話』, 中國青年出版社, 2008.

曹志剛・王仲遠, 「亂雲飛渡仍從容-一江山島戰役和砲擊金門中毛澤東反對美國干涉的鬥爭策略」, 『軍事歷史』2009年 2期, 2009.7.2.

連江縣文獻委員會, 『福建省連江縣誌』第一冊, 1979~1986.

連江縣南竿鄉公所, 『南竿縣志』(上冊), 連江縣 : 連江縣南竿鄉公所, 2011.

_____, 『莒光鄉志』, 連江縣 : 莒光鄉, 2006.

陳映真, 「虛構的珍珠港 : 美國干涉主義下的金門與馬祖」, 『人間雜誌』(46) 等待解嚴的土地系列, 1989.

福建省金門縣政府文獻委員會, 『金門縣志』, 金門縣 : 金門縣政府, 1979.

鄭有諒, 「823砲戰之回顧與看法」, 『金門國家公園八二三砲戰六十週年紀念研討會論文集』, 臺北市 : 中國文化大學華岡出版部;金門縣金寧鄉;『金門國家公園』, 2018.

제3부

동북아해역과 냉전

냉전의 바다를 건넌다는 것

한인 '밀항자' 석방 탄원서에 주목하여

최민경

1. 들어가며

1945년 8월 일본의 패전 이후, 다양한 이유로 일본에 체류하던 한인韓人들은 한반도에 귀환repatriation[1]을 서둘렀다. 그런데 대규모 귀환이 어느 정도 마무리된 직후부터 다시 일본으로 건너가는 흐름이 시작된다. 문제는 이러한 한인의 도일渡日이 그들의 법적지위와는 모순되는 형태로 규정, 단속 대상이 되었다는 것이다. 전후戰後 처리라는 측면에서 엄밀히 봤을 때, 1952년 4월 28일 샌프란시스코강화조약[2] 발효 전까지 한인은

---

1 누군가를 출신지(국)로 돌려보내는 행위를 뜻하며, 일본의 식민 지배 아래에서 이산했던 한인들이 해방 이후 한반도로 돌아오는 과정이라는 고유의 역사적 맥락 아래에서 사용되는 경우가 많다.

2 제2차 세계대전의 공식 종료를 위하여 연합국과 일본정부가 맺은 조약이다. 1951년 9월 미국 샌프란시스코에서 조인, 이듬해 4월 28일 발효되었다. 이 조약 제2조 a항(일본은 조선의 독립을 승인하고 제주도, 거문도 및 울릉도를 포함하여 조선에 대한 모든 권리, 권한, 청구권을 포기한다)을 바탕으로 일본정부가 '평화조약 발효에 따른 조선인, 대만인 등에 관한 국적 및 호적 사무처리에 대하여(平和条約に伴う朝鮮人台湾人等に関する国籍及び戸籍事務の処理について)'라는 통달(通達)을 내렸고, 이를통해 한인의 일본국적은 공식적으로 박탈된다. 한편, 샌프란시스코강화조약 발효와 함께 GHQ/SCAP의 일본 점령도 종료한다.

일본국적을 박탈당하지 않고 보유한 상태였으므로, 이들의 도일은 '불법'이 될 수 없었다. 그럼에도 불구하고 한반도에서 일본으로 대한해협을 건너는 이동은 왜, 그리고 어떻게 '밀항'이 된 것일까.

이 글에서는 이 질문에 대한 답을 한인 '밀항자' 석방 탄원서를 통해 살펴보고자 한다. 이들 탄원서는 대부분 일본에 거주하던 '밀항자'의 가족, 친인척에 의한 것으로, 수용소에서의 석방, 한반도로의 송환 중단과 일본 체류 허가를 호소하는 것이다. 탄원서는 "기본 목적이 관련자들의 구명이기 때문에 내용의 다양성이라는 측면에서는 한계를 지닐 수밖에 없는 글"[3]이고, 따라서 신중한 검토가 요구된다. 하지만 한편으로 여러 탄원서에 반복하여 공통으로 나타나는 내용을 통해서는 "'밀항자'를 어떠한 문맥에 두어야 석방될 가능성이 있었는지(있다고 생각했는지)"를[4] 파악 가능하다. 나아가 탄원서를 어떻게 처리하였는지, 즉, 송환 여부를 결정하였는지를 통해서는 연합국최고사령부GHQ/SCAP[5]와 일본정부가 한인 재도일의 어떠한 측면을 경계했는지 또한 알 수 있다.

그리고 특히 이 글에서는 1950년부터 샌프란시스코강화조약 발효 이전까지의 시기에 주목한다. 이 시기 '밀항자'의 적발, 송환 체제는 한층 견고해졌다.[6] 흥미로운 사실은 이러한 과정의 배경으로 한인의 일본 출

---

3 이정민, 「탄원서에 나타난 서독인들의 동백림사건 인식」, 『사림』 55, 수선사학회, 2016, 404쪽.
4 朴沙羅, 『外国人をつくりだす—戦後日本における「密航」と入国管理制度の運用』, 京都 : ナカニシヤ 出版, 2017, p.141.
5 연합국이 제2차 세계대전에서 패전한 일본을 점령·통치하기 위해 설치한 조직으로 1945년 10월 2일부터 1952년 4월 28일까지 존재하였다.
6 외국인등록령(外国人登録令) 개정 시행(1950년 1월), 수용소 법제화(1950년 9월), 출입국관리령(出入国管理令) 제정 시행(1951년 11월) 등이 이뤄졌다. 이 중, 출입국관리령은 GHQ/SCAP의 점령 종료를 앞두고 일본정부가 출입국관리권을 돌려받으면서 제정 시행되었다. 이듬해에는 오늘날까지 이어지는 '출입국관리 및 난민인정법(出入国管理及び難民認定法)'으로 개정·개칭되었다. 외국인등록령 개정 시행과 수용소 법제화에 관해서는 제3절에서 설명한다.

입국 및 체류가 냉전이라는 렌즈를 통해 해석되기 시작했고, 한국전쟁 발발 또한 중요하게 작용했다는 것이다. 결과적으로 한인 '밀항자'에 대한 경계 양상은 냉전과 교차하며 특징적인 양상을 보이게 되는데, 이는 '밀항자' 석방 탄원서의 내용과 '해석'에 구체적으로 투영되었다. 이 글에서는 이러한 문제의식을 가지고 한인 '밀항자' 석방 탄원서 분석을 통해 해방 이후 한반도에서 일본으로의 '밀항'이 놓였던 정치사회적 맥락을 살펴보겠다.

2. 냉전과 교차하는 밀항의 이해

기존에 이뤄진 해방 이후 한인의 '불법' 도일에 관한 국내외주로일본 연구는 다음과 같이 크게 두 방향으로 나누어 정리할 수 있다. 첫째, 한인 '밀항'의 전개 양상에 관한 연구와 둘째, '밀항자' 송환에 관한 연구이다. 우선, 전자의 경우, 제주도로부터의 '밀항' 연구가 국내외를 막론하고 눈에 띈다. 여기에는 제주도의 경우, 4·3사건이 해방 이후 도일의 기폭제가 되었다는 특수한 배경이 작용했을 것으로 보인다. 구체적으로는 근현대 제주인의 도일 현상을 장기적인 시각에서 바라보는 연구부터 해방 직후의 시기적 특징에 초점을 맞춘 연구, 이후 1970년대까지 범위를 넓혀 이동의 동기, 경로 등을 검토한 연구 등이 이루어졌다.[7]

---

7   전은자, 「濟州人의 日本渡航 硏究」, 『탐라문화』 32, 제주대 탐라문화연구원, 2008, 137~178쪽;
    伊地知紀子·村上尚子, 「解放直後·済州島の人びとの移動と生活史−在日済州島出身者の語りから」,
    蘭信三 編, 『日本帝国をめぐる人口移動の国際社会学』, 東京 : 不二出版, 2008, pp.87~146; 조경
    희, 「불안전한 영토, '밀항'하는 일상−해방 이후 70년대까지 제주인들의 일본 밀항」, 『사회와

다음은 '밀항자'의 송환에 관한 연구로 구체적으로는 송환 전 구류되는 수용소, 그 중에서도 오무라大村수용소제3장에서 설명에 대한 연구이다. 수용소는 비록 '실패'한 '밀항자'가 머무르는 공간이기는 하지만 '밀항' 전체의 역사를 이해하기 위해서는 반드시 검토되어야 하는 대상이며, 그 중에서도 1950년 문을 연 오무라수용소는 수용 및 송환 규모 상 그 중심에 있어 활발하게 관련 연구가 이루어져 왔다.[8] 한편, 최근 오무라 수용소 관련 연구들의 특징 중 하나는 자료의 공백, 한계를 메우고 수용의 경험을 재구성하기 위한 시도로서 구술사 방법론을 활용한 분석이 적극적으로 이루어지고 있다는 것이다.

그리고 위에서 언급한 선행연구는 모두 한인 도일이 이들의 법적지위와 모순되는 형태로 제한, 단속된 제도적 배경을 전제로 분석을 진행하였다는 공통점이 있다. 한편, 박사라朴沙羅의 연구는 이러한 측면을 보다 심화하여, GHQ/SCAP 문서[9]와 일본정부의 '외국인' 관리 법령에 대한 종합적 검토에 더해, 인터뷰 조사를 활용하여 '밀항자'의 적발·조사·

역사』 106, 한국사회사학회, 2015, 39~75쪽.

8 玄武岩, 「密航·大村收容所·済州島-大阪と済州島を結ぶ「密航」のネットワーク」, 『現代思想』 35 (7), 青土社, 2007, pp.158~173; 전갑생, 「오무라(大村)수용소와 재일조선인의 강제추방 법제화」, 『역사연구』 28, 역사학연구소, 2015, 165~201쪽; 이정은, 「예외상태의 규범화된 공간, 오무라수용소-한일국교 수립 후, 국경을 넘나든 사람들의 수용소 경험을 중심으로」, 『사회와 역사』 106, 한국사회사학회, 2015, 77~110쪽; 조경희, 「오무라 수용소를 둘러싼 젠더화된 기억 서사-수용소(asylum)의 공간, 피난소(asyl)의 시간」, 『동방학지』 194, 연세대 국학연구원, 2021, 27~51쪽.

9 GHQ/SCAP가 일본 점령·통치를 실시하는 과정에서 남긴 각종 문서로, 다양한 수·발신 대상, 형태, 내용을 포함한다. 점령 종료 전인 1951년 8월 미국 본토로 문서 이송이 시작되었고, 이후 미국국립공문서관에서 기밀문서로 보관되었다. 1974년 기밀문서 지정 해제가 이루어진 후, 일본국립국회도서관에서 마이크로필름으로 촬영하여 소장하게 되었으며, 현재 일부 디지털 아카이브를 통해 공개 중이다. 이 문서에 대한 보다 자세한 설명은 일본국립국회도서관 홈페이지 중 Research Navi 부분을 참고할 수 있다. リサーチ·ナビ 国立国会図書館 Records of General Headquarters Supreme Commander for the Allied Powers, GHQ/SCAP : https://rnavi.n dl.go.jp/kensei/entry/GHQ.php(cited 2021.10.15).

송환이라는 미시적인 국면에서 이러한 제도가 실천되는 양상을 함께 살펴보았다. 즉, 이 연구에서는 "어떤 인물이 '조선인'이기 때문에 그 이동은 '불법'이 되며, 이동의 형태가 '불법'이기 때문에 그 인물은 '조선인'이 되는 순환 고리"를 그려냈다고 할 수 있다.[10]

그런데 이들 선행연구는 GHQ/SCAP 문서와 일본정부의 법령을 주요 분석 대상으로 삼았고, 그 결과 논의의 초점은 GHQ/SCAP과 일본정부가 한인의 '밀항'을 경계한 결과, 어떠한 제도를 시행하였는지에 맞춰졌다. 따라서 이와 같은 분석을 통해서는 관련 제도 시행의 배경, 바꾸어 말하자면 한인 '밀항'의 어떠한 측면을 경계하였는지, 그리고 어떠한 정치사회적 맥락에서 이들의 이동이 '불법'이 되었는지를 구체적으로 알기는 어렵다. 이에 이 글에서는 지금까지 본격적으로 분석되지 않은 한인 '밀항자' 석방 탄원서를 검토함으로써 선행연구에서 미처 그려내지 못한 이와 같은 측면을 보완하고자 한다.

한인 '밀항자' 석방 탄원서는 대부분 '밀항자'의 인적사항, 도일 및 일본 체류 이력, '밀항' 배경, 일본 체류가 필요한 이유 등으로 구성되며, 이에 대한 심사를 통해 송환 여부가 정해졌다. 송환 여부 심사에서는 "선량하고good 보호를 필요로 하는 '밀항자'인지 아닌지"가 문제가 되었다.[11] 그렇다면 여기에서 말하는 "선량하고good"에 대한 판단은 어떠한 기준에서 내려졌을까. 이 글에서는 선량한 '밀항자'와 그렇지 않은 '밀항자'가 단순히 개인의 범법 행위의 차원을 넘어서, 당시 동아시아 지역에서 가장 강한 구조적 동력이었던 냉전과 교차하며 구분되었음에 주목하고자 한다.

---

10 朴沙羅, op. cit., p.215.
11 Ibid., p.143.

김태기金太基가 지적하듯이 GHQ/SCAP는 일본 점령 종료를 앞두고 "반공이라는 시각에서 공산주의자나 파괴 분자의 일본 침입과 배제를 강력하게 [규제]하기 위한 법 정비"를 지향했고, 일본정부는 이러한 방향성에 따라 한인의 일본으로의 출입국 및 체류와 관련된 일련의 제도를 확립해 갔으며,[12] 이와 관련해서는 기존에 적지 않은 연구가 이루어졌다. 하지만 대부분이 이미 일본에 체류하는 재일在日한인의 처우 등에 초점을 맞춘 경우이며,[13] 해방 이후 일본으로 새롭게 한인 유입을 야기하던 이동 자체, 즉, '밀항'이 어떻게 냉전과 교차하였는지는 크게 주목하지 않는다.

이 글에서는 이러한 선행연구의 성과에 대한 비판적 검토를 바탕으로 냉전이라는 정치사회적 맥락이 한인의 '밀항'에 투영되어 간 양상을 한인 '밀항자' 석방 탄원서 자체와 이에 대한 피탄원인의 '해석'을 통해 살펴보고자 한다. 이들 탄원서는 '밀항자'가 어떻게 하면 선량하다고 판단되어 선처를 받을 수 있을지를 고민하면서 탄원인이 적어 내려간 글이다. 그리고 그러한 탄원서는 피탄원인, 여기서는 최종적으로 GHQ/SCAP이 한인의 도일을 바라본 렌즈를 통해 '해석'되고 송환 여부 심사에 활용된다. 냉전의 바다를 건넌다는 것은 어떠한 의미를 지닐까. 한인 '밀항자' 석방 탄원서에 대한 분석은 이 질문의 답을 구조와 행위에 대한 통합적이 시각에서 가장 구체적으로 살펴볼 수 있는 작업이라는 의의를 지닌다.

---

12 金太基, 『戦後日本政治と在日朝鮮人問題』, 東京 : 勁草書房, 1997, pp.697~705. 괄호 [ ] 안은 이해를 돕기 위하여 추가한 부분으로, 이하 본 연구의 인용문에서 동일하다.
13 이러한 문제의식을 지닌 연구는 국내외를 막론하고 꾸준히 축적되어 왔으며, 여기에서 모두 소개하는 것은 불가능하다. 최근에 국내에서 이루어진 것으로는 다음 연구들이 있다. 박창건, 「GHQ 점령기 일본의 재일조선인 정책」, 『한국정치외교사논총』 39(2), 한국정치외교사학회, 2018, 137~166쪽; 이승희, 「해방직후 재일조선인에 대한 일본의 치안정책」, 『日本學』 46, 동국대 일본학연구소, 2018, 67~90쪽; 최덕효, 「배반당한 '해방'-미군 점령하 '재일조선인 문제'와 냉전, 1945~1948」, 『일본비평』 22, 서울대 일본연구소, 2020, 14~43쪽.

3. '밀항'의 실태와 '불법'의 단속

1) 해방 이후 한인의 도일과 '밀항'의 탄생

해방된 한반도는 귀환 동포의 유입으로 인구가 늘어났고 그만큼 실업자 수, 빈곤율도 증가하였지만, 이러한 경제 상황을 타개할 수 있을 만큼 정치 상황이 안정적이지 못했다. 제국주의의 끝은 냉전의 시작을 알렸으며, 남북 분단이 현실화하는 가운데 정세는 매우 불안정 했다. 해방 이후 한인의 도일은 일차적으로 이러한 한반도의 불안정한 정치, 경제 상황에 의해 야기되었음은 분명하다. 하지만 이와 함께 일본에 남아 있던 가족, 지인 등의 인적 네트워크 또한 중요한 기능을 하였다. 1946년 3월 시점에서 일본에는 약 64만 명의 한인이 남아있었고[14] 이들과의 연고가 실제 이동을 가능, 용이케 해줬으며 도일의 강한 배경이 되었다.

한편 한인의 도일 규모·경로·방법 등을 명확하게 재구성 하는 작업은 사실 상 불가능 하다. 이는 해방 이후 한반도에서 일본으로의 한인 이동은 기본적으로 단속의 대상이었고 따라서 단속하는 측, 즉, GHQ/SCAP과 일본정부의 자료밖에 남아있지 않기 때문이다. 게다가 단속된 이동은 어디까지나 일부에 지나지 않았으므로, 이로부터 전체적인 양상을 유추할 수밖에 없다. 1946년부터 1952년까지 일본으로의 '불법' 입국으로 검거된 사람은 총 45,960명이지만, 1949년 GHQ/SCAP 문서에 따르면 이 수치는 전체의 약 50% 정도이며, 기타 다양한 조사 등을 미루어 보았을 때 검거된 사람보다 검거되지 않은 사람의 수 보다 훨씬 많았

---

14 이 수치는 1946년 2월 GHQ/SCAP이 일본에 남아있던 한인, 중국인, 대만인 등을 대상으로 귀환 희망 여부를 조사한 결과에 따른다.

을 것으로 보인다.[15]

도일의 경로로는 한반도 남부, 구체적으로는 부산, 마산, 통영, 여수 등을 출발하여 대한해협을 거쳐 일본 혼슈本州 가장 서부에 위치한 야마구치山口나 규슈九州 북서부의 나가사키長崎, 후쿠오카福岡 등으로 상륙하는 사례가 가장 많았다. 도일 경로와 관련하여 한 가지 흥미로운 사실은 제주인들 또한 제주도에서 직접 출발하기보다 부산 등을 거치는 경로가 일반적이었다는 점이다.[16] 많은 경우, '밀항' 브로커나 선장에게 상당한 비용을 지불하고 발동기선이나 소형 어선으로 이동하였으며, 선원으로 위장한 사례도 있었다.

그런데 법적지위라는 측면에서 보았을 때 이러한 한인의 도일은 1952년 4월 샌프란시스코강화조약 발효 전까지 '불법'이 될 수 없었다. 제2차 세계대전의 공식적 종료를 위한 절차가 완료되기 이전까지 엄밀하게는 한인의 법적지위에 관해서 정해진 것은 없는 상태였다. 따라서 이들은 전전戰前에 보유하던 일본국적을 박탈되지 않은 채 가지고 있는 상태였고, 무엇보다 일본정부가 그러한 입장이었다.[17] 실제 해방 직후 몇 달간 한인의 재도일은 오히려 방관의 대상이었다.[18] 이와 같은 이동이 돌연 문제시되기 시작한 것은 1946년 초여름으로, GHQ/SCAP가 일본정부에게 내린 '일본으로의 불법 입국 억지Suppression of Illegal Entry into Japan'라

---

15 朴沙羅, op. cit., pp.88~90.
16 권혁태, 「'밀항자'는 어디에서 와서 어디로 갔을까?」, 권혁태・이정은・조경희 편, 『주권의 야만 ―밀항, 수용소, 재일조선인』, 서울 : 한울아카데미, 2017, 26쪽.
17 朴沙羅, op. cit., p.4.
18 GHQ/SCAP은 당초 '밀항'보다 '밀수'를 경계하였다. 일본 경제에 악영향을 미칠 수 있다는 이유 때문이었는데 특히 한반도로부터의 쌀의 '밀수'가 적극적인 단속 대상이었다. 金太基, op. cit., pp.263~264.

는 제목의 대일對日지령SCAPIN : SCAP Index Number[19]에서 그 단초를 찾을 수 있다. 여기에서는 한반도의 콜레라 유행 상황을 이유로 들며,[20] 일본에 '불법 입국'하려는 선박, 선원, 승객, 화물을 체포하여 지정 항구에서 점령군에게 인도하도록 하였다.[21]

중요한 사실은 1946년 가을 이후 한반도의 콜레라 유행 상황이 어느정도 진정 국면에 들어갔음에도 불구하고 한인의 도일은 계속해서 '불법', 즉, '밀항'으로 남았다는 사실이다.[22] 이는 여러 측면에서 한인의 도일이 일본사회에 위험 요소가 될 수 있다는 인식이 만들어졌기 때문으로 보인다. 그리고 구체적으로 '위험 요소'의 내용을 살펴보면 1차적으로 콜레라 등 전염병의 유입에서 시작하였지만, 이후 '밀항'에 '성공'한 한인에 의한 치안 불안으로 확대하였음을 알 수 있다. '밀항'에 '성공'한 한인들이 일본사회에 머무르며 각종 범법 행위에 관여한다는 것으로, 특히 암시장과의 관련성이 국회나 신문보도에서 자주 지적되었다.[23] 암시장은 실제 당시 재일한인들의 생활에 있어서 중요한 역할을 하였다. 하지만 그것은 패전 직후 경제적 혼란 속에서 일본사회에 만연해 있던

---

19 GHQ/SCAP이 기본적인 시책과 관련하여 일본정부에게 발신한 지령을 말한다. 지령에 일련 번호(SCAP Index Number)가 붙는 형식이었기 때문에 일반적으로 SCAPIN이라고 한다.

20 실제 1946년 5월 귀환하는 재중(在中) 한인을 싣고 부산항에 입항한 귀환선에서 콜레라 환자가 처음으로 나왔고, 이후 한 달 정도의 기간 동안 해상 격리된 환자를 포함하여 총 265명의 환자가 발생하였으며, 사망률이 50% 가까이에 이르렀다. 「虎疫全道에猖獗 - 可恐! 死亡率五〇%」,『釜山新聞』, 1946.6.12.

21 GHQ/SCAP, "〈SCAPIN1015〉 Suppression of Illegal Entry into Japan(1946/06/12)" 国会図書館デジタルコレクション日本占領関係資料: https://dl.ndl.go.jp/info:ndljp/pid/9886118, (cited 2021.10.15).

22 박사라(朴沙羅)는 1946년 12월 내려진 GHQ/SCAP의 지령은 한반도에서 여전히 콜레라가 만연하다고 하지만 이는 콜레라항으로 폐쇄되었던 부산항이 이미 1946년 8월 재개하였다는 사실 등과 모순된다고 지적한다. 朴沙羅, op. cit., p.98.

23 Ibid., pp.98~101.

것으로 일본인도 적지 않게 관여하였으나, 일본사회 전반적인 인식 속에는 어디까지나 재일한인과의 관련성이 훨씬 더 강하게 강조되었다.

이처럼 해방 이후 한인의 도일은 전염병, 범죄 등과 관련지어지는 과정 속에서 '밀항'으로 탄생하였다. 위에서 언급한 지령, '일본으로의 불법 입국 억지'를 비롯하여 1946년 하반기 이후 GHQ/SCAP이 내린 일련의 대일지령은 "파악 불가능한 조선인 밀항자들이 일본 영토의 안전을 침범할 수 있다는 것을 명시한 내용"이었으며[24] 이후 보다 강력한 단속의 대상으로 자리매김한다.

2) 외국인등록과 '밀항자'의 송환

1946년 봄부터 가을에 걸쳐 한인의 도일이 '밀항'으로 탄생하면서 이에 대한 단속 체계 정비도 급속도로 진행되었고, 1947년 5월 외국인등록령外國人登錄令 시행으로 이어진다. 외국인등록령은 말 그대로 일본에 체류하는 외국인의 인적사항을 등록하기 위한 칙령勅令으로 언뜻 이해하면 '밀항' 단속과는 크게 관련이 없어 보인다. 하지만 '밀항자' 중 해상이나 해안가에서 검거하지 못한 사람, 바꾸어 말하자면 '밀항'에 '성공'하여 일본 내 도처에 흩어진 사람을 특정하기 위해서는 외국인등록이라는 작업이 반드시 필요했다. 이미 체류 중인 재일한인을 등록하면 그 이외의 사람들은 '불법'으로 일본에 들어온 것, 즉, '밀항자'가 된다.

여기서 주목해야 할 점은 재일한인이 '외국인'으로 등록되었다는 사실이다. 앞에서도 반복해서 지적하였지만 샌프란시스코강화조약 발효

---

24 조경희, 앞의 글, 2015, 48쪽.

이전, 한인은 일본국적을 보유하는 상태였고, 따라서 외국인등록령은 이들의 법적지위와 크게 모순되는 것이었다. 이와 같은 모순은 조문 자체에도 투영되어 있었는데, 제11조를 보면 '대만인 중 내무대신內務大臣[25]이 정하는 자 및 조선인은 이 칙령 적용에 있어 당분간 외국인으로 간주한다'고 하여 '당분간', '간주'와 같이 애매한 표현으로 한인의 법적지위를 규정하였음을 알 수 있다.

이와 같이 변칙적인 형태였음에도 불구하고 외국인등록령은 재일한인을 등록함으로써 "'밀항자'를 발견하여 송환하기 위한 법적 근거"[26]가 되었다. 외국인등록령은 총 15조로 구성되며 외국인등록 목적·대상·절차 등을 포함하는데, 핵심은 위반 시 적용되는 벌칙, 그 중에서도 강제 퇴거, 즉, 송환이었다. 송환 관련 규정은 제13조, 제14조로 형식적으로는 관할 지방장관地方長官이 퇴거를 명하고 내무대신이 이를 강제하는 방식이었다. 다만 실제로는 GHQ/SCAP의 지시를 받아 지방장관이 경찰을 통해 퇴거를 강제했으며, 송환 여부에 대한 최종 결정권 또한 GHQ/SCAP이 행사하였다.[27] 한인의 송환은 이들의 법적지위와 모순되는 것이었으나, GHQ/SCAP은 "보통의 일본인"이 아닌 한인은 장차 조선에 귀속해야 하므로 송환 가능하다는 결론을 내렸다.[28] 이후 외국인등록령은 벌칙을 강화하는 내용으로 1949년 12월 개정, 1950년 1월

25 1873년부터 1947년까지 존재했던 일본의 행정기관인 내무성(內務省)의 장을 말한다. 지방행
    ·재정, 경찰, 토목 등을 관장하였다.
26 朴沙羅, op. cit., p.103.
27 외국인등록령 초안은 일본정부가 작성했는데, 이에 따르면 송환 여부에 대한 최종 결정권은 일
    본정부가 가지는 것으로 되어 있었으나 GHQ/SCAP에 의해 받아들여지지 않았다. 金太基, op.
    cit., pp.358~362.
28 朴沙羅, op. cit., pp.105~107.

시행되었으며, 강화된 벌칙 중 가장 눈에 띠는 내용은 '밀항자'의 경우 판결이 확정될 때까지 구류하도록 규정이 바뀌었다는 것이다.

그리고 이 과정에서 법제화 된 것이 바로 송환 전 '밀항자'를 수용하는 수용소이다. 1946년 6월 규슈 나가사키현長崎縣 사세보佐世保에 '밀항자' 수용을 위해 하리오針尾수용소가 설치되는데, 이는 어디까지나 귀환 업무를 담당하던 부처가 임의적으로 운영하는 형태였다.[29] 이와 같은 운영 형태에 변화가 생기는 것은 1950년 9월로, '출입국관리청 설치령出入国管理庁設置令'을 통해 출입국관리청과 그 부속 기관 중 하나로 입국자 수용소 설치를 법률로 규정한다. 그 결과 1950년 10월 1일 외무성外務省 출입국관리청 산하로 하리오 수용소가 문을 열었으며, 1950년 12월 나가사키에 있는 전 해군 항공창航空廠 본관으로 이전하면서 오무라수용소로 이름을 바꾼다.

한편, '밀항자'와 마찬가지로 송환자 수 또한 정확하게 알기 어렵다. 이는 관련 통계자료가 송환자 전체 수만 기록할 뿐 구체적인 내역은 알 수 없기 때문이다. 당시 일본으로의 '불법' 입국자 중에는 한인만 있었던 것은 아니다. 물론 대부분은 한인이었지만 대만인, 류큐인琉球人, 오시마인大島人도 일정 정도 포함되어 있었고,[30] 따라서 정확한 한인 송환자 수를 아는 것은 불가능하다.[31]

---

29 이는 기존에 재외일본인과 재일외국인(주로, 조선인)의 귀환이 이루어지는 귀환항에서 '밀항자'를 임시 수용, 송환했기 때문이다.
30 류큐인과 오시마인은 각각 오늘날 오키나와현(沖繩縣)과 가고시마현(鹿兒島縣) 오시마군(大島郡) 및 아마미시(奄美市) 일대의 사람들을 말한다. 제2차 세계대전 패전 후 일본에서는 북위30도 선을 기준으로 그 이남 지역에서는 미국의 직접 통치가 이뤄졌고, 위의 지역은 여기에 해당한다. 이들 지역의 사람들은 일본 본토와의 왕래에 여권과 같은 기능을 하는 도항증명서가 필요했다.
31 다만 신문보도 등을 통해 단편적으로 그 추세를 파악할 수는 있는데 1950년 6월 8일자 부산일보의 보도에 따르면 1950년 1월부터 5월까지 송환된 한인의 수는 3,252명이었다(「生路찾아 渡

4. 탄원서에 나타난 '밀항'의 정치사회적 맥락

앞 장에서 개괄하였듯이 해방 이후 한인 도일은 당초 항구를 통한 콜레라 유입에 대한 경계에서 시작하여, 점차 '성공'한 '밀항자'를 일본사회의 치안 불안 요인으로 바라보는 과정을 통해 '밀항'이 되어 갔으며, 이 과정에서 '밀항자'을 적발, 송환하는 체계는 다양한 차원에서 견고해졌다. 그런데 1950년대에 들어서면 전염병, 범죄에 더해 냉전이 한인의 재도일을 '불법'으로 만드는 중요한 요인으로 작용하게 되며, 한인 '밀항자' 석방 탄원서는 이러한 냉전과 '밀항'의 교차를 구체적으로 보여준다.

이 글에서 참고하고자 하는 자료는 GHQ/SCAP 민사국民事局, Civil Affair Section 문서 중 일부이다. 민사국은 GHQ/SCAP이 일본 점령 종료를 향하여 만든 조직으로, SCAPIN이 지방 현장에서 제대로 실행되고 있는지 지도 · 감독함과 동시에 지방에서 올라오는 정보를 중앙에 전달하는 역할을 수행했다.[32] 한인 '밀항자' 석방 탄원서는 기본적으로 이 민사국이 감독하는 8개의 지방민정관구地方民政管區; Civil Affairs Region, 이하, CAR에서 접수하였고,[33] 이후 GHQ/SCAP으로 전송, 최종 석방 여부가 결정되었다.

한인의 '밀항자' 석방 탄원서가 이 글의 문제의식을 고찰하는 데 적합

日타 送還된 同胞 公表만 三千二百」, 『부산일보』, 1950년 6월 8일 자).

32 민사국 문서에 대한 보다 자세한 설명은 다음을 참고할 수 있다. リサーチ · ナビ 国立国会図書館 GHQ/SCAP Records, Civil Affairs Section: https://rnavi.ndl.go.jp/kensei/entry/CAS.php(cited 2021.10.15).

33 홋카이도(北海道), 도호쿠(東北), 간토(關東), 도카이 · 호쿠리쿠(東海 · 北陸), 긴키(近畿), 츄고쿠(中国), 시코쿠(四国), 규슈(九州)로 오늘날 초등교육을 비롯하여 일본에서 널리 통용되는 지방 구분과 거의 동일하다.

한 이유는 다음과 같다. 우선, 시기적으로 민사국이 설치, 운영된 1950년 1월부터 1951년 5월까지는 한국전쟁 발발을 전후하여 동아시아 지역에서 냉전이 본격적으로 심화되기 시작한 시기이다. 또한 샌프란시스코강화조약을 위한 미일 간 사전 교섭이 이뤄진 시점으로 GHQ/SCAP과 일본정부 사이에서 한인의 법적지위에 대한 논의가 이어지고 그 윤곽이 어느 정도 뚜렷해진 시기이기도 했다.[34] 따라서 민사국 문서가 생성된 시기는 냉전이라는 렌즈가 한인의 도일과 그들의 일본 체류, 나아가 '밀항'을 '해석'하기 시작하고 그러한 '해석'을 제도에 반영하여 보다 정교하게 만들어 간 시기라고 할 수 있다.

다음으로 '밀항자'에 대한 '해석'의 재료로서 탄원서는 유효하다. 선행연구에서도 지적하듯이 송환 여부를 결정짓는 데 '밀항자'가 선량한지 그렇지 않은지는 중요한 판단 대상이었다. 송환을 피하려면 '불법' 입국을 했음에도 불구하고 일본 체류를 허가할 만큼의 선량함이 요구되었던 것이다. 그렇다면 선량함에 대한 판단은 무엇을 기준으로 하였을까. 가장 명백한 기준은 범법 행위 여부일 것이다. 그런데 '밀항'과 냉전이 교차하면서 범법 행위에 대한 기계적인 판단 외에 '밀항자'가 선량한 '생각'을 지닌 사람인지 아닌지를 파악하기 위한 '해석' 작업이 필요해졌다. 그리고 이 과정에서 탄원서, 즉, 탄원인이 호소하는 선처 필요성에 대한 기술은 '해석'을 위한 중요한 자료가 된다.

이에 이 항에서는 재일한인의 '밀항자' 석방 탄원서를 누가 어떠한 내용으로 작성하였는지, 그 자체에 대한 분석과 더불어 이에 대한 '해석',

---

34 1951년 1월부터 2월에 걸쳐 세 차례 회담이 이뤄졌고 곧 초안 작성에 들어갔다. 체결 이후, 발효까지는 일본 국내의 입법·사법·행정 절차가 진행되었을 뿐이다.

즉, 송환 여부 결정을 위한 탄원서 내용 검토 과정을 통해 한인의 '밀항'이 냉전과 교차하는 구체적인 양상을 살펴보도록 한다.

1) 누가, 무엇을 탄원하였는가

한인 '밀항자' 석방 탄원서를 살펴보면 기본적으로는 가족이나 친인척에 의하여 작성되었음을 알 수 있다. '밀항자'의 직계가족이 탄원인인 경우가 가장 많은데, 탄원은 가족 재결합을 인도적인 차원에서 호소하는 내용으로 구성되며, 다음 두 사례가 전형적이다.

첫 번째는 1950년 5월 접수된 A씨의 탄원서로 남편 B씨의 석방과 일본 체류 허가를 탄원한 것이다.[35] 탄원서에 따르면 B씨는 1924년부터 일본에 거주하였으나, 1945년 11월 경 메탄올로 인해 실명 후, 치료를 위하여 1946년 11월 법적 절차를 밟아 귀환하였다. B씨의 치료는 성공적이지 못했고, 그는 다시 가족이 있는 일본에 돌아오기 위하여 '밀항'을 하였다. 두 번째는 1951년 5월 '밀항자' C씨에 대한 탄원서이다.[36] C씨는 1930년 일본에 건너와 1944년 일본인 아내 D씨와 결혼하였으며, 해방 후 1946년 4월 아내와 함께 한반도에 건너가 본인의 부모와 지냈다. 하지만 한국전쟁 발발 직후 아내만 일본으로 돌려보냈으며, 이후 본인도 합법적인 도일 방법을 모색하나 여의치 않자 '밀항'을 하였다. 이 사례의 경우, D씨뿐만 아니라 D씨의 부모, 형제 또한 19명의 이

---

35 GHQ/SCAP, "[Box No. 2287]Korean Petition Cases(1949.11~1951.03)" 国会図書館デジタルコレクション日本占領関係資料 : https://dl.ndl.go.jp/info:ndljp/pid/10285141(cited 2021.10.15.).

36 GHQ/SCAP, "[Box No. 2778]Petition for Release of Illegal Entrants, Suspense (1951.02~1951.04)" 国会図書館デジタルコレクション日本占領関係資料 : https://dl.ndl.go.jp/info:ndljp/pid/10287788(cited 2021.10.15).

웃의 서명을 첨부하여 탄원서를 제출하였다.

C씨의 사례처럼 복수의 탄원인이 탄원을 하는 경우는 적지 않게 있었고 오히려 일반적이라고도 할 수 있는데, 그 중에는 가족, 친인척의 범주를 벗어난 사람들도 포함되어 있었다. 바로 이른바 민족단체 관계자이다. 해방 이후, 재일한인들 사이에서는 귀환 및 일본 체류와 관련된 각종 문제에 대응하기 위한 자발적 결사 단체들이 우후죽순 만들어졌고, 1945년 10월 이들 단체를 전국적으로 조직화한 재일본조선인연맹_{이하, 조련}이 발족한다. 그러나 조련 내부의 이념 대립이 격화하면서 반공산주의계 사람들이 탈퇴하여 1946년 10월 재일본조선인거류민단_{이하, 민}단을 결성한다.

이후, 한반도의 분단 고착화는 재일한인 민족단체의 분열에 그대로 투영되었으며, 남한 단독선거 이후, 1948년 8월 대한민국, 같은 해 9월 조선민주주의인민공화국이 수립되자 민단과 조련은 각각 대한민국과 조선민주주의인민공화국의 공인단체가 되며 대립한다. 그리고 바로 이러한 경위로 성립된 민단의 관계자, 구체적으로는 지역 간부가 '밀항자' 석방의 탄원인으로 등장하는 것이다. 흥미로운 사실은 민단 관계자의 탄원서는 '증명서certificate'라는 형태로 CAR에서 접수하였다는 것인데, 그렇다면 구체적으로 무엇을 '증명'하였을까.

이 질문에 대하여 1951년 4월 E씨가 그의 아내와 아들의 석방 및 일본 체류를 탄원한 사례에서 실마리를 얻을 수 있다.[37] 시모노세키시下關市

---

37 GHQ/SCAP, "[Box No. 2284]Petition for Release(1951.01~1951.05)" 国会図書館デジタルコレクション日本占領関係資料 : https://dl.ndl.go.jp/info:ndljp/pid/11219834(cited 2021.10.15).

에 거주하는 E씨는 1938년 임신한 아내를 두고 돈을 벌기 위해 단신 도일하였으며, 해방 이후 여러 사정으로 귀환하지 못했고 한국전쟁 발발 후에는 아내와 연락이 닿지 않았는데, 돌연 어느 날 아내와 아들이 '밀항자'로 구류되어 있다는 연락을 받았다. E씨는 탄원서에서 이들을 책임지고 부양하겠다는 점을 강조하며 선처를 호소하였으며 그의 탄원서와 함께 민단 야마구치현山口縣 본부 시모노세키下關 지부장의 '불법 입국자에 대한 탄원'도 함께 제출되었다. 여기에서는 E씨 가족의 '밀항'에 대해서 "북한 적군Red army에 의해 불합리한 공격"을 받은 "난민"의 이동이라고 표현하며, E씨가 대한민국 정부 수립 이후 민단에 가입하여 활동 중이며, 야마구치현 본부의 집행위원임을 '증명'하였다.

이처럼 민단 관계자가 탄원서를 통해 '증명'한 것은 탄원인이 민단에 소속, 활동을 하고 있다는 점인데, 이것이 어떠한 의미를 지니는지는 다음 사례에서 보다 구체적으로 알 수 있다. 1951년 2월 F씨는 스스로 본인의 송환 중단을 호소하는 탄원서를 제출하였으며, 여기에는 민단 히로시마현廣島縣 본부장의 다음과 같은 '증명'이 첨부되었다.[38]

[탄원] 대상은 성실한 민단의 지원자이고, 실제 민단 후쿠야마福山 지부의 간부로서 많은 일을 하였기 때문에 우리 민단 조직에게 매우 중요하다. 우리 민단은 조직을 강화하려고 노력 중이며 따라서 [탄원] 대상의 존재 여부는 반공세력 확대에 큰 영향을 미칠 것이다.

---

38 Ibid.

즉, F씨가 민단 간부로서 활동한다는 것은 반공 활동의 일환으로서의 의미를 지니며, 따라서 그의 일본 체류는 "반공 세력 확대"라는 차원에서 당위성을 지닌다는 점을 강조하며 선처를 호소하는 것이다.

한반도에 두 개의 정부가 수립, 분단이 확정되면서 미국이 일본을 동아시아 지역에서의 반공의 보루로 삼고자 했던 사실은 잘 알려져 있다. 그리고 이 과정에서 GHQ/SCAP은 조련, 나아가 재일한인 일반에 대한 경계심을 높여 갔는데, 그 이유는 조련이 민단에 비하여 자금이나 활동 면에서 우위에 있었고, 더 많은 지지를 받고 있었기 때문이다. 바꾸어 말하자면 한국전쟁 발발 직전 시점부터 GHQ/SCAP은 재일한인 문제를 "일본사회가 안고 있는 하나의 중요한 사회 문제라기 보다는 대공산주의 정책의 일환으로서 인식하게 되었다"고 할 수 있다.[39]

결과적으로 이러한 조련에 대한 경계는 민단에게 반사 이익으로 작용하였고, '밀항자'에 대한 민단의 '증명' 또한 일정 정도 힘을 갖게 되었다고 보인다. 단적으로 탄원서의 일영日英 번역의 공증 또한 민단의 이름으로 이루어졌는데, 이러한 사실로 비추어 봐도 탄원인의 입장에서는 민단과의 연관성을 호소라는 것이 '밀항자'를 석방 가능한 정치사회적 문맥에 자리매김하는 행동이었으며, 이를 통해 '밀항자'가 위험한 '생각', 즉, 공산주의와는 거리가 멀고 선량하다고 '증명'한 것이다.

2) 냉전이 해석하는 '밀항'

한편, 누가 어떠한 내용으로 작성했는지, 탄원서 자체와 함께 반드시

---

39 김태기, 「GHQ/SCAP의 對 재일한국인정책」, 『국제정치논총』 38(3), 한국국제정치학회, 1999, 263쪽.

살펴보아야 할 측면이 이에 대한 '해석'이다. 앞에서도 언급하였지만 CAR이 접수한 탄원서는 GHQ/SCAP에 전송, 최종적인 석방 여부가 결정되었는데, 이 전송 과정에서는 일본 측 행정기관, 경찰 등에 의한 탄원서 내용 조사와 이를 바탕으로 한 석방에 대한 의견이 첨부되기도 하였다. 바꾸어 말하자면, 당연하게도 탄원서는 있는 그대로가 아니라 '밀항자'를 단속하는 측에서 나름의 '해석'을 통해 받아들여졌던 것이다. 그리고 이와 같이 '해석'된 탄원서는 '밀항자'의 석방 및 송환 여부에도 적지 않은 영향을 미쳤으며, '해석'의 방향, 방법은 GHQ/SCAP 및 일본 정부가 한인의 도일을 어떻게 바라보았는지를 잘 보여 준다.

앞 항에서 설명하였듯이 민단에 소속, 활동한다는 것은 '밀항자'가 위험하지 않음을 '증명'하는 하나의 방법이었고, 이에 가족, 친인척 이외에도 민단 관계자의 탄원서가 '증명서'로서 첨부되었다. 그런데 민단 관계자의 탄원서가 언제나 '증명서'로 순기능을 한 것은 아니었다. 이는 민단과 '밀항자'의 관계 또한 추가 '해석'의 대상이었기 때문인데, 1950년 7월 접수된 '밀항자' G씨의 사례는 이를 잘 보여 준다.[40] G씨는 해방 후 1948년 11월 숙부의 고향 귀환을 도울 겸 한반도로 건너갔으나, 일본에서 태어나 자란 그에게 적응은 쉽지 않고 이듬해 봄 부산에서 '밀항'하였다. G씨의 석방과 일본 체류를 위해 그의 부모와 민단 미에현三重縣 본부 쓰津 지부장이 탄원서를 제출하는데, 이에 대하여 미에현 경찰의 조사가 이루어졌고, 조사서가 CAR에 다시 송부되었다. 조사서에는 가

---

[40] GHQ/SCAP, "[Box No. 2287]Korean Petition Cases(1949.11~1951.03)" 国会図書館デジタルコレクション日本占領関係資料 : https://dl.ndl.go.jp/info:ndljp/pid/10285141(cited 2021.10.15).

족상황구성원, 수입 등, '밀항자'의 행동을 바탕으로 경찰의 의견이 기술되었으며, 경찰의 의견은 G씨의 '밀항'을 한반도의 상황을 생각해서 국경 관리라는 측면에서 봐야 하겠지만 한편으로 그의 부재로 인해 가족들이 어려운 상태에 놓여있음을 지적하는 내용으로 비교적 중립적인 것이었다.

그런데 이와 같은 미에현 경찰의 조사서에도 불구하고 CAR는 GHQ/SCAP에 탄원서를 송부하며 G씨를 송환해야 한다는 의견을 덧붙인다. 그리고 그 이유에 대해서는 다음과 같이 기술하였다.

> G의 일본 체류를 반대하는 이유는 그가 공공의 부담이 될 것이라고 예상하기 때문이 아니다. 그 보다는 더 이상 미성년자가 아닌 [탄원] 대상이 계속해서 미국 정책에 적대적인 태도를 보이기 때문이다. (…중략…) 민단은 [탄원] 대상을 위하여 탄원을 하는 것이 공리주의적이라고 생각하겠지만 G의 과거 기록은 그가 우리의 안보에 위협이 된다는 것을 말해준다

여기서 말하는 G의 "과거 기록"은 그가 조선민주청년총동맹 등 좌익 단체에 가입했던 이력을 말한다. CAR에서는 이 전력을 들며 "미국 정책에 적대적인" 그가 현재 민단에 소속되어 있는 사실을 "명백한 기회주의"라고 '해석'한다.

이처럼 민단 관계자의 '증명'과는 별개로 개인의 이력 등을 근거 삼아 위험하지 않은 '생각'을 지닌 선량한 '밀항자'인지를 판단하는 과정은 한인 '밀항자' 석방 탄원서를 전체적으로 보았을 때 일반적이었다. G씨와는 정반대의 '해석'이 이루어진 사례를 소개하자면, 1951년 2월, H씨와 아이 4명의 석방을 호소하며 H씨의 남편이 제출한 탄원서가 흥미롭

다.[41] H씨는 한국전쟁에 중공군이 참전하면서 부산으로 피난 후, 일본에 '밀항'한 경우였는데, 탄원서에서는 그녀와 아이들이 처형 직전의 상황에 처하면서도 가까스로 공산주의의 위협에서 피해온 과정을 세세하게 기록하는 한편, 다양한 전력을 들며 "반공 투사"라는 표현을 쓴다. 예를 들어, 기독교여성청년회YWCA, 대한부인회 등에서의 활발한 활동이 포함되었으며, 이 탄원서를 접수한 CAR는 H씨가 "반공산주의 운동"을 한 사실을 높게 평가하여 민단 관계자의 탄원서와 함께 그녀와 아이들의 석방이 필요하다는 의견을 GHQ/SCAP에 보낸다.

한편, 냉전이라는 렌즈로 한인의 '밀항'을 바라보는 작업은 비단 '밀항자'만을 대상으로 한 것은 아니었다. '밀항자'의 선처를 탄원하는 탄원인이 공산주의자가 아닌지의 여부 또한 탄원서를 '해석'하는 데 중요한 요인이 되었다. 1950년 9월 접수된 탄원인 I씨의 사례는 이를 잘 보여준다.[42] I씨는 시부모의 제사와 돌봄을 위해 한반도에 건너갔다가 일본으로 돌아오기 위해 '밀항'한 아내와 두 아이의 석방을 탄원하였다. 탄원서의 내용 자체는 그의 아내가 얼마나 현모양처인지를 인정에 호소하는 것이었으나, CAR가 주목한 바는 그 부분이 아니었다. CAR은 경찰에게 아내가 아닌 I씨에 대한 추가 조사를 요청했고, 경찰은 이에 대하여 경제 상황, 사상, 범죄 행위 여부 등의 항목을 보고하였는데, 이 중 사상 항목에 관해서 "중립적이고 따라서 큰 편향은 없다"고 기술하였다. 그리고 이러한 I씨의 '생각'에 대한 조사를 참고하여 그가 제출한 탄원

---

41 GHQ/SCAP, "[Box No. 2287]Korean Petition Cases(1949.11~1951.03)" 国会図書館デジタルコレクション日本占領関係資料 : https://dl.ndl.go.jp/info:ndljp/pid/10285141(cited 2021.10.15).
42 Ibid.

서는 '해석'되었고, 결과적으로 CAR 또한 석방 의견을 첨부한다.

I씨의 사례 이외에도 경찰이 CAR의 요청으로 탄원인이 공산주의자인지 또는 관련된 활동에 참여한 경험이 있는지의 여부를 확인한 것은 드문 일이 아니었으며, 이는 '사상', '정치 활동' 등의 항목에서 이루어졌다. 탄원인은 공산주의자, 반공주의자, 중립주의자'정치에관심이없음', '특별한경향없음' 등로 나뉘었고, 탄원인이 위험한 '생각'을 하는 사람이 아니라는 사실은 첨부된 각종 자료와 함께 탄원서가 '밀항자'의 석방에 효력을 발휘할 가능성이 높아짐을 의미했다.

5. 나가며

1950년대 들어 한인의 '밀항'은 일본사회에 공산주의를 침투시킬 가능성이 있는 이동으로서, 이전의 전염병, 범죄와는 차원이 다른 위험 요인으로 자리매김하기 시작하였다. 그 결과 제3장에서 개괄하였듯이 한인의 '밀항'은 보다 근본적인 경계의 대상이 되었고 단속 체계는 강화될 수밖에 없었다. 그리고 이 글에서는 이렇게 한인의 '밀항'이 냉전과 교차하는 양상을 한인 '밀항자' 석방 탄원서를 중심으로 살펴보았다. 분석 결과, '밀항자' 석방을 위하여 가족, 친인척 이외에 반공산주의계 민족 단체의 관계자가 탄원인으로 등장하여 '밀항자'가 위험한 '생각'을 지닌 사람이 아님을 '증명'하였음을 알 수 있었다. 다만, 이러한 '증명'이 언제나 유효했던 것은 아니며 경찰 조사 등을 바탕으로 GHQ/SCAP에 의한 '해석'의 과정을 거쳤다. 각종 이력을 근거삼아 '밀항자'는 물론 탄원인의 '생각'을 공산주의와의 관련성이라는 측면에서 '해석'하였으며, 이는 자의적인 측면이 없지 않았으나 궁극적으로 '밀항자'의 석방 여부에 큰 영향을 미쳤다.

이 글에서 주목한 한인 '밀항자' 석방 탄원서는 해방 이후 한인 도일이 냉전이라는 구조적 배경에 의해 어떻게 제약을 받아 '불법'이 되었으며, 한편으로는 그러한 정치사회적 맥락 아래에서 '불법'이 '예외'로서 인정되는 국면을 구체적인 사례를 통해 보여주는 자료로서 의미를 지닌다. 다만 이 자료는 민사국이 설치, 운영된 시기에 국한되어 있기 때문에 특히 샌프란시스코강화조약 발효 이후, 한인 '밀항'을 바라보는 렌즈로서 냉전이 어떻게 기능하였는지를 알 수는 없다. 한인 '밀항'은 이어졌고 동아시아 지역에서 냉전 또한 계속해서 구조적 동력으로 자리매김하였다는 사실을 감안한다면 새로운 자료 발굴을 통해 연구 대상의 시기적 확장을 꾀할 필요가 있겠으며, 이는 향후의 과제로 삼도록 하겠다.

참고문헌

1. 자료(신문 등)

「虎疫全道에猖獗 – 可恐! 死亡率五〇%」, 『釜山新聞』, 19466.12.

「生路찾아 渡日타 送還된 同胞 公表만 三千二百」, 『부산일보』, 1950.6.8.

2. (한국) 논문 및 단행본

권혁태, 「'밀항자'는 어디에서 와서 어디로 갔을까?」, 권혁태·이정은·조경희 편, 『주권의 야만 – 밀항, 수용소, 재일조선인』, 서울 : 한울아카데미, 2017.

김태기, 「GHQ/SCAP의 對 재일한국인정책」, 『국제정치논총』 38(3), 한국국제정치학회, 1999.

이승희, 「해방직후 재일조선인에 대한 일본의 치안정책」, 『日本學』 46, 동국대 일본연구소, 2018.

이정민, 「탄원서에 나타난 서독인들의 동백림사건 인식」, 『사림』 55, 수선사학회, 2016.

이정은, 「예외상태의 규범화된 공간, 오무라수용소 – 한일국교 수립 후, 국경을 넘나든 사람들의 수용소 경험을 중심으로」, 『사회와 역사』 106, 한국사회사학회, 2015.

전은자, 「濟州人의 日本渡航 研究」, 『탐라문화』 32, 제주대 탐라문화연구원, 2008.

조경희, 「불안전한 영토, '밀항'하는 일상 : 해방 이루 70년대까지 제주인들의 일본 밀항」, 『사회와 역사』 106, 한국사회사학회, 2015.

_____, 「오무라 수용소를 둘러싼 젠더화된 기억 서사 – 수용소(asylum)의 공간, 피난소(asyl)의 시간」, 『동방학지』 194, 연세대 국학연구원, 2021.

최덕효, 「배반당한 '해방' – 미군 점령하 '재일조선인 문제'와 냉전, 1945~1948」, 『일본비평』 22, 서울대 일본연구소, 2020.

3. (외국) 논문 및 단행본

伊地知紀子·村上尚子, 「解放直後·済州島の人びとの移動と生活史 – 在日済州島出身者の語りから」, 蘭信三 編, 『日本帝国をめぐる人口移動の国際社会学』, 東京 : 不二出版, 2008.

金太基, 『戦後日本政治と在日朝鮮人問題』, 東京 : 勁草書房, 1997

朴沙羅, 『外国人をつくりだす – 戦後日本における「密航」と入国管理制度の運用』, 京都 : ナカニシヤ出版, 2017.

玄武岩, 「密航·大村収容所·済州島 – 大阪と済州島を結ぶ「密航」のネットワーク」, 『現代思想』 35(7), 青土社, 2007.

4. 기타

リサーチ·ナビ 国立国会図書館 GHQ/SCAP Records, Civil Affairs Section : https://rnavi.ndl.go.jp/kensei/entry/CAS.php(cited 2021.10.15.).

リサーチ·ナビ 国立国会図書館 Records of General Headquarters Supreme Commander for the Allied Powers, GHQ/SCAP: https://rnavi.ndl.go.jp/kensei/entry/GHQ.php(cited 2021.10.15).

GHQ/SCAP, "[Box No. 2284]Petition for Release(1951.01~1951.05)" 国会図書館デジタルコ

レクション日本占領関係資料：https://dl.ndl.go.jp/info:ndljp/pid/11219834,(cited 2021.10.15).

GHQ/SCAP, "[Box No. 2287]Korean Petition Cases(1949.11~1951.03)" 国会図書館デジタル コレクション日本占領関係資料：https://dl.ndl.go.jp/info:ndljp/pid/10285141,(cited 2021.10.15).

GHQ/SCAP, "[Box No. 2778]Petition for Release of Illegal Entrants, Suspense(1951.02~ 1951.04)" 国会図書館デジタルコレクション日本占領関係資料：https://dl.ndl.go.jp/in-fo:ndljp/pid/10287788,(cited 2021.10.15).

GHQ/SCAP, "〈SCAPIN1015〉Suppression of Illegal Entry into Japan(1946/06.12)" 国会図書 館デジタルコレクション日本占領関係資料：https://dl.ndl.go.jp/info:ndljp/pid/988611 8,(cited 2021.10.15).

대만해협과 심리전

냉전시기 중국과 대만의 삐라

이가영

1949년 중국 공산당과 국민당 간의 전쟁이 국민당의 패배로 끝나면서, 국민당은 대만으로 본거지를 옮긴다. 이후 중국과 대만 사이에 위치한 대만해협은 냉전시기와 탈냉전시기를 거치면서도 여전히 전쟁의 불씨가 숨어있는 곳으로 남아있다. 대만[1]의 '본토 수복'과 중국의 '대만 해방'이라는 상반된 목표 속에서 약 30년간의 전쟁이 대만해협에서 지속되었기 때문이다. 그 중 대표적인 것이 대만해협에서 발생한 1949년 10월의 고령두 전투, 1954년의 제1차 대만해협위기, 1958년의 제2차 대만해협위기이다. 이 전투는 모두 대만해협이라는 지역을 중심으로 벌어진 국지전이자, 양측의 육·해·공군이 합동으로 전개한 전면전이었다.

---

1   강한 이데올로기적 갈등 속에서 중국 공산당과 대만 국민당은 자신과 상대를 지칭하는 다양한 용어를 사용하였다. 이 글에서는 편의상 중화인민공화국을 '중국'으로, 그에 소속된 군대를 '인민해방군'으로 지칭한다. 또한 중화민국을 '대만'으로, 그에 소속된 군대를 '중화민국군'이라 칭하기로 한다.

또한 상대를 향해 대규모의 포탄을 발사한 포격전의 형태를 보인다. 그러나 제2차 대만해협위기를 전후하여 다양한 형태의 선무방송, 선전보도, 삐라[2]살포가 이루어진 심리전이 전개되기 시작하였다. 이후 대만해협을 둘러싼 양측의 대립과 갈등은 열전과 냉전의 형태를 동시에 지닌 복잡한 형태로 진행된다.

특히 제2차 대만해협위기 발발 이후, 중국과 대만은 모두 심리전을 전담하는 조직을 구성하고 다양한 심리작전을 운용한 심리전을 대대적으로 진행한다. 이 시기 운용된 심리전의 형태는 운용 매체에 따라 크게 세 가지로 구분할 수 있다. 첫 번째는 확성기 및 대형 스피커를 통한 선무방송 송출, 두 번째는 라디오 전파를 통한 라디오 방송 송출, 세 번째는 대형풍선 등을 활용한 전단지 살포이다. 그 중, 선무방송과 라디오방송의 경우에는 기술적 한계와 지역적 한계로 인해 영향력의 한계가 있었다. 그러나 삐라는 다양한 운송수단과 제작기법 및 기획 전략의 발전으로 인해 더욱 광범위한 지역에 수시로 영향력을 미칠 수 있다는 장점이 있어 심리전의 주요한 전술로 인식되어왔다. 따라서 매체에 대한 접근성을 고려하여, 중국과 대만이 운용한 삐라를 중심으로 중국과 대만이 펼친 심리전을 살펴보고자 한다.

---

2 삐라라는 단어는 벽보, 광고지, 포스터의 뜻을 나타내는 영어 단어 빌(bill)의 일본식 발음 비라(ビラ)'에서 유래하였기 때문에 우리나라에서는 '삐라'라는 일본식 표현보다는 전단, 선전물 등의 표현을 권장하고 있다. 그러나 순화된 표현은 '삐라'가 지닌 고유의 이미지와 성격을 제대로 나타내지 못한다는 한계가 있다. 따라서 이 글에서는 심리전 전개에 운용된 정치적·이데올로기적 성격을 지닌 전단지를 '삐라'라 지칭한다.

1. 대만해협에서의 심리전과 삐라

중국과 대만은 각각 '대만 해방'과 '본토 수복'이라는 목표하에 약 30년간 대만해협을 사이에 두고 육·해·공의 충돌을 경험하였다. 물리적 충돌이라는 열전의 성격과 이념적 충돌이라는 냉전의 성격이 함께하는 30년간의 전투 속에서 중국과 대만은 심리전을 대단히 중시하였다. 표면적으로 볼 때 전투기와 군함, 그리고 포탄을 위시한 물리적인 충돌로 보이는 중국과 대만 간 갈등의 가장 핵심은 결국 '대만 해방'과 '본토 수복'이라는 기치 아래 전개된 개개인의 시각과 청각의 자극을 통한 '심리전'이기 때문이다.

심리전Psychological Warfare이란 '명백한 군사적 적대 행위 없이 적군이나 상대국 국민에게 심리적인 자극과 압력을 주어 자기 나라의 정치·외교·군사면에 유리하도록 이끄는 전쟁'[3]을 일컫는다. 즉 선전을 통해 아군의 정신적 힘을 상대의 의식 속으로 강제 주입하는 방식으로, 아군에게 유리한 사건을 보도하고 적군에게 불리한 정보를 확대하며, 적군의 부정적 이미지를 부각하여 선전하는 것인 셈이다. 심리전에는 방송, 확성기, 언론, 전단, 물품이 동원되고 직접 상대편을 대면해서 회유, 설득, 동조시키는 다양한 방법이 동원된다. 이 같은 다양한 방식을 통해 적에게 자신들의 이데올로기적 선전 문구를 홍보하거나 적의 감정을 동요시키는 내용을 전달하여 상대의 태도와 행위에 영향을 미치고, '그들로 하여금 아군의 정치적 호소, 행동 지시를 받아들이게 함으로써 작위 및 부

---

3 네이버 사전 참조(https://ko.dict.naver.com/#/entry/koko/63dc31a3cfe642a689318f9bdf0d44c9).

작위의 행동을 취하게 하는 것'[4]이다.

　제2차 세계대전이 종료된 이후, 미태평양육군사령부가 작성한 「남서 태평양지역 심리전 보고서」 서문을 살펴보면, '모든 심리전 활동의 결과는 너무 만족스러워서 모두에게 충분한 믿음을 주었다'라고 자평할 만큼 미국은 제2차 세계대전을 거치며 성공적인 심리전을 전개해왔다. 그리고 미국을 적으로 삼아 한국전쟁에 참전했던 중국 인민해방군은 체계적으로 전개된 미군의 심리전을 직접 경험하고 대처하는 과정에서 심리전의 중요성을 깨닫게 된다. 중국 인민해방군은 미군 측의 다양한 매체와 가용할 수 있는 모든 상황을 동원하여 전개한 심리전을 직접 경험하며, 심리전이 적의 육체가 아닌 정신을 공격하여 적의 전투 의지와 역량을 파괴하고 아군의 승리에 대한 의지를 증대시킬 수 있는 것임을 알게 되었기 때문이다. 따라서 중국의 인민해방군은 대만의 중화민국군과의 충돌 속에서 '대만 해방'이라는 자신의 목표를 달성하기 위하여 다양한 심리전을 선제적으로 운용하였다.

　그리고 중화민국군 역시 체계적인 심리작전을 펼치기 위해 정치작전국을 조직한다. 이는 중화민국군의 문화선전과 심리작전을 주관하는 조직으로, 대대장 1인의 지휘아래 대대부, 심리전중대, 방송중대가 유기적으로 움직이는 형태였다. 그리고 1,2차 대만해협위기가 진행되면서, 금문도에서의 정치작전은 정치작전국의 체제를 이어받아 금문방위사령부 아래의 정전부政戰部에서 관할하게 된다. 이들은 TV 프로그램, 신문, 방송선전, 삐라살포, 귀순자 관리 등의 업무를 맡았다. 이후, 중화민국군 역

4　總政治作戰局 編, 『心理作戰槪論』, 編者自印, 1990, p.49.

시 다양한 방식으로 '본토 수복'이라는 기치를 내건 심리전을 운용한다.

1949년 중화인민공화국 수립 이후 약 30년간 진행된 양측의 심리전은 크게 세 가지 형태로 분류할 수 있다. 첫 번째는 확성기 및 대형 스피커를 통한 선무방송 송출, 두 번째는 라디오 전파를 통한 라디오 방송 송출, 세 번째는 대형풍선 등을 활용한 전단지 살포이다. 그러나 스피커나 라디오를 통한 방송은 기후, 전파, 지역, 기술 등의 한계로 인해 큰 효과를 얻지 못하였다. 특히, 라디오 송출의 경우 중국과 대만의 병사 및 일반인들 대부분은 '라디오'라는 신문물을 소유할 경제적 여력이 없었을 뿐만 아니라, 군대 내에서 라디오의 개인 소지를 금지하였기 때문에 라디오 방송 청취율은 크게 떨어질 수밖에 없었다. 따라서 가장 넓은 지역에 광범위한 심리전을 펼칠 방법이자, 신문·잡지·라디오·방송 등 제도적 매체를 접할 수 없는 일반 사람들에게 정보를 전달할 수 있는 비제도적 매체로서 삐라가 주요하게 사용되었다.

이 시기, 삐라로 일컬어지는 종이 전단[5]은 전쟁이라는 비일상적 상황 속에서 개인의 감정을 조작하고 인식을 결집시킴으로서 행동을 유발시키는 목적으로 매우 빈번하게 사용되었다. 이때 사용된 삐라는 일반적으로 적군이 휴대하기 편하도록 손바닥보다 작은 크기로 제작되었다. 그리고 직관적인 그림 혹은 사진 등을 이용한 도상적 메시지와 선전하고자 하는 내용의 문구인 언어적 메시지가 함께 사용된 형태가 대부분을 차지한다.

5　종이 전단, 전단지, 유인물 등은 일반적으로 상업적·비정치적 정보를 담은 전단을 의미하거나, 상업적 목적의 홍보를 위해 제작된 낱장 형태의 종이 인쇄물을 지칭한다. 이에 반해, 삐라는 정치선전의 뜻을 내포하고 있다.

당시 중국과 대만에서 제작하여 적진에 투하한 삐라의 수량에 관한 정확한 통계는 존재하지 않는다. 진강현晋江縣의 통계에 따르면, 1958년부터 1960년까지 진강현에서 총 3,663개의 연을 날려 보냈으며, 2,754개의 대나무 통과 10척의 대나무 뗏목을 바다에 띄운 것으로 나타난다.[6] 그리고 이 같은 기구에는 124만 장의 선전 물품과 373개의 물품이 실려 있었으며, 이 중 93% 정도가 금문을 포함한 대만지역에 도착한 것으로 나타난다. 급박하게 돌아가는 전시상태에서 삐라 통계를 조직적으로 관리하는 일이 쉽지 않았던 점이 주요 원인일 것으로 짐작된다. 그러나 현존하는 불완전한 수치로 볼 때, 한국전쟁에 참전한 중국 공산군이 다시 본국으로 돌아온 이후부터 본격적으로 삐라를 제작하여 투하했다고 볼 수 있다.

대만과 중국의 삐라의 살포 방식은 크게 공중살포 방식과 해상살포 방식으로 나뉜다. 공중살포 방식은 공명등, 연, 풍선, 열기구, 선전탄 등에 삐라를 담아 날려 보내어 공중에서 살포하는 방식이고, 해상살포 방식은 유리병, 유리 공, 기름종이로 만든 공, 돼지방광,[7] 죽통, 대나무 뗏목, 나무판, 작은 선박 따위에 삐라를 실어 바다를 통해 상대에게 보내는 것이다. 앞서 언급한 바와 같이, 대만해협을 사이에 둔 금문도와 하문 간의 최단 거리가 1.5km에 불과했기 때문에, 비교적 다양한 방식들이 사용될 수 있었다.

일반적으로 해상살포는 유리병, 유리 공, 술병, 통조림 병 등 해수면

---

6 정근식·김민환 편,『냉전의 섬 금문도의 재탄생』, 진인진, 2016, 144쪽 참조.
7 돼지 방광을 이용하는 방법은 방광 속에 전단을 채운 후 입으로 하나하나 바람을 불어 넣어 완성해야 했는데, 작업 시에 감수해야 하는 지독한 냄새와 자재 조달의 한계로 인해 얼마 유지되지 못한다. 정근식·김민환 편, 앞의 책, 143쪽 참조.

위로 뜰 수 있는 용기를 사용하였다. 각각의 용기에 삐라를 넣은 후, 밀랍으로 입구를 봉하는 등의 방수 처리까지 거친 해상살포용 삐라는 일반적으로 늦은 밤 작은 배를 이용하여 상대편 근해까지 접근한 후 살포된다. 그리고 살포된 삐라는 밤사이 파도에 밀려 이튿날 해안가에 도착하게 되는 것이다. 그러나 유리병이나 통조림병 등은 당시 구하기 힘든 물품이었다. 따라서 영웅삼도[8]의 주민들은 기름 먹인 종이로 제작한 공과 대나무로 만든 통에 삐라 등을 담아 띄우기도 하였다.

삐라의 해상 살포가 본격적으로 이루어지면서, '삐라가 상대방의 관심 대상이 되는 방법'은 주요한 문제가 되었다. 살포된 삐라가 상대에게 영향을 미치기 위해서는 그들이 관심을 끌어 삐라를 보도록 만들어야 했기 때문이다. 따라서 점차 삐라를 살포할 때 상대의 관심을 높일 수 있는 다양한 방법들이 사용되기 시작했다. 그 중, 가장 보편적으로 사용된 방법은 삐라를 살포할 때에는 군인 혹은 민간인이 선호하는 물품을 함께 살포함으로써, 삐라에 대한 관심도를 높이는 것이었다. 초창기 대만 측에서 중국 쪽으로 보낸 선전 물품은 대부분 정치적 색채가 강한 것들이었다. 일반적으로 장제스의 모습이 그려진 휘장이나 작은 동상 등이 중국 측으로 보내졌다. 또한 1959년부터 1961년까지 발생한 3년간의 대기근 기간을 비롯하여, 대약진운동의 실패 및 문화대혁명으로 인한 혼란의 시기 동안 대만은 중국 측에 식량, 육포, 통조림, 약품 등의 물자를 보내기도 하였다. 이후 기술의 발전에 따라 라디오, 손목시계 등 다양한 공산품 역시 중국에 보내졌으며, 금문도의 특산품인 금문고량주

---

8 대등(大嶝), 소등(小嶝), 각서(角嶼)를 함께 일컬어 영웅삼도(英雄三島)라 한다.

를 보내기도 했다.

중국 역시 금문 지역에서 주둔하고 있는 중국 대륙 출신 병사의 관심을 끌고 고향에 대한 향수를 자극하기 위하여, 다양한 중국의 물품을 바다에 띄워 보냈다. 특히, 명절 때는 책상 크기의 '예선禮船'을 띄웠다. 일반적으로 예선의 뱃머리와 측면에는 '장제스 군대의 관병이 투항하고 봉기하여 공을 세워 상을 받았다蔣軍官兵投誠起義立功受獎'나 '미국제국주의를 대만에서 몰아내자美帝國主義從台灣滾出去', '조국을 통일하자祖國要統一' 따위의 표어나 글귀가 쓰여 있었다. 그리고 귀주貴州지역의 마오타이주, 산동山東지역의 식초, 금화金華지역의 햄, 영하寧夏지역의 구기자, 운남雲南지역의 담배 등 중국의 유명한 특산품들을 실어 보내기도 하였다.[9] 대부분 예선은 주민이나 군인들에 의해 발견된 후, 지방정부에 보고되었다. 특히 대만 정부는 지역 주민들에게 예선에 실린 '공산당 비적들의 물건에는 독이 묻어 있으니, 절대로 만지거나 먹지 말 것'을 여러 차례 주지시켰다. 따라서 예선에 실려 금문에 도착한 대부분의 물품은 모두 고위 관료들에 의해 소비되었다고 할 수 있다.

그러나 대만해협을 사이에 두고 이루어진 해상 살포는 대만해협에 맞닿아 있는 해안가를 중심으로만 살포가 가능하다는 치명적인 한계가 있었다. 즉, 상대측의 전방에만 삐라를 살포할 수 있을 뿐, 민간인이나 후방에서 복역 중인 적군에게는 살포가 불가능했던 것이다. 이러한 문제점을 보완하기 위해 공중살포의 발전 역시 꾸준히 개선됐다. 공명등, 연, 풍선, 열기구, 선전탄 등 다양한 방식이 사용된 것이다.

---

9 戴爾濟, 「洪秀樅－海島英雄女民兵」, 『福建黨史月刊』 제15호, 2009, pp.35~39.

삐라가 대만해협을 넘은 최초의 방식은 공명등을 이용한 살포였다. 당시 중국 인민해방군 민병대는 종이로 만든 등롱 하부에 불을 붙여 날리는 공명등에 전단지 뭉치를 달아 금문을 향해 날렸다. 그러나 자체 제작하는 공명등의 품질에 한계가 있었고, 실어 보낼 수 있는 전단의 양이 매우 적다는 한계로 인해 이 방법은 얼마 가지 못해 폐기된다. 이후, 종이와 대나무로 연을 만들어 삐라를 공중살포하는 방식이 고안된다. 연을 사용한 심리전의 최초 방식은 연에 삐라를 붙이거나 연의 겉면에 글자를 써서 날리는 방식이었다. 이후 점차 연의 크기가 커지면서 약 1~2kg의 전단지를 실어 보낼 수 있게 되었고, 이로 인해 공명등을 사용한 방식에 비해 살포할 수 있는 삐라의 수는 크게 늘어난다. 그러나 금문도까지 연을 날린 이후 묶여있는 삐라를 떨어뜨리는 방식으로는 선전효과를 거둘 수 없었다. 이에 연을 날려 보낼 때 전단을 묶고 있는 매듭에 불붙인 모기향을 장착하여 매듭을 태워 끊어지도록 하는 방법이 고안되었고, 이를 통해 낱장의 삐라가 공중에서 뿌려지며 보다 넓은 지역에 살포될 수 있게 되었다.

이후 인민해방군과 중화민국군은 더욱 많은 양의 삐라를 더 먼 지역까지 살포할 방법을 고민한다. 특히, 후방지역에 대한 삐라 살포의 경우, 대규모의 삐라 살포는 작전의 성공과 실패를 결정하는 매우 중요한 사안이었다. 이에 풍선이나 큰 열기구 등을 띄워 보내는 방식이 고안된다. 그러나 당시 기술 수준에 비해 보았을 때, 풍선이나 열기구를 사용한 공중 삐라 살포 방식은 양측 모두에게 상당히 높은 수준의 기술이 필요했다. 시시각각 변화하는 풍속과 풍향을 정확하게 예측할 수 있어야 했고, 이를 바탕으로 원하는 고도와 지점에 도착하는 시간을 계산해낼 수 있어야 했기 때문이다. 따라서 일반적으로 가시거리가 멀고 청명한 날에 기구를 띄웠으며, 바람의 세기와 풍향에 따라 발사 시간과 장소를 변경하기도 하였다. 예를 들어, 보통 매년 5월부터 10월까지는 보통 금문도와 마조열도 등 외도지역에서 기구를 띄웠으며, 동북 계절풍이 부는 10월부터 이듬해 5월까지는 화련花蓮, 대중臺中 지역에서 주로 열기구를 날렸다. 또한 삐라 살포의 효용성을 높이기 위해서는 더 높고 멀리 날아갈 수 있는 기구를 제작해야만 했다. 당시 삐라 살포에 사용된 기구는 비행 고도에 따라 고공高空 기구, 중공中空 기구, 저공低空 기구로 구분되었다. 일반적으로 저공 기구는 5,000피트약1.5km를 비행할 수 있었고, 중공 기구는 1만 피트약3km를 비행할 수 있었다. 그리고 고공 기구는 4만 피트약12km 이상을 비행할 수 있었다. 그뿐만 아니라 더 많은 양의 삐라와 물품을 살포하기 위해서는 보다 튼튼하게 제작되어야 했고, 기구에 묶여있는 삐라를 정확한 지점과 시간에 살포하기 위해서는 정교한 장치가 필요했다. 중국 역시 기구를 통한 삐라 살포를 위해 노력하였다. 중국은 1956년 최초로 기구를 통해 금문도에 삐라를 살포하는 데 성공한다. 그리고 지속적인 기술 발전을 통해 1960년 비로소 대만 본섬에 삐라를 살포할 수 있는 정도의 수준[10]으로 기술을 발전시킨다. 이후 1980년대에 들어서면서 무선조종 장치를 사용한 기구를 통해 삐라를 살포하면서 정확도가 상당 부분 개선된다.

실제로 풍선과 기구를 이용한 방식은 멀리까지 많은 양의 삐라를 실

---

10 이 시기에 중국 정주(漳州)에서 대만으로 살포한 삐라 가운데 일부가, 대만 본섬의 대북 근처 양명산에서 발견되었다. 정주에서 양명산까지 직선거리로 약 350km이고, 비행기로도 약 1시간 40분이 걸리는 거리라는 점을 고려할 때, 당시 풍선을 활용한 삐라 살포가 대만 전역에도 유효했으리라 판단된다.

어 보낼 수 있다는 점으로 인해, 중국과 대만에서 모두 자주 사용된다. 처음에는 풍선에 점차 큰 압력을 가해 풍선이 저절로 터지는 방식으로 홍보물을 살포하였으나, 이후 지속된 기술 개선을 통해 목표지 상공에서 무선조종의 형식으로 풍선을 폭발 시켜 삐라를 살포하는 방식으로 개량되었다.[11] 이외에도 중국과 대만 간 격렬한 포전이 진행된 기간 동안, 포탄의 화약 부분을 빼내고 그 부분에 삐라를 채워 날리는 선전탄宣傳彈이 발사되기도 하였다. 이 같은 선전탄은 포탄과 같은 방식으로 발사된 이후 공중에서 폭발하여, 보다 넓은 면적에 삐라가 흩어지도록 만들었다. 하문시의 기록에 따르면, 제2차 대만해협위기 기간 동안 중국 측이 발사한 선전탄은 약 6,000발에 달한다. 그리고 이후 매년 약 1만 발의 포탄을 발사하여 총 500여만 장의 삐라를 살포하였다[12]. 금문에서도 역시 1958년 8월 1일부터 10월 25일까지 대對중국 심리전 전단을 616차례 발사[13] 하였으며, 1958년 10월부터 1978년 말까지 약 20년 동안 지속된 '단타쌍불타單打雙不打' 기간 동안, 홀수 날에 발사하는 포탄에 선전탄을 섞어 발사하기도 하였다. 이후 1978년 12월 15일 미국과 중국 간의 수교가 맺어진 이후, 양측의 선전탄 발사는 중단된다.

11 國防部總政治作戰部, 『國軍新戰空飄簡史』, 編者自印, 2000, pp.3~18.
12 廈門市地方志編纂委員會, 『廈門市志』, 方志出版社, 2004, p.1536.
13 國防部軍務局, 『八二三台海戰役』, 國防部軍務局, 1998, p.243.

2. 중국에서 대만으로 보낸 삐라

한국전쟁을 통해 미국의 다양한 심리전을 경험한 중국 인민해방군은 초기만 하더라도 대만보다 훨씬 다양한 주제와 논리를 담은 삐라를 제작하였다. 당시 중국 측에서 제작한 삐라는 그 목적에 따라 안전증명, 향수 자극, 국지전 승리 선전, 대만 해방 구호의 반복적 노출, 장제스 정부에 대한 불신조장 등 5가지로 압축할 수 있다.

1) 안전증명

중국이 중화민국군 및 민간인을 대상으로 살포한 가장 대표적 삐라는 투항 권유 삐라로, 안전증명 혹은 투항 시 요령과 관련한 정보가 제시된 것이다. 보통 명함 크기로 제작되는 이러한 삐라는 대만해협에서의 전쟁뿐만 아니라 한국전쟁, 베트남전, 이라크전 등 다양한 전쟁에서 꾸준히 사용되어 왔다.

〈그림 1〉은 중국에서 대만으로 보낸 안전증명보장서로 앞·뒷면으로 제작되어 있다. 앞면을 살펴보면, 중국의 오성홍기 그림과 함께 래귀안전증來歸安全證이라는 글자가 매우 크게 적혀 있다. 여기서 '래귀'란 '돌아오다'라는 뜻으로, "대만에 있는 모든 사람 역시 원래 중국의 사람이다, 따라서 중국은 하나이고, 우리는 대만을 흡수해야만 한다"라는 중국 측의 논리가 내포되어 있다고 할 수 있다. 즉, 대만이라는 타지로 떠난 중국인들에게 '조국으로의 귀환'이라는 정당성을 부여함으로써 투항을 권유하고 있다는 것이다. 삐라 뒷면에는 화동군구해군사령원인 도용陶勇의 명의로, 귀순자에게 보장하는 여섯 가지 조항이 적혀있다. 구체적으로

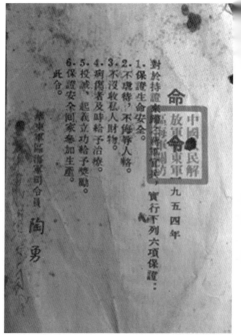

〈그림1〉 중국이 제작한 안전증명보장서

'첫 번째 생명과 안전을 보장한다, 두 번째 해치거나 인격을 모독하지 않는다, 세 번째 개인의 재산을 몰수하지 않는다, 네 번째는 병에 걸렸거나 부상자에게 즉각적으로 치료한다, 다섯 번째 귀순하거나 의거한 자에게는 포상을 한다, 마지막으로 여섯 번째는 안전히 고향으로 돌아가 일할 수 있도록 한다'이다. 이 같은 삐라는 적군에게 개인 신상 안전과 물질적 보상을 확인시킴으로써, 투항할 수 있는 마음가짐을 준비하도록 만드는 역할을 하였으며, 실제로 투항 의사를 지닌 적군의 행동을 촉진·유발시키는 촉매제로 작용하기도 하였다.

이외에도 적군 투항 시 안전하게 귀순할 수 있는 경로를 지도나 약도를 통해 상세히 설명하는 삐라나 일정 지역에서 삐라 혹은 흰색의 물건을 흔드는 등 구체적인 방법을 제시하는 삐라도 존재하였다. 이 같은 삐라 역시 적군의 안전을 약속하며 항복을 유도하는 형태의 삐라라고 할 수 있다.

2) 향수 자극

두 번째는 중화민국군의 향수를 자극하기 위해 제작된 삐라이다. 당시 중화민국군의 대다수는 중국 대륙 출신이었다. 국공내전으로 인해 중국에서 포로로 잡혀 온 군인을 비롯하여, 한국전쟁의 포로 중에서 대만으로 송환된 군인, 중국 대륙에서 나고 자랐으나 국민당의 이동과 함께 대만으로 넘어오게 된 군인, 본인의 의지와 상관없이 강제 징집되어 대만으로 오게 된 군인 등 다양한 형태의 대륙 출신의 군인이 있었던 것이다. 대만에 넘어온 그들에게 중국에 남아있는 가족의 모습과 소식이 담겨 있는 삐라는 고향과 가족에 대한 향수와 그리움을 자극하기 충분하였다.

〈그림 2〉는 중화민국군 26사단장 왕공탕王公堂이라는 인물의 아내와 딸이 등장하는 삐라이다. 이 삐라의 앞뒷면에는 중국에 남아있는 가족들이 새해를 맞아 명절을 준비하는 모습이 담긴 사진이 배치되어 있다. 실제로 왕공당은 대만으로 넘어오기 전 중국에서 가정을 꾸리고 두 딸을 두었다. 그러나 둘째 딸이 겨우 3, 4개월이던 무렵 그는 홀로 대만으로 넘어오게 된다. 중국은 삐라의 앞면(좌)에는 큰딸과 아내의 모습을 담고, 뒷면(우)에는 장성한 둘째 딸이 새해를 맞아 설빔을 준비하는 모습을 담는다. 이는 중국에 남아있는 고급 장교 가족의 모습을 보여줌으로써 '적'의 이미지를 순화시키려는 목적 외에도, '춘절'이라는 최대 명절을 활용하여 보는 이의 향수와 그리움을 극대화하려는 의도가 숨어 있다.

〈그림 2〉 중국 제작 삐라 - 향수 자극

3) 국지전 승리 선전

인민해방군과 중화민국군은 대만해협을 두고 끊임없이 국지전을 치러왔으며 각각의 국지전에서 중국과 대만은 승리와 패배를 모두 경험한다. 이때, 인민해방군은 자신들의 승리와 함께 패배한 중화민국군의 처참한 모습을 삐라에 담아 압도적인 군사력의 우위를 강조하는 삐라를 다수 제작하였다. 이는 과거 국공내전 당시 지속적인 승리를 거두었던 인민해방군의 모습을 기억하는 이들에게 매우 효과적인 선전 수단으로 작용하였다.

또한 중국은 삐라를 통해 자신의 군사전략과 전쟁 수행방식의 우월함을 드러내고, 군사기술과 화력의 우위를 자랑하였다. 그리고 이와 동시에 무장특무가 포로로 붙잡힌 모습(⟨그림3⟩)이나 사살된 74사단 사단장 장영포의 모습(⟨그림4⟩) 등 중화민국군이 패배하는 모습을 직접적이고 가시적으로 보여줌으로

⟨그림 3⟩ 무장 특무가 포로로 붙잡힌 모습이 담긴 삐라

⟨그림 4⟩ 74사단 사단장 장영포의 시신이 그려진 삐라

써 중화민국군의 사기를 떨어뜨리고, 죽음에 대한 불안감을 증폭시켰다. 한국 전쟁 당시, 미군은 심리전을 진행하면서, '도망과 투항이 순차적 절차'에 따라 진행됨을 강조한다. 즉, '우선 적군에게 반(反)의식적으로 포기하는 마음을 갖도록 하고, 그들을 궁지로 몰아넣는 공포스러운 전투와 포격을 가한 뒤 투항 권유 삐라를 살포하여 그들에게 탈출구를 제공'[14]하는 과정을 거친다는 것이다. 따라서 적군의 항복을 권유하기 위해서는 적이 패배한 모습을 노골적으로 보여줌으로써, 전투에 대한 공포심을 높일 필요가 있었다. 따라서 전쟁이라는 불확실하고 비정상적인 상황 속에서 국민당군의 처참한 패배의 소식을 전하는 삐라는 극대화된 두려움을 폭발시키는 촉매제의 역할을 하였다. 그리고 두려움으로 인한 전의 상실과 그

---

14 Srephene E.Pease, 국군심리전단 역, 『한국전쟁에서의 심리전』, 국군심리전단, 2000, 15쪽 (원서 : *PSYWAR-Psychological Warfare in Korea 1950~1953*, Stackpolebooks, 1992).

에 따른 전투력 저하 및 내부 와해, 투항을 노린 것이라 할 수 있다.

4) 대만 해방 구호의 반복적 노출

중국 공산당은 1949년 중화인민공화국 수립 이후, 여러 차례에 걸쳐 대만을 해방하기 위한 준비를 진행한다. 특히, 1953년 2월 2일 미국의 아이젠하워 대통령이 국민군의 중국 본토 공격을 막는 해군 봉쇄령을 해제시킴과 동시에 미국과 대만 간 공동방위조약을 체결하려는 분위기가 형성되면서, 대만의 귀속 문제는 점차 국제화의 이슈로 커졌다. 중국은 이 같은 상황을 타개하기 위하여 1954년 7월부터 대대적인 대만 해방 선전 공세를 강화한다. 1954년 7월 23일 『인민일보』는 사설 「반드시 대만을 해방시켜야 한다一定要解放台灣」을 발표하였고, 같은 해 8월 22일 중국인민정치협상회의中國人民政治協商會議, 정협에서 「각 민주당파 각 인민단체 대만 해방 관련 연합선언문」을 통과시킨다.

이러한 상황 속에서, 중국은 '반드시 대만을 해방시켜야 한다一定要解放台灣'라는 짧고 간결한 문장을 반복적으로 사용하면서 대만 해방의 의지를 알리는 동시에 군인들은 물론 인민들의 뇌리에 '대만 해방'이라는 단어를 세뇌하는 작업을 펼친다. 이때 가장 빈번하게 사용된 방법은 〈그림 6〉과 같이 사람 몸통만 한 포스터를 제작하여 곳곳에 부착하는 방식이었다.

중국 정부는 대만 해방과 관련한 포스터를 제작할 때, '반드시 대만을 해방시켜야 한다'는 문구를 부각하는 데 중점을 두었다. 따라서 대부분 크고 붉은 글씨로 '一定要解放台灣반드시 대만을 해방시켜야 한다'를 표기하고, 간결하고 이해하기 쉬운 그림을 통해 메시지를 전달하였다. 이 같은 포스

터의 제작과 운용은 대내적으로 볼 때 자
국의 민간인을 대상으로 진행한 정신 개
조의 수단이었으며, 대외적으로는 '대만
해방'의 정당성을 선전하는 작업이었다.

그뿐만 아니라, 중국 인민해방군은 '대
만 해방'의 기치를 강조하는 다양한 삐라
를 제작하여 중국과 대만 전역에 대대적
으로 살포한다. 일반적으로, 대만 해방의
메시지를 전달하는 삐라는 그림보다는 텍
스트 중심으로 제작된다. 이는 대만 해
방이라는 말이 지닌 이미지를 한눈에 나
타내기 어려웠다는 점을 비롯하여, '대

〈그림 5〉'반드시 대만을 해방시켜야 한다'
문구가 삽입된 포스터

만 해방'이라는 글귀를 지속적으로 노출하기 위한 전략으로 보인다. 또
한 대부분은 대만 해방과 동시에 미제국주의에 반대하는 입장을 동시에

넘으로써, 미국이 내정을 간섭하
고 있으며 대만이 미국이라는 새
로운 패권에 종속된 상황임을 강
조하고 있다.

〈그림 7〉은 '반드시 대만을 해
방시켜야 한다. 미국 군대는 대만
에서 꺼져라!'라는 문구와 함께
번쩍이는 빛을 내는 천안문의 그
림이 그려져 있다. 이 그림은 그

〈그림 6〉'반드시 대만을 해방시켜야 한다'
문구가 삽입된 포스터

림 위에 쓰인 1949~1959라는 숫자와 함께 중화인민
공화국 수립 이후 10년간 중국의 발전과 성공을 매우
간략하게 이미지화해낸다. 위의 삐라는 비교적 짧은
문구와 간결한 이미지로 제작된 것으로 보이나, 사실
이는 대만을 비롯하여 미국과 중국의 이미지를 고도
로 고려하고 설계한 결과라 할 수 있다.

〈그림 8〉은 1958년 중국작가협회 광주廣州지회에
서 발간한 문학 전단으로 상단에 '저우언라이周恩來 총
리를 옹호하는 성명! 미제국주의가 우리나라의 내정
을 간섭하는 것에 반대한다! 반드시 대만을 해방시켜
야 한다!'라는 제목이 쓰여 있다. 세로 약 30cm, 가로
약 40cm 정도의 비교적 큰 사이즈로 제작되었으며,
대만 해방에 대한 여러 창작 시가들이 전면을 가득 메
운다. 이 삐라에서 유일한 그림은 오른쪽 중간 부분에
배치되어 있는데, 전파수신기에서 발사되는 전파가

주먹으로 변하여 대만
과 미국을 때리고 짓누
르는 그림이다. 또한 대
만과 미국을 때리는 손
의 팔목 부분에는 '대
만은 중국의 영토이다.
중국 인민은 반드시 대
만을 해방시켜야 한다'

〈그림 8〉'반드시 대만을 해방시켜야 한다' 문구가 삽입된 삐라

라는 문구가 적혀있다. 여기서 흥미로운 점은, 실제적으로 주먹이 때리는 대상은 대만 본토와 장제스가 아닌, US라는 표식을 한 인물의 머리라는 것이다. 즉, 중국 입장에서 볼 때 대만 해방을 위해 중국이 맞서야 할 상대는 '해방시켜야 할 대만'이 아니라, '대만 해방을 훼방 놓고 있는 미국'이라는 점이다.

5) 장제스 정부에 대한 불신 조장

벨기에의 역사비평가 앙느 모렐리는 '심리전에서는 적국의 국민 전체를 비판하지 않는 것이 특징[15]이며, 상대국 국민으로 하여금 지도자의 부정적인 면을 인식하도록 하고 적개심을 가지도록 하는 것이 심리전의 핵심이라 지적한다. 즉, 상대측 지도자의 무능함을 강조하여 지도자에 대한 신뢰가 약화되도록 만드는 것은 상대국의 전쟁 의지 저하 및 항복을 이끌어내는데 매우 효과적이라는 것이다.

〈그림 9〉는 호랑이 입으로 들어가는 사람들의 모습을 통해 장제스 정부의 무능함과 가혹함을 보여준다. 이같은 삐라는 투항 등의 행동 유발을 목적으로 하기보다는, 민간인과 군인들에 대해 방해 활동을 선동하여 적의 전쟁 수행능력을 저하하고, 정치적·이념적 공

〈그림9〉 지도자에 대한 불신을 조장하는 삐라

---

15 アンヌ・モレリ(Anne Morelli), 永田千奈 訳, 『戦争プロパガンダ 10年の法則』, 草思社, 2002, pp.54~55 참조.

세를 통해 적군의 사기를 떨어뜨리는 역할을 한다. 〈그림 10〉은 중화민국군 병사였던 양천사라는 인물의 부인이 능욕당하고 어머니가 맞아 죽는 사건과 장제스를 한데 묶어 '장제스-패가망신'의 연상 작용을 일으키도록 제작되었다. 오른쪽 삐라의 구체적인 내용은 다음과 같다.

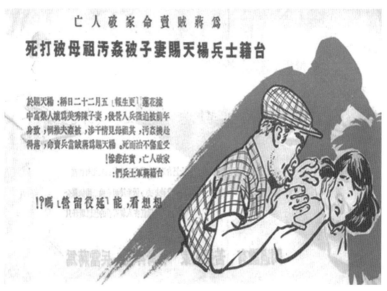

<그림 10> '장제스-패가망신'의 연상 작용을 일으키도록 제작된 삐라

장제스 무리를 위해 목숨을 바쳤으나 패가망신

－대만 병사 양천사의 부인은 능욕당하고, 어머니는 맞아 죽다

화롄의 갱생보에 따르면, 5월 22일 양천사가 연초에 징병된 이후, 채부중이라는 나쁜 사람이 그 기회를 틈타 부인 진수미 씨를 능욕하였다. 이 모습을 본 어머니가 말리려고 하자, 남자에게 밀려 넘어졌고, 온몸에 중상을 입고 결국 치료조차 하지 못한 채 사망하였다.

양천사는 장제스 무리의 군인이 되어 목숨을 바쳤는데, 결국 패가망신한 꼴

이 되었으니, 얼마나 비참한가!

대만 동포 장제스 군대의 병사 여러분!

생각해보십시오, 이래도 군대에 징집되어 군대에 있으렵니까?!

위의 내용은 국민당 정부에 대한 불신을 조장할 뿐만 아니라, 겁탈, 죽음, 패가망신과 같은 부정적인 단어와 장제스를 하나로 묶어냄으로써, 중국 공산당의 정치·도덕적 우월성을 강조하고 국민당 정부의 정치·사상적 열등성을 각인시킨다. 즉, 이념적, 정치적, 도덕적 공격을 통해 정치적·이데올로기적 분열을 조장하여 적군의 내부 와해를 노린 것이라 할 수 있다.

3. 대만에서 중국으로 보낸 삐라

대만은 1954년에 들어서야 처음 삐라를 살포하기 시작한 이후, 1960년 고령두古寧頭, 청서青嶼, 호정두湖井頭 지역에 소형 삐라 살포 기지를 설치한다. 그리고 1964년 중돈中墩, 사계沙溪 등지에 2개소를 증설하고, 1973년에는 귀산貴山, 대담大膽 등에 2개소를 증설하여 금문 지역에 총 7개의 삐라 살포 기지가 설치된다.[16] 이들 곳에서 살포된 국민당의 삐라의 주제는 안전증명, 지도자 비판, 공산주의 체제에 대한 비판, 투항 및 탈영 사례의 선전, 군사적·경제적 발전 상황의 선전 등이 주류를 이루었다.

---

16 國防部總政治作戰部, 『國軍新戰空飄簡史』, 編者自印, 2000, p.9.

1) 안전증명

안전보장증명서는 상대의 항복을 유도하기 위해 제작된 것으로, 상대국의 민간인보다는 군인을 대상으로 하여 제작한 가장 대표적인 형태의 삐라라 할 수 있다. 일반적으로 적군의 투항 시 신변의 안전을 보장한다는 내용이 담긴 안전보장서는 적군의 배고픔, 패배 및 죽음에 대한 두려움, 전장에서의 외로움 등의 감정을 이용하고자 제작되었다. 즉, 적군이 굶주림이나 추위를 느끼거나 국지전에서 패배하는 순간 적진에 살포하여 상대의 저항 의지를 무너뜨리도록 고안된 것이다. 이는 적군에게 언제라도 투항 가능성을 열어두어 적군의 전투 의지를 떨어뜨리고 내부적 와해를 유도하는 효과를 거두었기 때문에 유용한 전단 심리전의 일환으로 운용되었다. 따라서 안전보장증명서를 소지하는 것만으로도 투항의 의지가 있다는 것으로 판단하는 경우가 많아, 이를 소지하는 것을 엄격

〈그림 11〉 대만이 제작한 안전보장증명서

히 금지하였다. 따라서 일반적으로 안전보장서는 주머니, 모자 속 등 깊숙한 곳에 숨기기 용이하고 휴대하기 편하도록 보통의 삐라보다 작은 크기로 제작되었다.

〈그림 11〉은 대만이 제작·살포한 안전보장증명서의 앞·뒤 면으로, 앞면에는 대만의 청천백일만지홍기와 함께 '중공군관병 기의 안전증中共國共産黨의 장교나 병사가 의거를 할 때 안전을 보장하는 증서'라 표기되어 있다. 뒷면에는 금색으로 '무기를 가지고, 기지를 발휘하여, 때가 되면, 의거를 일으켜 투항하라'라고 적혀있으며, 하단에는 붉은 글씨로 '비밀리에 이 증명을 보관한 자는 일률적으로 반공지사로 생각하여 관대하게 대하며 우대할 것이며, 그 공을 높이 사고 큰 상을 내릴 것이다'라고 쓰여 있다. 이는 앞에서 살펴본 중국에서 대만으로 보낸 안전보장서보다는 구체적이지는 않지만, 안전을 보장하고 대만으로 투항한 이후 삶이 편안할 것임을 명시하고 있다는 점에서 동일한 형식의 삐라라 할 수 있다.

여기서 주목해야 할 점은 중국의 군인을 '중공군 관병中共軍官兵으로 지칭하고 있다는 점이다. 1948년 11월 1일, 중국 공산당 중앙 군사 위원회는 『전군 조직 및 부대 번호의 통일에 관한 규정』[17]을 제정하고 공식적으로 스스로를 '중국인민해방군中國人民解放軍'이라 명명한다. 따라서 중국의 군인들에게는 '중공군'이라는 표현보다는 '인민해방군' 혹은 '해방군'이라는 용어가 오히려 친숙한 호칭이었다는 것이다. 위의 안전보장서가 대만 내부를 대상으로 하는 대내 심리전이 아닌 대적 심리전의 일환으로 작성되었다는 점에서 볼 때, 이는 명백한 용어상의 오류라 할 수 있다. 이 같

---

17 中共中央軍委, 『關於統一全軍組織及部隊番號的規定』, 1948.11.01.

은 오류는 심리전을 진행하면서 대적심리전과 대내심리전의 차이를 고려하지 않고 실시했었다는 점에서 기인한 것으로 보인다.

2) 지도자 비판

대만 역시 중국의 지도자인 마오쩌둥에 대한 비판의 목소리를 담은 삐라를 다수 제작하였다. 이는 당시 중국의 지도자였던 마오쩌둥을 실패한 지도자로 각인시키고, 마오쩌둥을 숙청하는 여론을 조성하기 위한 선전·선동을 위해 직관적인 그림과 공세적인 구호를 사용하여 제작되었다.

〈그림 12〉마오쩌둥 비판을 선동하기 위해 제작된 삐라

〈그림 12〉의 중앙에는 허둥대며 도망치는 마오쩌둥의 모습과 분노한 중국 인민이 칼과 막대기를 손에 쥐고 그를 추격하는 모습이 매우 사실적으로 그려져 있다. 또한 그림의 양측에는 '일어나라! 노예가 되기를 거부하는 자들이여!' '일어나라! 굶주리고 얼어 죽는 동포들이여!'[18]라는 문구를 큰 글씨로 적었다. 여기서 흥미로운 점은 양측에 붉은 글씨로 적힌 문구가 중국의 국가인 〈의용군 행진곡〉을 떠올리게 한다는 점이다.

起來! 不願做奴隸的人們!　　　일어나라! 노예가 되기 싫은 자들아!

把我們的血肉築成我們新的長城!　우리의 피와 살로 우리의 새로운 장성을 쌓자!

---

18 起來! 不願做奴隸的人們! 起來! 饑寒交迫的同胞們!

中華民族到了最危險的時候

중화민족이 가장 위험한 때에 이르렀으니,

每個人被迫著發出最後的吼聲

억압에 못 견딘 사람들의 마지막 외침.

起來! 起來! 起來!

일어나라! 일어나라! 일어나라!

〈의용군 행진곡〉은 본디 국민정부 시기 항일 군가로 사용되던 곡으로, 일본의 침략에 저항하는 중국인들의 노래였다. 그러나 국공내전에서 승리한 공산당이 이를 국가로 지정하면서, 대만 내에서는 이 곡이 금지곡으로 지정되기도 하였다. 즉, 위의 삐라는 적에게 가장 친숙한 노래인 국가 〈의용군 행진곡〉을 사용하여 그들이 정부에 대해 저항하는 마음을 갖도록 만드는 고도의 심리적 기술이 사용된 삐라라 할 수 있다.

〈그림 13〉에는 당시 최고 권력자였던 마오쩌둥과 그의 부인이자 문화대혁명을 이끈 장칭江靑, 그리고 마오쩌둥의 가장 친밀한 혁명 투쟁 동지이자 라이벌인 2인자 린뱌오의 모습이 그려져 있다. 그림 속에서 이들은 반反마오쩌둥 반反공산당의 파도를 피해, 바다 위 구조물에 피해 홍색 깃발을 들고 있는 모습으로 나타난다. 또한 그림 하단에는 '11중전회 1년 후의 좋은 분위기?十一中全會一年後的好氣象?'라는 문구가 적혀 있다. 이 문구로 볼 때, 위의 삐라는 11중전회가 개최되고 나서 1년이 지난 후인 1967년 제작된 것으로 판단된다.

〈그림 13〉 중국의 지도자들을 실패한 인물로 묘사한 삐라

사실, 11중전회 즉, '중국공산당 중앙위원회 제8기 제11차 전원회의'는 1966년 8월 개최된 것으로, 공식적으로 문화대혁명의 시작을 알린 회의였다. 이후 마오쩌둥은 1976년 사망할 때까지 중국 내에서 무소불위의 최고 집권자로서 추앙받았으며, 린뱌오와 장칭 역시 어느 때보다 강력한 정치력을 보여주고 있었다. 그들은 1966년부터 약 10년 동안 홍위병이라는 집단을 조직하고 이들에게 전통적인 가치와 부르주아적인 것을 공격하도록 만들었으며, 홍위병은 마오쩌둥에 대한 충성을 증명하기 위해 주변 사람은 물론 가족과 자기 자신까지도 공개 비판하며 스스로의 혁명성을 점검하였다. 따라서 위의 삐라가 제작된 1967년 마오쩌둥과 린뱌오, 그리고 장칭의 상황은 삐라 속 모습과 거리가 멀다고 할 수 있다.

일반적으로 삐라는 삽화, 이미지, 문구 등을 사용하여 적의 이미지를 생산해내는 역할을 담당한다. 위의 삐라 역시 반공 세력을 피해 '도망치는' 세 사람의 모습을 이미지화함으로써 공산정부의 지도자를 실패자, 도망자, 패배자의 이미지와 오버랩 시켜낸다. 삐라 속 내용의 진위보다는 삐라가 갖는 이미지 파급력을 중심으로 제작된 위의 삐라는 전형적인 흑백선전의 모습을 보여준다고 할 수 있다.

3) 공산주의 체제에 대한 비판

공산주의 사상에 대한 비판의 내용을 담은 삐라는 대부분 아군과 적군 혹은 대만과 중국에 대한 이분법적 구분을 통해 자신들의 체제를 선전함과 동시에 적의 체제에 대해 비판을 가하는 형식으로 제작되었다. 따라서 '선과 악의 대비'를 통해 공산주의에 대한 비판적인 인식을 형성하고,

'선'으로 정의된 자신들의 승리와 '악'으로 상징되는 적의 패배에 대해 정당성을 부여하는 내용이 주를 이루었다. 이러한 종류의 삐라는 대부분 민간인을 대상으로 제작되었는데, 수시로 사상교육을 받는 인민해방군에 비해 민간인들은 공산주의 사상에 대해 깊이 이해하지 못하였기 때문이었다. 대만 정부는 자신들의 체제를 긍정적인 이미지와 언어로 나타내고 사회주의 체제에 대해 부정적인 이미지와 언어를 사용함과 동시에, 이 둘을 상호 비교함으로써, 자신들의 우월함을 과시하고 공산당의 사회주의를 비판하는 형식을 많이 사용하였다.

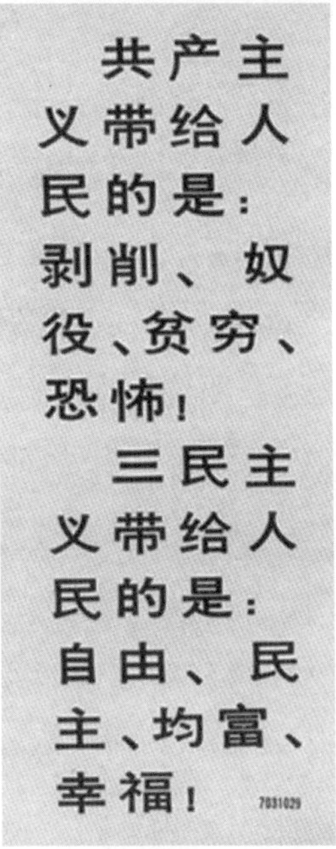

〈그림 14〉 공산주의와
삼민주의를 비교하는 삐라

〈그림 14〉는 중국 정부의 공산주의와 국민당 정부의 삼민주의를 비교하며 우열을 따지는 내용이다. 삐라의 내용은 다음과 같다.

> 공산주의가 인민에게 가져다주는 것은 착취, 노역, 빈곤, 공포!
> 삼민주의가 인민에게 가져다주는 것은 자유, 민주, 균등한 부, 행복

이는 착취, 노역, 빈곤, 공포라는 부정적인 이미지와 자유, 민주, 균등한 부, 행복이라는 긍정적인 이미지로 구분하는 이분법을 사용하여, 중국을 착취와 노역에 시달리며 가난하며 공포감을 느끼는 세계로 묘사하고, 대만을 자유와 민주주의를 누릴 수 있으며 모두 잘사는 행복한 세계로 설명한다. 이와 마찬가지로, 〈그림 15〉 역시 자유, 민주, 인권, 사회四

要自由，
　　就要放弃无
产阶级专政。
要民主，
　　就要放弃共
产党领导。
要人权，
　　就要放弃马
列主义及毛泽
东思想。
要四化，
　　就要放弃社
会主义道路。

化, 농업, 공업, 국방, 과학분야등네가지현대화 등 긍정적인 메시지를 무산계급 독재정치, 공산당 지도자, 마르크스레닌주의와 마오쩌둥 사상, 사회주의 노선을 대비시킴으로써, 공산당의 정치·지도자·사상·이념을 부정적으로 인식하도록 만든다.

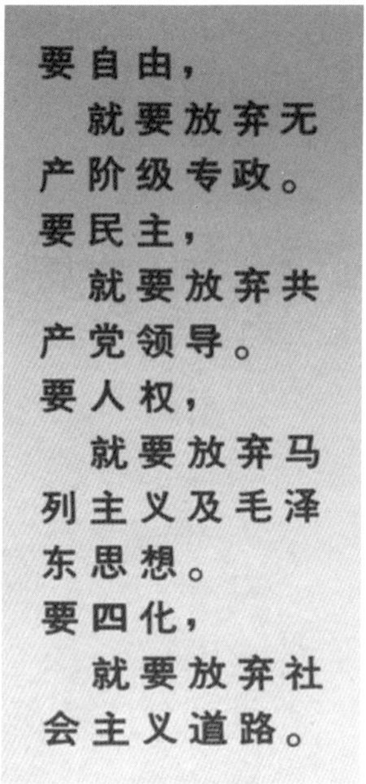

자유를 원한다면, 무산계급 독재정치를 버려야 한다.

민주를 원한다면, 공산당 지도자를 버려야 한다.

인권을 원한다면, 마르크스레닌주의와 마오쩌둥 사상을 버려야 한다.

사화를 원한다면, 사회주의 노선을 버려야 한다.

〈그림 15〉 중국의 체제와
대만의 체제를 비교하는 삐라

이 같은 내용의 삐라는 중국의 민간인을 대상으로 제작되었다. 자유, 민주, 인권, 사화를 누리기 위해서는 공산당의 독재정치, 지도자, 사상, 노선을 버려야 한다는 것이다. 이처럼 자신들의 체제에 대해 우월성을 알리고, 상대의 체제에 대해서는 열세한 부분을 공략함으로써, 보는 사람이 자신의 체제에 대해 부정적인 생각을 품게 하는 것이 이 삐라의 주된 목적이라 할 수 있다.

이외에도 대만은 중국의 혼란스러운 사회상황과 비교하여 자신들의 사회체제를 홍보하는 삐라를 제작하기도 하였다. 특히, 중국이 '10년의 암흑기'라 불리는 문화대혁명을 진행하던 시기, 대만은 혼란스러운 중국의 상황을 노골적으로 비난하며 법에 따라 사회체제를 유지하는 대만의 사회 상황을 홍보하는 내용의 삐라를 제작하여 배포하였다.

〈그림 16〉 대만의 정치이념과 사회질서의 우수성을 알리기 위해 제작된 삐라

〈그림 16〉은 삐라의 앞면과 뒷면이다. 삐라의 앞면에는 장제스의 모습이 크게 인쇄되어 있으며, 사진 상단에는 "마오쩌둥을 처단하고 나라를 구할 지도자 장총통"이라 소개한다. 그리고 삐라 뒷면에는 청천백일만지홍기와 함께 장제스가 선언한 내용이 인쇄되어있다. 그 내용은 아래와 같다.

대륙을 광복한 이후, 계급투쟁을 철저하게 없애고, 복수나 숙청, 공개재판 등 인격을 말살하는 모든 폭정을 금지한다,

무릇 투쟁을 받은 가정과 피해를 본 자의 가족 친지는 모두 합법적인 절차에 따라 공정하게 처리할 것이며, 마음대로 복수하거나, 서로 잔혹하게 살해하지 못하게 함으로써, 순환되는 복수의 공포에서 벗어나 인민생명안전의 자유를 회복할 것이다.

당시 중국은 대약진운동과 문화대혁명이라는 혼란의 시기를 거치며, 사회 전반의 체제가 무너졌다. 특히, 홍위병을 앞세운 자아비판, 공개재판, 숙청 등이 빈번하게 발생하면서 중국의 법 체제는 유명무실한 것으로 전락한다. 위의 삐라는 이러한 중국의 상황을 '인격을 말살하는 폭정'이라 규정하고, 자신들은 '합법적인 절차'에 따라 '인민생명안전의 자유를 회복'할 것을 선언하는 내용이다. 이처럼 대만은 중국의 혼란스러운 사회상황과 대비하여 자신들의 정치이념과 사회질서의 우수성을 주요 골자로 하는 삐라를 계속적으로 제작하고 배포함으로써, 중국과 대만이라는 두 세계의 이미지를 선과 악으로 만들어내는 데 노력을 기울였다.

4) 투항 및 탈영 사례의 선전

삐라를 활용한 심리전의 최종 목표는 적에게 정보와 자극을 주어 인지적 변화와 정서적 변화를 발생시키고 적의 행동적 변화를 이끌어내는 데에 있다. 여기서 말하는 행동적 변화의 대표적 형태는 바로 탈영과 투항이다. 기실, 중국과 대만 양측 모두 적군의 항복과 투항을 유도하고 종용하기 위하여 다양한 심리전 전략을 운용하였으며, 여러 형태의 삐라를 제작하였다. 그중 가장 대표적인 형태는 앞서 살펴본 안전보장증명서가 있다. 정확한 통계는 존재하지 않으나, 양측의 다양한 심리전의 전개에 따라 종종 군인들이 투항하는 경우가 발생했던 것으로 보인다. 대만은 대만해협을 넘어 투항한 인민해방군의 사례를 다양한 형태의 삐라로 제작하여, 자신들의 체제를 홍보하고 적군의 투항과 탈영을 독려하는 데 활용하였다. 실제로 대만의 최전선이었던 금문도는 중국 하문과 불과 1.5km의 거리밖에 되지 않았으므로, 수영하여 바다를 건너는 것이 불가능한 일은 아니었다. 혹은 비행기를 타고 대만해협을 넘어오는 경우도 발생하였다. 이처럼 다양한 방법을 사용하여 대만해협을 건너 투항하는 적군의 소식은 삐라로 제작되어 대대적인 홍보의 수단으로 활용되었다.

〈그림 17〉은 대만해협을 헤엄쳐 건너온 임영안(좌)과 임가동(우)의 소식을 전하는 삐라이다. 이 삐라는 투항 직후 촬영된 것으로 알려진 사진과 함께 다양한 크기와 색깔의 텍스트로 그들의 투항 방법, 이유, 목적 등의 정보를 제공하고 있다. 가장 상단에는 중간 크기의 검은 글씨로 '하문의 두 청년 임용안, 임가동'이라 적혀 있다. 이는 두 사람의 출신 지역과 나이를 가늠할 수 있는 정보 및 실명을 공개함으로써 두 사람의 투항이 명확한 사실임을 증명함과 동시에 이를 통해 삐라 내용에 대한 신뢰도를 높이는 역할을 한다. 다음으로 중간 부분에 크고 붉은 글씨로 '중공의 박해를 피해 파도를 헤치고 자유를 찾다!'라고 명시함으로써, 두 사람이 투항한 이유가 중국 공산당의 폭압으로 인한 어려움이며, 대만으로 투항하는 것이 자유를 쟁취하는 것임을 강조한다. 마지막으로 가장 하단에는 검은색의 작은 글씨로 '헤엄쳐서 금문에 안착한 임영안(좌)

〈그림 17〉 임영안 · 임가동의 투항 소식을 알리는 삐라

임가동(우)과 그들이 의탁해 바다를 헤엄쳐온 튜브'라고 적혀있다. 이는 적군에게 대만해협이 충분히 헤엄쳐서 건널 수 있다는 사실을 일깨우는 역할을 담당함과 동시에 그들의 투항 방식을 비교적 구체적으로 제공함으로써, 적군의 행동적 변화를 유도하고 있다.

〈그림 18〉은 1989년 9월 6일 중국에서 전투기를 몰고 투항한 공군 중위 장문호의 투항 소식이 담긴 삐라이다. '민주 운동을 지지하고, 피비린내 나는 진압을 반대한다'라는 제목 아래에는 크고 붉은 글씨로 '중공 공군 파일럿 장문호가 비행기를 몰고 자유를 찾아 투항하다'라고 적혀

〈그림 18〉 장문호의 투항 소식을 알리는 삐라

있다. 그리고 그 하단에는 장문호의 모습과 비행기의 사진이 인쇄되어 있다. 가장 큰 부분을 차지하는 것은 장문호가 투항 시 몰고 온 군용기 J-6의 모습이며, 비행기 상단의 동그란 모양의 사진은 기자회견 당시 장문호가 투항한 과정을 설명하고 있는 모습이 나타난다. 이 삐라 역시 앞·뒤 면으로 제작되어 있는데, 삐라의 뒷면은 그의 신상명세를 비롯하여 투항 경로 및 방법, 투항 이유와 목적 등이 비교적 자세하게 서술되어 있다.

흥미로운 점은 두 삐라에서 상당 부분의 공통점이 나타나고 있다는 사실이다. 〈그림 17〉은 제2차 타이완해협위기, 즉 금문도에서 포격전이 이루어지고 있던 시기의 삐라이고 〈그림 18〉은 90년대 이후 중국과 대만 간의 직접적 무력충돌이 없던 시기 제작된 삐라이다. 두 삐라는 각

기 다른 상황과 시기에 제작되었으며 서로 다른 인물의 투항 소식을 전하는 삐라임에도 불구하고, 투항 목적으로 '자유'를 명시하고 있다는 공통점이 나타난다. 앞 장에서 언급한 바와 같이, 중국은 중화민국군의 투항을 종용하기 위하여 '조국으로의 귀환'이라는 정당성을 부여하는 데 주력하였다. 그리고 대만은 이에 대항하기 위해 중국 인민해방군의 투항을 유도하는 이유로서 '자유'라는 기치를 내놓은 것이라 할 수 있다.

5) 군사적 · 경제적 발전 상황의 선전

1950년대부터 1980년대까지 중국과 대만의 군사·경제 분야는 상당히 다른 형태로 변화한다. 국민당 정부가 대만으로 후퇴한 이후부터 1980년대까지 대만의 군사 · 경제는 상당한 발전을 거듭한 반면, 중국은 반우파 투쟁, 대약진운동, 문화대혁명 등 암흑의 시기를 거쳤기 때문이다. 이 시기 중국은 토지개혁과 사회주의적 공업화를 통해 경제 성장을 이룩한다는 목표를 세우고 다양한 사회운동과 경제정책을 펼친다. 그러나 결과적으로 볼 때, 이는 왜곡된 평등주의로 인한 노동 의욕 저하 및 농민 노동력을 이용한 공업육성에 따른 생산력 감소, 극심한 자연재해로 인한 아사자 속출이라는 처참한 결과만을 가져왔다. 이와 마찬가지로, 중국의 국방력 역시 '만민평등'과 '조직타파'의 구호를 위시한 홍위병에 의해 문화대혁명을 거치며 유명무실한 것으로 전락하게 된다.

이러한 중국의 상황과는 달리, 대만은 군사 · 경제의 발달이라는 면에서 상당한 성과를 거둔다. 대만은 1951년부터 징집제를 실시함과 동시에, 군사 체계의 재구축과 현대적 군대 건설을 시도하였다. 또한 미국과의 공동방위조약Sino-America mutual defense treaty을 체결함으로써 미군의 대만

주둔과 신식 무기의 이전, 그리고 제한적인 국방 기술 이전 등 미국의 안보 지원을 받게 된다. 이 같은 미국의 지원 아래, 중화민국군은 제공권은 물론 포병 화력전 면에서도 인민해방군에게 위협적일 정도의 군사력을 갖추게 된다.

그뿐만 아니라 대만은 1950년대부터 약 반세기 동안 연평균 8%의 경제성장률을 유지하며 빠른 속도로 경제 발전을 구현해내는 데 성공한다. 사실 당시 대만은 미국의 경제 원조를 받는 상황이었으며, 지하자원이 풍족하다거나 농업 생산력이 뛰어나게 높은 상황도 아니었다. 그러나 국민당 정부는 대만으로 철수한 이후 체계적인 경제계획을 세우고 1953년부터 대대적으로 경제부흥을 위해 힘쓴다. 1955년 유엔 아시아 극동위원회ECAFE가 발표한 「아시아 극동 경제 보고서」에 따르면, 1948년부터 1954년까지 대만의 연평균 경제성장률은 12%로 집계된다. 이는 당시 아시아 전체에서 두 번째로 높은 기록으로, 대만의 경제가 고도성장의 단계에 진입하였음을 의미한다. 또한 장제스는 물가 안정을 경제의 최우선 목표로 삼고 다양한 정책을 시도하였다. 특히 통화발행을 억제하고 이자율을 높이는 고금리 정책의 시행은 대만의 전체적인 경제 수준을 높이는 데 큰 영향을 미쳤다. 기업의 무리한 성장은 높은 금리로 인해 자연스럽게 제한되었으며, 중소 규모의 노동집약적 기업이 급속도로 성장하게 된 것이다. 또한, 고용과 근로자의 소득이 증가함으로써 소득의 분배가 효과적으로 이루어졌다.

이러한 상황 속에서, 대만은 자신들의 경제 정책의 성공과 군사력 증대를 대대적으로 홍보하는 삐라를 제작하고, 이를 통해 자신들의 체제를 선전하는 데 활용하였다.

대만에서 중국으로 살포한 삐라 중 상당수는 중화민국군의 군사력을 중국에 선전하기 위해 제작되었다. 〈그림 19〉는 중화민국군 소속 육군과 공군의 전투력을 선전하기 위해 제작된 것으로, 상당히 직관적인 사진을 전면에 드러내는 방식이 사용되었다. 동일한 형태로 제작된 두 삐라 중 상단의 삐라는 육군의 군사력을 보여주고 하단의 삐라는 공군의 군사력을 보여준다.

〈그림 19〉 중 상단에 위치한 삐라에는 넓은 공간에 줄을 맞춰 서있는 중화민국군의 모습이 담겨 있다. 끝이 보이지 않을 만큼 넓은 공간에 중화민국 육군이 사열하고 있는 모습을 보여줌으로써, 중화민국군의 규모와 위력을 매우 직접적이고 노골적으로 보여주고 있는 것이다. 또한 하단에 '강대한 국군 육군은 대륙 동포 구제를 보장한다!強大的國軍陸軍是拯救大陸同胞的保證!'라고 명시함으로써, 중화민국군의 최종 목표가 중국을 수복하고 대륙의 인민들을 구제하는 데 있음을 알린다. 이는 〈그림 19〉 하단의 삐라 역시 마찬가지이다. 당시 빠른 속력을 자랑하던 F-104 스타파이터 Star Fighter 전투기가 비행장에 사열되어 있는 사진 아래에 '강대한 국군 공군은 대륙 동포 구제를 보장한다!強大的國軍陸軍是拯救大陸同胞的保證!'라는 문구를 삽입함으로써, 중화민국군의 막강한 전투력을 선전함과 동시에 군비 증강의 정당성과 대륙 본토 수복의 의지를 보여준다.

〈그림 20〉은 쑨원孫文 탄생 100주년 기념으로 제작된 삐라이다. 1966년 제작된 이 삐라는 중국의 전통공예인 전지剪紙의 방식을 차용하여, 대만의 다양한 발전상을 보여준다. 사실 대만뿐만 아니라 중국 역시 종종 전지의 방식을 활용한 선전물을 제작하여 살포하였다. 이는 전통 민간공예를 활용한 삐라를 통해, 의도적으로 자신들의 정통성을 확인시키려

는 의도가 숨어있다고 보인다.

이 삐라는 크게 안쪽과 바깥쪽으로 구분되어 구성되어 있다. 안쪽의 가장 상단에는 "국부 탄생 100년을 경축합니다"라고 적혀 있으며, 그 아래 정중앙에 위치한 청천백일만지홍기青天白日滿地紅旗 뒤로 중국 대륙의 지도가 보인다. 그리고 오른쪽 하단의 대만 지도는 육지와 바다를 건너 사방팔방과 연결된 형상을 하고 있다. 이러한 이미지가 나타내는 의미는 청천백일만지홍기 좌우에 쓰인 '대륙광복', '대만건설'과 일맥상통한다. 또한 바깥쪽으로는 상하좌우로 여러 분야에서의 발전상을 보여준다. 가장 상단에는 다양한 직업, 성별의 사람들이 밝게 웃는 모습이 보인다. 그리고 좌측으로는 에너지산업·경제·법률·삼민주의·교육·공업·농업 등 다양한 분야의 발전상이 집약적인 이미지로 나타나고 있으며, 오른쪽으로는 제트기, 공수부대, 포병부대, 항공모함 등의 이미지를 통해 중화민국군의 군사력을 보여준다. 따라서 〈그림 20〉의 삐라는 대륙본토의 수복이라는 오랜 소망과 함께 자신이 중국의 정통성을 지닌 국가임을 천명함과 동시에, 대만의 다양한 발전상을 선전하기 위해 제작된 것이라 할 수 있다.

〈그림 19〉 대만의 군사력을 선전하는 삐라

〈그림 20〉 대만의 경제발전을 홍보하는 삐라

4. 중국과 대만의 삐라, 그리고 심리전

중국과 대만은 '대만 해방'과 '본토 수복'이라는 기치 아래 1949년부터 대만해협을 사이에 두고 물리적 충돌과 함께 상대에 대한 심리적 위협을 드러낸다. 특히 1958년 발발한 제2차 대만해협위기와 그 이후까지 이어진 양측의 갈등은 표면적으로 중국과 대만 간의 포격전의 형태로 보인다. 그러나 이 시기 이루어진 전투의 본질과 핵심은 결국 '대만 해방'과 '본토 수복'이라는 각자의 목표를 달성하기 위해 진행한 심리전에 있었다. 따라서 양측은 자신의 이념과 사상을 선전하고 상대의 전의 상실과 항복을 유도하기 위해 전방위적인 심리전을 전개하였다. 그리고 이 과정에서 삐라는 주요한 심리전의 도구로써 활용되었다. 삐라는 넓은 지역에 광범위한 심리전을 가능케 하는 효과적인 수단이자, 신문·잡지·라디오·방송 등 제도적 매체를 접할 수 없는 일반 사람들에게 정보를 전달할 수 있는 비제도적 매체로서 뛰어난 접근성을 지녔다. 때문에 보다 많은 적에게 삐라를 노출하기 위해 양측은 다양한 운송수단 제작기법 및 삐라 제작 기술, 제작 및 살포에 대한 기획 전략을 발전시켰으며, 이를 통해 더욱 큰 효과를 거둘 수 있었다.

먼저, 대만과 중국의 삐라 살포 방식을 살펴보면, 양측은 모두 공중살포 방식과 해상살포 방식을 사용하여 삐라를 살포하였다. 대만해협을 사이에 둔 금문도와 하문 간의 최단 거리가 1.5km에 불과했기 때문에 공중과 해상을 이용한 다양한 방식들이 사용될 수 있었던 것이다. 삐라가 대만해협을 넘은 최초의 방식은 공명등을 이용한 공중살포 방식이었다. 이외에도 연, 풍선, 열기구, 선전탄 등을 이용한 공중살포가 이루어졌다. 특히 대형풍선과 선전탄은 보다 많은 양의 삐라를 먼 지역까지 운반할 수 있다는 점에서 주요하게 사용되었다. 또한 유리병, 유리 공, 기름종이로 만든 공, 돼지 방광, 죽통, 대나무 뗏목, 나무판, 작은 선박 따위에 삐라를 실어 바다를 통해 상대에게 보내는 해상살포 방식 역시 자주 사용되었다. 특히, 양측은 삐라 살포의 효과를 높이기 위해 다양한 선전 물품을 함께 실어 보냄으로써, 바다와 근접한 지역에 거주하는 주민과 해안가 주둔 군인의 관심을 끌기도 하였다.

다음으로, 양측의 삐라가 담고 있는 주제를 살펴보면 양측 모두 각각의 상황·이념·목표에 따라 다양한 논리와 주제의 삐라를 제작하여 살포하였음을 알 수 있다. 중국에서 대만으로 보낸 삐라는 주로 적의 항복을 이끌어 내기 위한 안전증명 삐라, 중국에서 대만으로 건너간 중화민국군의 전투 의지를 약화시키기 위한 향수 자극 삐라, 전쟁에 대한 적의 공포감을 높여 전의를 상실시키기 위한 국지전 승리 선전 삐라, 대만 해방의 정당성을 부여하기 위해 대만 해방 구호를 반복적으로 노출하는 삐라, 적의 정치적·이념적 분열을 조장하기 위해 제작한 장제스 정부에 대한 불신조장의 주제를 담고 있는 삐라로 구분할 수 있다. 이에 반해 대만은 안전증명 삐라뿐만 아니라, 대약진운동 시기와 '10년의 암흑기'라 불리는 문화대혁명 시기에는 마오쩌둥 등 지도자를 비판하거나 자신들의 체제와 비교 하여 공산주의 체제를 비난하는 삐라를 제작·살포한다. 또한 더욱 많은 적군의 투항을 유도하기 위하여 투항 및 탈영 사례를 선전하거나 대만의 군사적·경제적 발전 상황을 직관적으로 보여주는 형태의 삐라를 제작하였다.

마지막으로, 양측은 모두 상대의 언어 습관과 사회적·물리적 상황 등을 충분히 고려하여 삐라를 제작하였다. 대만은 대부분의 삐라에 삽입되는 텍스트를 간체자로 작성하였으며, 중국은 번체자로 작성하였다. 이는 상대의 언어습관을 고려한 결과라 할 수 있다. 또한, 중국은 중화민국군 대다수가 대륙 출신이라는 사실에 착안하여, 중국에 남아있는 가족의 소식을 전하는 삐라를 제작하였다. 그리고 이를 대만 전역에 살포함으로써 적군의 향수를 자극하고 전투능력을 약화시키고자 하였다. 이에 반해 대만은 대약진운동과 문화대혁명을 거치며 혼란스러워진 중국의 상황을 기회로 삼아, 후방 지역의 민간인을 대상으로 자신들의 선진화된 사회 · 경제 · 군사 체제를 홍보하는 삐라를 제작 · 살포한다. 특히, 대만과 중국의 이미지를 선과 악으로 대비시키는 삐라를 통해 국민당의 정치이념과 체제를 선전하고, 중국 인민에게 공산당에 대한 불신과 불만을 느끼도록 만들고자 하였다. 이처럼 중국과 대만은 다양한 논리와 주제를 담은 삐라를 제작 · 살포함으로써 정치, 외교, 군사적 이익을 얻도록 많은 노력을 기울였다.

참고문헌

中共中央軍委, 『關於統一全軍組織及部隊番號的規定』, 1948.11.01

마이클 스조니, 김민환 외역, 『냉전의 섬, 전선의 금문도』, 진인진, 2020.

백원담, 강성현 편, 『열전 속 냉전, 냉전 속 열전』, 진인진, 2017.

이임하, 『적을 삐라로 묻어라』, 철수와영희, 2012.

정근식, 김민환 편, 『냉전의 섬 금문도의 재탄생』, 진인진, 2016.

Stephen E.Pease, 국군심리전단 역, 『한국전쟁에서의 심리전』, 국군심리전단, 2000.

戴爾濟, 「洪秀樷－海島英雄女民兵」, 『福建黨史月刊』 15, 2009.

總政治作戰局 編, 『心理作戰槪論』, 編者自印, 1990.

國防部總政治作戰部, 『國軍新戰空飄簡史』, 編者自印, 2000.

廈門市地方志編纂委員會, 『廈門市志』, 方志出版社, 2004.

國防部軍務局, 『八二三台海戰役』, 國防部軍務局, 1998.

國防部總政治作戰部, 『國軍新戰空飄簡史』, 編者自印, 2000.

アンヌ・モレリ(Anne Morelli), 永田千奈 訳, 『戦争プロパガンダ 10年の法則』, 草思社, 2002.

국방과학기술용어사전(http://dtims.dtaq.re.kr:8070/search/detail/term.do?tmnl_id=T0007913).

네이버 사전(https://ko.dict.naver.com/#/entry/koko/63dc31a3cfe642a689318f9bdf0d44c9).

사회주의 항구의 쇼윈도

냉전시대 상하이국제선원클럽1950~1986

류샤오천

통상적으로 한 국가가 개항을 하고 외국 선박이 정박하게 되면 선원을 위한 국제선원클럽 등 부대시설을 구비해야 한다. 1950년 원래 있던 상하이항정국上海港政局을 기반으로 상하이항무국上海港務局이 새롭게 출범하여 중국내 하류 및 운항 업무에 대한 통합관리를 시행했다. 신중국 출범 이후 일부 서방국가들은 중국에 대해 '경제적 봉쇄'와 '무역금지' 정책을 펼쳤지만 연안의 일부 항구도시들은 대외교류 창구를 유지하고 있었다. 이들 대외기구 중 선원, 특히 국제선박의 선원들은 업무 특성상 각국을 빈번히 왕래하며 신중국의 대외선전 및 중국에 대한 이미지 전파를 맡는 중요한 집단 중 하나였다. 이 때문에 상하이와 다롄 등지에는 국내선원 및 국제선박의 외국인 선원을 위한 클럽이 일찌감치 설립되었다.

선원클럽海員俱樂部은 국제선박의 외국인선원 및 중국내 내국인선원에게 문화와 복지서비스를 제공하는 대외업무사업체로서 국가와 공회工會의 대외선전을 위한 중요한 창구였다.[1] 본래 선원클럽의 설립 취지는 자

---

1   中華全國總工會資産管理監督管理部, 『工會資産製度文件選編』, 北京 : 中國工人出版社, 2016, p.443.

국 선원의 단합과 이들이 연안지역에 터전을 잡고 공산당의 온기를 느낄 수 있도록 하자는 것이었다. 대외적으로는 선원클럽을 외부와의 소통 가교로 삼는 한편 국제 간에 활동하는 외국인 선원들을 통하여 중국정부와 정부의 각종 대외정책을 선전하는 것은 물론 각국의 '노동자 계급'을 결속시켜 반제국주의 투쟁을 벌이게 하려는 의도였다. 이와 더불어 경제적 이익 달성이라는 또 하나의 특수 목적도 포함되어 있었다. 국제선박의 외국인 선원들은 신중국 국가건설에 절실히 필요했던 외화를 가져다 줄 수 있으며, 연안도시에 대한 대외선전에 중요한 역할을 할 수 있기 때문이다. 그럼에도 불구하고 지금까지 중국 내에서 국제선박의 외국인선원과 국제선원클럽에 대한 연구는 불충분한 실정이다.

국제선박의 외국인선원과 중국선원클럽에 관련한 연구는 지금까지 중국 국내는 물론 해외학계에서도 연구가 극히 드문 상황이다. 반면 중국인 선원의 해외 활동에 대해서는 유럽과 미국 학계는 물론 중국학계까지 상당한 관심을 보여 왔다. 이 가운데 아편전쟁 이후 외국상선에 승선했던 중국인 선원에 대한 주제를 특히 많이 다루고 있다. 예를 들면 19세기 말부터 20세기 초까지 미국상선에 승선했던 중국인 선원에 대한 고찰,[2] 제2차 세계대전 당시 중국인 구조 상황 등을 들 수 있다.[3] 2014년 6월 학술지 『외교사*Diplomatic History*』에 메르디스 오옌Meredith Oyen이 기고한 「평등의 쟁취 – 대서양에서 분투하는 중국인 선원, 1939년부터 1945년까지Fighting for Equality : Chinese Seamen in the Battle of the Atlantic, 1939~1945」 pp.526~548

---

2 Robert J. Schwendinger, "Chinese Sailors: America's Invisible Merchant Marine 1876-1905", California History, Vol.57, No.1, 1978, pp.58~69.
3 "Relief for Chinese Seamen", China at war, Vol.7, No.5, 1945.

에는 중국인 선원들이 원양어선에서 어떤 역할을 했는지, 이들이 대서양 전쟁에서 얼마나 큰 공헌을 했는지를 다루고 있는데, 그의 연구에 의하면 이들 중국인 선원들 덕분에 세계가 중국문제에 관심을 갖는 여론이 조성되었다고 한다.[4] 한편 중국선원클럽에 대한 연구로 윌리엄 폴리 William Foley의 『해룡, 리버풀과 중국인 선원들Sea Dragons : Liverpool and Its Chinese Seamen』이 있다.[5] 현재 중국내에서 이 분야 연구는 주로 중국선원을 연구대상으로 삼아 연구하고 있으며, 특히 선원클럽에 대한 연구는 매우 저조한 실정이다. 2019년 중국 교통운수부交通運輸部 해사국海事局에서 펴낸 『중국선원사中國海員史』는 고대부터 근·현대까지 중국 선원들의 성장과 발전을 종합적으로 다루었다. 지금까지 관련 연구들을 연구방법론 측면에서 볼 때 사회사적 패러다임을 통하여 오늘날 중국인 선원들의 문제를 연구한 것이 대부분이며, 주제는 선원의 교육과 육체적·정신적 건강 문제에 집중되어 있다.[6] 대부분 중국에 입국한 국제선박의 외국인 선원들과 중국선원클럽과의 관계에 대해서는 단편적인 소개에 그치고 있으며,

---

4 Meredith Oyen, "Fighting for equality, Chinese seamen in the battle of the Atlantic 1939-1945", Diplomatic History, Vol.38, No.3, Oxford University Press, 2014.

5 威廉·弗利 外, 韓慶 外譯, 『海之龍－利物浦和她的中國海員』, 北京 : 中國民主法制出版社, 2019.

6 이 문제에 관한 연구는 주로 당안(檔案), 지방지(地方誌) 및 구술 자료를 원천으로 하고 있다. 관련 당안들은 주로 외교부기록관과 상하이기록관에 보관돼 있으며, 이 중 1950년대 이전 기록물은 마이크로필름으로 되어 있다. 상하이 지역의 지방지 수편(修編) 작업 분류는 상세하게 되어 있으며, 선원이라는 의제에 관한 지방지로는 경제분야의 통계와 공운류(工運類) 외에 『上海遠洋運輸志』와 『上海沿海運輸志』가 있는데, 청말부터 1990년대까지 상하이 지역의 해운사를 포괄하는 내용으로 참고할 가치가 있다. 선원문제 연구에 뛰어든 선관바오(沈關寶) 상하이대 사회학과 교수는 이 분야를 수년간 연구하여 관련 전문서적 다수를 출간했다. 이 중 『中國海員』은 비교적 포괄적인 내용을 담고 있는데, 중국해운사, 선원관리기구, 선원구성, 훈련 등의 문제를 간략하게 다루고 있다. 또 한 권의 주목할 만한 저서로 선관바오(沈關寶)와 리링(李聆)의 『泊下的記憶－利物浦老上海海員口述史』가 있다. 이 책은 리버풀에서 상하이 노(老) 선원의 구술을 채집한 자료집이다. 리버풀노상하이선원사단(利物浦老上海海員社團)은 유럽 최초이자 최대의 중국인단체였다. 선관바오 교수의 저서는 선원 문제를 연구하는 데 매우 유익한 시도를 보여준다. 근자에 『中國海員史』의 출간은 중국 선원에 관한 연구 공백을 보완하였다 할 것이다.

특히 기록 자료에 의거한 연구는 더더욱 드문 형편이다.

선원클럽의 상징적인 의미는 그것이 대외선전의 표준이 되는 텍스트이자 살아있는 화석이라는 데에 있다. 선원클럽은 계획경제시대 전체시기에 걸쳐 운영되었으므로 연구할 만한 가치가 상당하다. 선원클럽 연구를 통해서 냉전사, 사회사, 경제사, 상하이사 등이 다각도로 드러날 수 있을 것이다. 본 연구는 중국의 외교부당안관外交部檔案館과 상해당안관上海檔案館에 보존된 자료를 활용하여 사회적 기층인들로 구성된 선원에 대한 선원클럽의 외교활동 기제를 살펴본 후, 나아가 기층인의 시각으로 고위층의 외교정책을 살펴보고 새롭게 출범한 공산당정권의 기층민에 대한 정치생태도 고찰하겠다. 그리하여 냉전시기 상하이 국제선원클럽의 성쇠盛衰와 변천을 새롭게 규명해 보고자 한다.

1. 상하이 선원클럽의 설립 및 설립 목적

선원클럽은 시대의 특수산물로서 선원클럽의 흥망성쇠는 중국의 대외선전정책 및 수십 년의 중국 경제체제 전환과정을 고스란히 반영하고 있다. 사회주의 신중국의 탄생 과정에서 선원들은 노동자계급을 구성하는 일부분으로서 중요한 역할을 했다. 선원총파업은 노동자운동사상 한 획을 그었다.

해운업의 회복은 국민당에 의해 파괴된 중국내 하류와 연안항로의 재건에 있어 큰 의미를 갖는다. 당시 다롄항大連港이 가장 먼저 재건되었고, 상하이의 경우는 기존에 있던 초상국招商局을 더하여 상하이해운관리국

上海海運管理局으로 통합·개편되었다.[7] 1949년 11월부터 12월까지 전국총공회全國總工會는 베이징에서 회의를 열어 전국선원공회全國海員工會 준비위원회를 구성했다. 류샤오치劉少奇·리리싼李立三 등 중앙지도자들의 관심 속에 다롄大連·톈진天津·칭다오靑島·상하이上海·샤먼廈門·광저우廣州 등 물동량이 가장 많은 해안 항구도시 6곳에 선원클럽을 설립하기로 한 것은 선원노동자들을 규합하고 대외선전을 강화하려는 취지였다.[8] 선원클럽은 본래 특수한 역할을 맡은 장소였던 바, 소련의 경우 혁명이 성공한 후 민중교육을 위한 장소였다. 당시 소련에서 민중교육은 사교육으로 불리는 정치교육의 일부였다.[9] 일부 규모가 큰 기관에서는 철도노동자 클럽, 부두 중건을 위한 선원클럽 등 노동자들을 위한 대중활동의 중심지로 설립되었다.[10] 1930년대 린커둬林克多는 『소련견문록蘇聯見聞錄』에서 레닌그라드의 국제선원클럽은 식당, 신문열람실, 도서관, 강연장 등과 같은 시설이 잘 되어 있고, 노동자 야간학교와 병원도 있다고 기술한 바 있다.[11] 상하이는 소련의 모델을 참고하여 여러 노동자클럽과 노동자문화궁전을 설립했다.

구체적 조치를 살펴보면, 류샤오치는 "신중국 건립 이전부터 선원클럽이 있던 곳은 공회工會의 사무실 운영과 같은 방식으로 해결하고, 이전에 선원클럽이 없던 곳은 각 지역, 성, 시의 당위원회와 정부가 책임지

---

7 交通運輸部海事局 編,『中國海員史』(現代部分), 北京:人民交通出版社股份有限公司, 2019, p.20.
8 "全國海員代表會議關於對設立海員俱樂部的意見", 上海市檔案館, C17-2-32-19, 1949.12.22, pp.1~2.
9 上海圖書館,『俄羅斯歷史大綱 蘇聯的教育 蘇聯婦女的生活』, 上海:上海科學技術文獻出版社, 2012, p.283.
10 Ibid., p.284.
11 林克多,『蘇聯聞見錄』, 大光書局, 1936, p.109.

고 건설하라"고 건의했다.[12] 당시 중앙인민정부 부주석이던 류샤오치는 담화를 통해 선원클럽 설립의 목적을 밝혔는데, 첫째로 "선원클럽을 통해 국제선박의 외국인선원에 대한 수시 교육과 노동자 단결공작을 진행하여, 이들에 의해 제국주의 치하의 노동자 형제들에게 영향을 줄 수 있도록 한다", 둘째로 선원 노동자들을 단결시켜 교육하고 조직화하며, 셋째로 장기간 해외에서 떠도는 중국인 선원들을 배려하고 돕기 위함이라고 했다.[13] 다롄의 선원클럽 공간과 소요 비용은 류샤오치의 친절한 배려로 마련되었다.[14] 칭다오에 세워진 국제선원클럽은 신중국 성립 후부터 문화대혁명 전까지 칭다오시 외사국外事局이 관리했다.[15]

선원공회海員工會, 선원소비합작사海員消費合作社, 선원클럽의 설립은 선원 집단에 대한 공산당과 중국정부의 배려와 이들을 중시하는 모습을 보여주는 것으로, 덕분에 선원들과 항만노동자들의 정치적, 경제적 위상이 현저하게 향상되었다. 하지만 선원클럽은 오랜 기간 대외선전이 클럽의 '극도로 중요한 사업'이 됐고, 중국에 오는 외국인 선원에 대한 서비스가 주업무가 되었다. 외국인 국제선원은 세계 각지를 누비기 때문에 어느 정도는 사회주의사상을 전파하는 역할을 했다고 볼 수 있다.[16]

선원클럽 설립의 가장 중요한 목적은 서방의 대중국 항로봉쇄, 무역봉쇄에 대한 돌파구를 여는 데에 이들 선원들을 대외선전의 중요한 창구로 활용하겠다는 것이었다. 한국전쟁 발발 후 미국의 대만해협에 대한 정책

12 王偉, 「關於籌建大連海員俱樂部的一些情況」, 『大連市工會志1923-1990』, 瀋陽 : 遼寧人民出版社, 1993, p.241.
13 「上海海員工會關於籌設上海海員俱樂部的計劃」, 上海市檔案館, C17-2-32-11, 1950, p.1.
14 王偉, Ibid., p.241.
15 李革新, 『講述青島的故事』, 濟南 : 山東省地圖出版社, 2013, p.113.
16 戈寶權紀念文集編委會 編, 『戈寶權紀念文集』, 南京 : 江蘇教育出版社, 2001.4, p.267.

은 국민당 소속 항공기가 중화인민공화국 연안지역에 진입하는 것을 막는 데에 일조하여 중국으로 봐서는 상업용 화물수송이 용이하게 되었다.[17] 하지만 미국은 곧이어 대중국 무역 금수정책을 주장하고 나섰다. 한국전쟁의 갑작스런 발발은 동북아 지역의 정치환경은 물론 중국 안팎의 경제환경에도 영향을 미쳤다. 건국 초기 상대적으로 폐쇄적이고 고립된 상황에서 선원클럽을 만든 것은 여러 고려 중 하나였으며, 이 방법을 국제 프롤레타리아들이 사회주의 국가에 직접적으로 진입하는 주요한 통로라고 보았다.[18] 쑹핑宋平은[19] 1951년 다롄선원클럽 오픈 개막식에서 "클럽을 선원들의 집처럼 만들어 선원들이 오락과 휴식을 취하도록 하고 애국주의·사회주의·국제주의 교육을 받는 장소로 활용하며, 중국인 선원들이 국제선박의 외국인 선원들과 단결하고 우의를 다지는 가교로 삼아야 한다"고 말했다.[20] 상하이는 화동지역 내에서는 물론 전국적으로 보았을 때에도 규모가 가장 큰 항구로서 그 중요성은 말할 필요가 없다. 1949년부터 1956년까지 상하이항을 찾는 국제선박의 수는 급격히 증가했다. 1949년 건국 후에 국제선박이 상하이항에 지속적으로 왕래했던 것이다. 1949년 30척 64편이던 국제선박은 1956년 347척 1,528편이 되어 8년만에 선박 수가 11배가 넘었고, 운항편수는 24배가 넘었다.[21] 이에 상하이시위원회당교上海市委黨校는 1952년 선원훈련반까지 만들었다.[22]

---

17 Телеграмма Рошина в Москву от 1 июля 1950 г, АПРФ, ф.45, оп.1, д.331, л.73-74.

18 李家齊主 編, 『上海工運志』, 上海 : 上海社會科學院出版社, 1997, p.680.

19 宋平, 曾任中共中央政治局常委, 中共中央組織部部長. 建國後歷任東北總工會副主席, 國家副主任等 職務, 中共元老.

20 王偉, op. cit., p.242.

21 「中國海員工會上海區委員會關於1958年第一季度工作計劃及幾年來國際海員工作總結」, C17-2-156, 上海市檔案館, 1958.4.1., p.3.

22 「中共上海市委黨校海員訓練班各隊負責幹部名單和各項制度, A76-1-130, 上海市檔案館, 1952.2.19, p.1.

상하이는 중국에서 규모가 가장 크고 중요한 항구로서, 외국선박과 외국인 선원이 상당히 많이 왕래하는 곳이었다. 당시 중국이 국제적으로 고립된 상태에서 중국의 각 항구에 정박하는 외국선박과 외국인 선원들은 중국정부의 대외선전을 위한 중요한 통로로 간주되었다. 이러한 시대배경 하에서 인력·자금·장소 등의 여러 어려움 속에서도 상하이 선원클럽이 중앙정부와 상하이시의 지원을 받아 1950년 10월 가장 먼저 설립되었던 것이다. "상하이선원클럽은 노동조합에 의해 각국의 수송선·관광선·수리선·실습선·군함 등에 승선한 국제선박의 외국인 선원들에게 서비스를 제공하던 최초의 기구였다."[23] 그동안 중국내 각지의 선원클럽 운영경험과 교통의 편의성을 감안하여 각 연안도시의 선원클럽은 부두와 인접해 있었으며, 각국 선원들이 승선과 하선 후 지나는 곳에 위치하고 있었다. 이에 정부는 종합적 검토를 거쳐 상하이선원클럽을 와이탄外灘 중산둥이루中山東一路에 설립하기로 결정하였다.

이처럼 보이는, 혹은 보이지 않는 목적들 가운데 가장 절박한 목적은 바로 대외선전을 확대하고 새로운 중국의 이미지를 표출하는 것이었다. 대외선전은 국가나 정권이 자신의 이미지를 형상화하고 합법적인 근거를 강화하는 중요한 방법이다. 특히 혁명을 통하여 정권을 빼앗고 군중에 힘입어 사회개조를 이루어낸 중국공산당에게 대외선전이 얼마나 중요했을지는 짐작하고도 남을 것이다. 대외업무 가운데 선전업무는 국제적으로 좋은 이미지를 조성하고 국제환경 속에서 신중국의 입지를 개선하는 데 매우 중요한 문제였다. 그러나 냉전시기 상당기간 동안 신중국

---

23 『上海工運志』, p.680.

은 정상적 국제시스템 밖으로 내쳐지는 난감한 처지에 놓일 수밖에 없었고, 대외교류의 범위와 통로는 제한될 수밖에 없었다. 특히 중국은 소련과 동유럽 사회주의 국가와의 갈등이 노골화되고 국내 정치환경이 급진화 되면서 국제 사회에서 갈수록 고립되어 중국이 직접적으로 이해받을 수 있는 기회가 극히 제한되어 있었다. 신중국 성립 후 외부 세계로부터 차단당하였으므로 다양한 경로를 활용하여 외부와 교제하고 싶어 했던 중국은 세계 각국에서 온 국제선박의 외국인 선원들이 중요한 선전대상이 되었다.[24] "이 시기에는 국제선원들을 무료로 대접하고 적극적으로 정치교육을 했다. 프로그램 내용은 문학과 예술 공연에 중점을 두고 있었다." 당시 제한된 외부와의 교류기회를 신정권의 좋은 이미지를 알리는 데 어떻게 활용하느냐는 의미 있는 정치적 과업이 아닐 수 없었던 것이다. 지나치게 성대한 접대나 단순하고 딱딱한 정치선전은 효과가 기대에 미치지 못하는 경우가 많을 수 있다. 관공서 주도 아래 차원 높은 각종 전시, 해외 순회공연 등 적극적인 홍보와 함께 중화인민공화국의 영토에 발을 들여놓는 외국인에 대한 치밀한 배려와 준비도 있어야 했던 것이다. 이 밖에 선원클럽도 중국이 외부세계를 이해하는 창구로서 "중국의 정책방침, 국제정세 변화에 대한 국제선원들의 시각, 중국에 대한 해외 각국정부의 시각, 그리고 세계 각국에서 일어나고 있는 중대한 사안에 대한 견해를 수집·정리하고자 했다".[25]

대외선전 분야에서는 중화인민공화국 건국 초기 대외교류의 필요성 때문에 선진자본주의 국가와 일부 신흥국, 특히 식민지 국가 선원들을

---

24 Ibid., p.4.
25 沈關寶, 『中國海員』, 上海大學出版社, 2005, p.127.

상대로 신중국 성립 후 중국 노동자계급의 주인 된 지위를 알리는 데 주력했다. 건국 초기 대외접대는 경험부족으로 인하여 연회접대와 문예공연관람을 정치교육과 결합시킨 경우가 많았는데, 과대포장과 부자연스러운 선전은 기대만큼 효과를 거두지 못했다. 50년대 후반에 이르러 중국의 사회주의 건설이 본격적으로 궤도에 오르기 시작하면서 대외교류에 대한 경험도 축적되었다. 이 시기에는 국제선원에 대한 선전도 통일된 매뉴얼과 응대방식으로 정형화되었다. 당시 중국선원공회 상하이구위원회中國海員工會上海區委員會는 1958년도 종무식에서 "국제선박의 외국인 선원들을 출신국의 성격에 따라 사회주의 국가출신 선원, 자본주의 국가출신 선원, 독립민족국가출신 선원 등 크게 3가지로 분류한다"고 밝혔다. 그러면서 사회주의 국가출신 선원을 응대할 때에는 논쟁을 피해야 하고, 자본주의 국가출신 선원 중 직급이 높은 선원은 "정중하고 상냥하며 매너 있게 대하라", "놀기 좋아하는" 저급한 선원은 그가 믿는 종교와 신앙을 존중하되 "경계심을 높이고 디테일에 힘쓰라". 독립 민족국가 출신의 선원에 대해서는 그들이 억압당하는 위치에 있다고 생각했고, 이들을 단결시키기 위해 사회주의를 선전해야 한다고 생각했다.[26]

당시 외국선박에서 근무하던 중국국적 선원들 대부분은 귀국의 염원을 갖고 있었는데, 이들 특수 일군一群에 대해서 상하이구위원회는 조국의 새로운 이미지를 보여주고 가족처럼 대하며 이들에게 좋은 인상을 심어주려 했다는 점이 눈에 띈다.[27] 오랫동안 외국 선박에 승선해 있던

---

26 「中國海員工會上海區委員會關於1958年第一季度工作計劃及幾年來國際海員工作總結」, 上海市檔案館, C17-2-156, 1958.4.1, p.5.
27 Ibid., p.5.

중국 국적의 선원들은 임금이나 신분상의 지위가 외국인 선원들에 비해 크게 미치지 못했으며 왕따도 당했다. 선원클럽 설립목적 중 하나는 중국인 선원들의 절박한 처우개선 요구에 부응하기 위한 것이기도 했다.[28] 중국 내에서 전개된 오랜 혁명투쟁 기간에 외국국적 선박의 하층계급의 선원들은 강인한 혁명정신의 노동자 군중의 일원으로서 중국이 이끄는 노동운동의 든든한 후원자이기도 했다. 상하이가 국민당 정부로부터 벗어난 직후 "상하이선원들은 적군인 국민당의 봉쇄를 뚫고 운항을 재개하여, 남양항로 개척과 버티기, 연안 도서 점령을 위한 지원, 선박 봉기, 남선북귀南船北歸 쟁취 등 용감하고 끈질긴 투쟁을 벌이고" 있었다.[29] 선원들은 오랜 세월 바다를 떠돌며 정처 없이 살았으니, 그들의 말을 빌리면 뿌리 없는 부평초와 같았다. 사해를 떠도는 선원들에게 '머물 수 있고 고충을 털어놓을 수 있고' 어려움을 해결할 장소를 제공한 것이다, 동시에 외국선박에서 일하는 중국인 선원들을 통해 국제선박에 승선한 외국인선원의 결속과 교육을 진행할 수 있었다.[30]

2. 상하이국제선원클럽의 성격과 특징

선원클럽은 처음 설립 당시 내국인 선원 및 항구에 정박하는 외국인 선원들이 주 서비스 대상이었으나 외국과의 교류가 확대되면서 선원클

---

28 中國上海海運管理局委員會黨史資料徵集委員會, 中國海員工會上海海運管理局委員會 編, 『上海海員工人運動史』, 北京 : 中國黨史出版社, 1991.6, p.24.

29 Ibid., p.386.

30 Ibid., pp.1~2.

럽의 서비스제공 범위가 갈수록 확대되었다. 그러다가 점차 외국인선원 서비스에 치중하게 되자 1969년 아예 상하이국제선원클럽으로 명칭을 변경하고 국제선박의 외국인 선원들에게만 개방하였다.[31] 개혁개방 이후에는 새로운 시대적 요청에 부응하기 위해 국제선원클럽의 서비스 대상을 다시 조정하여 1986년 국제선원클럽 근무조례에서 국제선원클럽의 서비스 대상을 중국내 항구를 드나드는 외국국적 상선, 관광선, 기타 민간 선박의 선원, 중국내 선원주로 원양, 연해, 운하를 운항하는 입항 선박의 선원을 말함과 함께 승선한 선원의 가족 또는 항구로 선원을 만나러 온 가족을 포함한다고 명시하였다.[32]

중화인민공화국 건국 전에는 선원에 대한 관리를 주로 선박투자유치局輪船招商局이 담당했다.[33] 이른바 국민당의 반혁명 통치하에 놓여있던 중국인 선원들은[34] 중화인민공화국 탄생 이후 임금과 주거복지 등 제반 조건이 눈에 띄게 향상됐다. 선원은 노동자계급의 중요한 부분으로 간주되었고 선원클럽은 중화전국총공회中華全國總工會에서 일률적으로 관리하게 되었다. 전국총공회全國總工會는 중국선원공회를 재지정하여 국제선원클럽을 관리했다. 따라서 상하이국제선원클럽은 중국선원총공회中國海員總工會와 성시총공회省市總工會의 이중관리를 받는 해외교류사업 기관이었다. "선원총공회는 국제선원클럽에 대한 업무지도를, 성시총공회는 인사, 경영, 행정 분야를 담당했다."[35] 보통 새해, 노동절, 국경일, 성탄절,

31 上海社會科學院『上海經濟』編輯部 編, 『上海經濟(1949~1982)』, 上海 : 上海社會科學院出版社, 1984, p.798.
32 国际口岸办公室, 天津市人民政府口岸管理委员会 编, 『口岸工作文件汇编 第二册』, 北京 : 经济管理出版社, 1994, p.633.
33 『上海沿海運輸志』編纂委員會 編, 『上海沿海運輸志』, 上海 : 上海社會科學院出版社, 1999.12, p.422.
34 中華人民共和國交通部華東區海運部, 『解放前後的中國海員』, 內部資料, p.2.

춘절과 같은 큰 명절마다 상하이시총공회 지도자들은 항구에 체류하는 국제선원들을 만나 수고에 위로와 감사를 표하였다.[36]

그러나 국제선박의 외국인선원이라는 신분의 특수성, 대외업무, 선전, 무역, 서비스 등 제 방면이 고려되어야 했기 때문에 상하이와이반上海外辦과 상하이시상업국上海市商業局 등의 기관에서 함께 선원클럽의 관련 업무를 맡았다. 국제선원클럽은 중국정부의 관리를 받는 복지시설로 "각국의 선원에게 개방하여 국적·인종·피부색·종교·정치적 신념에 상관없이 모두 평등하게 대우하고 우선순위·혜택·양질의 서비스를 실시한다"고 밝히고 있다.[37]

선원클럽 운영상의 조직구조를 보면 국제선원클럽은 중국정부가 이끄는 사업단위이자 국가기구의 한 갈래이므로 당위원회의 지도를 받을 수밖에 없었다. 1964년 한 문건에서 우리는 당시의 조직모델을 확인할 수 있다. "1964년 10월 10일, 중국 상하이시 총공회기관위원회의 비준을 거쳐, 류차오劉超 등이 선원클럽 지부위원회를 구성하는 것에 동의했다. 산하에 지부 서기, 부서기, 감사위원, 홍보위원, 조직위원, 무장위원, 공청위원工靑委員을 둔다"고 했다.[38] 이는 대외서비스기관인 선원클럽을 경영함에 있어 당 조직의 직접적 통제를 받도록 했음을 의미한다.

신중국 성립 후부터 80년대 후반까지 선원클럽1969년 이후 국제선원클럽으로 개칭은 오랜 동안 비영리성을 강조하는 사업단위로 있다 보니 정책입안자

35 沈關寶, 『中國海員』, p.126.
36 『上海工運志』, 1997, p.682.
37 『上海經濟1949-1982』, p.798.
38 「中國上海市總工會機關委員會關於同意由劉超等同志組成海員俱樂部黨支部及分工意見的批覆」, 上海市檔案館, A77-2-328-80, 1964.10.10, p.80.

들의 최우선 임무는 영리가 아니라 홍보였다. "선원클럽은 반드시 중국 국내 및 외국 선원을 위한 서비스 제공을 고수하며, 단순히 영리추구 기업단위로 바꿀 수 없으며", 선원클럽의 기본 임무는 "당과 국가의 방침과 정책을 관철하고 선원들에게 좋은 벗이 되고 서비스를 제공하며 선전활동을 통하여 세계의 선원들을 단결시켜 세계평화를 유지하고 중국의 해운과 외국무역 운수사업을 발전시켜 중국의 사회주의 현대화를 위한 서비스를 제공하는 것"이라고 강조했다.[39] 그러나 비록 선원총공회가 줄곧 비영리성을 강조해 왔음에도 불구하고 실제 운영에서 각 지역의 선원클럽이 제때에 충분한 자금을 받을 길이 없거나 적자 상태에 놓여 있었으므로 경제성 문제가 시종일관 문제시 되지 않을 수 없었다. 이에 따라 실제로는 강한 구매력을 지닌 자본주의 국가출신 선원들에 대해서 줄곧 특별 서비스를 제공했다. 이들 선원들이 지출하는 미국 달러와 영국 파운드는 외화를 획득해야 했던 시기 중요한 수입의 원천이었다.

홍보와 영리라는 이중 목적을 달성하기 위한 선원클럽의 서비스 항목을 보면 목적에 부합되게 설계되었다 할 것이다. 국제선원클럽은 선원들에게 생활서비스를 제공해야하므로 호텔·식당·주점·열람실·오락실·매점·상점 등이 있었다.[40] 1955년 4월 선원클럽에 국제선원물품공급부를 설치했는데 상하이시 대외무역국, 세관, 중국은행, 외국선박대행회사, 선원조합, 식품, 실크, 토산품 등 7개 수출전문회사로 위원회를 구성했다. 이 7개 회사가 물량공급을 맡아 적자발생 시 위험을 떠안기로 했던 것이다.[41] 그 결과 60년대 초반 4,000종 안팎의 상품을 취급하

---

39 國際口岸辦公室, 天津市人民政府口岸管理委員會 編, 『口岸工作文件彙編 第二冊』, p.633.
40 「上海市百貨公司友誼商店情況介紹」, 上海市檔案館, B123-5-1313-24, 1963.10.30, p.24.

여 월 7만 위안의 매출을 올렸다.[42] 국제선원클럽은 외국인 선원의 중국 내 견학·유람·쇼핑 프로그램을 개발하고 다양한 오락·스포츠·선전 교육·기술교류 활동을 펼쳤다. 이 밖에 선원들을 위한 대행서비스, 물품보관, 간행물 주문대행 등을 했으며 한때 상하이에서는 선상방문서비스를 실시하기도 했다. 외국인 선원들이 선원클럽이나 우의상점友誼商店 에서 소비를 할 때에는 우대가격을 제공하고, 행사에 참가할 때에도 비용 감면 혜택을 받았다. 1984년에는 영업확대를 위해 하이어우다러우海鷗大樓, 지금의 하이어우빈관(海鷗賓館)을 지었다. 하이어우다러우는 1985년 정식 운영에 들어갔다.

3. 모순과 충돌—상하이국제선원클럽 운영 중 나타난 문제점

계획경제시대에 선원클럽이 운영되는 동안 가장 근본적인 모순은 영리와 선전이라는 두 목적이 장기적으로 균형을 이루지 못하는 데에 있었다. 첫 번째는 우의상점과의 경쟁문제, 두 번째는 대외선전 과정에서 겪는 여러 가지 문제점들이 그것이다. 선원클럽은 처음에는 노동자 계급의 중국인 선원에 대한 봉사와 대외선전을 위한 봉사가 주목적이었지만 실제 운영과정에서 외국 선원이 주 타깃이 되었다. 선전관련 요인 외에도 외국인 선원들의 소비력이 워낙 높아서 괄목할만한 외화수입을 가져올 수 있었기 때문이다.

---

41 「關於對友誼商店供應國際海員物品問題的意見」, 上海市檔案館, B6-1-73-38, 1957.10.31, p.38.
42 「上海市百貨公司友誼商店情況介紹」, 上海市檔案館, B123-5-1313-24, 1963.10.30 p.24.

상하이는 신중국의 중요한 대외창구이자 개항지인데다 현지에는 외국교민, 화교, 외교인력 및 외국인선원 등이 대거 체류하고 있어 상하이 외국인들을 위한 물품 공급이 절실히 요구되었다. 당시 상하이에는 외국인을 겨냥하여 서비스 업무를 하는 기관들이 많았다. 예를 들면 1950년대에 설립된 국제우인서비스부國際友人服務部·국제선원클럽國際海員俱樂部·우의상점 등의 상하이 외국인 대상 서비스 기구, 1960년대 귀국한 교포·교포 가족을 위한 화교상점華僑商店 등이 있었다. 이들 기관의 역할은 선원클럽의 역할과 일부 겹친다. 선원클럽은 설립 초기, 특히 상하이 지역에서 우의상점, 외국선박보급회사外輪供應公司와 여러모로 충돌했다. 상품가격, 물량공급처 및 고객자원을 두고 이들 기관간의 상호갈등은 계획경제시대 전체를 관통했다고 할 수 있다. 특히 국제선원클럽과 동일하게 '외국인선원'을 주 고객으로 삼고 있는 우의상점과의 갈등은 매우 두드러졌다. 그 이유는 계획경제시대에 효과적인 조절메커니즘이 부족했기 때문이다. 이들의 갈등을 단순히 행정력만으로 조정하기에는 힘이 들고 지체될 수밖에 없었던 것이다. 재정이 긴박한 해에는 이런 충돌이 더욱 뚜렷이 나타났다.

우의상점의 경우를 살펴보자. 우의상점의 전신은 1952년 10월 상하이다샤上海大廈에 창설된 국제우인서비스부國際友人服務部였다.[43] 우의상점 설치를 위한 기획안에는 우의상점의 주요 서비스 대상을 외국인국제선박의외국인선원포함과 상하이 주재 외국인 전문가로 보고 있다. 국제선원클럽의 공급부보다 우의상점의 상품 종류가 더 많고 품목도 다양해서 많은 이용객

---

43 上海通志編纂委員會 編, 『上海通志』 第四卷, 上海 : 上海人民出版社 2005年4月第1版, p.2564.

이 이용했다. 당시 사회주의 물자부족 시대의 특수 산물인 우의상점이든 선원클럽이든 설립 당시부터 국가를 위해 외화를 더 벌어들이는 경제적 임무를 부여받았음은 물론이다. 물론 이러한 목적을 입으로 드러내기는 꺼려했지만 말이다. 뿐만 아니라 상하이시 제일상업국第一商業局의 보고서에는 선원클럽의 상품공급부를 우의상점의 특수기관으로 지정해 줄 것을 요청하고 있다. 우의상점보다 앞서 설립된 선원클럽은 후발주자임에도 우위에 선 우의상점에 직면해 큰 위기를 느꼈고 1957년 상하이시 인민위원회 및 선원총공회에 올린 보고서에서 선원클럽은 "설립을 계획하고 있는 우의상점은 우리와 여러 차례 접촉했고 그 과정에서 우의상점의 성격과 임무를 알게 되었다. 우리는 우의상점이 상정하는 고객대상은 물론이고 상품 가격 면에서도 우리 국제선원클럽의 물품공급부와 동일한 면이 있다고 느끼게 되었다. 앞으로 우의상점이 설립되면 중복 업무로 인하여 맞불 구도가 될 것이다"라며 "현재 계획 중인 우의상점이 개설되면 판매 대상과 가격 규정이 국제선원클럽의 물품공급부와 동일해 선원공회의 국제 업무에 큰 영향을 미칠 것"[44]이라고 말했다. 선원클럽은 우의상점과의 합병을 피하기 위해 국제선원클럽의 공급부를 클럽 내에 두면 홍보가 용이하면서도 외화획득 목적이 노골적으로 드러나는 것을 피할 수 있을 것이라고 강조했다.[45]

하지만, 바쁜 항만작업으로 인해 통상적으로 상하이에 정박하는 외국인 선원의 수가 같은 기간 상하이에 체류하는 외국인보다 많고, 게다가 선원들이 물건을 살 때 호화로운 고급 상품을 선호하기 때문에, 상하이

---

44 「關於對友誼商店供應國際海員物品問題的意見」, 上海市檔案館, B6-1-73-38, 1957.10.31, pp.38~39.
45 Ibid., p.39.

우의상점은 외국인선원이라는 놀라운 소비능력을 가진 집단을 포기할 수 없었다. 한때 상하이백화점은 '배가 도착하면 사람도 도착하니 빈 배를 없애라'는 슬로건을 내걸고 영어에 능통한 간부들을 승선시켜 외국인 선원들에게 상품을 판매하고, 주간과 야간 배송을 전담하는 트럭을 따로 배정하기까지 했다. 또한 국제선박의 외국인선원을 위한 우대가격까지 정해서 선원들의 구매 확대를 독려하였다.[46] 전반적으로 우대카드를 소지한 외국인 선원의 경우 출신국에 상관없이 중국 내 시장가격보다 10~70% 낮은 우대가격보통50%할인에 공급했으며, 중국 국내 시장가격과 우대가격에서 발생하는 차액은 국가 재정으로 충당하게 하였다.[47]

우의상점의 기세등등한 모습을 지켜보며 선원클럽 쪽에서는 우의상점이 자신들의 권한을 빼앗아가는 것에 불만이 많았지만 1958년 우의상점은 선원클럽 공급부의 운영권 대부분을 거두어 가버렸다. 원래 백화점의 국제우인서비스부國際友人服務部, 이후 폐지됨, 선원클럽의 판매용 물품, 그리고 나중에 가오양루高陽路에 신설된 상점까지 모두 우의상점 산하로 귀속되었다.[48] 다른 기관에서 본래 기관의 산하 기구를 흡수·관리해 버리니 그 이후가 어떻게 되었을지는 짐작하고도 남을 것이다. 합병된 후 선원클럽의 매출은 감소했다. 1960년 1~6월 매출액은 60만 3,100위안으로 1959년 같은 기간의 64만 4,600위안에 비해 6.41% 감소했다.[49]

---

46 「中國上海市百貨公司委員會關於友誼商店1961年度擴大外匯收入幾個問題的請示報告」, 上海市檔案館, B123-5-47-162, 1960.5.12, p.163.
47 「上海市百貨公司友誼商店情況介紹」, 上海市檔案館, B123-5-1313-24, 1963.10.30, p.25.
48 「上海市百貨公司關於友誼商店定於1958年2月26日正式對外營業的報告」, 上海市檔案館, B123-1-840-87, 1958.2.25, p.88.
49 「中国上海市百货公司委员会关于恢复友谊商店对国际海员优待价格供应业务的报告」, 上海市档案馆, B123-1-1023-12, 1960.8.1, p.12.

고객자원을 더 많이 빼앗기 위해 같은 해 상하이시백화점은 우의상점의 국제선원 우대가격을 부활시키기로 결정했다(합병 후 우이상점은 국제선원 우대가격 공급업무를 선원클럽과 통합했지만, 선원클럽의 매출은 하락을 면할 수 없었다). "우의상점에서 취급하는 상품은 모두 우대 가격을 정하고 내국인 선원(외국 선박의 관광객 포함)에 대한 공급 업무를 재개하였다. 동시에 선원클럽에 대해 점진적으로 운영 품목을 축소했다."[50] 우의상점은 외화수입 확대를 위해 물량공급처의 조직화, 품목확대 등의 개선책을 내놓았지만 1960년도에 최종 도달한 35만 2,000달러의 외화수입은 예정했던 45만 달러에는 크게 미치지 못했다.[51]

리더십과 고객으로 인한 갈등뿐 아니라 우의상점 공급부와 선원클럽 공급부 사이에도 공급처와 상품에서도 많은 의견 충돌이 있었다. 선원클럽공급부는 우의상점과 달리 주로 육류, 과일, 담수 등을 선원들에게 공급해 식품과 담수 수요가 더 많았다. 영업매장이 비교적 작기 때문에 선원클럽 내의 기타 일용품, 공예품류와 같은 상품 종류는 비교적 적었다.

갈등은 선원클럽과 우의상점과의 영업경쟁뿐 아니라 의식형태 영역에서도 일어났다. 이 글에서 다루고 있는 국제선원클럽과 우의상점의 의식형태의 충돌은 주로 두 가지 방면에서 나타났는데, 첫째는 정치선전과 경제효과라는 두 가지 목적 중 무엇을 우위에 둘 것인가에 대한 것이었다. 계획경제시대에 이윤을 말하면 종종 자본주의 길을 간다며 비판을 받고는 했다. 둘째는 중국을 왕래하는 외국인 선원들의 '계급성'을

---

50 Ibid., p.13.
51 「中國上海市百貨公司委員會關於友誼商店1961年度爭取外匯的意見」, 上海市檔案館, B123-5-47 -165, 1961.3.13, p.166.

무엇을 근거로 어떻게 구분하느냐 하는 것이었다. 우의상점이든 국제선원클럽이든 계획경제시대의 대외상업기구들의 운영과정에서 가장 문제시 했던 것이 외화벌이에 우선에 둘 것인가 아니면 사회주의선전을 제일로 둘 것인가의 문제였다. 정치선전과 경제효과, 이 둘 중에 무엇을 가벼이 여기고 무엇을 중시해야 하는가?

신중국 건립부터 개혁·개방까지 30년 가까운 기간은 상대적으로 물자가 부족한 시대였다. 그럼에도 불구하고 대도시 외국인을 상대하는 상점의 물자공급은 우선적으로 보장했다. 국제선원클럽과 우의상점 설립 초기 이들 기관은 대외선전을 위한 교두보 역할의 중요성을 매우 강조하였다. 대외선전 역할의 강조는 건국 초기에 특히 두드러졌던 바, 사회주의 우월성을 대외적으로 과시하기 위해 오랜 기간 이들 외국인상점에서는 외국인 우대정책을 폈다. 그러나 이러한 정책의 시행 결과 수익성 면에서 장기적 불안정을 초래할 수밖에 없었다.

한편 신중국 건립 무렵 혁명시기에는 계급투쟁이라는 색안경을 쓰지 않고 중국을 방문하는 외국인을 바라보기 어려웠다. 선원클럽 구성원들은 엄격한 대외국인 업무의 규율을 이행해야 했기 때문에, "민간인 신분으로 국제선원에 대한 업무를 수행하지만, 자신의 한 마디 한 마디가 국가를 대표하고 민족정신을 반영한다"[52]고 보았다. 이처럼 냉전시기 기층민에 대한 대외선전업무는 다양한 진영에서 온 국가별 외국손님을 상대할 때 언행과 방식에 뚜렷한 차이가 있었다. 당시 선원공회海員工會 간부들은 직원들이 외국선원을 응대하여 정치적 선전 작업에 임할 때에

---

52 中華全國總工會事業發展部, 『全國工會事業工作會議文件彙編』, 北京 : 經濟管理出版社, 1992.10, p.237.

다음의 세 종류로 구분하도록 했다. 사회주의 국가출신 선원, 자본주의 국가출신 선원, 그리고 독립민족국가 출신 선원이 이것이다.[53] 아울러 선원클럽의 임무는 국제선원 중 자본주의국가의 선박에서 압박 받는 중하층 선원들, 식민지국가 및 독립민족국가 출신의 선원들을 '단결'시키고, 자본주의국가 선박의 고위급 선원에 대해서는 단결시키는 것도 중요하지만 한편으로 경계심을 가져야 한다고 보았다. 그러면서 특히 자본주의 국가출신의 선원들은 대외무역을 발전시키는 중요한 통로일 뿐만 아니라 당시 환경에서 외화를 획득하는 중요한 통로로 간주하였다.

신중국 건립 후 중국정부가 외교분야에서 많은 성과를 거두었다는 것은 부인할 수 없지만, 소련의 외교정책을 피동적으로 따랐다는 점, 강한 이데올로기적 색채와 혁명적 이상주의에 사로잡혀 있었다는 점은 건국 초 중국정부의 외교적 결함이었다. 그렇게 된 이유 중 하나는 중국이 정권을 잡기 전 장기간을 국내외 '반동파'와 군사적, 정치적 투쟁을 벌여야 했던 까닭에 외교 분야의 인재와 경험이 부족했기 때문이다. 이후 양진영에서 생존을 모색하던 신중국은 중·소분열 이후 상당기간 외교적 어려움을 겪었다. 냉전구도의 끊임없는 변화에 직면하여 중국은 다양한 수단을 통해서, 그리고 기층 외교와 경제무역을 통해서, 외국인선원들을 매개로 국제간에 중국의 정치적 영향력을 확대해갈 수밖에 없었다. 이 때문에 중국의 기층간부들은 자본주의 국가에서 온 선원들을 상대함에 있어 복잡한 마음을 가질 수밖에 없었다. 이 과정에서 정치선전과 수익추구를 사이에 두고 갈등이 반복되는 것은 당연지사였다.

---

53 「中國海員工會上海區委員會關於1958年第一季度工作計劃及幾年來國際海員工作總結」, 上海市檔案館, C17-2-156, 1958.4.1, pp.4~5.

국제선박에서 근무하는 많은 외국인 선원들이 입항하면서 중국에서 일련의 사회문제를 일으켰으며, 선원 개인마다 수준 차이가 많이 났다. 또한 바다를 오랫동안 떠돌아다니며 장기간의 성적 억압 상태에 있던 선원들, 특히 일부 하층선원들은 입항하면 환락을 즐기려고 했다. 이들은 뭍에 오른 뒤 술에 취해 난동을 부렸고, 밀수를 하고 심지어 부녀자 농락도 서슴지 않았다. 이러한 사례는 60년대부터 심심치 않게 볼 수 있는 일이었다. 1963년부터 1964년까지만 살펴보아도 폴란드 선원들의 상하이 음주폭행 사건,[54] 폴란드 선원들의 열차승무원 희롱사건,[55] 체코 선원들의 음주 난동사건 등이 있었다.[56] 초기에 선원들의 성범죄는 공개석상에서 중국 여성에게 행패를 부리거나 불법적 밀매음을 하는 데 그쳤다. 그런데 1970년대에는, 비록 당시 이런 불법행위를 한 장소를 공개하지 않았지만, 상하이에서 중국인 여성들이 외국인 선원들에게 성매매를 하는 경우도 적지 않았다.[57] 1980년대에는 전국 각지의 국제선원클럽 앞에서 불법 성매매가 기승을 부렸다. 1988년 8월 칭다오시 공안국은 불법 성매매를 한 말레이시아 선원 3명과 다수의 매춘여성을 붙잡았다. 불법이 판치는 것에 대해 규제를 가하지 않을 수 없었던 까닭이다.[58]

54 『關於波蘭船員在上海酗酒打人事』, 中國外交部檔案館館藏, 檔案號：118-01602-09, 1964.6.13.

55 『公安部一局關於波蘭海員調戲我女列車員事的通報』, 中國外交部檔案館館藏, 檔案號：118-01506-05, 1963.10.14.

56 『關於捷克海員酗酒鬧事事』, 中國外交部檔案館館藏, 檔案號：118-01602-10, 1964.9.21.

57 양스양(楊時暘)의 진다루(金大陸) 인터뷰를 참고할 것. 원제 「尋找革命之下的血與肉」, 『中國新聞周刊』, 2011.8.16.

58 謝少鵬, 『鋪滿鮮花的陷阱』, 濟南：山東文藝出版社, 1993.5, p.303.

4. 선원클럽 성격전환의 어려움

이상을 통해서 볼 때 선원클럽의 성격이 매우 복잡했음을 알 수 있다. 선원클럽은 대외적으로 상업활동을 하는 조직인 동시에 공회工會의 지도를 받는 사업단위였던 것이다. 국제선원클럽은 중화선원총공회中華海員總工會와 성시총공회省市總工會의 이중관리를 받았는데, 특히 성시총공회의 관리가 중심이었다. 국제선원클럽은 사업단위 성격에 속했는데, 사업단위의 중요한 특징 중 하나는 이윤을 직접적인 목적으로 하지 않는다는 것이다. 그렇다면 사업을 운영할 자금을 어떻게 해결할 것인가가 선행과제일 수밖에 없다.

선원클럽의 직원 또한 국가사업 편제에 속했고 이들의 임금도 총공회總工會에서 특별비용을 지출하여 지급했으며, 그 자산을 투자자인 총공회가 소유하고 있었다. 계획경제의 배경 아래 국제선원클럽의 설립과 설립 후의 활동에 필요한 경비는 모두 국가에서 지출했던 것이다.[59] 대외적으로 신문과 잡지제공, 읽을거리 제공, 선원들의 관광 프로그램 설계, 가격우대 등도 했다. 80년대 이후 개혁이 심화되면서 각지의 국제선원클럽도 앞을 다투어 개혁을 시행하고 자주경영의 길을 걷기 시작했는데, 대부분의 선원클럽은 기존의 조건을 활용하여 호텔을 운영하며 패러다임을 전환하였다. 시장경제라는 큰 파도의 충격은 오랫동안 국가지원에 의존해 온 선원클럽으로서는 감당하기 힘들었지만 다른 항구도시 선원클럽과 비교해 볼 때 상하이선원클럽은 그래도 상황이 조금은 양호

---

59 沈關寶, 『中國海員』, p.126.

한 편이었다.

선원클럽의 성격전환이 어려웠던 원인은 첫째 체제문제, 둘째 자금출처, 셋째 부실경영, 넷째 경제환경 변화에 있었다. 원래 계획경제 체제에서 우의상점, 선원클럽으로 대표되는 이들 하부조직은 자금과 정책에서 상부의 조치에 지나치게 의존하여 대응능력이 부족했다. 시설이나 서비스, 인원 등에서 스스로 변화하는 것은 기대하기 어려웠다. 새로운 시대적 배경에서 선원클럽을 새롭게 만드는 데에 가장 먼저 필요한 것은 자금문제였다. 국가지원이 부족해지고 영리추구도 어려운 상황에서 선원클럽은 완전한 변신을 할 수 없었다. 1981년 국가가 선원클럽에 대해 세금을 면제하거나 공상세工商稅를 감면해 주는 정책을 내놓았지만[60] 1985년 상하이국제선원클럽 신사옥인 하이어우판뎬海鷗飯店이 문을 열었고 같은 해 국내 원양선원에 대한 개방이 재개되면서 한때 선원클럽의 경영이 되살아나는 양상을 보였다. 하지만 80년대 중후반에는 국가로부터 선원클럽에 대한 자금지원이 점차 중단되고 대외선전 부분에만 소액의 지원금이 유지됐다. 외부로부터의 자금지원은 없어졌지만 선원클럽의 접대임무는 계속돼야 했고, 장기적으로 감당하지 못하고 쓰러지는 것은 필연이었다.

폐쇄적이고 권위적인 서비스 태도는 시장경제의 충격 속에서 혹독한 대가를 치르게 되었다. 우의상점의 경우, 상하이시제일상업국上海第一商業局은 1964년 정기감사에서 우의상점의 서비스품질과 태도 면에서 적지 않은 문제점을 발견했다. 예를 들면 외국손님을 접대할 때, 귀빈의 경우

---

60 中華全國總工會財務部 編, 『工會財務制度文件選編』, 北京 : 中國工人出版社, 2010.8, pp.427~428.

에는 비교적 잘해주고 정중히 대하지만 일반 외국손님에 대해서는 앞의 사례보다 더 잘 못해주고, 선원들에게는 더욱 나쁘게 대하며, 선원의 가족들에 대해서는 더더욱 나쁘게 대했으며, 심지어 외국손님에 대해서 결례를 범한 사례도 발견되었다.[61] 외국손님에게 이러했으니 내국인에게 어떻게 대했을지 짐작이 가고도 남는다. 문화대혁명 시기까지도 이 문제는 개선의 기미가 보이지 않았으며 오히려 정치적으로 분열되어 구성원들끼리 적대적 태도를 드러내기도 했다. 이에 따라 서비스의 질도 1950년대와 60년대보다 오히려 더 떨어졌다. 문화대혁명이 끝난 뒤에도 이런 상황은 개선되지 않았다. 서구선진국의 선원클럽은 교회에서 설립·운영하고 있어 국내 선원클럽에 비해 서비스 태도와 경영면에서 배울 점이 많았다.

최근 몇 년간 중국이 점차 개방을 확대하고 글로벌 경제가 발전하면서 각지에서 중국을 찾는 국제선박의 외국인선원 상황도 달라졌다. 이들은 더 이상 우의상점과 선원클럽에 한정하여 소비하지 않았고, 더 좋은 많은 쇼핑장소가 이들에게 서비스를 제공할 수 있게 되었다. 또 동남아 등 제3세계 선원과 중국 국내선원의 비율이 높아지고, 대형 원양화물선의 현대화로 항구에 체류하는 시간이 짧아지면서 이들 외국인선원들의 입항 후 소비는 이전에 비해 현저히 낮아졌다.[62]

국제선원클럽은 1980년대에 이르러 통일전선統戰 사업의 필요에 따라 홍콩·마카오·대만 지역의 선원에 대한 선전에 더욱 치중하게 되었다.

61 「上海市第一商業局關於改進友誼商店工作的報告」, 上海市檔案館, B123-6-337-49, 1964.7.15, p.56.
62 沈關寶, 『中國海員』, p.129.

선원클럽 근무조례에는 클럽의 선전역할을 지극히 강조하여 외국국적 선원과 대만·홍콩·마카오 선원들을 대상으로 "중국공산당과 국가의 방침, 정책을 정확히 선전하고, 사회주의의 4가지 현대화 건설 성취를 선전하며, 중국의 대외정책과 국제적 중대문제에 대한 태도를 선전하고, 중국선원들의 영광스러운 혁명역사와 사회주의 건설에서의 역할을 선전해야 한다. 선원클럽 구성원과 중국 선원들은 대외 민간인 교류사업의 역할을 충분히 해내야 한다" 등등 여러 내용이 등장한다.[63]

새로운 시대에 접어들면서 국제선원클럽이 경제적으로 할 수 있는 여지는 점점 줄어들었으나, 대외선전 방면으로 여전히 기본 임무와 관심을 가져야할 사항으로서 다음 내용을 거듭 강조하고 있다. "중국의 대외선전을 위한 중요한 창구로서 선전작업을 잘 수행해야하며 많은 중국 밖 세계의 외국인선원들을 단결시키고 세계평화를 유지하며 중국의 항운과 무역·운수사업을 발전시켜 중국의 사회주의 현대화 건설을 위해 복무한다."[64]

5. 나오며

일본학자 하마시타 다케시濱下武志 교수는 동아시아 질서에 대해 중심과 주변 시각에 기초한 조공무역시스템 이론을 제시했다.[65] 그는 명나

---

63 國際口岸辦公室, 天津市人民政府口岸管理委員會 編, 『口岸工作文件彙編』第二冊, pp.633~644.
64 中華全國總工會 編, 『工會財務資産經審工作槪論』, 北京 : 中國工人出版社, 2006, p.144.
65 (日)濱下武志, 王玉茹 外譯, 『中國, 東亞與全球經濟－區域和歷史的研究』, 北京 : 中國社會科學文獻出版社, 2009.12.

라와 청나라가 지역관계에 따라 네트워크를 조직했다는 특징을 내세우며 이러한 네트워크에서 중요한 접점이 광저우廣州·샤먼廈門·닝보寧波 등으로 대표되는 항구라는 점을 내세웠다. 원양선박을 따라 온 이국의 선원들은 폐쇄된 중국사회에 일파만파의 충격이 아닐 수 없었다.

최근 역사연구 자료가 풍부해지면서 냉전시대 중국의 외교는 갈수록 많은 연구자들의 관심을 끌고 있다. 그러나 대부분의 연구 성과를 보면 당과 정부 고위층의 정책 공조에 초점이 맞춰져 있고, 당시 하부의 대외선전 활동양상에 대해서는 관심이 많지 않다. 본 과제는 냉전시대 중국이 외부세계와 경제·문화적 상호작용을 했던 하나의 측면으로서, 내외 학계에서 탐구해야 할 새로운 학문 분야이다. 동시에 냉전사 연구도 '다층연구' 트렌드가 등장하면서 사회·문화·사람 간 교류와 충돌에 더욱 관심을 갖기 시작했다. 고위층 기록물 체계의 폐쇄성으로 인하여 지방 기록물의 가치가 더욱 부각되고 있다. 본 과제의 발상도 바로 여기에서 도움을 받았다.

1950년대 상하이 외화수입의 주요원천이었던 해외동포의 송금액수는 해마다 감소했는데, 상하이 지역의 '가족부양' 해외동포 송금의 주요부분은 선원들의 송금이었다.[66] 해외동포로부터의 송금과 외화를 최대한 끌어들이고 화교와 선원에 대한 통전사업을 강화하기 위해 물자공급이 상대적으로 부족했던 시절, 상하이는 전국 최초로 우의상점·선원클럽·화교상점 등의 상업기구를 설립해 화교와 해외교포의 국내거주 가족들의 편의를 도모하는 한편 해외 중국인 화교들이 국내로 보내는 외

---

66 王玉茹 外譯, 洪葭管 主編,『上海金融志』編纂委員會 編,『上海金融志』, 上海 : 上海社會科學院出版社, 2003, p.628.

화를 위의 기관에 소비하도록 독려했다. 또한 국제선원클럽은 특수 시기에 중국산 제품과 중국의 국가 이미지를 대외적으로 과시하는 창구로서, 선원클럽의 경영상황과 발전변화에 대한 고찰은 경제·문화 선전 분야에서 소련 모델의 중국적 파생물의 운명을 이해하는 데 도움을 준다. 국제선원클럽은 계획경제시대 중국 경제와 사회의 축소판이기도 하다. 국제선원클럽은 30여 년간 정치선전과 경제적 이익도모라는 두 가지 목적을 사이에 두고 배회하였고, 시기별로 편중 대상이 달랐다. 개혁 개방 이후 문호가 개방되고 시장경제가 발전함에 따라 중국을 왕래하는 국제선원에 대한 규제도 점차 줄어들었다. 이들은 더 이상 선원클럽, 우의상점 등 정해진 부서 내에서만 소비하지 않아도 되었다. 이에 따라 1990년대 이후 환경 노후, 경영이념 낙후 등으로 인하여 선원클럽으로 대표되는 국영 서비스 부분은 급격히 쇠락하고 말았다.

국제선박의 외국인 선원들은 중국에 들어오면 쇼핑뿐만 아니라 중국 각지를 여행하는 데 열중했다. 오늘날 크게 발전한 국제관광업은 갈수록 관광을 더욱 편리하고 쾌적하게 만들고 있다. 그러나 냉전시대에 여러 경로로 중국을 방문한 다양한 외국인을 접대하는 일은 진지한 정치적 임무였다. 그 시절 외국인 선원과 외국손님, 화교 등을 대상으로 한 관광사업에서 경제성은 늘 첫 번째 고려대상이 아니었으며, 신중국 새 정권의 면모를 외부에 드러내는 것이 가장 중요한 일이었다. 중국정부는 기회를 활용하여 사회주의 중국의 이미지를 과시하려 했다. 이러한 선전방식이 실제 운용에서 어려움이 많았고, 수많은 변수가 있었음에도 불구하고 주최국으로서 가장 설득력 있어 보이는 수단을 활용하여 외국손님에게 가장 주목받기 원하는 것들을 보여주고자 했다. 수집된 자료를 보면 당시 중국을 찾은 외국인들은 중국의 풍부한 역사문화유산과 자연경관을 더 흥미롭게 여겼다. 그렇지만 새 정권은 이들이 구시대의 유물보다는 사회주의 신제도의 우월성과 건설성을 더 많이 보고가기를 바랐다. 이들 외국 인사들은 각 지역 외사처와 선원클럽에 의해 공동으로 감시와 통제를 받았으며, 이들에 대한 접대활동의 지휘·결정권은 모두 상급기관에서 엄격하게 관리하였다. 이들이 중국에 들어와 행한 각종 언행은 모니터링되고 있었으며, 이들을 일반 중국인들과 격리시키고자 각별히 주의를 기울였다. 접대담당 부서에서는 외국손님의 반응과 업무의 효과와 교훈을 낱낱이 기록하여 수시로 상부에 보고해야 했는데, 이는 오늘날 볼 수 있는 문서기록에서 드러난다. 수많은 자료를 분석해보면, 시기별 단위별 선전 효과가 달랐음이 분명하다. 그러나 마오쩌둥 시대 기층민의 입장에서 대외교류 활동의 이데올로기적 영향과 고위층의 의사결정에 대한 높은 일관성을 반영하고 있는 것임에 틀림없다. 이들 기관의 응대규칙은 중국이 대외적으로 문을 닫아 걸었던 시기에 일반 외국인 방문자들을 응대하는 기본 모델이 되었을 뿐 아니라 혁명시기와 개혁개방 초기까지 중국의 기층 단위사업체와 일반인민들의 외부세계에 대한 인식에 깊은 영향을 끼쳤다. 비록 오늘날 중국 내 선원클럽이 경영상의 어려움을 겪고 있다고는 해도 선원클럽의 존재 의의는 여전하다 하겠다. 이제 선원클럽은 정치적 요소가 점차 퇴색하면서 선원에 대한 봉사와 문화 교류에 있어 민간 채널로서의 역할이 부각되고 있다. 선원클럽의 성쇠와 변화를 검토하면서 현재 직면한 각종 난제들 속에서 어떻게 어려움을 헤쳐 나갈 것인가에 대해서는 현실감 있는 지도력과 경험적 귀감이 필요하다고 생각된다.

참고문헌

Robert J. Schwendinger, "Chinese Sailors : America's Invisible Merchant Marine 1876-1905", California History, Vol.57, No.1, The Chinese in California(Spring, 1978).

Meredith Oyen, "Fighting for equality, Chinese seamen in the battle of the Atlantic 1939-1945", Diplomatic History, Vol.38, No.3, June 2014, Oxford University Press.

(日)濱下武志, 王玉茹 外譯, 『中國, 東亞與全球經濟 : 區域和歷史的研究』, 北京 : 社會科學文獻出版社, 2009.

(英)威廉·弗利 外, 韓慶 外譯, 『海之龍－利物浦和她的中國海員』, 北京 : 中國民主法制出版社, 2019.

中華全國總工會資産管理監督管理部, 『工會資産製度文件選編』, 北京 : 中國工人出版社, 2016.

交通運輸部海事局 編, 『中國海員史』(現代部分), 北京 : 人民交通出版社股份有限公司, 2019.

上海圖書館主 編, 『俄羅斯歷史大綱 蘇聯的教育 蘇聯婦女的生活』, 上海 : 上海科學技術文獻出版社, 2012.

王偉, 「關於籌建大連海員俱樂部的一些情況」, 『大連市工會志1923-1990』, 瀋陽 : 遼寧人民出版社, 1993.

李革新, 『講述青島的故事』, 濟南 : 山東省地圖出版社, 2013.

李家齊主 編, 『上海工運志』, 上海 : 上海社會科學院出版社, 1997.

沈關寶, 『中國海員』, 上海 : 上海大學出版社, 2005.

中國上海海運管理局委員會黨史資料徵集委員會, 中國海員工會上海海運管理局委員會 編, 『上海海員工人運動史』, 北京 : 中國黨史出版社, 1991.6.

上海社會科學院『上海經濟』編輯部 編, 『上海經濟(1949~1982)』, 上海 : 上海社會科學院出版社, 1984.

國際口岸辦公室, 天津市人民政府口岸管理委員會 編, 『口岸工作文件彙編』第二冊, 北京 : 經濟管理出版社, 1994.

『上海沿海運輸志』編纂委員會 編, 『上海沿海運輸志』, 上海 : 上海社會科學院出版社, 1999.

上海通志編纂委員會 編, 『上海通志 第四卷』, 上海 : 上海人民出版社, 2005.

中華全國總工會財務部 編, 『工會財務制度文件選編』, 北京 : 中國工人出版社, 2010.8.

中華全國總工會 編, 『工會財務資産經審工作概論』, 北京 : 中國工人出版社, 2006.

洪葭管主編, 『上海金融志』編纂委員會 編, 『上海金融志』, 上海 : 上海社會科學院出版社, 2003.

中華全國總工會事業發展部, 『全國工會事業工作會議文件彙編』, 北京 : 經濟管理出版社, 1992.

초출일람

서광덕 | 「근대 동아시아의 전쟁과 바다 - 『海國圖志』의 서술 시각을 중심으로」
이 글은 『중국어문학지』 78, 중국어문학회, 2022에 처음 수록되었다.

오타 이즈루 | 「근현대 중국과 머핸의 '해권(海權)'론」(「近現代中国とマハン「海権」論」)
이 글은 부경대학교 HK+사업단이 주최한 국제학술대회('제4회 동북아해역과 인문네트워크 국제학술대회', 2022.1)에서 발표한 것을 수정 보완한 것으로, 지면상으로 본 연구총서에 처음 수록되었다.

허원영 | 「중일 해양 분쟁의 냉전적 변용, 1952-1972 - '열전' 이후의 바다에서 '냉전'의 섬으로」
이 글은 『인문사회과학연구』 22-4, 부경대학교 인문사회과학연구소, 2021에 처음 수록되었다.

김윤미 | 「한국전쟁기 유엔군의 원산 상륙작전과 철수작전을 통해 본 해상수송」
이 글은 『인문사회과학연구』 23-1, 부경대학교 인문사회과학연구소, 2022에 처음 수록되었다.

다케모토 니이나 | 「시베리아 지역 '가라유키상'과 현지의 인적 연계 - 니항사건 '순난자' 재고」(「シベリア地域の「からゆきさん」と現地の人的繋がり - 尼港事件「殉難者」再考」)
이 글은 부경대학교 HK+사업단이 주최한 국제학술대회('제4회 동북아해역과 인문네트워크 국제학술대회', 2022.1)에서 발표한 것을 수정 보완한 것으로, 지면상으로 본 연구총서에 처음 수록되었다.

양민호 | 「오키나와 전투와 방언 논쟁에 관하여 - 차별과 갈등의 관점에서」
이 글은 『인문과학연구논총』 42-4, 명지대학교 인문과학연구소, 2021에 처음 수록되었다.

박사라 | 「일본 출입국 관리체제의 성립과정 - 역사적 · 국제적 비교를 통해」(「日本の出入国管理体制の成立過程 歴史的 · 国際的比較を通じて」)
이 글은 부경대학교 HK+사업단이 주최한 국제학술대회('제4회 동북아해역과 인문네트워크 국제학술대회', 2022.1)에서 발표한 것을 수정 보완한 것으로, 지면상으로 본 연구총서에 처음 수록되었다.

김경아 | 「한국전쟁 후 영도대교의 장소성과 점바치골목의 사회적 의미 - 1950~60년대 대중가요를 중심으로」
이 글은 『동북아시아문화학회』 70, 동북아시아문화학회, 2022에 처음 수록되었다.

우쥔팡 | 「분열과 심리전 - 전쟁 중 양안(兩岸) 어민의 군사화」(「分裂與心理戰 - 戰時兩岸漁民的軍事化」)
이 글은 부경대학교 HK+사업단이 주최한 국제학술대회('제4회 동북아해역과 인문네트워크 국제학술대회', 2022.1.)에서 발표한 것을 수정 보완한 것으로, 지면상으로 본 연구총서에 처음 수록되었다.

최민경 | 「냉전의 바다를 건넌다는 것 – 한인 '밀항자' 석방 탄원서에 주목하여」
이 글은 『인문과학연구논총』 42-2, 명지대학교 인문과학연구소, 2021에 처음 수록되었다.

이가영 | 「대만해협과 심리전 – 냉전시기 중국과 대만의 삐라」
이 글은 『인문사회과학연구』 22-4, 부경대학교 인문사회과학연구소, 2021에 처음 수록되었다.

류샤오천 | 「사회주의 항구의 쇼윈도 – 냉전시대 상하이국제선원클럽(1950~1986)」
이 글은 부경대학교 HK+사업단이 주최한 국제학술대회('제4회 동북아해역과 인문네트워크 국제학술대회', 2022.1)에서 발표한 것을 수정 보완한 것으로, 지면상으로 본 연구총서에 처음 수록되었다.

필자 소개

서광덕 徐光德, Seo Kwang-deok
연세대학교 중어중문학과를 졸업 후 연세대학교 대학원 석사, 박사과정을 졸업했다. 저서로는 『루쉰과 동아시아 근대』(2018), 『중국 현대문학과의 만남』(공저, 2006), 『동북아해역과 인문학』(공저, 2020) 등이 있고, 역서로는 『루쉰』(2003), 『일본과 아시아』(공역, 2004), 『중국의 충격』(공역, 2009), 『수사라는 사상』(공역, 2013), 『아시아의 표해록』(공역, 2020) 등이 있으며, 『루쉰전집』(20권) 번역에 참가했다. 현재 부경대학교 인문사회과학연구소 HK교수로 재직 중이다.

오타 이즈루 太田出, Ota Izuru
교토(京都)대학 대학원 인간·환경학 연구과(人間·環境學研究科) 교수. 역사학 전공으로 세부 전공은 중국 근세사~현대사, 타이완 현대사, 일중 전쟁사 등이며, 최근에는 중국법제사, 중국 농촌 필드워크 외에 중국 해양 전략사(戰略史) 및 일중 전쟁사 등의 연구에도 착수하고 있다. 단독 저서인 『중국 근세의 죄와 벌(中國近世の罪と罰)』(名古屋大學出版會, 2015), 『관우와 영이 전설―청조기의 유라시아 세계와 제국 판도(関羽と靈異傳説―淸朝期のユーラシア世界と帝國版圖)』(名古屋大學出版會, 2019), 『중국 농어촌의 역사를 걷다(中国農漁村の歴史を歩く)』(京都大學學術出版會, 2021) 등 다수의 연구 업적이 있다.

허원영 許元寧, Hur Won-young
고려대학교 일어일문학과 강사. 전공 분야는 일본외교, 동아시아 국제관계, 국제관계론이며, 동북아뿐만 아니라 동남아시아를 포괄하는 '트랜스―동아시아'의 관점에서 일본과 한국의 대외원조를 분석하는 데 관심을 가지고 있다. 최근 연구로는 「전후 일본의 대 동남아시아 경제협력과 문화외교―'경제지배' 이미지의 대응 수단으로서의 소프트 파워」(『일본학』 제54집, 2021), 「한국과 일본의 대 동남아시아 ICT ODA 정책 비교―베트남 전자정부에 대한 관여를 사례로」(『아시아연구』 25(1), 2022, 공저) 등이 있다.

김윤미 金潤美, Kim Yun-mi
부경대학교에서 역사학으로 박사학위를 받고, 현재는 동아시아 해양사를 연구하고 있다. 저서로는 『동해포구사』(공저, 2021), 『중일전쟁과 한반도 병참기지화』(편역, 2021), 『조선표류일기』(공역, 2020), 『동북아해역과 인문학』(공저, 2020) 등이 있으며, 논문으로는 「한국전쟁기 유엔군 군수사령부 편성과 부산항」(2022), 「원양어업 선원들의 경험을 통해 본 해역세계」(2021), 「1945년 해방공간에서 교차하는 미군과 일본군의 이동」(2021), 「조선과 러시아의 환동해 접경해역을 둘러싼 갈등」(2020) 등이 있다. 현재 부경대학교 해양인문학연구소 HK연구교수로 재직 중이다.

다케모토 니이나 嶽本新奈, Takemoto Niina
오차노미즈여자대학(お茶の水女子大学) 젠더연구소 특임강사. 전공은 일본 근대사·젠더사. 2014년에 히토쓰바시(一橋大学)대학 대학원 언어사회연구과에서 박사학위를 취득하고 메이지학원대학(明治学院大学) 국제평화연구소 조수 등을 역임하였다.

저서로『「가라유키상」－해외 '외화벌이' 여성의 근대』(교에이서점(共栄書房), 2015)가 있다. 논문으로는 「「가라유키상」 다시 읽기－'낳지 않는 여자'에 주목하여」(『現代思想』의 모리사키 가즈에(森崎和江) 특집, 2022년 10월 임시증간호) 등이 있다.

양민호 梁敏鎬, Yang Min-ho
전주대학교 일어교육과 졸업 후, 동국대학교 대학원 석사, 도쿄(東京)외국어대학 석사 과정을 거쳐 도호쿠(東北)대학 문학연구과 박사학위를 취득하였다. 저서로는『동북아해역과 귀환』(공저, 2021),『동북아바다, 인문학으로 항해하다』(공저, 2020),『소통과 불통의 한일 간 커뮤니케이션』(공저, 2018), 일본에서 출판된『외래어 연구의 신전개』(공저, 2012) 등이 있고, 역서로는『마성의 도시 상하이－일본지식인의 '근대' 체험』(공역, 2020),『경제언어학－언어, 방언, 경어』(공역, 2015) 등이 있다. 현재 부경대학교 인문사회과학연구소 HK연구교수로 재직 중이며, 국립국어원 공공용어 번역 표준화 위원회 일본어 자문위원으로 활동하고 있다.

박사라 朴沙羅, Park Sa-ra
2013년 교토(京都)대학 문학연구과 박사후기과정 수료, 리츠메이칸(立命館)대학 국제관계학부 준교수, 고베(神戸)대학 국제문화학연구과 강사를 거쳐 헬싱키대학(University of Helsinki) 문학부 강사로 있다. 전공은 사회학(내셔널리즘연구)이고, 저서로는『外国人をつくりだす－戦後日本における「密航」と入国管理制度の運用』(ナカニシヤ出版, 2017),『家の歴史を書く』(筑摩書房, 2018),『ヘルシンキ 生活の練習』(筑摩書房, 2021) 등이 있다.

김경아 金敬娥, Kim Kyung-a
동의대학교 중어중문학과를 졸업 후, 부산대학교 대학원에서 석사, 중국사회과학원(中國社會科學院)에서 박사학위를 받았다. 저서로는『시진핑시대, 중교중화화 공정』(공저, 2021), 역서로는『지영록』,『청 제국의 몰락과 서양상인－이화양행』(2022) 등이 있고, 논문으로는 「19세기 남중국해 해적과 관군의 전투기록」, 「三婆神, 媽祖, Joss－19세기 남중국해 해적과 해양 신앙」(2021) 등이 있다. 현재 부경대학교 인문사회과학연구소 HK연구교수로 재직 중이다.

우쥔팡 吳俊芳, Wu Chun-fang
현 대만 진먼대학(金門大學) 평화연구센터[和平研究中心] 박사후 연구원 및 겸임 조교수. 대만 출신. 서울대학교 사회학 박사. 박사논문 「진먼도(金門島)의 탈/냉전과 정체성의 딜레마－소양 안(小兩岸)의 교류와 관광을 중심으로」(2019)에서는 대륙과 대만 양안의 관광교류를 중심으로 진먼이 대만과 대륙 간의 새로운 위치 정립과 역할, 나아가 향후 중국과 대만의 평화 프로세스 및 진먼이 맡아야 할 평화 촉진 매개로서의 역할을 다루었다. 현재 타이완 진먼대학 평화연구센터에서 일하고 있으며, 주 연구분야는 전쟁사, 국경문제, 평화 관련 주제이다.
최근 5년간 연구로 「진먼의 전쟁유산의 관광 및 평화프로세스와 성과(金門的戰爭遺產的觀光和平化進程與成果)」(2020), 「문화통전과 문화주체성－진먼 문화의 정치성(文化統戰與文化認同－金門文化的政治性)」(2021), 「양안의 뿌리찾기와 교류－마조신앙 사례를 중심으로(兩岸尋根與交流－以媽

祖信仰為例」(2021),「진먼 관광업에 미친 코로나의 영향(金門觀光業的「疫」動)」(2021),「분열과 심리전－전시 양안 어민의 군사화(分裂與心理戰－戰時兩岸漁民的軍事化)」(2022)가 있다.

최민경 崔瑉耿, Choi Min-kyung
서울대학교 언어학과를 졸업 후, 동대학교 국제대학원 국제학과 석사과정, 일본 히도쓰바시대학(一橋大學) 사회학 연구과 박사과정을 졸업했다. 저역서로는 『근대 아시아 시장과 조선』(공역, 2020), 『동북아해역과 인문학』(공저, 2020), 『일본 생활세계의 동요와 공공적 실천』(공저, 2014) 등이 있으며, 논문으로는 「패전 직후 일본의 해항 검역과 귀환」(2021),「부산의 산동네와 해역 이주－근현대의 연속성에 주목하여」(2021),「근대 동북아 해역의 이주 현상에 대한 미시적 접근－부관연락선을 중심으로」(2020) 등이 있다. 현재 부경대학교 인문사회과학연구소 HK교수로 재직 중이다.

이가영 李嘉英, Lee Ga-young
전남대학교 중어중문학과를 졸업 후, 중국 북경사범대학교(北京師範大學)에서 중국현당대문학을 전공으로 석사학위와 박사학위를 취득했다. 저·역서로는 『中国当代小说海外传播的地理特征与接受效果』(공저, 2020), 『미중 갈등과 팬데믹 시대－새로운 한중관계를 찾아서』(공저, 2021) 등이 있으며, 논문으로는 「中·臺·美의 금문도와 대만해협에 대한 인식변화－냉전시기 대만해협을 둘러싼 중국·대만·미국 간 갈등과 대립의 전개양상을 중심으로」(2022),「해방 이후 상해를 통해 한국으로 돌아온 한인－신문보도를 통해 살펴본 귀국과정과 그들의 생활」(2021) 등이 있다. 현재 부경대학교 인문사회과학연구소 HK연구교수로 재직 중이다.

류샤오천 劉曉晨, Liu Xiao Chen
2016년 7월 화동사범대학 역사학과에서 세계사 전공으로 박사학위 취득했다. 상해사범대학 세계사학과 보조연구원. 냉전시기 국제관계사, 20세기 세계사, 동아시아 및 동남아시아 국제관계사 방면을 주로 연구하고 있다. 본 연구는 중국 국가사회과학기금 중대항목 "20세기 역사학과 역사학자"(19ZDA235)연구의 단계성 연구성과이다.